公羊義疏

四部備要

經部

上海中華書局據南菁書院續經解本校刊

桐鄉陸費逵總勘
杭縣高時顯
吳汝霖輯校
杭縣丁輔之監造

公羊義疏三十九

南菁書院

句容陳立卓人著

文三年盡五年

三年春王正月叔孫得臣會晉人宋人陳人衛人鄭人伐沈沈潰疏杜云沈國名也汝南平輿縣北有沈亭水經注汝水逕平輿縣故城南舊沈國也一統志平輿故城在汝甯府汝陽東南六十里

夏五月王子虎卒

王子虎者何天子之大夫也外大夫不卒此何以卒注据原仲也疏注据原仲也○莊二十七年公子友如陳葬原仲彼不見原仲卒文故据以難新使乎我也注王子虎即叔服也新爲王者使來會葬在葬後三年中卒君子恩隆於親親則加報之故卒明當有恩禮也尹氏卒日此不日者在期外也名者卒從正疏注王子至服也○穀梁傳王子虎卒叔服也○注新爲至禮也○穀梁傳此不卒者也何以卒之以其來會葬我卒之也通義云新爲王者使來會葬故有赴弔之禮而春秋以其恩錄之也按隱三年尹氏卒傳外大夫不卒此何以卒天王崩諸侯之主也注時天王崩魯隱往奔喪尹氏主儐贊諸侯與隱交接而卒恩隆於王者則加禮錄之故爲隱恩錄痛之彼

為為魯主故為恩隆王者此為會葬恩隆於親親尤當加報之也○注尹氏至外也○隱三年尹氏卒書辛卯是也注云日者恩錄之明當有恩禮彼尹氏卒在天王崩之年其恩近故日此會葬已三年在期外其恩殺故不日也通義云尹氏卒日此不日者蓋以位之尊卑為差孰尊孰卑亦無所考孔氏以意言耳○注名者卒從正○隱八年蔡侯考父卒傳云卒從正注卒當赴告天子君前臣名故從君臣之正義言也此亦從君臣之正言之故曰卒從正也以對葬從主人皆從臣子辭言公也按此又決尹氏為譏世卿故不名也又明上會葬書字為下大夫書字常辭不稱王為不以親疏錄也

秦人伐晉疏沈氏欽韓云此惡秦也按左傳此伐晉為秦伯此書人知為貶爵

秋楚人圍江

雨螽于宋疏通義云公羊前後經皆螽作螺按此蓋涉左穀而誤

雨螽者何死而墜也注以先言雨也墜隋地也不言如雨言雨螽者本飛從地上而下至地似雨尤醇疏釋文墜作隊唐石經隊字後加土左傳亦云隊而死也○注以先言雨也○舊疏云正以先言雨後言螽則知死而墜者也蓋先見若雨繼而視之則螽故知死而隊也如僖十六年書先霣後石同左傳隊而死也○注墜隋地○穀梁疏引公羊與考異鄭皆云螽死而墜於地蓋參傳與緯文非此傳有異本也廣雅釋詁墜墮也亦作隊荀子禮論入焉而隊注隊墮也亦作隧淮南說林訓有射而隧注隧墮也爾雅釋詁墜落也落亦墜也隊正字

墜俗也漢書五行志引左傳作隊○注不言至尤醇○舊疏云欲遺莊七年星霣如雨者本從天來又不及地如雨不醇故云如雨此則初從地上而還至地故不言如言其真似雨也繁露深察名號云春秋辨物之理以正其名名物如其真不失秋毫之末故名霣石則後其五言退鷁則先其六又玉英云春秋理百物辨品類別嫌疑修本末者也是故星墜謂之霣螽墜謂之雨所發之處不同或降于天或發于地其辭不可同也何以書記異也外異不書此何以書爲王者之後記異也注螽猶衆也衆死而墜者羣臣將爭彊相殘賊之象是後大臣比爭鬬相殺司城驚逃子哀奔亡國家廓然無人朝廷久空蓋由三世內娶貴近妃族禍自上下故異之云爾疏穀梁傳曰災甚也其甚奈何茅茨盡矣疏引徐邈云禾稼既盡又食屋之茅茨又引何君廢疾云螽猶衆也死而墜者象宋羣臣相殘害也云云上下異之云爾今穀梁直云茅茨盡矣著於上見於下謂之雨與識違按云云即何氏下注語也與識違謂與考異郵違也鄭君云穀梁亦以宋薄德後將有禍故螽飛在上墜地而死言茅茨盡者著甚之驗於識何錯之有劉氏申何曰穀梁不傳三統之例譬猶瞽之無相夜之無燭矣鄭君文之奚益哉按春秋通三統以立義故於僖十六年及此皆爲王者之後記異於宣十六年成周宣謝火見新周亦從爲王者後見災也明王者之後法度所存今而災異見故重而錄之也○注螽猶衆也○事文類聚引春秋佐助期云螽之言蟲赤頭黑身兩翼而行陰中陽也螽之爲言衆暴寡也說文䖵部螽或从虫衆聲作螺亦音義相兼也故知公羊本當作螺

故何氏如此解○注象死至之象○校勘記云何煌云穀梁疏引無象字按無者非也又引何煌云羣上穀梁疏有象宋二字乃疏家以意改也按穀梁疏所引係何氏廢疾語開元占經引異義公羊說后夫人之家專權擅世秉持國政蠶食百姓則螽飛反墜事文類聚引漢含孳云蝗起乎貪螽者飛而甲爲害故天雨螽則刑法醜觀象玩占引傳曰人君暴虐不親骨肉而親他人故螽敵天而墜其國兵災並起所取災應皆與此大同小異○注是後至云爾○校勘記云鄂本空作虛此誤又云鄂本由改猶五行志中之下文公三年秋雨螽于宋劉向以爲先是宋殺大夫而無罪有暴虐賦斂之應穀梁傳上下皆合言甚董仲舒以爲宋三世內取大夫專恣殺生不中故螽先死而至劉歆以爲螽爲穀災遇賊陰墜而死也經義雜記云穀梁著於上見於下謂之雨此即所謂上下皆合言甚也曰雨墜著於上也曰于宋見於下也上下合言見螽之多故爲災甚楊疏引鄭元云墜地而死與董劉義合公羊何氏本董仲舒注杜云宋人以其死爲得天祐而來告故書與劉子駿卒遇賊陰而死之說爲合按大臣相殺下七年宋人殺其大夫又八年宋人殺其大夫司馬是也司城驚逃下八年宋司城來奔是也子哀奔亡下十四年宋子哀來奔是也三世內娶見僖二十五年下七十八年傳皆云宋三世無大夫三世內娶也是也

冬公如晉十有二月己巳公及晉侯盟〔疏〕包氏愼言云十二月書己巳月之二十三日按盟不地亦爲公就于晉也

晉陽處父率師伐楚救江〔疏〕左氏傳作伐楚以救江以衍字此傳云伐楚爲救江也穀梁傳伐楚所以救江

也若有以字傳家應爲以字作傳解不必如爾矣

此伐楚也其言救江何注据兩之當先言救也非兩之當重出處父也生事當言遂三者皆違例知後言救江起伐楚意故問之疏注据兩至救也○舊疏云卽僖二十五年楚人圍陳納頓子于頓傳何以不言遂兩之也必知先言救者正以江近楚遠故也○注非兩至父也○舊疏云卽僖二十八年春晉侯侵曹晉侯伐衞傳云曷爲再言晉侯非兩之也是也○注生事當言遂○舊疏云卽宣元年秋楚子鄭人侵陳遂侵宋是也○注三者至問之○謂三者之例皆不合也兩之而實非兩之伐楚卽以救江亦不須言遂不言救江又無以起伐楚意知經無以字愈明

爲諼也注諼詐疏注諼詐○公羊問答曰注諼詐何謂也曰說文云諼詐也漢書息夫躬傳虛造詐諼之策按師古彼注云諼詐辭也衞風淇奧篇傳訓諼忘者蓋藼之段借也廣雅釋詁諼欺也漢書王吉傳反懷詐諼之辭注諼詐言也藝文志云尙詐諼而棄其信

其爲諼奈何伐楚爲救江也注救人之道當指其所之實欲救江而反伐楚以爲其勢必當引圍江兵當還自救也故云爾孔子曰自古皆有死民無信不立疏注救人至云爾○穀梁傳伐楚所以救江也注時楚人圍江晉師伐楚楚國有難則江圍自解淮南說林訓晉陽處父伐楚以救江故辟捽者不在於捌格在於批伉注批擊也伉椎擊其要也蓋不直言救江而先伐楚兵士但知意在伐楚爾而實爲救江是爲挾詐諼

而懷詭譎先功利而後仁義非文王之所以爲師也通義曰將稱將將卑稱人固經之達例然外大夫稱名氏率師實至此始見尊可見春秋之初征伐自諸侯出小事則遣微者苟動大衆君必親將文宣以後征伐自大夫出而貴卿率師始接踵矣此世變升降之端也○注自古至不立○論語顏淵篇文集解孔曰死者古今常道人皆有之治邦不可失信鄭注云民無信不立孔言民所最急者信也皇疏李充曰朝聞道夕死孔子之所貴舍生取義孟軻之所尙自古有不亡之道而無不死之人故有殺身非喪己苟存非不亡己也劉氏逢祿論語述何云春秋書滅者亡國之善辭上下之同力者有王者起當興之以奬忠信無信不立如梁亡沈潰然按左傳僖二十五年云公曰信國之寶也民之所庇也得原失信何以庇之所亡滋多又二十七年子犯曰民未知信未宣其用於是乎伐原以示之信民易資者不求豐焉明徵其辭是卽無信不立義焉

四年春公至自晉

夏逆婦姜于齊

其謂之逆婦姜于齊何注据不書逆者主名不言如齊不稱女疏舊疏云隱二年注云不親迎例月重錄之今此書時者蓋以取於大夫賤不可以奉宗廟故略之○注据不至稱女○舊疏云決宣元年公子遂如齊逆女之經也略之也注稱婦姜至文也逆與至共文故爲略疏注稱婦至爲略○宣元年遂以夫人婦姜至自齊是爲已至故稱婦明有姑今逆時卽稱婦是逆與至共文矣女在其國稱女在塗

稱婦入國稱夫人今直言婦姜故爲略辭高子曰娶乎大夫者略之也注賤非所以奉宗廟故略之不書逆者主名卑不爲錄使也不言如齊者大夫無國也不稱女者方以婦姜見與至共文重至也不稱夫人爲致文者賤不可奉宗廟也不言氏者本當稱女女者父母辭君子不奪人之親故使從父母辭不言氏疏孟子告子下有高子曰注高子齊人趙氏佑温故錄云前注已有高子以告注高子齊人孟子弟子此論詩後論樂毛詩序亦有高子曰之文疑卽釋文所述吳人徐整言子夏授高行子是一傳詩者蓋本學於子夏而後又從孟子則其齒宿矣故得稱曰叟然則高子子夏弟子傳詩或兼傳春秋與公羊高同師故得述其語也○注賤非至略之○繁露玉杯云娶于大夫以卑宗廟至轂梁疏引徐邈亦以爲不書至不稱夫人下娶賤略之○注不書至使也○通義云不書逆人者君不行使乎大夫絕正其義也轂梁以爲公也其不言公何也非成禮于齊也注非責○注不言至國也○通義云不言如齊者明非齊侯女得言于齊者大夫繫國也不言于齊某大夫氏者言婦姜則其氏已見若然莊二十七年公子友如陳葬原仲彼亦大夫得言如陳者彼注云不言如陳嫌不許國事實私行也○注不稱至至也○明不言逆女于齊義也欲起逆至同文爲略故也○注不稱至廟也○宣元年遂以夫人婦姜至自齊是也通義云不稱夫人不稱氏皆略之之辭○注不言至言氏○成十四年僑如以夫人婦姜氏至自齊是也本當稱女桓三年公子翬如齊逆女是也在父母國之稱也故雖爲天王后猶曰吾

季姜不言氏也此爲欲與至共文示略故去其女稱猶不得稱氏以張君子不奪人親義也

狄侵齊

秋楚人滅江

晉侯伐秦

衛侯使甯俞來聘**疏**舊疏云正本作速字故賈氏云公羊曰甯速是也經義雜記云賈氏所据公羊作甯速卽徐所謂正本也後人依左穀改之釋文甯俞音餘已同今本矣

冬十有一月壬寅夫人風氏薨**疏**包氏愼言云冬十一月書壬寅月之朔日按於曆爲二日風氏据左傳爲須句女太昊氏後

五年春王正月王使榮叔歸含且賵

含者何口實也**注**孝子所以實親口也緣生以事死不忍虛其口天子以珠諸侯以玉大夫以碧士以貝春秋之制也文家加飯以稻米**疏**杜云含口實說文作琀周禮太宰職大喪贊飯玉含玉注含玉死者口實○注孝子至其口○禮記檀弓飯用米貝弗忍虛也疏不忍虛其口也春秋說題辭云口實曰含象生時食也白虎通崩薨篇所以有飯含何緣生食今死不欲虛其口故含

釋名釋喪制云含以珠貝含其口中也○注天子至稻米○此道春秋制明不與三王同也舊疏云天子至○以貝皆春秋說文○檀弓疏引碧作璧白虎通崩薨云用珠寶物何也有益死者形體故天子飯以玉諸侯以珠大夫以碧士以貝也雜記疏引禮戴說天子飯以珠含以玉諸侯飯以珠含以璧大夫士飯以珠含以貝周禮典瑞大喪共飯玉含玉贈玉注飯玉碎玉以雜米以含玉柱左右顛及在口中者則飯含不同天子皆用玉各家所記或夏殷禮禮稽命徵曰天子飯以珠含以玉諸侯飯以珠含以璧相備也公羊問答云注大夫以碧春秋說題辭作璧當從否曰說文碧石之青美者山海經高山多青碧何氏以天子以珠諸侯以玉大夫降下諸侯以碧含可也故用碧不得以雜記含者執璧將命而改公羊也賈公彥云諸侯用璧此言大夫不當用璧注非誤字不當從春秋緯文按珠玉碧貝所施各殊則碧宜同類急就篇璧碧珠璣玫瑰顏師古注碧縹玉也文選子虛賦注碧謂玉之青白色者以碧爲玉類山海經東山經篇耿山多水碧文選江賦水碧潛瑤周書王會解王玄繚碧基十二則碧當從說文爲石之美者與禮士喪禮云三實于笄稻米一豆實于筐是文家加以稻米也故荀子禮論云飯以生稻楊注生稻米也是也士蓋以貝檀弓之飯用米貝据士言也天子當以玉典瑞所共是也而典瑞疏又云天子飯以黍諸侯飯用粱大夫飯用稷天子之士飯用粱諸侯之士飯用稻不知何代制雜記又云天子飯九貝諸侯七大夫五士三不似皆用貝故鄭以爲夏時禮也通義云雜記不合周禮周禮天子不飯貝故典瑞曰大喪共飯玉含玉且如禮文明飯與含爲二事士喪禮飯用米貝更無含物亦不見賓客歸含之節容大夫以上乃得含耳雜記諸侯相含執璧將命左傳陳子行使其徒具含玉則含者自天子達于大夫皆用玉其飯所用有差當如白虎通義所說也義

或然也

其言歸含且賵何注据宰咺歸兩賵不言且也連賵何之者嫌据賵言歸疏注据宰至且也○卽隱元年天王使宰咺來歸惠公仲子之賵是兩賵不言且也○注連賵至言歸○舊疏云若傳直言其言且何卽嫌責此賵事亦當言歸故連言賵以辨嫌按若但問且則似止責其兼不當含之義不見故連含賵問之也

兼之兼之非禮也注且兼辭以言且知譏兼之也含言歸者時主持含來也去天者含者臣子職以至尊行至卑事失尊之義也不從含晚言來者本不當含也主書者從含也疏注且兼至之譏也○各本譏作幾依鄂本正穀梁傳含一事也賵一事也兼歸之非正也其曰且志兼也禮含賵襚各異人左疏引賈服云含賵當異人今一人兼兩使故書且以兼譏之通義云禮上客弔含上介致賵今榮叔以正使兼之故譏也按詩陳風東門之枌釋文且苟且也兼之則苟且矣故爲譏文孔疏駁賈服云禮雜記諸侯相弔之禮含襚賵臨同日而畢與介代有事焉不言遣異使也諸侯相於則唯遣一使而責天子於諸侯必當異人禮何所出而非責王也春秋之世吉凶賀弔罕能如禮王之崩葬魯多不行魯之有喪甯能盡至全無所譏不含又無貶責既含且賵便責兼之不可是禮備不可是禮備不如不含不備行禮不如不行豈有如此之理哉左傳舉來含且賵會葬二事乃云禮也則二事俱是得譏無譏兼之之意也按雜記歷記弔者含者襚者又云上介賵明非一人春秋時不能備禮者甚多孔子作春秋係垂法之書故据禮以譏非禮非專爲榮叔責也○注含言至來也○正以榮叔正使專爲歸含來又兼副使

行賵事故言且也○注去天至義也○左氏以爲禮彼疏引何君膏肓以爲禮尊不含卑又不兼二禮左氏以爲禮於義爲短鄭康成箴云禮天子於二王後之喪含爲先襚次之賵次之賻次之於諸侯含之賵之小君亦如之於諸侯臣襚之諸侯相於如天子於二王後於卿大夫如天子於諸侯於士如天子於諸侯臣何休云尊不含卑是違禮非經意其一人兼歸二禮亦是爲譏劉氏逢祿評曰諸侯含士則可天子含諸侯妾母則不可士聘妾不聘貴賤各殊也按含者孝子爲不忍其親之虛其口緣生以事死檀弓云不以食道用美焉爾雜記所陳乃諸侯相於諸侯所以得含者諸侯敵體有兄弟之義故於其親喪宜如子職成二年左傳云寡君之母也若以四敵則亦晉君之母是也天子則諸侯之君父故不得行含禮舊疏云含者太宰掌之故是亦非周禮太宰職無共諸侯含玉之文即有其事亦是奉天子之命不得以爲臣子職也何注所謂臣子職者自謂本國臣子職當含耳天子以失尊故去王以張義通義用胡康侯之說以天子含賵妾媵爲王法之廢人倫又謂仲子通之義賵其使不過宰士況桓母本貴至是僖公之母直以妾媵儼然匹嫡而天子再遣其上大夫來又賵者卑事亦使貴使親之失正甚矣故賵仲子言天王賵成風則不言天王然公羊之義母以子貴婦人以生子爲榮正即由此若謂天子不宜加禮妾母則仲子亦不宜賵豈得以貴賤之分即有稱王與稱天王之殊與○注不從至含也○舊疏云含者以前之禮遙始行之故知晚然則宜言來以見晚而不言來者正以本不當含甯得責其晚乎通義云不言來者及事之辭也既殯乃含得爲及事者越境通使理不得殯前必至故雜記曰含者坐委于殯東南隅有葦席既葬蒲席言近者既殯而至遠者既葬而至可也按孔義亦通穀梁以爲不言來不周事之用也注引何君廢疾云四年夫人風氏薨九年秦

人來歸僖公成風之襚最晚矣何以言來鄭君釋之曰秦自敗于殽之後與晉爲仇兵無休時乃始免穆公之喪而來君子原情不責晚彼疏引鄭釋廢疾又云京師去魯千里王室無事三月乃含故不言來以譏之是鄭意亦以譏含爲晚以穀梁傳云賵以早而含含以晚也惟解書來之義與公羊殊爾劉氏逢祿廢疾申何云京師去魯千里卽不三月而含襚固不及事矣二王之禮以意約之按鄭箴膏肓釋廢疾皆詳載天子於二王後及諸侯及小君及諸侯臣之禮當必有据不得謂其以意約之惟含在殯前斷無責晚之理故范氏注云國有遠近皆令及事理不通也是不以彼傳責晚爲然范又引雜記曰含者執璧將命曰寡君使某含相者入告出曰孤某須矣含者入升堂致命子拜稽顙含者坐委於殯東南有葦席既葬蒲席降出反位明君之於臣有含賵之義所以助喪盡恩含不必用示有其禮按雜記所言諸侯相於之禮天子理亦宜然惟天子不宜含諸侯耳楊疏引舊解以爲諸侯及夫人於天子生有朝覲之好有疾則當告于天子天子遣使問之有喪則致含無則止故未殯以來足以及事今歸含太晚歸賵太早故譏之諸侯相於有疾不必相告比殯以來道遠者容或不至故示其禮而已不責其晚也按此說謬甚諸侯有疾卽告天子能卽遣人致含襚以待乎如魯周相距千里而責其殯前歸含豈非夢夢○注主書者從含也○舊疏云春秋主書此事者正欲譏其含而并責言且賵者因譏之

三月辛亥葬我小君成風【疏】包氏愼言云三月書辛亥月之十二日按當十三日

成風者何僖公之母也【注】風氏也任宿顓臾之姓【疏】左傳閔二年成風聞成季

之餘乃事之而屬僖公爲杜云成風莊公之妾僖公之母也禮記服問云君之母非夫人則羣臣無服唯近臣及僕驂乘從服唯君所服服也注妾先君所不服也禮庶子爲後爲其母緦言唯君所服伸君也春秋之義有以小君服之者時若小君在則益不可正義云妾先君所不服者也天子諸侯爲妾無服唯大夫爲貴妾緦故知妾先君所不服云禮庶子爲後爲其母緦者按喪服緦麻章云庶子爲父後者爲其母是也言唯君所服伸君也者若其不爲後則爲母無服故喪服記云公子爲其母練冠麻衣縓緣今以爲君得著緦麻服是伸君之尊也君旣服緦是近臣得從君服也此謂禮之正法云春秋之義有以小君服之者鄭旣以正禮言之又引春秋之時不依正禮之者有以爲小君之服服其妾母者文公四年夫人風氏薨是僖公之母成風也又昭十一年夫人歸氏薨是昭公之母齊歸也皆亂世之法非正禮也按昭公母齊歸何氏以爲襄公之嫡母孔氏所据左氏說也正義又引五經異義妾子立爲君得尊其母立以爲夫人否今春秋公羊說妾子立爲君母得稱夫人故上堂稱妾屈于嫡也下堂稱夫人尊於國也子不得爵命父妾子爲君得爵命其母者以妾本接事尊者有所因緣故也穀梁傳曰魯僖公立妾母成風爲夫人是子爵命於母以妾爲妻非禮也古春秋左氏說成風妾得立爲夫人母以子貴禮也許君謹按舜爲天子瞽瞍爲士起於士庶者子不得爵父母也至於魯僖公得尊母成風爲小君經無譏文從公羊左氏之說鄭則從穀梁之說故異義駁云父爲長子三年爲衆子期明無二嫡也女君卒繼室攝其事耳不得復立爲夫人如鄭駁之言則此云春秋小君服之者是灼然非禮也又喪服疏向來經傳所云据大夫士之庶子承後法若天子庶子承後爲其母所服云何按曾子問云古者天子練冠以燕居鄭云謂庶子王爲其母無服按服問云君之母

非夫人唯近臣及僕驂乘從服唯君所服服也注云禮庶子爲後爲其母緦据彼二文而言會子問所云据小君在則練冠五服外服問所云据小君沒後其庶子爲得伸故鄭云伸君是以引春秋之義母以子貴今按天子諸侯之禮同與大夫士各異大夫之庶子父在爲母大功父沒則齊衰三年爲父後者緦士之庶子父在爲母期惟不禫耳父沒亦齊衰三年爲父後者亦緦自天子至士一也孔疏以曾子問天子練冠燕居爲異代之法較賈疏分別君母在否因有練冠居與緦之異者其說爲允蓋庶子止爲父厭不厭於嫡母也晉書禮志哀帝章皇太妃薨帝欲服重江彪啓先王制禮應在緦服詔欲降期彪又啓厭屈私情所以上嚴祖考於是制緦麻三月徐氏乾學讀禮通考云儀禮庶子爲父後者爲其母緦麻三月此江彪所据之禮也但儀禮指大夫士而言非上同於天子今太妃雖帝之妾母然自春秋以降支庶爲天子者皆尊其所生如嫡則制服三年其來舊矣按儀禮緦麻章所云實兼天子諸侯言惟春秋無譏妾母爲夫人文則母以子貴王侯得申尊於所親或者春秋之制不與周禮同與餘詳隱元年疏○注風氏至之姓○左傳僖二十一年云任宿須句顓臾風姓也實司太皞與有濟之祀注太皞伏羲四國伏羲之後此不及須句蓋不以成風爲須句女也

王使召伯來會葬【注】去天者不及事刺此失喪禮也【疏】穀梁經作毛伯彼疏云左氏公羊及徐邈本並云召伯此云毛伯疑誤也經義雜記云据此知徐仙民所注穀梁傳亦同二傳作召伯今本誤也元年天王使毛伯來錫公命范注毛采邑伯字也天子上大夫於此無注則范注本作毛伯又元年天王使叔服來會葬疏引此亦作毛伯按詩

周南召南譜云召公封燕死謚曰康公元子世之正義平王以西都賜秦則春秋時別於東都受采存周召之名非復岐周之地晉書地道記云河東郡垣縣有召亭今爲召州是也○注去天至禮也○何意以歸含以尊及卑失禮此會葬又不及事是比失禮故去天也劉氏解詁箋云禮君于士有棺中之賜記稱含禭不嫌以至尊行至卑事也以天王含賵妾母當文見譏不假去天也不及事去天九失之秦人來歸僖公成風之禭事在五年以後經未嘗別加譏文宰咺來歸賵傳亦云不及事未貶去天也穀梁子傳躋僖公之義曰逆祀則是無昭穆也無昭穆則是無祖也無祖則無天故曰文無天無天者是無天命而行也君子不以親親害尊尊此春秋之義也凡穀梁所謂桓無王文無天隱元年有正十年無正定元年無正餘年有正諸大義詳於公羊皆有所受之此經比去天者正所謂文無天也不於元年去天者未逆祀也王加禮於無天之人與錫命於無王之人皆逆天道故莊元年亦去天也桓四年去秋冬二時何君解云桓公無王而行天子不能誅反下聘之故爲貶見其罪明不宜以去二時爲貶亦去天之義也按秦人歸禭事閔六年其晚可知不待譏而自明者也宰咺書來不及事已見與此比失禮者輕也故不必去天且以起與楚稱王不能正而上繫於天義也文果無天當譏文爾無緣波及周天子天子錫所不當錫含賵所不當含賵遲會葬比失禮去天以示譏王爾與文之無天何涉天子使宰渠伯糾下聘無王之人亦宜去天又何爲去二時以示貶也劉氏所駁未爲盡允

夏公孫敖如晉

秦人入鄀【疏】通義云不月者自殽之役後春秋遂以狄道斥秦故略之使與吳入州來同例也鄀者漢書地理志南郡若下

云楚昭王畏吳自郢徙此後復還郢師古曰春秋傳作鄀大事表云鄀今襄陽府宜城縣西南九十里有鄀城鄀本在秦楚界上爲今河南南陽府淅川縣僖二十五年秦晉伐鄀楚人戍以爭之不克遂徙之南郡鄀縣爲附庸即今地也縣入楚爲邑定六年後避吳北去徙都于此仍名郢謂之鄀郢傳所謂還郢于鄀是也又云今河南南陽府淅川縣西有丹水故城爲舊鄀國地居秦楚之界秦滅之不能有後入楚

秋楚人滅六疏杜云六國今廬江六縣大事表云在今江南廬州府六安州北水經注沘水篇淠水又西北逕六安故城西縣故咎繇國也夏禹封其少子奉其祀地理志六安國六下云故國皋陶後偃姓爲楚所滅一統志六縣故城在六安州北舊疏云不月者略夷狄滅小國也

冬十月甲申許男業卒疏舊疏云正本作辛字經義雜記云辛字誤當作丵說文丵叢生艸也象丵嶽相並出也凡丵之屬皆从丵讀若浞業大版也从丵从巾巾象版詩曰巨業維樅蓋許男本名丵因此字經傳少見學者罕識故或誤爲業或誤爲辛也包氏愼言云十月書甲申月之十九日

公羊義疏四十

南菁書院
句容陳立卓人著

文六年盡八年

六年春葬許僖公

夏季孫行父如陳疏范云行父季友孫疏引世本云季友生仲無佚佚生行父是也

秋季孫行父如晉

八月乙亥晉侯讙卒疏包氏慎言云八月書乙亥月之十四日按當十五日左氏穀梁讙作驩國語晉語曰吾欲使陽處父傳讙也讙驩通

冬十月公子遂如晉葬晉襄公注書遂者刺公生時數如晉葬不自行非禮也禮諸侯薨使大夫弔自會葬疏注書遂至禮也○上二年及晉處父盟注如晉不書不致者深諱之三年冬公如晉是數如晉也○注禮諸至會葬○王制疏引異義云諸侯自相奔喪禮公羊說遣大夫弔君會葬左氏說諸侯之喪士弔大夫會葬文襄會大夫共卿葬事許慎謹案周禮無諸侯會葬義知不相會葬從左氏義鄭氏無駮然左氏隱元年傳云諸侯五月同盟至則未必非會葬也定十五年邾婁子來奔喪傳云奔喪非禮者彼注云禮天子崩諸侯奔喪會葬

諸侯薨有服者奔喪無服者會葬鄰𡢁與魯無服故以非禮書也按何氏用公羊先師義故與異義所引公羊說合左傳隱元年衛侯來會葬則當時諸侯有會葬者矣通義云諸侯之喪當使下大夫會葬時尊晉故上卿往非禮也內會葬鄰國多矣其非卿行則使者不書明使卿書者譏也義亦通

晉殺其大夫陽處父晉狐射姑出奔狄【疏】穀梁作狐夜姑按左傳昭二十五年申夜姑釋文夜本或射音夜又音亦列子黃帝篇列姑射山釋文射音夜莊子逍遙遊藐姑射之山有神人居焉釋文射徐音夜

晉殺其大夫陽處父則狐射姑曷為出奔【注】據蔡殺其大夫公子燮蔡公子履出奔楚此非同姓恐見及【疏】注據蔡至見及○事在襄二十年舊疏云彼則履是燮之同姓言恐禍及己而出奔此亦同姓而亦奔故難之通義云問射姑與處父同罪耶抑他故也射姑殺也【注】以非恐見及知其殺射姑殺則其稱國以殺何君漏言也【注】自上言泄下曰漏【疏】穀梁傳稱國以殺罪累上也襄公已葬其以累上之辭言之何也君漏言也上泄則下闇下闇則上聾且闇且聾無以相通繁露王道云觀乎漏言知君臣之道絕○注自上泄下曰漏○各本自作目依宋本正其漏言柰何君將使射姑將【注】謂作中軍大夫【疏】穀梁傳射姑之殺柰何曰晉將與狄戰使狐夜姑為將軍趙盾佐之按自僖三十三年晉敗狄後無晉狄戰事左傳云晉蒐于夷舍二軍使狐射姑將中軍趙盾佐之陽處父至自溫改

蒐于董易中軍注易以趙盾爲帥左氏無漏言事宜以陽子易之故致射姑之怨殺也○注注謂作中軍大夫○傳二十七年左傳作三軍謀元帥趙衰曰郤縠可乃使郤縠將中軍是晉以中軍大夫爲將之首故晉自文襄而後執政者皆中軍大夫也郤縠卒先軫將中軍見二十八年至三十一年蒐于清原作五軍十卿先軫郤溱先且居狐偃欒枝胥臣趙衰箕鄭父胥嬰先都箕之役先軫死先且居代之見三十三年上作先且居卒故謀代且居將者爲陽處父諫曰射姑民衆不可使將於是廢將陽處父出射姑入君謂射姑曰陽處父言曰射姑民衆不說不可使將射姑怒出刺陽處父於朝而走注明君漏言殺之當坐殺也易曰君不密則失臣臣不密則失身幾事不密則害成

疏左傳賈季怨陽子之易其班也而知其無援於晉也九月賈季使續鞫居殺陽處父十月丙寅晉殺續簡伯賈季奔狄穀梁傳曰陽處父曰不可古者君之使臣也使仁者佐賢者不使賢者佐仁者今趙盾賢射姑仁其不可乎襄公曰諾謂夜姑曰吾始使盾佐女今女佐盾矣注稱處父語以語人之故傳曰漏言也又曰夜姑曰諾襄公死處父主竟上事射姑使人殺之君漏言也三傳敘陽處父阻狐夜姑事言各殊公穀俱以爲漏言也通義云廢者已命而罷之之辭時更使趙盾將中軍射姑佐之又云襄公歿乃刺之以報其宿怨也○注明君至殺也○范云親殺者夜姑而歸罪於君明由君言而殺之罪在君也故稱君以殺舊疏云襄公當坐則例去其葬而上文經書葬襄公者蓋謂葬訖乃相殺不得追去葬是以穀梁傳襄公死處父主竟上之事夜姑使人殺之

是也然則此傳雖連言之仍不妨殺之在葬後是以經書葬在殺前矣按陽處父之殺殺之者射姑也罪之坐所由故坐襄公以殺大夫究與襄公親殺無罪大夫異故不去葬也舊疏迂回○注易曰至害成○易繫辭上傳文彼傳又云是故君子愼密而不出也舊疏引鄭注云幾微也密靜也言不愼於微而以動作則禍變必成穀梁傳故士造辟而言詭辭而出曰用我則可不用我則無亂其德

閏月不告月猶朝于廟 疏 包氏愼言云于曆閏餘十七不盈閏法當在七年之四月時曆官於此年歲終置閏故特書其失傳云天無是月也言天之無此閏月亦譏時史之謬非僅謂閏月之不當告朔也左傳釋文不告月月或作朔誤也劉氏逢祿左傳考證云不云不視朔而云不告月則公羊之義優矣古月令以中氣爲定故明堂陰陽經皆無閏月之政曲臺記止云閏門左扉不著聽朔之文以閏無中氣應行之政統此前月布之也歆視餘分閏位爲正統宜其爲國師嘉新公矣

不告月者何不告朔也 注 禮諸侯受十二月朔政於天子藏于太祖廟每月朔朝廟使大夫南面奉天子命君北面而受之比時使有司先告朔謹之至也受於廟者孝子歸美先君不敢自專也言朝者緣生以事死親在朝朝莫夕已死不敢瀆鬼神故事必于朔者感月始生而朝 疏 穀梁傳不告月者何也不告朔也不告朔則何爲不言朔也閏月者附月之餘日也積分

而成於月者也○注禮諸至受之○周禮太史職頒告朔於邦國注天子頒朔於諸侯諸侯藏之祖廟至朔朝於廟告而受行之鄭司農云頒讀爲班班布也以十二月朔布告天下諸侯禮記月令云合諸侯制百縣爲來歲受朔日禮記玉藻云玄端而朝日於東門之外聽朔於南門之外閏月則闔門左扉立于其中注端當爲冕字之誤玄衣而冕冕服之下東門南門皆謂國門也天子廟及路寢皆如明堂制明堂在國之陽每月就其時之堂而聽朔焉卒事反宿路寢亦如之閏月非常月也聽其朔於明堂門中還處路寢門終月又說諸侯禮云皮弁以聽朔於太廟注皮弁下天子也疏引熊氏云周之天子於洛邑立明堂唯大享帝就洛邑耳其每月聽朔當在文王廟以文王廟爲明堂制故也此聽朔於太廟穀梁傳云諸侯受乎禰廟與禮乖非也凡每月以朔告神謂之告朔即論語告朔之餼羊是也則於時聽治此月朔之事謂之聽朔此玉藻文是也聽朔又謂之視朔文十六年公四不視朔是也告朔又謂之告月文六年閏月不告月是也行此禮天子於明堂諸侯於太祖廟訖然後祭於諸廟謂之朝享司尊彝云朝享是也又謂之朝廟文六年云猶朝于廟是也又謂之朝正襄二十九年釋不朝正于廟是也又謂之月祭祭法云皆月祭之是也然則諸侯之太廟猶天子之明堂也周禮之朝享即祭法之月祭即春秋之朝廟祭法云王立七廟曰考廟曰王考廟皇考廟顯考廟祖考廟皆月祭之二祧享嘗乃止諸侯立五廟曰考廟王考廟皇考廟皆月祭之顯考祖考廟享嘗乃止則天子告朔于明堂朝享於五廟諸侯告朔於太廟朝享自皇考以下三廟也○注比時至至也○校勘記云鄂本謹作愼此當是避宋諱所改猶許愼作許謹也使有司先告朔即上注使大夫奉大子命君北面而受之者是也故下十六年注云禮月終于廟先受朔政乃朝明王教尊也然則告朔

之後於是朝廟以祭其先視朔以治其臣民也其禮則玉藻注云凡聽朔必以特牲告其帝及神配以文王武王此天子禮也其諸侯則當以特羊告太廟故論語八佾云子貢欲去告朔之餼羊鄭注諸侯告朔以羊則天子特牛焉是也鄭又云禮人君每月告朔於廟有祭謂之朝享蓋以朝廟與告朔同在一日又同一處故通以朝享該之也皇侃義疏云禮天子每月之旦居於明堂告其時帝布政讀月令之書畢又還太廟告於太祖諸侯無明堂但告于太廟是諸侯告朔朝廟同一處也所引禮或逸禮王居明堂禮又玉藻疏又云天子告朔以牛諸侯告朔以羊其朝享各依四時常禮故用太牢故司尊彝云朝享之禮用虎彝雌彝太尊山尊之等是其別也宋氏翔鳳論語發微云我愛其禮者以臣事君之禮也告朔本天子之事諸侯所以奉天子之命而盡乎以臣事君之禮也大戴禮虞戴德曰天子告朔於諸侯率天道以敬行之以示威於天下也中候曰天子臣放勳是天子盡臣禮以事天諸侯盡臣禮以事天子是以國治而天下平則告朔者天子之事所以制諸侯者月令季秋月爲來歲受朔日先鄭謂十二月朔布告天下諸侯者蓋以季秋行而期以仲冬畢達得先以十二月行告朔諸侯之禮每歲一行必於諸侯之祖廟而每月之朔必先使大夫南面奉天子命君北面受是爲告朔若爲天子告之也諸侯既受告朔之命於是有朝廟以事其親有視朔以使其臣孔子所謂君使臣以禮當以告朔之禮始也史記曆書曰天下有道則不失紀序無道則正朔不行於諸侯幽厲之後周室微陪臣執政史不紀時君不告朔故疇人子弟分散此天子不告朔之始也故禮運孔子曰我觀周道幽厲傷之謂不告朔則王政不行自幽厲始又曰吾舍魯何適矣謂魯秉周禮遂有曆官故漢書藝文志有夏殷周魯曆十四卷史記十二諸侯年表漢書律曆志並以春秋續共和以前

之年所謂魯曆卽春秋之曆也魯旣有曆故能行告朔之禮其始猶以大夫奉天子命而受至文公四不視朔之後而告朔朝廟之禮並廢文公始不視朔當是春秋先師所傳而公羊述之非能虛造也○注受於至事死○御覽引白虎通云諸侯以月旦告朔于廟何緣生以事死故國君月朔朝廟存神受政也禮記疏引異義公羊說每月告朔朝廟以告月朔朝廟爲一禮而以左氏分爲二左傳疏云告朔視朔聽朔朝廟朝享朝正二禮各有三名同日而爲之也按孔疏据鄭駁異義云說者不本於經所譏者異其是與非皆謂朝廟而因告朔似皆失之朝廟之經在文六年冬閏月不告月猶朝于廟辭與宣三年春郊牛之口傷改卜牛牛死乃不郊猶三望同言猶者告朔然後當朝廟郊然後當三望今廢其大存其細故加猶譏之論語曰子貢欲去告朔之餼羊周禮有朝享之禮祭然則告朔與朝廟祭異亦明矣按何氏明云先告朔則亦以告朔與朝廟爲二也詩周頌烈文序正義云周禮四時之閒祀有追享朝享追享者追祭遷廟之祖以事有所禱請非卽政所當用朝享者朝廟受政而因祭先祖以月朔爲之卽春秋文六年閏月不朝告月猶朝于廟祭法天子親廟與太祖廟皆月祭之是其事也○注親在至鬼神○禮記曲禮云凡爲人子之禮冬溫而夏凊昏定而晨省注省問其安否何如彼疏引熊氏云晨省者內則云同宮則雞初鳴異宮則昧爽而朝故文王世子禮有朝于王季日三文也所謂朝朝莫夕也親死始則朝夕奠繼則虞祭卒哭祭由數而疏鬼神之莫敢瀆也

曷爲不告朔注据具月也疏注据具月也○校勘記云鄂本具作俱

天無是月也閏月矣何以謂之天無是月非常月也注所在無常故無政也疏校勘記云唐石經鄂本皆疊是月二字此脫穀

梁傳曰天子不以告朔而喪事不數也爲其積分而成月故天無是月也玉藻注云閏月非常月也卽用此傳○注所在至政也○無通義云非年年常有之月也十二月各有其政著于明堂月令閏月非常月則無常政故須朔不及也須朔不及則告朔亦不及也

猶者何通可以已也【注】朝者因視朔政爾無政而朝故加猶不言朔者閏月無告朔禮也不言公者內事可知【疏】注朝者至加猶○杜云諸侯每月必告朔聽政因朝宗廟文公以閏非常月故闕不告朔怠慢政事雖朝于廟則如勿朝故曰猶猶者可止之辭杜以左氏以閏月不告月爲非禮故如此解穀梁傳曰猶之爲言可以已也注郊然後三望告朔然後朝廟俱言猶義相類也旣廢其大而行其細故譏之蓋旣無朔政可視則朝廟亦可已二傳義同○注不言至禮也○解不告月義也禮記疏引異義公羊說每月告朔朝廟至於閏月不以朝者閏月殘聚餘分之月無正故不以朝也經書閏月猶朝廟譏之左氏說閏以正時時以作事事以厚生生民之道於是乎在不告閏朔棄時政也許君謹案從左氏說不顯朝廟告朔之異謂朝廟而因告朔鄭駮之引堯典以閏月定四時成歲閏月當告朔又引此經及論語周禮明告朔與朝廟祭異又以先告朔而後朝廟然則閏月告朔許鄭皆從左氏說鄭之所駮謂告朔當先朝廟當後與許異爾御覽引異義古左氏說於棄時政也下又云棄時政則不知其所行故閏月不以朝者諸侯歲遣大臣之京師受十二月之政還藏於太廟月旦朝廟存神有司因告曰今月當行某政至於閏月聚殘餘分之月無正故不以朝經書猶朝譏之是也按自故閏月下當别是公穀說北堂書鈔引元命包云三年閏不告朔非禮也夫閏正時以作事厚民生之道樞機在是與左氏

說同按閏月止有節氣未交以前歸前月已交以後歸後月故不告月也玉藻疏云閏月則聽朔於明堂門中還處路寢門終月者以閏非常月無恆居之處故在明堂門中太史云詔王居門終月是還處路寢門終月謂終竟一月所聽之事於一日中耳於尋常則居燕寢也故鄭注太史云於文王在門謂之閏皇氏云明堂有四門即路寢亦有四門閏月各居其時當方之門義或然也按鄭氏主左氏說故孔如彼解周禮之說不可通於今文春秋也○注不言至可知○下十六年云公四不視朔書公此不言故解之

七年春公伐邾婁

三月甲戌取須朐【疏】包氏愼言云三月書甲戌月之十七日於曆當爲二月之十七日曆官於上年置閏故在三月須朐左氏穀梁作須句

取邑不日此何以日【注】据取叢也【疏】注据取叢也○舊疏云考諸舊本叢皆作闞字是以昭三十二年春王正月取闞者何邾婁之邑也若作叢字即僖三十三年夏四月辛巳晉人及姜戎敗秦于殽癸巳葬晉文公狄侵齊公伐邾婁取叢文承日月之下而將取邑不日據之非其義也且按彼叢字多作鄒字耳校勘記云此當從舊本作闞內辭也

使若他人然【注】使若公春伐邾婁而去他人自以甲戌日取之內再取邑然後甚而日也今此一取而日故使若他人然所以深諱者扈之盟不見序幷爲取邑故【疏】隱十年注於內大惡諱小惡書此非大惡爲扈盟深諱故爲內

辭若公伐邾婁與取邾婁與取須胊爲二事也○注內再至日也○舊疏云卽隱十年夏六月辛未取郜辛巳取防傳云取邑不日

此何以日一月而再取也何言乎一月而再取甚之也是也○注今此至邑故○舊疏云舊本故下有知字衍也今此至人然作一

句讀下注乃申明所以深諱故也扈盟在下文秋八月公會諸侯晉大夫盟于扈傳諸侯何以不序大夫何以不名公失序也公失

序柰何諸侯不可使與公盟眣晉大夫使與公盟也是也幷爲取邑故蓋何氏以意言之通義云謹案內再取須胊尤失正當譏故

特爲諱辭按上取須胊在僖二十二年此閔十數年又非一世事無爲示譏也孔氏本穀梁爲說

遂城郚注主書者甚其生事困極師衆疏杜云郚魯邑卞縣南有郚城大事表云在今兗州府

泗水縣東南水經注泗水篇水出魯卞縣北山南有姑蔑城水出二邑之間而逕郚城北春秋文七年遂城郚是也一統志郚縣故

城在兗州府泗水縣東南○注主書至師衆○穀梁傳曰遂繼事也注因伐邾之師故爲甚其生事困衆也劉氏逢祿解詁箋云以

證上三月甲戌取須胊爲內辭猶成降書師

夏四月宋公王臣卒注不書葬者坐殺大夫也不日者內娶略疏左氏

釋文王臣本或作壬臣穀梁作壬臣釋文本或作王臣左氏定四年傳宋王臣釋文本或作壬史記宋世家作王臣古王壬形近易

混○注不書至夫也○僖二十五年宋殺其大夫是也○注不日者內娶略○舊疏云正決僖九年春王三月丁丑宋公禦說卒書

日故也通義云宋成公也成公共公卒皆不日此又不葬而二君之卒國內皆有大夫爭殺之事良由生失其政沒乃致亂故罪而

略之爲

宋人殺其大夫

何以不名 注 据宋殺其大夫山名 疏 ○注据宋至山名見成十五年 宋三世無大夫三世內娶也 注 故使無大夫 疏 僖二十五年傳文同彼注謂慈父王臣處白也內娶大夫女也言無大夫者禮不臣妻之父母國內皆臣無娶道故絕其大夫名正其義也復發傳者舊疏云恐大夫不書名更有他義故明之其有他義者卽莊二十六年曹殺其大夫傳云何以不名衆殺之之類劉氏逢祿左傳考證云公羊家以爲內取之妃黨左氏則公族也然考泓之戰有大司馬固又有司馬子魚又魚氏世爲左師豈大司馬公卿孤而左師兼司馬耶固卽此文之公孫固也六卿外又有大夫公孫鄭未知何官死宋世家諫泓者卽子魚非固也年表云公孫固殺成公世家云成公卒成公弟禦殺太子及大司馬公孫固而自立爲君宋人共殺君禦而立成公少子杵臼是爲昭公年表又以杵臼爲襄公子與今左傳絕不合則殺人者旣無主名所殺者又無主名以意逆之宋存殷道祖免而外昏姻可通或更有異姓在國昭公將去羣公子者欲偏置其妃黨弗勝而反爲所殺耳按劉氏之說亦或可通

戊子晉人及秦人戰于令狐 疏 包氏愼言云戊子四月之二日於曆爲閏四月二日左傳僖二十四年晉公子濟河圍令狐卽此大事表云闞駰曰令狐卽猗氏也今蒲州府猗氏縣西十五里有令狐城 晉先眜以師奔

秦疏校勘記云唐石經鄂本閩本同監毛本眜誤眛下同段玉裁云从末是也左氏穀梁作先蔑古蔑眛音義同隱元年盟于眛二傳作蔑是也二傳無以師二字

此偏戰也何以不言師敗績注據秦師敗績疏注據秦師敗績○即文二年晉侯及秦師戰于彭衙秦師敗績是也敵也注俱無勝負此晉先眜也其稱人何注據奔無出文知先眜也疏注據無出文○僖二十八年衛元咺出奔晉之屬是也此注當在此晉先眜也下正以若書出即是由國而出此不然故知即在師之先眜也貶曷爲貶注據新築之戰衛孫良夫敗績不貶疏注據新至不貶○成二年衛孫良夫帥師及齊師戰于新築衛師敗績良夫不貶稱人是也外也其外奈何以師外也注懷持二心有功欲還無功便持師出奔故於戰貶之起其以師外也本所以懷持二心者其咎亦由晉侯要以無功當誅也不起者敵而外事可知也疏穀梁傳曰轂戰而奔秦以是爲逃軍也齊氏召南考證云左氏穀梁經作晉先蔑奔秦無以師二字公羊經有之故傳作以師外解按公羊經以師二字疑亦衍文如經有以師傳不能無問若有以師傳不必贅言以師外也傳以師外釋外字經乃誤衍耳○注懷持至誅也○包氏愼言云以師外是棄衆以出在外未反也貶而稱人絕之使同微者注云懷持二心有功則反無功則持師出奔本所以懷持二心者亦由晉侯要以無功當誅

也以君之有所要欲歸不得歸故寬誅其罪而絕之一人之奔同於四夫與挾衆者異科通義云左氏經無以師又其傳云人敗秦師于令狐經無敗文亦不可得合時緣襄公卒太子夷皐幼晉人欲立文公之子雍使先眜請諸秦秦人以師納之眜返而趙盾更謀夷皐定位起師禦秦人于令狐時先眜將下軍自以本被使逆雍內懷疑貳交綏而退遂率其下軍之士奔秦晉始謀立雍非正趙盾悔之是也而眜昧於大義私其身謀輒以師外故舍盾而貶眜昔子射于矍相之圃賁軍之將不與爲人臣者可不戒乎按何氏謂晉侯要以無功當誅宜別有所據孔氏又牽合左氏以說公羊故多牴牾○注不起至知也○舊疏云言所以不申作文起見晉侯要無功當誅之義者以其可知故也

何以不言出注据楚囊瓦俱戰而奔言出疏注据楚至言出○定四年蔡侯以吳子及楚人戰于伯莒楚師敗績楚囊瓦出奔鄭是也

遂在外也注起其生事成於竟外從竟外去疏穀梁傳曰不言出在外也舊疏云以此言之則令狐非晉地伯莒爲楚地亦明矣按以左傳僖二十四年圍令狐考之則令狐當晉地且春秋時秦地不及河東也

狄侵我西鄙疏毛本狄誤秋

秋八月公會諸侯晉大夫盟于扈疏杜云扈鄭地滎陽卷縣西北有扈亭水經注河水篇河水又東北逕卷之扈亭北春秋左傳曰文公七年晉趙盾與諸侯盟于扈竹書紀年晉出公二十二年河絕于扈卽此是也紀要扈亭在開封府原武縣西北

諸侯何以不序大夫何以不名[注]序次也據新城盟諸侯序趙盾名[疏]注據新至盾名○即下十四年夏六月公會宋公陳侯以下晉趙盾癸酉同盟于新城是公失序也公失序奈何諸侯不可使與公盟眣晉大夫使與公盟也[注]以目通指曰眣文公內則欲久喪而後不能喪娶逆祀外則貪利取邑為諸侯所薄賤不見序故深諱為不可知之辭不日者順諱為善文也

[疏]校勘記云眣諸本同唐石經眣字缺段玉裁云成二年作郤克眣魯衛之使字从目从矢釋文眣音舜本又作眣丑乙反本又作眣音同今釋文眣亦誤眣眣誤眣○注以目通指曰眣○公羊問答云問此目通指曰眣於書有徵否曰此亦如漢書李陵傳政等見陵未得私語即目視陵注師古曰以目相視而感動之今俗所謂眼語是也盧校釋文云眣音舜本又作眣丑乙反又大結反以目通指曰眣本又作瞚音同字書云眣瞚也以忍反此即校勘記載段氏所据之本讀書叢錄成二年傳郤克眣魯衛之使使以其辭而為之讀釋文眣音舜又作眣丑乙大結二反按玉篇眣同瞬五經文字眣音舜見春秋傳說文無眣字眣目不從正也與經注義不合眣當是旻字之譌說文旻舉目使人也从攴目火劣反旻作眣與眣字相近而譌按洪說是也亦謂之眴史記項羽本紀梁眴籍曰可行矣籍遂拔劍斬守頭是也與言部譃字音義亦通故旻讀若颭也又按玉篇眣目動也以目通指也與瞚同莊子庚桑楚云終日視而目不瞚注目動曰瞚說文瞚開闔目數搖也亦與瞤通說文瞤目動也西京雜記陸賈曰目瞤得酒亦與瞬通集

讀瞬目自動也列子湯問云紀昌學射于衛衛曰爾先學不瞬而後可言射矣又與瞤通說文瞤目搖也史記項羽本紀注瞤動目私視之也亦以目通指之意而皆與丑乙大結二音無涉○注文公至之辭○上二年作僖公主傳何以書譏何譏爾不時也其不時柰何欲久喪而後不能是欲久喪而後不能也又云公子遂如齊納幣傳何以書譏喪娶是喪娶也又云大事于太廟躋僖公傳何譏爾逆祀也是逆祀也上春公伐邾婁取須朐是貪利取邑也穀梁傳其曰諸侯略之也注晉侯新立公始往會晉侯不盟大夫受盟既以喪娶又取二邑爲諸侯所賤不得序于會諱使若惡之盟都不可知故略之正用何義意謂諱其不得與故總言諸侯使若諸侯都不可知也繁露玉杯云文公不能服喪不時奉祭倒序以不三年又以喪取取於大夫以卑宗廟亂其羣祖以逆先公小善無一而大惡四五故諸侯弗與盟命大夫弗爲使是惡惡之徵不臣之效也出侮於外入奪於內無位之君也孔子曰政逮於大夫四世矣蓋自文公以來之謂也通義云時公後至未得序于會諸侯不肯復與公盟以晉本盟主乃目趙盾進之使獨與公盟內諱盟大夫故稱諸侯于上而以不序起其事也按孔氏牽涉左傳爲說後至亦非大惡諸侯何至不序于會而春秋爲之深諱也○注不日至文也○舊疏云正以不日爲信辭也通義云不日者不信明也按此後不見不信文

冬徐伐莒注謂之徐者前共滅王者後不知尊先聖法度今自先犯文對事連可以起同惡莒在下不得狄故復狄徐也一罪再狄者明爲莒狄之爾徐先狄在僖十五年疏注謂之至同惡○僖十四年諸侯城緣陵傳城杞也

曷爲城杞滅也孰滅之蓋徐莒脅之是也二王後爲先聖法度所存前共滅之今復相犯故書以起同惡○注莒在至徐也○舊疏云謂莒時被伐例不出主名是以無由狄之則何意以莒亦宜狄也文不合狄故狄徐即以狄莒也○注一罪至五年○僖十五年楚人敗徐于婁林注謂之徐者爲滅杞不知尊先聖法度惡重故狄之是此爲再狄也故謂爲莒狄之

公孫敖如莒蒞盟

八年春王正月

夏四月

秋八月戊申天王崩 疏 包氏愼言云八月書戊申月之三十日

冬十月壬午公子遂會晉趙盾盟于衡雍 疏 包氏愼言云十月書壬午月之五日按當四日下乙酉當七日丙戌當爲八日通義云文襄既沒晉鮮令主雖世長夏盟春秋未嘗與其伯也故自是盟多書日不與信辭范云衡雍鄭地蓋以僖二十八年左傳晉侯及鄭伯盟于衡雍上云晉欒枝入盟故也

乙酉公子遂會伊雒戎盟于暴 注 四日不能再出不卒名者非一事再見也 疏 釋文于暴本又作曝左傳穀梁無伊字穀梁釋文云本或作伊雒之戎誤左傳釋文本或作伊雒之戎此後人妄取傳文加耳按左傳遂會伊雒之戎二傳文經無伊字省文也伊雒戎即僖十一年左傳所謂揚拒泉皋伊雒之戎也杜彼注云

諸雜戎居伊水雒水之閒者揚拒泉皋皆戎邑伊闕北有泉亭大事表在今河南府洛陽縣西南有前城卽泉戎地然則伊雒戎凡近伊雒閒者皆是包氏愼言云十月又書乙酉月之八日杜云暴鄭地沈氏欽韓云蓋暴辛公所封地在今河南懷慶府原武縣境○注四日至見也○舊疏云欲道宣元年公子遂如齊三月遂以夫人婦姜至自齊傳云遂何以不稱公子一事而再見者卒名也注云卒竟也竟但舉名者省文耳言彼是一事再見故得省文與此異也

公孫敖如京師不至復丙戌奔莒疏左氏穀梁至下有而字宣八年傳其言至黃乃復何注据公孫敖不言至復又不言乃此公羊經作不至復之明證而三傳釋文皆不言同異包氏愼言云十月又書丙戌月之九日

不至復者何不至復者內辭也不可使往也注安居不肯行故諱使若已行但不至還爾卽已行當道所至乃言復如至黃矣疏繁露玉杯云文公命大夫弗爲使是不臣之效也出侮于外入奪于內無位之君也孔子曰政逮于大夫四世矣蓋自文公以來之謂也謂此○注安居至還爾○通義云君使臣至于不可使恥甚故諱言不至復使若有故而復之辭不舉所至者別于至黃實有疾也時敖有所私女于莒道棄君命而往從之經但責其復未若慶父惡顯故加日起其罪按如公羊義則敖直未行耳經書復爲內諱不可使往之恥孔氏謂道棄君命亦牽涉左傳事○注卽已至黃矣○宣八年公子遂如齊至黃乃復是也穀梁傳不言所至未如也未如則未復也注若其已行當如公子遂至黃乃復今不言所至而直言復知其實未如也亦本此爲說不可使往

則其言如京師何遂公意也【注】正其義不使君命壅塞【疏】注正其至壅塞○壅釋文本作雍今亦作壅僖二十八年衛雍於勇反釋文凡音於勇者字皆作壅穀梁傳未如而曰如不廢君命也注引雍曰受命而出義無私留書如京師以顯命行于下不書所至以表不去之罪又曰未復而曰復不專君命也注復者事畢之辭未如故知其未復加畢事之文者言君命無輒專之道是即正其義意也包氏慎言云宣八年公子遂如齊至黃乃復乃者難辭彼遂以有疾故言乃著重難此不言乃明無難也敖罪重于遂故何氏彼注云敖當誅遂當絕誅絕之所以判輕重者疏云誅者罪累家也絕則絕其身而已此但就違命一事大判言之其實誅之輕者止于責讓絕之重者極於宗祀滅絕輕重亦未有定其輕其重要當以所記爲斷耳何以不言出【注】据慶父言出奔【疏】注据慶至出奔○卽閔二年九月公子慶父出奔莒是其事也遂在外也【注】諱使若從外來不敢復還者也日者嫌敖罪明則起君弱故諱使若無罪【疏】注諱使至者也○校勘記出外來云閩監毛本同誤也鄂本來作奔當據正通義云傳言在外明出境乃奔矣按實從外奔猶愈自內傳爲得云不可使往明尙未出境不令遂往敖由此出奔當絕其大夫下有齊人脅我歸喪之事故深諱之也孔說未允○注日者至無罪○閔二年九月公子慶父出奔莒彼注云不日者內大夫奔例無罪者日有罪者月此敖不受君命有罪而日者仍順諱義使若無罪者然也若書日見有罪則不可使往之恥起

螽【注】先是公如晉公子遂公孫敖比出不可使勢奪於大夫煩擾之

應疏注先是至之應○公如晉見上三年又上二年及晉處父盟注如晉不書不致者深諱之是也公子遂公孫敖比出疑比出者上文公子遂會晉趙盾又會伊雒戎上六年公子遂如晉是公子遂比出也上元年公孫敖會晉侯又如齊二年公孫敖會宋公以下于垂斂五年又如晉上如莒涖盟是公孫敖比出也不可使勢奪于大夫則上公孫敖如京師不至復傳不復者不可使往也是也繁露謂政逮大夫自文公始故云勢奪于大夫上二年注亦有祿去公室之說

宋人殺其大夫司馬宋司城來奔

司馬者何司城者何皆官舉也注皆以官名舉言之天子有大司徒大司馬大司空皆三公官名也諸侯有司徒司馬司空皆卿官也宋變司空爲司城者辟先君武公名也疏注天子至名也○白虎通封公侯云司馬主兵司徒主人司空主地王者受命爲天地人之職故分職以置三公各主其一以效其功是皆三公官名也按左傳歷敘宋官有右師左師司馬司徒司城司寇六卿之名蓋有一孤於六卿擇而兼之與周官六卿與宋小異有冢宰宗伯無右師左師亦無三公與春秋不同也○注諸侯至官也○白虎通又云諸侯有三卿者分三事也五大夫下天子王制曰大國三卿皆命於天子下大夫五人上士二十七人禮記疏引三禮義宗云諸侯三卿司徒兼冢宰司馬兼宗伯司空兼司寇三卿之下則有五小卿爲五大夫故周禮大宰職云諸侯立三卿五大夫也五大夫者司徒之下立二人小宰小司徒也司馬之下以其事省故立一人爲小司馬兼小

宗伯之事司空之下立二人小司寇小司空孔子爲司空者小司空也由小司空爲大司寇也按昭四年左傳杜洩謂季孫曰吾子爲司徒實書名夫子爲司馬與工正書服孟孫爲司空以書勳夫子謂叔孫可知魯三卿位次矣襄十一年注古者諸侯有司徒司空上卿各一下卿各二司馬事省上下卿各一此崔氏所本也魯成襄以前有臧氏後有叔氏見諸春秋葢三桓之外又一卿不能悉如禮也然則天子之官漢儒今古文家說不同諸侯則戴禮說諸侯有三卿五大夫與何君說公羊同而周禮太宰亦云施典於邦國設其參傅其伍鄭云參謂卿三人伍謂大夫五人是各經說諸侯之官制無異也故論語鄉黨有上大夫下大夫上大夫則卿也宋有六卿見左傳或以其王者之後官制得如天子何氏此注無六卿之說未知同於左傳否○注宋變至名也○桓六年左傳曰宋以武公廢司空杜云武公名司空廢爲司城

曷爲皆官舉【注】据宋殺其大夫山不官舉【疏】注据宋至官舉○見成十五年

宋三世無大夫三世內娶也【注】宋以內娶故威勢下流三世妃黨爭權相殺司城驚逃子哀奔亡主或不知所任朝廷久空故但舉官起其事也大夫相殺例皆時【疏】穀梁傳其以官稱無君之辭也注引何氏廢疾云近上七年宋公王臣卒宋人殺其大夫不言官今此在三年中言官義相違鄭君釋之曰七年殺其大夫此實無君也今殺其司馬無人君之德耳司馬司城君之爪牙守國之臣乃殺其司馬奔其司城無道之甚故稱官以見其輕慢也傳例稱人以殺之有罪也此上下俱失之劉氏廢疾申何云君專殺大夫無德當文自見且宜稱國以殺不待以官舉也如傳例

以爲有罪則禮云大夫強而君殺之義也安得云殺爪牙之臣無道之甚乎君之卿佐皆爲股肱豈不爲司馬司城而誅之逐之乃得爲義乎按穀梁說同左氏故杜云司馬死不舍節司城奉身而退故皆書官而不名貴之按如左傳司城蕩意諸亦貴戚也有去道乎以爲貴之亦未允○注宋以至事也○校勘記出子哀奔亡云此本亡誤之今訂正鄂本注哀奔二字及下起其二字皆空缺按子哀來奔見下十四年通義云等不名前不官舉者彼直一事耳此殺與奔各一人若云宋人殺其大夫宋大夫來奔則漫無區別不成爲文故以其官識之○注大夫至皆時○舊疏云正以此經及下九年晉人殺其大夫先都晉人殺其大夫士穀之屬皆不別書日月故也知彼是大夫相殺之經者正以下十六年傳云大夫相殺稱人矣

公羊義疏四十

南菁書院

句容陳立卓人著

文九年盡十一年

九年春毛伯來求金

毛伯者何天子之大夫也何以不稱使【注】据南季稱使【疏】注据南季稱使○隱九年天王使南季來聘是也　當喪未君也【注】時王新有三年喪【疏】上八年八月天王崩故也　踰年矣何以謂之未君【注】据崩在八年踰年當即位矣而未稱王也【疏】通義云有事於四方未可稱王命以使也坊記曰未没喪不稱君　未稱王何以知其即位以諸侯之踰年即位亦知天子之踰年即位也【注】俱繼體其禮不得異【疏】注俱繼至得異○白虎通爵篇云王者既殯而即繼體之位何緣民臣之心不可一日無君也故先君不可得見則後君繼體矣故尚書曰王再拜興對乃受銅瑁明爲繼體君也曲禮疏云準左傳之義諸侯薨而嗣子即位凡有三時一繼是始喪即嫡子之位二是踰年正月即一國正君臣之位三是除喪而見於天子天子命之嗣列爲諸侯之位今此踰年即位是遭喪明年爲元年正月即位也又云天子踰年即位無文約曾十二公諸侯三年稱子亦無文約天子踰年不稱使也是天子諸侯互

相明也

以天子三年然後稱王亦知諸侯於其封內三年稱子也【注】各信恩於其下【疏】繁露玉英云天子三年然後稱王經禮也曲禮疏云若三年除喪稱王故公羊文九年傳天子三年然後稱王是也又云踰年則稱王者据臣子稱也若王自稱必待三年顧命成王崩殯後未踰年稱余一人者熊氏云天下不稱可一日無王故也坊記云未歿喪不稱君示民不爭也故魯春秋記晉喪曰殺其君之子奚齊及其君卓注沒猶終也春秋傳曰諸侯於其封內三年稱子至其臣子踰年則謂之君矣通義云曲禮曰天子未除喪曰予小子生名之死亦名之所謂三年稱子春秋之制也据經曰公即位則王者有踰年即位之禮亦可以推据武氏子毛伯不稱使以絕正其義則魯不三年稱子於其封內者失可知矣此傳者嘗言春秋能因其所見達之於所不見董仲舒曰論春秋者合而通之緣而求之伍其比偶其類覽其緒著其贊是以人道浹而王法立今夫天子踰年即位諸侯於封內三年稱子皆不在經也按春秋書宋子衛子是即諸侯稱子之證○注各信恩於其下○釋文信音伸繁露玉杯云故屈民而伸君屈君而伸天春秋之大義也

踰年稱公矣則曷為於其封內三年稱子緣民臣之心不可一日無君緣終始之義一年不二君【注】故君薨稱子某既葬稱子明繼體以繫民臣之心【疏】莊三十二年傳云踰年稱公故据以難之繁露玉杯云春秋之法以人隨君以君隨天曰緣臣民之心不可一日無君而猶三年稱子者為君心之未當立也此非以人隨君耶孝子之心三年不當三年不當而踰年即位者與天數相終始也此非以君隨天耶通義云

雖民臣之心不欲一日無君然奪先君之末年改今君之元祀其
義則不可也故君薨稱子某既葬稱子者由臣民言之曰吾君之
子也而名正位定矣由孝子言之曰吾父之子也是以不踐阼不
主奧三年之內常若父存〇注故君至之心〇白虎通爵篇云父
存稱世子何繫於君也父歿稱子某者何屈於尸柩也既葬稱子
何即尊之漸也又云天子大斂之後稱王者明民臣不可一日無
君也故尚書曰王麻冕黼裳此大斂之後也何以知不從死後加
王也以上言迎子釗不言迎王也王者既殯而即繼體之位何緣
民臣之心不可一日無君也故先君不可得見則後君繼體矣故
尚書曰王再拜興對乃受同瑁明為繼體君也緣終始之義一年
不可有二君故尚書曰王釋冕反喪服吉冕服受銅稱王以接諸
侯明已繼體為君也釋冕藏銅反喪服明未稱王以統事也推此
以言諸侯亦同不可曠年無君注故踰年稱公疏注故踰年稱公〇白虎通爵篇云踰年稱公者
緣民臣之心不可一日無君也緣終始之義一年不可有二君故
踰年即位所以繫民臣之心也又云不可曠年無君故踰年乃即
位改元元以名年年以紀事君統事見矣而未發號令也何以知
踰年即位也春秋傳曰以諸侯踰年即位亦知天子踰年即位也
春秋曰元年春王正月公即位改元位也王者改元即事天地諸
侯改元即事社稷王制曰夫喪三年不祭唯祭天地社稷為越紼
而行事蓋先君之薨不論何月踰年正月皆即位也緣孝子之心則三年不忍當也注孝子
三年志在思慕不忍當父位故雖即位猶於其封內三年稱子子
張曰書云高宗諒闇三年不言何謂也孔子曰何必高宗古之人

皆然君薨百官總己以聽冢宰三年【疏】注孝子至稱子○繁露觀德云臣子三年不敢當雖當之必稱先君必稱先君不敢貪至尊也白虎通爵篇云春秋傳曰天子三年然後稱王謂稱王統事發號令也尚書曰高宗諒闇三年是也論語曰君薨百官總己以聽於冢宰三年緣孝子之心則三年不忍當也故三年除喪乃即位統事踐阼南面朝臣下稱王以發號令也故天子諸侯凡三年即位終始之義乃備所以諒闇三年卒孝子之道故論語曰古之人皆然君薨百官總己聽於冢宰三年又引韓詩內傳曰諸侯世子三年喪畢上受爵命於天子乃歸即位是三年後然後稱爵也禮記疏引白虎通云三年後受爵者緣孝子之心未忍安吉故僖三十三年十二月乙巳公薨于小寢文公元年正月即位四月丁巳葬儀禮經傳通解續引書大傳云書曰高宗梁闇三年不言何謂梁闇也傳曰高宗居凶廬三年不言百官總己以聽於冢宰而莫之違此之謂梁闇子張曰何謂也孔子曰古者君薨王世子聽於冢宰三年不敢服先王之服履先王之位而聽焉以民臣之義則不可一日無君矣不可一日無君猶不可一日無天也以孝子之隱乎則孝子三年弗居矣故曰義者彼也隱者此也遠彼而近此則孝子之道備矣○注子張至三年○論語憲問篇文校勘記云鄂本涼作諒釋文作涼音亮後漢書引彼注云諒闇凶廬也詩疏引鄭書注云諒闇轉作梁闇楣謂之梁闇廬也禮記喪服四制注諒古作梁闇讀如鶉鵪之鵪書禪傳考異曰漢五行志作涼陰大傳作梁闇按今論語作諒陰今書無逸作亮陰蓋梁涼涼亮諒及闇與陰皆音義通鄭注書伏生書傳皆作凶廬解蓋今文說也此作涼闇所引當是魯論古文宜作諒或作亮左疏引馬氏論語注云亮信也陰默也為聽於冢宰信默而不言孔注論語亦云諒信也陰默也皆古論語說也

夫既云信默又云不言語義重複諒闇者惠士奇禮說引葛洪變除云子爲父三月既葬草屨內納廬則柱楣翦屏屏者廬前屏也其廬所爲之屏也而更作外障以爲之作廬先橫一木長梁於東墉下著地因立細木於上以草被之既葬則翦去此草以短柱拄起此橫梁之著地者謂之柱楣楣一名梁既舉此梁乃得於廬外作障用泥泥之諸侯始作廬者便有一屏而未泥之既葬乃泥之既拄起梁又立小障以避風凶事轉輕劉氏論語正義云古之闇今之庵也釋名曰草圜屋曰蒲又謂之庵庵掩也所以自覆掩也誅茅爲屋謂之翦屏非庵而何庵讀爲陰猶南讀爲任古今異音倚廬不塗既葬塗之塗近於堊釋名堊次也先泥之次乃飾以白灰康成謂堊室者壘墼爲之蓋杜楣倚壁爲一偏壘墼成屋爲兩下然則既葬除之既練壘之加堊既祥又加黝總謂之廬故書大傳高宗有親喪居廬三年此之謂也白虎通喪服篇所以必居倚廬何孝子哀不欲聞人之聲又不欲居故處居中門之外倚木爲廬質反古也又云喪禮不言者思慕盡情也言不文者指爲士民喪服四制云不言而事行者扶而起言而後事行者杖而起庶人面垢而已則天子諸侯有臣不言而喪事得行者喪事亦不言則其餘不言可知劉氏寶楠曰冢宰聽治其證有可考者孟子云舜相堯二十有八載堯崩三年之喪畢舜避堯之子於南河之南舜薦禹於天十有七年禹崩三年之喪畢益避禹之子於箕山之陰夫不於堯舜禹始崩之時避政而去而必俟三年之後明三年之喪王世子不言而皆爲冢宰攝政也其後如武王崩周公攝政亦是據閔子小子詩序則嗣王除喪初朝於廟而成王此時尚未能親政故周公復攝行之管蔡所以疑周公者正因成王除喪猶聽政於周公故也若武王初崩成王無論能親政與否而諒闇之制正在不言周公居冢宰禮宜攝政流言奚自來哉可謂允當不易之

論白虎通又云所以聽於冢宰三年何以爲冢宰職在制國之用是以由之也故王制曰冢宰制國用劉氏又云邦治掌於冢宰因喪攝政凡事皆聽可知白虎通止以財用爲言於義隘矣今本論語聽下有於字與檀弓同僞古文伊訓云百官總己以聽冢宰亦無於字此引書云者段氏玉裁尚書撰異云据喪服四制疑高宗諒闇三年不言乃尚書成語非𦵏截毋逸篇文坊記以三年其惟不言言乃讙繫之高宗云鄭注名篇在尚書然則亦非無佚語高宗篇當是佚尚書若然孟子滕文公篇云五月居廬未有命戒者其時三年之喪且久不行安得尚有三年不言之禮文公五月不命戒已爲近古不得以三代盛時禮繩之也

毛伯來求金何以書譏何譏爾王者無求求金非禮也疏繁露玉英云夫處位動風化者徒言利之名爾猶惡之況求利乎故天王使人求賻求金皆爲大惡而書今直使人也親自求之是爲甚惡說苑貴德篇周天子使家父毛伯求金於諸侯春秋譏之故天子好利則諸侯貪諸侯貪則大夫鄙大夫鄙則庶人盜上之變下猶風之靡草也故爲人君者明貴德而賤利以道下下之爲惡尚不可止穀梁傳曰求車猶可求金甚矣注凱曰求俱不可在喪尤甚然則是王者與注据未稱王曰非也疏通義云未稱王也非王者則曷爲謂之王者王者無求疏通義云問未稱王則曷爲以王者無求之義責之按當作一句讀俞氏樾云王者字不當疊蓋因上文云王者無求故此發問云既非王者何以言王者無求也誤疊王者字義不可通曰是子也注雖名爲三年稱子者其實非唯繼父之位疏注雖名至之位○禮記中庸疏是子謂嗣位之王在喪未合稱王故稱是

子嗣位之王守文王之法度謂在喪之內無合求金之法度俗本禮記注有引此作子是者誤何意以雖三年內稱子其實非但繼父位即與王同當守文王之法度也繼文王之體守文王之法度文王之法無求而求故譏之也注引文王者文王始受命制法度疏〇注引文至法度史記周本紀詩人道西伯受命三年然後稱王乃斷虞芮之訟後十年而崩謚爲文王改法度制正朔矣詩大雅文王序文王受命作周也箋云受命受天命而王天下制立周邦疏引帝王世紀云文王即位四十二年歲在鶉火文王於是更爲受命之元年始稱王矣又引中候我應云季秋之月甲子赤雀銜丹書入豐止於昌戶再拜稽首受又引尚書運期授引河圖曰倉帝之治八百二十歲立戊午蔀注云周文王以戊午蔀二十九年受命又引易是類謀云文王比隆與始霸伐崇作靈臺受赤雀丹書稱王制命示王意注云入戊午蔀二十九年時赤雀銜丹書而命之又引易乾鑿度云入戊午蔀二十九年伐崇作靈臺改正朔布王號於天下受籙應河圖是皆文王受命制法度事也按禮記中庸云仲尼祖述堯舜憲章文武鄭注此以春秋之義說孔子之德孔子祖述堯舜之道而制春秋而斷以文王武王之法度春秋傳曰是子也云云彼疏文王之法度無所求也謂三分有二以服事殷故隱元年傳亦云王者孰謂謂文王也通義云是子繼父之體而上本文王言之者正體於上又將所傳重也諸侯不奉王法無以守其國王者不奉祖法無以守天下故春秋以文王之正月正天道以文王之法度正人事

夫人姜氏如齊注奔父母之喪也不言奔喪者尊內猶不言朝聘也

故以致起得禮也書者大夫家危重言如齊者大夫繫國【疏】注奔父至喪也〇禮記雜記曰婦人非三年之喪不踰封而弔注踰封越境也或爲越疆白虎通喪服云而有三年喪君與夫人俱往蓋謂娶於諸侯者夫人奔喪君則視凡鄰君加厚鄰國之君本有會葬禮也雜記又云夫人至入自闈門升自側階君在阼其他皆如奔喪禮然注云女子子不同於女賓也宮中之門曰闈門側階謂旁階也他謂哭踊髽麻此謂婦人奔喪儀節也惠氏士奇春秋說云出曰如某反曰至自某此非小君之禮也儼然諸侯矣然則奔喪禮與禮雜記曰婦人非三年之喪不踰封而弔如三年之喪則君夫人歸其歸也以諸侯之弔禮其待之也若待諸侯然此本春秋而爲之說文公夫人奔喪春秋書如書至皆從諸侯之禮故父母之國待之亦若諸侯然然則告廟而行告廟而反君夫人奔喪之禮當然按鄭禮記注云夫人車服主國致禮皆如諸侯也繁露玉英云婦人無出竟之事經禮也母爲子娶婦奔喪父母變禮也〇注不言至聘也〇隱十一年注內適外言如外適內言朝聘所以別外尊內也故奔喪不書〇注故以至禮也〇舊疏云春秋之例夫人違禮而出會者皆不致唯此文書至故莊元年注云有出道乃致奔喪致是也致文見下〇注書者至危重〇舊疏云夫人奔喪禮既許之則是常事而書之者此夫人所適乃是大夫之家卑於夫人有不制之義而危重之是以書也按今文春秋說諸侯夫人似無歸甯之道義具莊二十七年今奔喪大夫家故危重也〇注言如至繫國〇上四年逆婦姜于齊注不言如齊者大夫無國也不同者上四年經云逆婦姜于齊逆至共文但言于齊則知娶于大夫故不得言如齊正由其非大夫所有也此夫人奔喪不言如齊則文不可施君不行使于大夫故又不可言如某氏是以書如

齊以見大夫繫國也且上經既從略以示娶于大夫此不嫌非大夫也上二年公子遂如齊納幣蓋亦大夫繫國之義故亦書如齊

二月叔孫得臣如京師

辛丑葬襄王

王者不書葬此何以書【疏】隱三年傳曰天子記崩不記葬必其時也此書葬故難之通義云据平惠定靈不書葬包氏慎言云二月書辛丑月之二十五日不及時書【疏】宣二年十月天王崩三年正月葬匡王襄元年九月天王崩二年正月葬簡王昭二十二年四月天王崩六月葬景王皆不及時也過時書【注】重錄失時【疏】桓十五年三月天王崩莊三年五月葬桓王是過時書也○注重錄失時○舊疏云以天下共葬一人而不如禮故重錄之刺其失時也我有往者則書【注】謂使大夫往也惡文公不自往故書葬以起大夫會之日者僖公成風之喪襄王比加禮故恩錄之所以甚責內【疏】注謂使至會之○白虎通崩薨云王者崩諸侯悉奔喪何臣子悲哀慟怛無不欲覲君父之棺柩盡悲哀者也又爲天子守蕃不可頓空矣故分爲三部有始死奔喪者有得中來盡其哀者有得會葬奉送君者七月之間諸侯有來京師親供臣子之事者有號泣悲哀奔走道路者有居其國哭痛思慕竭盡所供者故此惡文公不自往也通義云此主書與獻六羽同意我有往者猶可言也我無往者不可言也又以我無往者惡重不待譏使卿會葬疑若得禮而重譏之故禮之爲用在於別微也五經異義云公羊說

天王喪赴者至諸侯既哭問故遂服斬衰使上卿弔上卿會葬經書叔孫得臣如京師葬襄王以爲得禮易下邳傳甘容說諸侯在千里內皆奔喪千里外不奔喪若同姓千里外猶奔喪親親也鄭君之聞也天子於諸侯無服諸侯爲天子斬衰三年是尊卑異者也天子於魯既含賵又會葬爲得禮則是魯於天子一大夫會葬而已爲不得禮可知矣鄭游吉云靈王之喪我先君簡公在楚我先大夫印段實往敝邑之少卿也王吏不討恤所無也豈非左氏諸侯奔天子之喪及會葬之明文說左氏者云諸侯不得棄其所守奔喪自違其傳廣森按越紼奔喪傳無明文亦似說公羊者失之穀梁傳曰周人有喪魯人有喪周人弔魯人不弔周人曰固吾臣也使人可也魯人曰吾君也親之者也使大夫則不可也故周人弔魯人不弔以其下成康未久也按白虎通崩薨篇又云諸侯有親喪聞天子崩奔喪者何屈己親親猶尊尊之義也春秋傳曰天子記崩不記葬必其時葬也諸侯記葬不必有時諸侯爲有天子喪當奔不得必其時葬也此據隱三年傳說諸侯之禮最詳故何氏彼注云設有王后崩當越紼而奔喪不得必其時又於尹氏卒傳曰天王崩諸侯之主也注云時平王崩魯隱往奔喪尹氏主儐贊諸侯與隱交接而卒穀梁傳亦曰於天子崩爲魯主此諸侯奔喪之證何氏亦云越紼奔喪蓋有所受之矣白虎通又云葬有會者親疏遠近盡至親親之義也左氏隱三年傳天子七月而葬同軌畢至昭三十年傳游吉曰靈王之喪我先君簡公在楚我先大夫印段實往彼疏引鄭玄以爲簡公若在君當自行是則左氏明以諸侯有奔喪之禮故鄭駮異義譏說左氏者云諸侯不奔喪爲自違其傳也書顧命記成王之喪云畢公率東方諸侯入應門左太保率西方諸侯入應門右蓋因奔喪而朝見新王也禮記檀弓云惟天子之喪有別姓而哭注使諸侯同姓異姓庶姓相從而

爲位別於朝覲來時此各經諸侯奔喪之證也○注日者至責內○舊疏云正以昭二十二年六月叔鞅如京師葬景王之屬不日故也言襄王如禮者即元年叔服來會葬五年榮叔歸含且賵召伯來會葬之屬是也沈氏欽韓左傳補注云隱元年傳天子七月而葬同軌畢至是諸侯會葬傳有明文此年傳但云莊叔如周葬襄王不同舉例者正以五年有榮叔之含賵召伯之會葬信使交錯其待諸侯之禮隆且渥如是經書此遙遙相對其失禮無疑矣且以天子之喪而卿士求金求者固非而藩衞之義惟知有伯主不知有天子不愈顯侯國之怠慢乎以求金之來而如京師共葬雖遣得臣亦非本意按穀梁傳云天子志崩不志葬舉天下而葬一人志葬危不得葬也日之甚矣其不葬之辭也注不得備禮葬又云王室微弱諸侯無復往會葬明時皆不會葬故天子之葬不得備禮此有往者書以張義責魯因以責諸侯春秋內魯故注但言責內也楊疏云傳稱不志葬者據治平之日正法言之也是也

晉人殺其大夫先都 疏 通義云時先都士穀等作亂晉討殺之而不稱國者蓋以靈公冲稚趙盾當國大夫專殺春秋疾之故從大夫相殺稱人例也

三月夫人姜氏至自齊 注 出獨致者得禮故與臣子辭月者婦人危重從始至例 疏 注出獨至子辭○凡書致者皆臣子喜其君父脫危而至之辭此夫人出因奔喪得禮故與臣子辭書致也○注月者至至例○桓十六年注致例時夫人當與君同此月故解之舊疏云獨行無制恐有非禮之惡故曰危重也言從始至例者即宣元年三月遂以夫人婦姜至自齊成十四年九月僑如以夫人婦姜氏至自齊之屬是也莊二十四年八月丁丑夫

人姜氏入注其日何難也與公有約然後入彼始至書日故解之也

晉人殺其大夫士縠及箕鄭父疏通義云殺稱及者相累連及之辭其不稱及者同罪也左疏引賈云箕鄭稱及非首謀縠梁傳稱人以殺誅有罪也鄭父累也按左傳所載皆作亂當誅書及皆累者蓋同罪之辭

楚人伐鄭

公子遂會晉人宋人衞人許人救鄭

夏狄侵齊

秋八月曹伯襄卒

九月癸酉地震

地震者何動地也注動者震之故傳先言動者喻若物之動地以曉人也疏包氏慎言云九月書癸酉九月無癸酉十月朔日也或時曆官誤置閏而此年閏在九月前則癸酉即九月朔日矣國語周語云伯陽父曰陽伏而不能出陰迫而不能烝於是乎有地震左疏引孔晁云陽氣伏於陰下見迫於陰故不能升以至於地動是地道安靜以動爲異也○注動者至人也○注申傳義以有動之者而地動即周語所云也通義云地動自動也動地有動之者也大氣動之也陽伏而不能出陰伏而不能烝於是有地震何以書記異也注天動地靜

者常也地動者象陰爲陽行是時魯文公受制於公子遂齊晉失道四方叛德星孛之萌自此而作故下與北斗之變所感同也不傳天下異者從王內錄可知

疏 注天動至常也○易繫辭傳上動靜有常剛柔斷矣韓云剛動而柔止也疏天陽爲動地陰爲靜各有常度故乾之象曰乾道變化坤之卦辭曰安貞吉也亦動靜我也○注地動至陽行○國語周語云伯陽父曰今三川實震是陽失其所而填陰也應劭漢書注云失其所失其道也填陰爲陰所填不得升也漢書五行志云京房易傳曰臣事雖正專必震其震於水則波於木則搖於屋則瓦落大經在辟而易臣茲謂陰動厥震搖政宮大經搖政茲謂不陰厥震搖山山出涌水嗣子無德專祿茲謂不順厥震震邱陵涌水出蓋凡震皆陰行陽事也故穀梁傳曰震動也地不震震者也震故謹而日之也注引穀梁說曰大臣盛將動有所變明陰不宜盛而動也○注是時至同也○穀梁疏引何休徐邈並云由公子遂陰爲陽行專政之所致即此注受制于公子遂也齊晉失道蓋謂齊商人晉趙盾弑君事四方叛德蓋如宋弑君杵臼莒弑君庶其齊又弑商人楚爭中國之屬北斗之變見下十四年秋七月有星孛入于北斗是也所感同者彼注云齊晉並爭吳楚更謀競行天子之事齊宋莒魯弑其君而立之應也五行志云文公九年癸酉地震劉向以爲先是時齊桓晉文魯釐二伯賢君新歿周襄王失道楚穆王殺父諸侯皆不肯權傾於下天戒若曰臣子彊盛者將動爲害後宋魯晉莒鄭陳齊皆殺君諸震略皆從董仲舒說也○注不傳至可知○舊疏云僖十四年沙鹿崩傳云何以書記異也外異不書此何以書爲天下記異也今此地震爲內錄之內爲新王天下明

矣故言不傳天下異者從王內錄可知通義云不傳天下異者時獨魯境內地震昭二十三年八月乙未地震越二日丁酉周地亦震南宮極死而經不書知諸言地震者皆據魯書也按孔說是也外震不書尊內也兼及齊晉四方者假以張義震不言何在止統言地震故亦得爲四方記異也

冬楚子使椒來聘疏釋文椒一本作萩按秋聲叔聲古音同部穀梁傳作萩漢書古今人表楚湫舉師古曰即椒舉也

椒者何楚大夫也楚無大夫此何以書始有大夫也注入文公所聞世見升平法內諸夏以外夷狄也屈完子玉得臣者以起霸事此其正也聘而與大夫者本大國疏穀梁傳楚無大夫其曰萩何也以其來我褒之也通義云何楚有大夫前此矣至此始發傳者屈完不稱使宜申稱使而其君稱人君臣之辭未醇此始因其能修禮來聘遂與君臣之辭同於中國也商臣弒父而得稱子以使者其罪惡固不待貶絕而自見〇注入文至狄也〇校勘記出見升平法云諸本同解云言見治升平者升進也見下當有治字釋文出見升二字則陸本與此同入文公所聞世者舊疏引春秋說云文宣成襄此所聞之世是也隱元年注云於所聞之世見治升平內諸夏而外夷狄對所傳聞世內其國而外諸夏爲升平也成十五年叔孫僑如會晉士燮以下會吳于鍾離傳云曷爲殊會吳外吳也曷爲外也春秋內其國而外諸夏內諸夏而外夷狄下語亦斥所聞世言也彼注云不殊

楚者楚始見所傳聞世尙外諸夏未得殊也至於所聞世可得殊又卓然有君子之行謂莊王此爲修禮接內故亦不得見殊也○注屈完至正也○傳四年楚屈完來盟于師盟于召陵傳屈完者何楚大夫也何以不稱使尊屈完也曷爲尊屈完以當桓公也注增信使若得其君以醇伯德成王事也又僖二十八年楚殺其大夫得臣注楚無大夫此言大夫者欲起上楚人本當言子玉得臣所以詳錄霸事蓋彼在所傳聞世不合見大夫書之者以起齊桓晉文霸事故也彼皆別有所主書故唯此爲始與內接得其正也○注聘而至大國○舊疏云等是夷狄而舒越之屬皆無大夫而始楚得有大夫者正以本是大國故入所聞之世於是見法矣

有大夫則何以不氏注据屈完氏疏注据屈完氏○即僖四年書楚屈完是也許夷狄者不一而足也注許與也足其氏則當純以中國禮責之嫌夷狄質薄不可卒備故且以漸疏校勘記云浦鏜云壹誤一按唐石經諸本皆作一○注許與也○按廣雅釋言云許與也莊子大宗師瞻明聞之聶許釋文引李注許與也又徐無鬼云夫神者不自許也釋文引司馬注許與也說文言部許聽也引申之爲與隱二年左傳注引許作禦注氏中經義知新記云古人引經多有此例如史記載尙書史公每以解釋之字易經文即此義也按作禦不可通當仍何注意作與解爲是○彼疏云制禦戎狄當以漸教之不一度而即使足也亦强爲之解○注足其至以漸○校勘記出貴之云鄂本貴作責此誤言若即足之與以氏則醇同中國當以中國禮義責之矣卒讀如猝恐夷狄質薄不得猝然備責也故以漸進之通義云當進之以漸不就其一事遽盈量而與是也繁露觀德云吳楚國先聘我者見賢謂此與襄二

十九年吳子使札來聘稱子也二傳皆有許夷狄者不一而足之語彼以賢而不字張義此以名而不氏張義意同而取義微異

秦人來歸僖公成風之襚 疏 左傳作隧誤彼校勘記云宋本岳本纂圖本毛本隧作襚石經此處闕釋文亦作襚云衣被曰襚說文作䄬云贈終者衣被曰䄬以此襚爲衣死人衣

其言僖公成風何兼之兼之非禮也 注 禮主于敬當各使一使所以別尊卑 疏 上五年王使榮叔歸含且賵傳其言歸含且賵何兼之兼之非禮也彼譏其一人兼二事此譏其一人襚二人也與隱元年譏宰咺兼之同義○注禮主至尊卑○一本有主作王者誤依宋本閩本正左疏引膏肓云禮主於敬一使兼兩喪又於禮既緩而左氏以之爲禮非也鄭箴之曰若以爲緩按禮衛將軍文子之喪既除而越人來弔子游何得善之劉氏評云襚施於死者弔施於生者鄭不足爲難也又上五年穀梁傳注引廢疾云五年傳曰不言來不周事之用也九年秦人來歸僖公成風之襚最晚矣何以來言鄭釋之曰秦自敗于殽與晉爲仇兵無休息乃如免繆公之喪而來君子原情不責劉氏難曰四年夫人風氏薨秦晉未聞交兵也且因黷武而廢禮其可譏尤甚安得原情不責則此書來兼譏不及事矣

曷爲不言及成風 注 据及者別公夫人尊卑文也連成風者但問尊卑體當絕非欲上成風使及僖公 疏 注据及至文也○僖十一年公及夫人姜氏會齊侯于陽穀是也桓十八年公夫人如齊亦不言及者彼爲外夫人故也○注連成至僖公○傳若但問曷爲不言及嫌欲上成風使及僖公故連及成風問知直問成

風尊僖公卑體當絕也通義云穀梁以爲僖公之成風非也且又推之以爲惠公仲子亦惠公之母若然妾母必以其子氏者今僖若在何以稱之**成風尊也**注不可使卑及尊也母尊序在下者明婦人有三從之義少繫父既嫁繫夫夫死繫子疏注不可至尊也○通義云僖公成風兩言之者尊卑自絕若言及成風則是以卑及尊文不可施也仲子以微不言及成風以尊不言及春秋之言豈可以一端盡之哉○注母尊至繫子○漢書杜鄴傳臣聞陽尊陰卑卑者隨尊尊者兼卑天之道也是以男雖賤各爲其家女雖貴猶爲其國故禮明三從之義雖有文母之德必繫於子冊府元龜引梁何佟之議云夫婦人之道義無自專若不仰繫于夫則當俯繫于子釋名釋長幼云女如也婦人外成如人也故三從之義少如父教嫁如夫命老如子言禮記郊特牲曰婦人從人者也幼從父兄嫁從夫夫死從子故成風序在下也通義云所以子序母上者直爲僖公先薨襚辭亦先致之故耳則是春秋但順當時致辭序耳無義例矣孔氏故與何氏立異忘其違經義也

葬曹共公

十年春王三月辛卯臧孫辰卒疏包氏慎言云三月書辛卯月之二十二日隱元年注所聞世無罪者日錄

夏秦伐晉注謂之秦者起令狐之戰敵均不敗晉先眛以師奔秦可

以足矣而猶不知止故夷狄之【疏】注謂之至狄之○毛本脫猶字傳三十三年傳其謂之秦何夷狄之也義與此同通義云復稱國者秦晉搆怨起於襲鄭秦爲罪首自是二國交刃相仍無已要稱互有曲直不可專責秦伯但卽殺之役及此見始終狄之而已方將善其能變故於此抑見其罪以深起下稱伯爲大善辭也易曰无咎者善補過者也不顯其咎不見其善惟狄之而旋爵之乃知君子之教朝有過夕改則與之夕有過朝改則與之故能使負罪者不以終絶而自棄按令狐戰先昧奔秦皆見上七年

楚殺其大夫宜申【疏】杜云宜申子西也左疏載釋例云宜申不書氏賈氏以爲漏與得臣不書族同蓋夷楚故略其大夫氏也

自正月不雨至于秋七月【注】公子遂之所招【疏】禮記玉藻云至于八月不雨君不舉注爲旱變也此謂建子之月不雨盡建未月也然則至七月不雨猶不爲旱矣然雖不必成災歷三時不雨亦足爲異故書穀梁傳曰歷時而言不雨文不閔雨也不閔雨者無志乎民也○注公子至所招○漢書五行志中之上十年自正月不雨至于秋七月先是公子遂會四國而救鄭楚使越椒來聘秦人歸襚有炕陽之應

及蘇子盟于女栗【疏】杜云女栗地名闕通義云言及不言主名蓋內微者也知非公者天子之大夫視諸侯體敵得盟無取諱不言公也郝氏懿行說略云孰及之蓋大夫也大夫盟王臣翟泉已然矣何以知非沒公也公不與大夫盟不諱與王臣

盟也何諱焉出不書反不致非公可知杜云蘇子周卿士按隱十一年左傳而與鄭人蘇忿生之田杜云蘇忿生周武王司寇蘇公也書立政云周公若曰太史司寇蘇公孔傳忿生爲武王司寇封蘇國成十一年左傳昔周克商使諸侯撫封蘇忿生以温爲司寇是蘇忿生封于蘇其所都之地名温故僖十年左傳狄滅温蘇子奔衛也蓋王復之爲卿或別封他邑此蘇子其後也

冬狄侵宋

楚子蔡侯次于屈貉注魯恐故書刺微弱也疏左傳作厥貉杜云厥貉地名闕古厥屈同部曰借字漢書古今人表厥黨童子師古曰即闕黨童子也闕屈亦同部通義云莊侍郎曰屈貉之役左氏以爲陳侯鄭伯在焉而又有宋公後至圈子逃歸春秋一切不書主書蔡侯者甚惡蔡焉蔡同姓之長而世役于楚自絕諸夏商臣罪大惡極犬彘將不食其餘蓋竊位以來諸侯尚未有與盟會者蔡莊侯首道以摟上國獨與同惡相濟同氣相求不再傳而蔡亦有弑父之禍遂使通春秋唯商臣與般相望于數十年之間若蔡侯者所謂用夷變夏者也廣森三復斯言誠春秋之微旨昔衛州吁弑君自立使公孫文仲平陳與宋及宋殤公陳桓公之身而馮弑佗簒之難作魯暈會之卒平之弑隱者暈也子夏有言曰春秋之記臣弑君子弑父者以十數矣皆非一日之積也有漸而以至矣察於彼經曰衛州吁弑其君完暈率師會宋公陳侯蔡人衛人伐鄭繼之以壬辰公薨宋督弑其君與夷蔡人殺陳佗則知黨弑君之賊者其國必有亂臣觀於此經曰楚世子商臣弑其君髡楚子蔡侯次于屈貉又至於蔡世子般弑其君固則知黨弑父之賊者其家必有逆子嗚呼國有風家有俗久聞習見風俗以成白羽素絲唯其所染履霜乘火

寗可不慎按莊侍郎語見春秋正辭莊孔二氏說可謂得春秋微言矣○注會恐至弱也○按如左傳則宋鄭陳蔡皆附屬楚與魯相近故恐也

十有一年春楚子伐圈疏釋文說文作圈字林臼萬反二傳作麇讀書叢錄云說文麇从鹿囷省聲籀文不省作麕傳寫者省鹿作囷通作圈昭元年楚子卷卒釋文左氏作麇卷又圈字之省校勘記云按玉篇圈懼免切牢也圈巨萬切邑名廣韻二十五願作圈邑名臼萬切誤也此當从說文作圈今說文圈養畜之閑也無圈字依陸氏則說文字林皆有圈字玉篇本之爲邑名正字何本公羊作牢圈字通借也葉本作臼萬反盧本從之不知臼乃誤字耳左傳校勘記惠棟云麇亦作麕注不釋其地所在按盛宏之荆州記云當陽本楚之舊左氏傳楚潘崇伐麕至于錫穴穎容釋例云麕在當陽大事表云今湖廣鄖陽府治鄖縣爲麇國地按傳楚子伐麇敗麇師于防渚潘崇復伐麇至于錫穴爲麇之國都則麇遂滅矣防渚爲今鄖陽府房縣杜佑曰房陵即春秋時麇國地所謂防渚者也秦始皇徙趙王遷于房陵即此建安二十四年先主遣孟達攻下房陵又使劉封自漢中乘沔水會達攻上庸上庸太守申耽降後孟達據房陵降魏蓋隴蜀咽喉蜀魏所必爭也又云十六年楚伐庸麇人率百濮聚于選則麇猶存蓋庸在上庸爲今竹山縣麇有錫穴及防渚爲今之鄖縣房縣俱屬鄖陽府爲接壤庸滅而麇亦不復存矣今與陝西四川接界按廣韻二十阮圈又姓後漢末圈稱字幼舉撰陳留風俗傳圈氏本氏其國然則古有圈國其即楚子所伐者也

夏叔彭生會晉郤缺于承匡疏史記注引服虔曰叔仲惠伯通義本叔彭生即傳所稱叔仲惠伯者也云

叔牙仲子休之子因以叔仲連言非命氏之正故春秋絶正之按左傳作叔仲彭生釋文本或作叔彭生仲衍字按禮記疏引世本云桓公生僖叔牙牙生武仲休休生惠伯彭彭生皮爲叔仲氏蓋謂叔孫氏之仲也石經宋本左傳亦無仲字漢書五行志水經陰溝水注並引作夏叔彭生會晉郤缺于承匡也左傳匡或作筐校勘記云石經宋本岳本筐作匡傳文同郎襄三十年傳會郤成子于承筐之歲也是也杜云承匡宋地在陳留襄邑縣西大事表云今歸德府睢州西三十里有故承匡城水經注陰溝水篇谷水首受渙水于襄邑東東經承匡城春秋書叔彭生會晉郤缺于承匡京相璠曰今陳留襄邑西三十里有故承筐城圈稱云襄邑本襄陵承筐鄉也宋襄公所葬故曰襄陵縣西三十里有承匡城紀要在歸德府睢州西三十里包氏愼言云左氏襄三十年傳云晉悼夫人食輿人之城杞者絳縣老人與食使之年曰臣不知紀年臣生之歲正月朔甲子四百有四十五甲子矣其季于今三之一吏走問諸朝師曠曰魯叔仲惠伯會郤成子于承匡之歲也七十三年矣此所言據夏正也于周爲三月李淳風注五經算術以周術推是年周天正朔亦爲乙丑月小殷地正朔甲午月大

秋曹伯來朝

公子遂如宋

狄侵齊

冬十月甲午叔孫得臣敗狄于鹹【疏】包氏愼言云十月書甲午月之四日杜云鹹魯地大事表云續

漢志濮陽縣春秋時有鹹城濮水之北當在今曹州府曹縣境齊氏召南云杜預言魯地以異於僖十三年齊桓會諸侯之鹹也續漢志東郡濮陽縣有鹹城或曰古鹹國與僖十二年同一鹹非別地

狄者何注以日嫌夷狄不能偏戰故問也疏注以日至問也舊疏云春秋之例偏戰日詐戰月夷狄不能偏戰今而書日故執不知問通義云以所聞之世敗狄不月而今乃日知非常狄故問之按僖三十三年秋晉人敗狄于箕傳聞世也亦不月何氏無此例但從略爾

長狄也注蓋長百尺疏注蓋長百尺○舊疏云長何氏蓋取關中記云秦始皇二十六年有長人十二見於臨洮身長百尺皆夷狄服天誡若曰勿大為夷狄行將滅其國始皇不知反喜是時初併六國以為瑞乃收天下兵器鑄作銅人十二象之是也其文穀梁左氏與此為長短不同者不可強合按穀梁傳弟兄三人佚宕中國瓦石不能害叔孫得臣射其目身橫九畝斷其首而載之盾見於軾范云廣一步長百步為一畝九畝五丈四尺兵車之軾高三尺二寸是其所說長短不同彼疏引春秋考異郵云兄弟三人各長百尺別之國欲為君蓋何氏所本杜注左傳云蓋長三丈彼疏引魯語仲尼所云此十倍僬僥氏之長者故云蓋長三丈是左氏所說長短亦不同也左傳謂鄋瞞說文鄋北方長狄國也在夏為防風氏殷為汪芒氏兼取內外傳為說魯語云吳伐越墮會稽獲骨節專車吳子使來聘問之仲尼曰昔禹致羣臣于塗山防風氏後至禹殺而戮之其骨節專車此為大矣客曰防風氏何守仲尼曰汪芒氏之君守封禺之山者也為漆姓在虞夏商為汪芒氏於周為長狄氏今為大人客曰人長之極幾何仲尼曰僬僥氏長三尺短之至也長者不過十之數之極也故杜氏以為蓋亦

以意言也山海經大荒北經有人名曰大人有大人之國釐姓黍食史記孔子世家云汪罔氏之君守封禺之山爲釐姓索隱云釐音僖按晉語司空季子說黃帝之子十二姓中有僖姓則長狄其黃帝後與魯語以汪芒氏之君爲漆姓者古漆釐同部得叚借也方輿紀要鄭瞞在山東濟南府北境或云今青州府高苑縣有廢臨濟城古狄邑即長狄所居韋注國語封嵎二山在吳郡永安縣周世其國北遷爲長翟也說文以此篆廁涿郡北地之下則許意謂其地在西北方矣

兄弟三人注言相類如兄弟疏注言相至兄弟○穀梁傳亦云弟兄三人佚宕中國注佚更也明非同時兄弟故言相類故左傳敘鄭瞞伐齊在齊襄二年晉獲焚如在滅潞三年也舊疏云別之三國不相援助是以知其非親兄弟者非也

一者之齊一者之魯一者之晉注不書者外異也疏漢書劉向傳上封事述春秋災異云長狄入三國師古曰之齊榮如之魯僑如之晉焚如按左傳又有宋獲緣斯衛獲簡如小顏止述齊魯晉用公羊義也○注不書至異也○春秋有爲天下記異者僖十四年沙鹿崩之屬是也有爲王者之後記異者隕石于宋五六鷁退飛過宋都之屬是也外各國異皆不書詳內略外之之義也故之齊之之晉皆不書

其之齊者王子成父殺之疏左傳云齊襄公之二年鄋瞞伐齊齊王子成父獲其弟榮如注榮如焚如之弟

其之魯者叔孫得臣殺之注經言敗殺不明故復云爾疏左傳云獲長狄僑如富父終甥摏其喉以戈殺之埋其首於子駒之門以命宣伯杜云骨節非常恐後世怪之故詳其處○注經言至云爾○下方欲明殺一人言敗之義故此傳逆詳之

則未知其之晉者也疏左傳

晉之滅潞也獲僑如之弟焚如事在宣十五年於晉爲景公六年一據左傳榮如爲焚如之弟榮如死於魯桓十六年至宣十五年一百三歲其兄猶在既長且壽可謂異極故何氏以爲相類如兄弟也穀梁亦云則未知其之晉者也其言敗何注据敗者內戰文非殺一人也疏注据敗至人也○舊疏云春秋之義內魯爲王王於諸侯無敵之義但當言戰戰則是內敗之文言敗某師則是內戰之文今敵其一人而言敗狄于鹹作內戰之經故難之大之也注長狄之三國皆欲爲君長大非一人所能討與師動衆然後殺之如大戰故就其事言敗疏注長狄至言敗○舊疏云正以各之一國故也雖非兄弟若不爲君羣行亦得卽長人十二見於臨洮是也按穀梁傳不言帥師而言敗何也直敗一人之辭也一人而曰敗何也以衆焉言之也注言其力足以敵衆又云瓦石不能害注肌膚堅强瓦石打擿不能虧損故云非一人所能討與師動衆然後殺之如大戰也其日何注据日而言敗與公子友敗莒師于犂同非殺一人文疏注据日至人文○校勘記云鄂本無于犂非也按釋文出于犂二字卽僖元年冬十月壬午公子友帥師敗莒師于犂獲莒拏是也彼傳云季子待之以偏戰故彼亦日也然則公子友與莒拏戰亦二人相敵蓋用穀梁屏左右而相搏事故云同非殺一人文也大之也注如結日大戰疏注如結日大戰○隱六年注戰例時偏戰日詐戰月僖元年注莒人可忿而能結日偏戰是其不加暴之義故繁露竹林云春秋惡詐擊而善偏戰也其地何大之也注如大戰故地疏注如大戰故地○如

戰于城濮戰于邲之屬也隱元年傳昧者何地期也注會盟戰皆録地其所期處重期也故此亦書地爲信辭以大之通義云使如結日地期大戰是也

何以書記異也注魯成就周道之封齊晉霸尊周室之後長狄之操無羽翮之助別之三國皆欲爲君此象周室衰禮義廢大人無輔佐有夷狄行事以三成不可苟指一故自宜成以往弑君二十八亡國四十

疏通義云長狄本漆姓防風氏之後昔禹戮其君骨節專車至周時號爲大人之國居大荒之東徑阻夐絕忽爾佚宕中國非聞見所及故以記異言之左傳疏云如此傳文長狄有種種類相生當有支胤唯獲數人云其種遂絕深可疑之命守封禺之山賜之以漆爲姓則是世爲國主綿歷四代安得更無支屬唯有四人且君爲民心方以類聚不應獨立三丈之君使牧八尺之民又三丈之人誰爲匹配豈有三丈之妻爲之生產乎人情度之深可惑也按唯其如此故謂之異穀梁亦備詳其異仲遠之疑殊可不必○注魯成至狄行○舊疏云正以周公相成王致太平意封于魯晉文齊桓皆率諸侯尊事天子此是齊晉之君子孫故云爾然若如左傳則齊事在桓前也蓋何氏所据不與左傳同校勘記出輔佐云鄂本宋本閩監本同毛本改輔助非也羽翮猶羽翼謂輔佐也說文羽部羽鳥長毛也翮羽莖也从羽鬲聲繫傳按史晉舡人曰爲所恃者六翮也是也書皋陶謨予欲左右有民汝翼古多叚羽翼喻輔臣也穀梁疏引考異郵云長狄兄弟三人各長百尺別之國欲爲君狄者陰氣時中國衰有夷狄萌漢書五行志云劉向以爲是時周室衰微三國爲大可責者也大戒若曰不行禮義大爲夷狄之行將致危

亡其後三國皆有篡弑之禍近下人代上之痾也劉歆以爲人變屬黃祥一曰屬贏蟲之孼一曰天地之性人爲貴凡人爲變皆屬皇極下人代上之痾云京房易傳曰君暴亂疾有道厥妖長狄入國又曰豐其屋下獨苦長狄生世主虜取義大同論衡異虛云狄如謂含血者吉長狄來至是吉也何故謂之凶○注事以至指一○汪氏中釋三九云一奇二偶不可以爲數二乘一則爲三故三者數之成也於是先王之制禮凡一二之所不能盡者則以三爲之節三加三推是也此制度之實數也因而生人之措辭凡一二之所不能盡者則約之三以見多此言語之虛數也實數可稽也虛數不可執也故此亦記其三以志異○注故自至四十○舊疏云春秋之經自宣成以下訖於哀十四年止弑君二十亡國二十四知此注誤宜云弑君二十也八是衍字亡國二十四作四十者錯也或者弑君二十八亡國四十二春秋說文其間亦有經不書者故不同耳又云其弑君二十卽宣二年晉趙盾弑其君夷獆四年歸生弑其君夷十年夏徵舒弑其君平國襄二十五年崔杼弑其君光吳子謁伐楚門于巢卒爲巢人所弑二十六年衛甯喜弑其君剽二十九年閽弑吳子餘祭三十年蔡世子般弑其君固三十一年莒人弑其君密州昭八年陳招殺偃師十一年楚子虔誘蔡侯般殺之十三年公子比弑其君虔棄疾殺比十九年許世子止弑其君買三十三年吳殺胡子髡沈子楹二十七年吳弑其君僚定四年蔡殺沈子嘉十三年薛弑其君比哀六年陳乞弑其君舍之屬是也其滅國二十四者宣八年楚滅舒蓼十二年楚滅蕭十五年晉滅潞氏十六年滅甲氏及留吁成十七年楚滅舒庸襄六年莒人滅鄫齊滅萊十年遂滅偪陽十三年取詩二十五年楚滅舒鳩昭四年遂滅厲八年楚滅陳十一年楚滅蔡十七年晉滅賁渾氏二十三年胡子髡沈子楹滅二十四年吳滅巢三十年吳滅徐

定四年蔡滅沈六年鄭滅許十四年楚滅頓十四年楚滅胡哀八年宋滅曹之屬是也按何氏雖言宣成以往不必定至宣世始應此吳如齊宋莒魯皆在應內春秋雖止於哀十四年春而陳恆弑君亦應在內天人之應同也下十六年之楚滅庸亦應入數舊疏未免太泥又舊疏所數吳子謁弑于巢楚子虔殺蔡侯吳殺胡子髡沈子楹皆為外所殺亦不列諸弑臣弑君之科成十八年晉弑君州蒲又鄭伯髡原卒于操亦弑見襄七年何皆不數昭元年楚子卷卒左傳以為弑公羊雖無傳然何氏於公子比出奔晉下注云避內難則與左亦同其滅國數胡子髡沈子楹尤誤彼經滅者君死於位之稱非國被滅亦不合其吳滅楚當列入春秋後如楚滅陳越滅吳皆去獲麟不遠亦宜數也

公羊義疏四十一

公羊義疏四十二

南菁書院

句容陳立卓人著

文十二年盡十三年

十有二年春王正月郕伯來奔

郕伯者何失地之君也疏通義云時先郕伯卒嗣子立踰年而被篡以其邑夫鍾郕邽來奔故曰失地之君也按孔氏牽涉左傳為說非何氏義果如左氏所記則太子不得守國當絕又據地奔魯魯當坐受邑郕伯當坐竊邑也何以經無貶文何以不名兄弟辭也注與郜子同義月者前為魯所滅今來見歸尤當加意厚遇之疏注與郜子同義○僖二十年云郜子來朝是也彼傳云郜子者何失地之君也何以不名兄弟辭也彼注云郜魯之同姓故不忍言其絕賤明當尊遇之異於穀鄧也書者喜內見歸則此書來奔皆與郜子同當亦為喜內見歸也繁露觀德云郕伯郜子俱當絕而獨不名為其與我同姓兄弟也僖二十四年左傳管蔡郕霍云云文之昭也郕即郕也通義云兄弟辭者為其來奔明當以恩禮接之是也彼又云若其出奔他國雖兄弟之君亦名衛侯衎出奔齊是也此不獨與何異且與傳違傳明云失地之君而以衛侯衎為比可謂擬不於倫矣桓七年穀伯綏來朝鄧侯吾離來朝傳皆何以名失地之君也注不據為難何以不名者以郜子注已明故此不復言從省也○注月者至遇之○校勘記出尤云鄂本同閩監毛本尤誤猶

前爲魯所滅者莊八年夏師及齊師圍成成降于齊師傳成者何盛也盛則曷爲謂之成諱滅同姓也是也言盛降爲魯齊所共滅今又來奔尤當厚遇故書月見其與穀伯鄧侯郜子皆書時異也按齊魯共伐盛盛降于齊則盛爲齊所滅蓋時猶如紀季屬爲附庸今復見滅來奔故書爵也杜云稱爵見公以諸侯禮迎之彼以盛伯爲太子故如此釋與此注加意厚遇之義似同而不同也

杞伯來朝

二月庚子子叔姬卒[注]卒者許嫁[疏]包氏愼言云二月書庚子月之十二日○注卒者許嫁○舊疏云舊本皆無此注且理亦不須疑衍字按無者是也何氏於經有傳者皆不注經且傳明云許嫁矣注豈非贅設故僖九年伯姬卒亦無注也

此未適人何以卒許嫁矣婦人許嫁字而笄之死則以成人之喪治之[疏]以叔姬無所繫又書卒故知許嫁也與僖九年伯姬卒傳同詳見彼穀梁傳曰其一傳曰許嫁以卒之也男子二十而冠冠而列丈夫三十而娶女子十五而許嫁二十而嫁顧氏棟高子叔姬卒論云左氏謂叔姬已嫁于杞被出而見絕以經文不繫杞而言絕也又因上有杞伯來朝與子叔姬卒相連憑空生出請絕叔姬而無絕昏遂以此叔姬爲杞所絕之女而以成五年杞伯姬來歸八年杞伯姬卒爲杞之所請繼續爲昏者揆之情事可謂大謬據今士庶人家無絕一女而更請一女之理杞何敢然魯亦安肯許旣如其意以次女續昏矣二十餘年又復見絕杞何不遣乃留五年來歸八年卒于毋家九年請于杞而後來逆喪姊娣

二人前後俱爲杞所棄杞何强暴魯何孱弱至此此皆情理之必無者且既請絕叔姬則叔姬非復夫人可不爲之服矣經又何以書其卒乎當以公穀許嫁之說爲是許嫁不知何國與僖九年伯姬一例李氏廉更爲之說曰已許嫁于杞杞伯來朝請絕而求其次夫叔姬方在母家杞又何從摘其短而預先請絕昏乎此皆以上下兩事牽合之病也杞伯自來朝魯叔姬自卒兩事本自風馬牛者作兩事自無此病若啖氏助劉氏敞呂氏大圭謂此傳當在成公八年而誤置於此此病亦覺費手春秋一經杞伯來朝多矣豈必皆有所爲左傳謬說極多豈能必求其可通與其信傳而易置經文何如刪傳而使經文仍舊之爲得乎按顧說是也既出則非諸侯夫人當入諸侯絕期內無爲爲之服宣十六年郯伯姬來歸不見其卒是也

其稱子何注据伯姬卒亦許嫁不稱子疏注据伯至稱子○即僖九年秋七月乙酉伯姬卒是也

貴也其貴奈何母弟也注不稱母妹而繫先君言子者遠別也禮男子不絕婦人之手婦人不絕男子之手疏注不稱至別也○穀梁傳其曰子叔姬貴也公之母姊妹也注同母姊妹通義云謹按殷人字積于仲周人字積于叔故文公之篇有子叔姬二而皆爲同母姊妹也詩曰齊侯之子東宮之妹明君之母妹貴有殊矣啖趙以稱子者爲公之女子于此似是而實非文公以四年娶而十二年女已及笄宣公以元年娶而五年女已適人其可得通乎按殷道親親故母弟母妹皆特異春秋從殷質故也○注禮男至之手○下男子毛本子誤人既夕記喪大記皆有此文喪大記注云君子重終爲其相褻既夕記注云備褻卽遠別之義喪大記絕作死

夏楚人圍巢【疏】杜云巢吳楚之間小國廬江六縣東有居巢城大事表云今江南廬州府巢縣東北五里有古巢城為巢國地水經注沔水篇又東北出居巢縣南古巢國也湯伐桀桀奔南巢即巢澤也尚書周有巢伯來朝春秋文十二年楚人圍巢巢羣舒國也一統志居巢故城在廬州府巢縣東北五里

秋滕子來朝

秦伯使遂來聘【疏】左氏穀梁遂作術古遂術同部字禮記月令審端徑術注術周禮作遂又學記術有序注術當為遂聲之誤也周禮萬二千五百家為遂故水經注引學記術有序作遂有序管子度地篇故百家為里二十為術術音遂也毛詩有疏序引鄭志張逸問傳曰山川能說何謂也答曰兩詩或言說說者說其形也或曰述述者述其故事也述讀如遂事不諫之遂漢書五行志中之上秦伯使遂來聘正用公羊傳文師古曰即左氏所謂西乞術也通義云即西乞術也左氏曰術此曰遂古今字耳舊疏云左穀皆作術字經亦有作術字者疑遂字誤按舊疏非是遂正字術借字古名字相配秦西術字乞見僖三十三年左傳乞讀為仡仡終也竟也逸周書太子晉篇孔注遂終也廣雅遂竟也是遂與乞義乃相比舊疏何反以遂為誤也

遂者何秦大夫也秦無大夫此何以書賢繆公也【疏】荀子大略云春秋賢繆公與公羊義同

何賢乎繆公【注】据聘不足與大夫荊人來聘是也【疏】注据聘至是也○見莊二十三年彼傳云荊何以稱人始能聘也注春秋王魯因其始來聘明夷狄能慕王化修聘禮受正朔者當進之故使

稱人也稱人當繫國而繫荊者許夷狄者不一而足蓋其不遽稱大夫亦是不壹而足之義以爲能變也疏荀子大略云易曰復自道何其咎春秋賢繆公以爲能變也史記秦本紀繆公益厚視孟明視等使將兵伐晉渡河焚舟大敗晉人取王官及鄗以報殽之役晉人皆城守不敢出於是繆公自茅津渡河封殽中尸爲發喪哭之三日乃誓于軍中曰嗟士卒無譁余誓告汝古之人謀黃髮番番則無所過以申思不用蹇叔百里傒之謀故作此誓令後世以記余過據左傳則此事在文三年書序云秦穆公伐鄭晉襄公帥師敗諸殽還歸作秦誓則作在敗殽以後按之以左氏事證之似當作於三帥還歸嚮師而哭之時悔信杞子之言不用百里等之諫故有黃髮良士之思截截諞言之悔也其實敗殽而後二年戰彭衙三年伐晉七年戰令狐十年伐晉曷嘗真能悔過聖人因其有悔過之心一載之書一賢於春秋無非假以張義欲人人之知變爾論語曰過而不改是謂過矣聖人救世之心也通義云此秦伯康公也賢繆公而於康公與使有大夫者至此始能修禮來聘因其可與而與之又以明善善及子孫也按下十八年秦伯罃卒注秦穆公也則何氏不以此爲康公事孔氏所云非何義孔氏往往牽涉左氏說公羊此類是也其爲能變奈何惟諓諓善竫言注諓諓淺薄之貌竫猶撰也疏此下皆以秦誓語引證繆公能變之事○注諓諓淺薄之貌○惠氏棟公羊古義云此述秦誓之辭而字多異然反覆按之與尚書無大牴牾蓋今古文之殊耳說文引書曰戔戔巧言李尋傳云昔秦穆公說諓諓之言任仡仡之勇王逸楚辭章句引書云諓諓靖言靖與竫同釋文尚書作截截淺薄貌也賈逵注外傳云巧言也按諓戔同韻截亦同部得通書釋文引馬注辭語截削省要也與淺薄亦近惟此以貌

言諸家或就辭言耳說文言部諓善言也段氏注云古文秦誓截截善諞言諞字下引之今文秦誓戔戔戈部戔字下引之釋云巧言也公羊傳劉向九歎李尋傳皆作諓諓王逸注楚辭引尚書作諓諓靖言皆今文尚書也諸家作諓諓許作戔者同一今文而有異本如同一古文而馬作偏許作諞不同也按許以諓爲善言或別一義不必牽以說書與此傳○注竫猶撰也○釋文竫本或作諞皮勉反又必淺反本作譔七全反又仕勉反公羊問答云此如論語異乎三子者之僎鄭注僎讀曰詮詮云言善也祭統論譔其先祖之美疏言子孫爲銘論說撰錄其先祖道德善事按撰通作譔又作僎卽其證讀書叢錄云竫古通作靖字爾雅釋詁竫治也治與撰義相近尚書秦誓惟截截善諞言說文諞便巧言也从言扁聲周書曰截截善諞言又引周書戔戔巧言皆非公羊義釋文本或作諞是後人依尚書改之段氏諓字下注云戔下既引戔矣而諓下又云善言者此又用王逸所据諓諓靖言之本也善言釋靖言何曰靖猶撰也撰同譔譔言善言也廣雅釋訓諓諓善也賈逵外傳注諓諓巧言也韋昭注巧辨之言也然則此善言者謂善爲言辭者不同話下之善言也按靖竫同部字撰譔皆从巽得聲與扁亦同部古耕青閒有與真臻等部通段者故書作諞此作竫義皆相近作撰者巧言之人憑空結撰易以動人如杞子使人告諸秦曰潛師以來國可得也等詞是也巧言者無不淺薄故以諓諓狀其貌

俾君子易怠【注】俾使也易怠猶輕惰也【疏】注俾使也○詩邶風綠衣云俾無訧兮傳俾使也又日月云俾也可忘箋云俾使也說文人部俾益也一曰俾門侍人故引申之爲使義○注易怠猶輕惰也○九經古義云書怠作辭籒文辭作辝从台史記三王世家齊王策云俾君子怠與公羊傳合此以輕詁易以惰詁怠也襄四年左傳貴貨易

土注易猶輕也晉語注同禮記樂記云易慢之心入之矣注易輕易也又祭義云而慢易之心入之矣易怠猶慢易也故檀弓云易吉事雖止不怠少儀怠則張而相之注並云怠惰也段氏玉裁尚書撰異云易讀如素問解㑊之㑊舊疏云言使此君子易為輕情非是何意謂諓諓竫言之人能使君子輕情也秦繆一聞杞子之言卽輕師遠襲是其故也輕情釋文作輕隋

而況乎我多有之疏書況作皇公羊古義云依字當作兄兄滋也無逸云無皇曰又曰則皇自敬德漢石經無逸皆作兄兄詩桑柔倉兄塡兮召旻職兄斯引義皆作況通義云書云我皇多有之此以況訓皇穆天子黃竹之詩嗟我公侯百辟冢卿皇我萬民甫刑大傳曰有其語也無不聽者皇於聽獄乎鄭司農注大皇猶況也故無逸則皇自敬德王肅本作況而熹平石經又作兄大雅倉兄其義亦猶倉皇況之為兄古文也皇之言況古訓也段氏玉裁尚書撰異云書大傳皇於折獄乎此叚皇為矧況字也公羊傳而況乎我多有之此段況為皇暇字也皇與況互相段借而況乎我多有之猶言而何暇我多有之也孔傳皇訓大非按段說非是此言而況乎我多有之卽以況為矧況字謂此諓諓竫言之人實足使君子輕情矧況我多有之我對君子也君子尚為所惑而況乎我多有之者謂杞子逢孫也樊毅碑況作兄管子書皆以兄為況漢尹翁歸字子兄注兄讀為況故況作兄皇皆通唐石經況字缺

惟一介斷斷焉疏九經古義云焉與夷同見周禮行夫注夷聲近猗故尚書作猗說文斤部斷截也从斤𢇍𢇍古文絕又曰㫁古文斷从㠯㠯古文叀字周書曰㫁㫁猗無他技猗大學作兮兮為猗皆語辭按斷从叀故何氏以專一釋斷斷校勘記云唐石經諸本同

無他技注一介猶一槩斷斷猶專一也他技奇巧異端也

孔子曰攻乎異端斯害也已【疏】釋文他作佗技古義云技與伎同尚書或作技〇注一介猶一槩〇
釋文一介古拜反尚書音古貨反則陸氏所見尚書作一个與大學同校勘記引惠棟云古無个字作一介爲是漢書孔光傳援納
斷斷之介注介謂一介之人正用周書語介槩疊韻爲訓按禮記釋文个古賀反一讀作介音界昭四年左傳使寶饋于个而退文
選運命論注作寶饋于介而退御覽引周書明堂位左爲左介右爲右介卽月令之左个右个也左傳稱一介行李是偏副之義杜
注昭四年云一个東西廂亦一偏室之義也蓋古以一个作一枚一解者止作箇何訓一个槩亦不作一个解馬書本作界云一介耿介一心
端慤者何當與同〇注斷斷猶一專一也〇禮記大學注斷斷誠一之貌也後漢書卓茂傳斷斷專一也漢書孔光傳斷斷專一之貌
並與何同一專一卽鄭氏之誠一也史記魯世家云斷斷如也索隱斷斷是專一之義廣雅釋訓斷誠也〇注他技至端也〇釋文奇
其宜反本又作琦同鬼谷子捭闔篇校其技巧短長注技巧謂百工之役禮記大學無他技注他技異端之技也莊子在宥云是相
于技也注技不端也不端卽異端也秦誓釋文技本又作伎法言問道篇或問道曰道也者通也無不通也或曰可以適他與曰適堯
舜文王者爲正道非堯舜文王者爲他道君子正而不他塗雖曲而通諸夏則由諸川雖回而通諸海則由諸宋咸注他異端也諸
子異端若能自通於聖人之道亦可也皇侃論語疏以異端爲諸子百家之書謂與聖經大道異者也按何以異端連奇巧言則不
必如皇說猶孟子言小有才者爾未聞君子之大道也孔氏廣森經學卮言云邪疏異端諸子百家之言非也楊墨之屬行於戰國
春秋時未有攻之者也戴東原說端頭也凡事有兩頭謂之異端言業精於專兼攻兩頭則爲害耳愚按相如封禪文然無異端大

學他技注異端之技也孟子王之所大欲注復問此五者欲以致王所欲故發異端以問古人凡用異端者皆如此解任昉王文憲集序攻乎異端歸之一正義亦謂博學反約之意按孔氏此解尤與何氏說斷斷為專一者相發明〇注孔子至也已〇孔見論語為政篇何氏集解善道有統故殊塗而同歸異端不同歸也意亦指楊墨等說後漢書尚書令韓歆上疏欲立費氏易左氏春秋范升以為費左二學無有本師而多反異孔氏曰攻乎異端斯害也已此以古文家無師傳為異端也皆與何氏異

其心休休〔注〕休休美大貌〔疏〕注休休美大貌〇爾雅釋詁云休美也易大有順天休命文選注引鄭注休美也鄭注書云休休寬容貌又書疏引王肅云休休好善之貌

能有容〔注〕能含容賢者逆耳之言〔疏〕公羊古義云尚書曰如有容古如字作而而讀為能能讀曰如如詩民勞云柔遠能邇箋云能猶伽也伽當作如如如其意也按能猶而詩衛風芄蘭能不我知謂而不我知也崔驅大理箴或有忠能被害或有孝而見殘是能與而同而猶如也易明夷傳用晦而明虞注而如也詩小雅都人士云垂帶而厲箋云而厲如鞶厲也是輾轉相通尚書禮記之如有容即此之能有容也〇注能含至之言〇此為繆公悔不聽蹇叔等言而作誓故注以能容為容逆耳之言孔傳謂樂善其如是則能有所容雖通而義未切

是難也〔注〕是難行也秦繆公自傷前不能用百里子蹇叔子之言感而自變悔遂霸西戎故因其能聘中國善而與之使有大夫子貢曰君子之過也如日月之食焉過也人皆見之更也人皆仰之此之謂也

疏注是行也○言休休有容不易行也此穆公能悔而悟方知其難○注秦繆至西戎○史記秦本紀云乃誓於軍曰嗟士卒聽其無譁余誓告汝古之人謀黃髮番番則無所過以申思不用蹇叔百里傒之謀故作此誓令後世以記余過三十七年秦用由余謀伐戎王益國十二開地千里遂霸西戎天子使召公過賀繆公以金鼓是其悔過霸西戎事也新序五云故書曰黃髮之言則無所愆詩曰壽胥與試美用老人之言以安國也說苑尊賢云秦穆公用百里子蹇叔子王子廖父及由余據有雍州攘敗西戎漢書淮陽憲王欽傳春秋之義大能變改易曰籍用白茅无咎言臣子之道改過自新絜己以承上然後免於咎也李尋傳昔秦穆公說諓諓之言任仡仡之勇身受大辱社稷幾亡悔過自責思惟黃髮任用百里奚卒霸西域德列王道二者禍福如此可不慎哉息夫躬傳昔秦繆公不從百里奚蹇叔之言自敗其師悔過自責疾詿誤之臣思黃髮之言後遂以霸○子注故因至大夫○所謂因其可與而與之也按秦見春秋始僖十五年戰于韓書爵見偏戰獲人君當坐絕中國也而未能用周禮擯之不足責之數再稱秦師於僖二十八年爲其從伯者攘楚書師以錄功嗣殽至上十年皆狄之書秦上九年來歸襚始與魯爲禮又兼之非禮故於此年來聘修好尊王無可譏譏故特書伯善而與之也○注子貢至謂也○見論語子張篇

冬十有二月戊午晉人秦人戰于河曲

疏包氏慎言云十二月書戊午月之六日杜云河曲在河東蒲坂縣南大事表云今蒲州府治永濟縣東南五里有蒲坂故城又云水經云河水南至華陰潼關渭水自西來會之蓋河水自此折而東故謂之河曲即蒲坂也今蒲坂故城在永濟東南又云河西在今陝西同州府及華州之境秦初起岐雍未能以河爲

界晉強遂跨河西而滅西虢兼舊鄭以汾澮爲河東故以華陰爲河西自夷吾請割河外列城外東盡虢略河外即河之西虢略故虢國地即今閿鄉靈寶在河之東背約不與戰韓見獲僖十五年十一月秦歸晉侯始征晉河東而河外五城不必言矣十七年晉太子圉爲質于秦秦復歸河東而河西五城終爲秦有自是秦地東至河秦在河西晉在河東判然兩戒矣方輿紀要河西經同州朝邑縣東又南經華陰縣東北東岸爲蒲州城西又南經雷首山西乃折而東其地謂之河曲服虔曰河曲晉地見史記注續漢志河東郡蒲坂有雷首山劉昭注伯夷叔齊餓於首陽山馬融曰在蒲坂華陰之北河曲之中是河曲在蒲坂矣江氏永曰河南流至華陽曲而東流在今蒲州府永濟縣境

此偏戰也何以言師敗績敵也【疏】與上七年晉人及秦人戰于令狐傳同注云俱無勝負通義云左氏所謂交綏是也先晉人者此亦秦伐晉見晉爲主也不言及者秦晉之爭亟矣是役以後乃少甯居將於是總校其功罪以晉及秦則觸晉未有罪以秦及晉則觸與秦征之故變文以見二國均罪焉爾董仲舒曰秦穆侮蹇叔而大敗鄭文輕衆而喪師春秋之敬賢重民如是是故戰攻侵伐雖數百起必一二書傷其所害重也問曰其書戰伐甚謹其惡戰伐無辭何也曰會同之事大者主小戰伐之事後者主先苟不惡何爲使起之者居下是其惡戰伐之辭已且春秋之法凶年不修舊意在無苦民爾苦民尚惡之況傷民乎傷民尚痛之況殺民乎考意而觀指則春秋之所惡者不任德而任力驅民而殘賊之世其所好者設而勿用仁義以服之也詩曰弛其文德洽此四國此春秋之所善也夫德不足以親近文不足以來遠不斷斷以戰伐爲之者此固春秋之所甚疾已

皆非義也此見繁露竹林篇

曷爲以水地注以水地者謂以水曲折起地遠近所在也据戰于泓不言曲疏注据戰至言曲見僖二十二年

○河曲疏矣河千里而一曲也注河曲流以据地明故可以曲地因以起二國之君數與兵相伐戰無已時故不言及不別曲直而地以河曲明兩曲也

疏校勘記云唐石經諸本同爾雅釋水百里一小曲千里一曲一直注引公羊傳曰河曲流河千里一曲一直也疏云此注以疏一爲流引加一直字誤也按郭氏所據公羊不與何本同何本作疏不作流流也又云按此是流字鄂本唐石經作疏乃譌字耳邢昺所據已譌按校勘語是也注疏均不爲疏字爲解知當是流謂河至此而曲流也公羊問答云河千里而一曲何所據曰此見之於河圖緯象河流九曲河導崑崙山一曲也東流千里至規其山二曲也北河千里至積石山三曲也千里入隴首抵龍門四曲也南流千里至龍首至卷重山五曲也東流貫砥柱觸閼流山六曲也東流至洛會七曲也東至大伾八曲也北至洚水千里至大陸九曲也按爾雅釋水云河百里一小曲千里一曲一直釋文引李巡云水勢小曲乃大直也故曰小曲水陰節每一曲一曲一直通無極也故曰千里一曲一直漢志太原郡陽曲應劭曰河千里一曲當其陽故曰陽曲然陽曲去河曲遠當如杜以爲在蒲坂縣南者是○注河曲至曲也○校勘記出曲流云閩監毛本同鄂本流作疏按作疏者誤通義云舉河曲者猶言濟西河陽皆大之之詞也師之所處荆棘生焉大軍之後必有凶年況乃干戈相尋綿十三載故雖戰不出頃而舉疏者地之用是見伏尸流血千里之內舉遺離之

嘻二國之罪均矣穀梁傳曰不言及秦晉之戰已亟故略之也注夫戰必有曲直以一人主之二國戰闘數曲直不可得詳故略之不言晉人及秦人戰愈氏樾云按爾雅釋水注引此文作河曲流河千里一曲一直也阮氏因謂疏字誤其實非也此二句正答上文曷爲以水地之問蓋謂河曲疏闊千里而始一曲非十里百里間所在皆有者故得舉以目其地也若作流字於義全失矣郭璞所引以意增改非公羊原文解詁曰河曲疏句以據地明句故可以曲地句其說甚爲明了而疏字各本均誤作流於是傳義愈晦矣校勘記曰鄂本流作疏當據以訂正郝氏懿行爾雅義疏謂郭注兼引解詁文則亦爲誤本所惑耳

季孫行父帥師城諸及運【注】書帥師者刺魯微弱臣下不可使邑久不修不敢徒行與師厲衆然後敢城之言及者別君邑臣邑也【疏】釋文運二傳作鄆後皆爾按運鄆皆從軍聲通此作運者叚借字也杜云鄆莒魯所爭者城陽姑幕縣南有員亭員卽鄆也彼釋文云本又作鄖音同廣韻二十三問鄆邑名又州名魯太昊之後風姓禹貢兗州之城卽魯之附庸須句國也秦爲薛郡地漢爲東平國武帝爲大河郡隋爲鄆州按魯有東西鄆在東平州者西鄆也水經注瓠子河篇瓠河又東逕鄆城縣南春秋左傳成公十六年公自沙隨還待于鄆京相璠曰公羊作運字今東郡廩丘縣東八十里有故運城卽此城也按成四年城運昭二十六年公至自會居于運二十五年齊侯取運二十七年兩書公至自齊居于運元十九年公至自乾侯居于運又運潰定六年季孫斯仲孫忌圍運十年齊人歸運田皆是此年所城爲東運水經注沂水篇沂水又東南逕東莞縣故城西與小沂水合孟康曰邑故鄆邑左氏傳莒

魯爭鄆爲日久矣今城北鄆亭是也京相璠曰琅邪姑幕邑南四十里員亭故魯鄆邑世變其字非也郡國志東莞有鄆亭今在圖城東北四十里齊乘郡邑篇沂水縣本莒魯所爭之鄆邑十三州記曰魯昭公所居爲西鄆在東平莒魯所爭爲東鄆在此大事表云在今沂州府沂水縣治東北四十里京相璠曰琅邪姑幕縣南員亭地理志東莞下云術水南至下邳入泗孟康曰故鄆邑今鄆亭是也齊氏召南云魯地名鄆者有二此年季孫所城東鄆也與莒分界今沂水縣北之團城是成四年所城鄆以備晉及昭公所居此西鄆也今鄆城縣東有故城按此及成九年楚人入運襄十二年季孫宿帥師救台遂入鄆昭元年取運皆在沂水者蓋是時屬魯故季孫城之不知何年入于莒直至昭元年取之復屬魯也地理志琅邪郡諸下云師古曰春秋城諸及鄆者山東通志諸邑在青州府諸城縣西南三十里石屋山東北濰河之南鄆亭城在沂水縣東北四十里○注書帥至城之○校勘記出書帥師云鄆本同此本疏標起訖亦作書帥至城之此本及閩本書誤帥今訂正監毛本改言帥師者非舊疏云如此注者正見隱七年城中丘之屬皆不言帥師故也按臣下不可使者卽上八年公孫敖如京師不至復丙戌奔莒傳云不至復者不可使往也是也蓋臣下不可使微弱特甚故穀梁傳曰稱帥師言有難也或此爲莒魯所爭因畏莒故不敢徒行與○注言及至邑也○莊二十九年城諸及防注諸君邑防臣邑言及別君臣之義君臣之義正則天下定矣又昭五年莒牟夷以牟婁及防茲來奔傳云不以私邑累公邑也注公邑君邑私邑臣邑也累次也義不可使臣邑與公邑相次序故言及以絕之是也

十有三年春王正月

夏五月壬午陳侯朔卒注不書葬者盈爲晉文諱也晉文雖霸彊會人孤以尊天子自補有餘故復盈爲諱疏包氏慎言云五月書壬午月之二日○注不書至爲諱○校勘記出會人孤云鄂本會字上有彊字此脫按僖二十八年注云陳有大喪而彊會其孤有彊字是也舊疏云盈者相接足之辭晉文於僖二十八年之時此朔之父陳侯款夏六月卒至冬未葬而晉文會諸侯于溫經有陳子是強會人孤令失子行亦是文公恥之是以春秋遂卒竟不書款葬深爲晉文諱也今若款子朔書葬則文公之惡還見是以此處須去朔葬使若陳國之君例不書葬然故言盈爲晉文諱按文公恥之者彼注云不書葬者爲晉文諱行霸不務教人以孝陳有大喪而彊會其孤故深爲恥之是也通義云不言葬陳共公者與慈父同義

邾婁子籧篨卒疏左氏作蘧蒢按說文艸部蘧蘧麥也又蒢黃蒢職也是二物竹部籧籧篨粗竹席也篨籧篨也籧篨作一物解知邾婁子名當作籧篨桓六年左傳所云取於物爲假是也通義云邾婁文公也前用鄫子于社失德重卒當貶去日知不蒙上日

自正月不雨至于秋七月注公子遂所致疏校勘記出至秋七月云唐石經鄂本皆作至于秋此脫○注公子遂所致○五行志中之上十三年自正月不雨至于秋七月先是曹伯杞伯滕子來朝郕伯來奔秦伯使遂來聘季孫行父城諸及鄆二年之間五國趨之內城二邑炕陽失衆一曰不雨而五穀皆熟異也文公時大夫始顓盟會公孫敖會晉侯

又會諸侯于垂隴故不雨而生者陰不出氣而私自行以象施不由上出臣下作福而私自成一曰不雨近常陰之罰君弱也按施不由上出及君弱諸義皆同惟何氏專以爲公子遂之應爾

世室屋壞**疏**左氏穀梁作大室公羊古義云世室二傳作大室賈服虔等皆以爲太廟之上屋禮說曰淸廟之制如明堂達明堂五室故淸廟五寢中央曰大室亦曰大寢大室屋壞者室中重屋明堂位所謂復廟重檐天子之廟室洛誥王入大室祼是也孔穎達曰左傳不辨此是何公之廟而經謂之大室則此室之最大者故知是周公之廟非魯公也明堂位曰魯公之廟文世室也武公之廟武世室也世室非一君不宜專屬伯禽棟按公羊皆以世爲大如衛太叔儀爲世叔儀宋樂大心爲樂世心又推而廣之如鄭大夫子大叔論語作世叔天子之子稱大子春秋傳云會世子于首止諸侯之子稱世子而晉有大子申生鄭有大子華春秋經齊世子光左傳云大子光明世與大同義世室猶大室也原注樊毅復華下民租田口算碑云魯不修大室春秋作譏又樊毅修華岳廟碑云世室不修春秋作譏二碑同時所立或作世知字本通也按禮記曲禮下云不敢與世子同名注世或爲大漢書五行志引左氏說曰前堂曰大廟中央曰大室屋其上重屋尊高者也又穀梁公羊經曰世室按今本穀梁亦同左氏作大室猶世室也或劉子政等所據穀梁作世室與范本不同耳然范注云世世有是室故言世室疑穀梁傳作世室猶世室也故范以世世有其室解之謂經之世室猶言世世室也范注卽釋傳之世室也壞者說文土部壞敗也籀文作𣪏又攴部𣪏毀也是壞𣪏義同釋文引字林云壞自敗也𣪏毀反則漢以後强生分別也此云世室屋壞卽自敗之壞史記秦本紀墮壞城郭則人壞之壞也皆作壞

世室者何魯公之廟也注魯公周公子伯禽疏杜以爲大廟之室以左傳不別此爲何公之廟故以爲大廟不知古世與大通左氏之大室卽公羊之世室也彼疏引賈服等皆以爲大廟之室者非穀梁傳曰猶世室也下卽曰周公曰大廟伯禽曰大室是亦以此爲伯禽之廟按五行志所引穀梁考之似伯禽曰大室語亦當作世室○注魯公以至伯禽○魯世家云周公卒子伯禽固已前受封是爲魯公明堂位魯公伯禽也

周公稱太廟疏禮記明堂位云季夏六月以禘禮祀周公于太廟注引此傳文按僖八年禘于大廟文二年大事于大廟論語八佾云子入大廟皆周公廟也

魯公稱世室疏舊疏云卽此經是也通義云禮諸侯五廟二昭二穆與太祖之廟而五魯以周公爲太祖而伯禽爲始封之君亦不容毀故別爲世室魯多殷禮是亦法殷人六廟之意也孔疏引明堂位云魯公之廟文世室也武公之廟武世室也不毀則稱世室世室非一君廟名若是伯禽之廟則宜舉其號諡按魯雖有二世室文世室武世室一係魯之僭禮蓋世室本伯禽廟本稱後有武公其子孫因卽留與伯禽世室對舉魯人夸張以象文武二祧不可爲典要也且明堂位亦多誕辭

羣公稱宮注少差異其下者所以上尊周公疏舊疏云卽武宮煬宮之屬是也穀梁傳亦云羣公曰宮注爾雅曰宮謂之室室謂之宮然則其實一也蓋尊伯禽而異其名○注少差至周公○校勘記出上尊云鄂本同閩監毛本上作尙按尙上通舊疏云廟者尊卑達名鬼神所居之稱今此稱異其名知上尊周公故也

此魯公之廟也曷爲謂之世室世室猶世室也世世不毀也注魯公始封之君故不毀也疏禮記

明堂位注世室者不毀之名也按周禮考工記夏后氏世室堂修二七廣四修一注世室宗廟也魯廟有世室牲用白牡此用天子之禮然則周公太廟疑仿周人明堂之制魯公世室仿夏世室之制歟明堂位多首列魯制而以天子之制擬之如太廟天子明堂庫門天子皋門之屬則彼所謂文世室武世室者指周文武廟而言言魯之魯公廟武公廟卽周之文世室武世室爾周人祖文王而宗武王祭法注云祭五帝五神于明堂曰祖宗明堂與世室同故文武廟亦稱世室世世不毀故亦曰祧此傳云世室猶世室也言此之世室猶周之世室也魯惟魯公之廟稱世室武廟則稱武宮見成六年並無世室稱也○注魯公至毀也○魯世家云封周公旦於少昊之虛曲阜是爲魯公周公不就封又云魯公伯禽之初受封之魯是魯公爲魯始封君也按魯有周公廟伯禽廟世世不毀又有文王廟姜嫄廟所謂特廟也幷四親廟而八禘祫時或不及特廟尊不就卑與

周公何以稱太廟于魯**注**据魯公始封也**疏**此難不以魯公爲太廟之故又周公未嘗就封何以稱太廟

封魯公以爲周公也**注**爲周公故語在下**疏**正以周公爲始封祖故僖廿四年富辰數魯衛等同爲文昭知以周公爲正也

周公拜乎前魯公拜乎後**注**始受封時拜于文王廟也尚書曰用命賞于祖是也父子俱拜者明以周公之功封魯公也**疏**

校勘記出魯拜其後云唐石經鄂本作魯公拜乎後此脫禮記明堂位正義引有○注始受至廟也○書洛誥云戊辰烝祭歲文王騂牛一武王騂牛一王祭作冊逸祝冊惟告周公其後王賓殺禋咸格王入太室祼王命周公後作冊逸誥孔傳王爲冊書使史逸

誥伯禽封命之書皆同在烝祭日周公拜前魯公拜後又云太室
清廟毛詩大雅序清廟祀文王也是始受封于文王廟也故禮記
祭統亦云古者明君爵有德而祿有功必賜爵祿于太廟示不敢
專也是也漢書王莽傳王曰叔父建爾元子子父俱延拜而受之
師古曰謂周公拜前魯公拜後然則魯頌曰王曰叔父五句蓋其誥
辭也知者左傳定四年云命以伯禽而封于少皞之虛與命以康誥
誥而封於殷虛命以唐誥而封於夏虛同今惟康誥存則伯禽與
唐誥皆必是當時篇名猶君牙伯冏之類或爲伯禽之誥也當即
史逸所祝之冊祭統又云祭之日一獻君降立于阼階之南南嚮
所命者北面史由君右執策命之注一獻一酳尸也此諸侯命其
臣之禮王命諸侯禮亦宜然周封魯公則在烝祭新邑之時特加
文武各騂牛一尊周公也故孔傳云王賓異周公殺牲精意以享
文武皆至其廟親告按所告當在明堂無親至文武廟事故言太
室祼太室室即明堂之中央太室亦曰太廟因其制同而大享帝以
文武配在此故也詩疏引鄭志答張逸引洛誥王入太室祼一條
言周公于洛邑建明堂宗廟王寢皆爲天子制故明堂位曰文
王廟大戴禮明堂篇云或以爲明堂者文王之廟也蓋宗祀文王
于明堂故得統稱焉故詩清廟序云周公既成洛邑朝諸侯率以
祀文王焉是其事也亦謂之文祖洛誥乃單文祖德詩疏引鄭注
云乃盡明明堂之德是也○注尙書至是也○書甘誓文按彼謂遷
主天子親征載以行者有功則賞之主前與此微異引之者證以
賞必皆于祖前也故祭統載孔悝鼎銘亦曰公假于太廟公曰叔
舅云云也諸侯命大夫於尸食已畢祭事方了復行一獻命之若
天子命羣臣則不因常祭特假于廟故大宗伯云王命諸侯則儐
注云王將出命假祖廟立依前南向蓋錫茅胙土非比尋常爵賞
卿大夫以下也○注父子至公也()禮記明堂位云命魯公世世

祀周公以天子之禮樂注同之於周尊之也以周公有大勳勞於天下故也通義云詩曰王曰叔父建爾元子俾侯于魯書曰王命周公後作冊佚誥是其事也命周公後言命魯公以為周公之後 曰生以養周公注生以魯國供養周公疏周禮太宰云五曰生以馭其福注生猶養也賢臣之老者王者有以養之成王封伯禽於魯曰生以養周公是也○注生以至周公○此養讀如孟子以天下養之養萬章篇以天下養養之至也注舜以天下之富奉養其親至極也伯禽諸侯故以魯公供養也 死以為周公主注如周公死當以魯公為祭祀主加曰者成王始受其茅土之辭禮記明堂位曰封周公于曲阜地方七百里革車千乘蓋以為有王功故半天子也疏周禮注引主作後彼疏云彼云主此云後不同者鄭以義言之按主後古音同部義亦可通後如禮喪服為人後者之後通典引馬注受人宗廟之重明受宗廟之重者稱後也故喪服不杖期章有女子子適人者為其昆弟之為父後者亦謂持重者故何氏謂以魯公為祭祀主也主亦如不杖期章之姑姊妹女子子適人無主者之主傳曰無主者謂其無祭主者也敖繼公云祭主者夫若子若孫也賈疏無主有二謂喪主祭主喪有無後無無主者若當家無喪主或取五服親又無則取東西家若無無則里尹主之者故以祭主為重也○注加曰至之辭○校勘記引浦鏜云受當授字誤舊疏云即周書作洛篇曰封人社壝諸侯受命于周乃建大社于國中其壝東青土南赤土西白土北驪土中央釁以黃土將建諸侯鑿取其一面之土苞以黃土苴以白茅以為社之封孔氏云王者封五色土為社建諸侯則各割其方

土與之使立社燾以黃土苴以白茅茅取其潔黃取其王者覆四方者是其茅土之文耳按白虎通社稷篇亦引春秋傳曰天子有大社也東方青色南方赤色西方白色北方黑色上冒以黃土將封東方諸侯取青土苴以白茅各取其面以爲封社明謹敬潔清也初學記引漢舊事曰天子大社以五色土爲壇封諸侯者取其方面土苴以白茅授之各以其方色以立社於其國故謂之授茅土是漢時猶此制也此曰如詩魯頌閟宮篇王曰叔父之曰箋云成王告周公曰叔父我立女首子使爲君於魯謂欲封伯禽也封魯公以爲周公後故云大開女居以爲我周家之輔蓋皆左傳所謂命以伯禽冊中語○注禮記至子也○鄭彼注云曲阜魯地上公之封地方五百里加魯以四等之附庸方百里者二十四并五五二十五積四十九開方之得七百里革車兵車也兵車千乘成國之賦也引詩魯頌曰王謂叔父建爾元子俾侯于魯大啓爾宇爲周室輔乃命魯公俾侯于東錫之山川土田附庸又曰公車千乘朱英綠縢按天子方千里開之得百萬里魯方七百里開之得積數四十九萬里是半天子也以爲有王功者明堂位云周公踐天子之位以治天下故也故又云成王以周公爲有大勳勞於天下

然則周公之魯乎曰不之魯也封魯公以爲周公主

【疏】經義述聞云家大人曰主字涉上文爲周公主而衍按上文云封魯公以爲周公也周公拜乎前魯公拜乎後曰生以養周公死以爲周公主封魯公以爲周公衆生養死祭言之非事指爲祭主一一事也且爲周公主爲字讀平聲封魯公以爲周公爲字讀去聲並見釋文此又封魯公以爲周公是復述上文之辭若於爲周公下加一主字則謬以千里矣自唐石經始衍主字而各本遂沿其誤定四年左傳正義引此無主字按王氏說主是也下注云据爲周公者可

證
然則周公曷爲不之魯注据爲周公者謂生以養周公死以爲
周公主周公不之魯則不得供養爲主疏注据爲至爲主○上傳云封魯公以爲周公以
答不之魯故此復据爲周公者謂生養死祭以難不之魯也言既供養爲主何爲不之魯欲天下之一乎周也
注周公聖人德至重功至大東征則西國怨西征則東國怨嫌之
魯恐天下迴心趣鄉之故封伯禽命使遥供養死則奔喪爲主所
以一天下之心于周室疏白虎通封公侯云周公不之魯何爲周公繼武王之業也春秋傳曰周公曷爲
不之魯欲天下之一乎周也詩曰王曰叔父建爾元子俾侯于魯漢書注引尚書大傳周公疾曰吾死必葬於成周示天下臣于周
也史記魯世家周公在豐病將歿曰必葬我成周以明吾不敢離成王通義云魯世家述金縢之言曰我之所以弗避而攝行政者
恐天下畔周無以告我先王是周公之心也其不之魯亦猶是心也○注周公至至大○詩周南召南譜云其得聖人之化者謂之
周南謂周公也漢書古今人表列周公上上故云周公聖人也祭統云周公旦有勳勞於天下又云所以明周公之德是其德重功
大也○注東征至國怨○僖四年傳語荀子王制篇周公南征而北國怨曰何獨不來也東征而西國怨曰何獨後我也後漢書班
固奏記亦有是語○注嫌之至周室○正以孟子云堯崩三年喪畢舜避堯之子於南河之南天下諸侯朝覲訟獄者不之堯之子
而之舜謳歌者不謳歌堯之子而謳歌舜舜崩禹避舜之子于陽城天下之民從之若堯崩之後不從堯之子而從舜故周公恐之

魯則天下迴心趣鄉之也孔氏廣森集本書大傳曰周公致政封魯三年之後周公老于豐心不敢遠成王而欲事文王之廟然後周公疾曰吾死必葬於成周示天下臣于成王又云故周公封于魯身未嘗居魯也忠孝之道咸在成王周公之間故魯郊成王所以禮周公也上注嫌周公不之魯無以供養爲主故此注云使遠供養死則奔喪爲主故無妨不之魯也

魯祭周公何以爲牲注据廟異也周公用白牲注白牲殷牲也周公死有王禮謙不敢與文武同也不以夏黑牲者嫌改周之文當以夏辟嫌也

疏校勘記出用白牲云閩監毛本同誤也唐石經鄂本作白牲當据正此本注中亦作牲不誤史記三王世家云周公祭天命郊故魯有白牲騂犅之牲羣公不毛賢不肖差也禮記明堂位云以禘禮祀周公于太廟牲用白牡詩魯頌閟宮云白牡騂剛傳白牡周公牲也劉氏逢祿解詁箋云禮郊特牲曰諸侯之祭以白牡諸侯之僭禮也魯祭周公以白牡蓋亦昉於僖公非禮也春秋不譏者從郊禘嘗正之矣孟子曰周公之封於魯爲方百里也地非不足而儉於百里明堂位所記蓋荀卿之徒据其後侈陳之非經誼也魯之王禮僭自僖公魯頌所爲著莊公之子也其稱成王所錫魯公所受曰山川土田附庸而已不聞以天子禮樂也晉文請隧襄王曰王章也焉有成王而以非禮康周公歟按劉說非是按史記世家云魯有天子禮樂者以褒周公之德也故明堂位祭統書大傳等並有魯用天子禮樂之語爲得以郊特牲一語盡反諸家之說魯非强悍之國僖亦非跋扈主焉敢僭用王禮晉文伯主用隧猶須請于襄王而謂魯敢自爲郊禘乎襄王以王章阻晉獨不能以王章罪魯乎詩之所詠略舉數端詩所不及不得遽謂禮之

所無況詩明云白牡騂剛矣諸侯自僭可云非禮成王康之則有所受何得仍責非禮郊特牲所記或別國諸侯亦有效用白牡者爾○注白牡者殷牲也○禮記明堂位注白牡者牲也又檀弓云殷人尙白大事斂用日中戎事乘翰牲用白繁露郊事對云春秋曰魯祭周公用白牡色白貴純也帝牲在滌三月牲貴肥潔而不食其大也凡養牲之道務在肥潔而已駒犢未能勝芻豢之食莫如令食其母便以用白爲貴純似與何氏所据異又春秋下宜傳字郊特牲曰諸侯之宮縣而祭以白牡諸侯之僭禮也注白牡脫大路殷天子禮也然則魯以周公之故得用天子禮樂故以殷之白牡亦惟文王周公廟用之若用於他廟亦爲僭其列國諸侯惟二王後得用其先世所尙之色牲幣以祀其先祖如宋祭殷先王亦得用白牡也郊特牲云乘素車貴其質也旂十有二旒龍章而設日月象天也注日月畫于旂上素車殷禮也魯公之郊用殷禮也是也○注周公至同也○白虎通崩薨篇養從生葬從死周公以王禮葬何以爲周公踐阼理政與天同志展興周道顯天度數萬物咸得休氣充塞原天之意予愛周公與文武無異故以王禮葬使得郊祭尙書曰今天動威以彰周公之德下言禮亦宜之繁露郊事對云臣謹問仲舒魯祀周公用白牡非禮臣仲舒對曰禮也臣湯問曰周天子用騂剛羣公不毛周公諸公也何以得用純牲臣仲舒對曰武王崩成王幼而在襁褓之中周公繼文武之業成二聖之功德漸天地澤被四海故成王賢而貴之詩云無德不報故成王使祭周公以白牲上不得與天子同色下有異於諸侯仲舒愚以爲報德之禮則此云謙不敢與文武同者謂不敢用赤牲也魯世家云周公旣卒成王亦讓葬周公於畢從文王以明予小子不敢臣周公也論衡感類云開匱得書覺寤泣過決以天子禮葬公漢書梅福傳云昔成王以諸侯禮葬周公而皇天動威

雷風著變是周公死有王禮也蓋今文尚書皆以金縢風雷之變在周公沒後故儒林傳谷永上疏亦云昔周公薨成王葬以變禮而得正後漢書注引洪範五行傳曰周公死成王不圖大禮故天大雷雨禾偃木拔乃成王寤金縢之策故周公之葬尊以王禮申命魯郊而天立復風雨禾稼盡起焉○注不以至嫌也○校勘記出謙改周之文鄂本謙作嫌此誤明堂位云夏后氏牲尚黑是夏黑牲也舊疏云正朔三而改天正十一月者當以十三月爲正蓋若用黑牲則周公有繼周之嫌故通之也

魯公用騂犅

【注】騂犅赤脊周牲也魯公以諸侯不嫌故從周制以脊爲差【疏】

注騂犅至牲也○經義述聞云疏曰正以山脊曰岡故知騂犅爲赤脊矣引之謹案牛有赤色謂之騂犅則自脊以外非赤色也魯頌閟宮篇享以騂犧傳曰騂赤犧純也箋曰赤牛純色今唯脊毛赤而餘則否豈純色之謂乎且無以異於羣公之不純色矣明堂位曰夏后氏牲尚黑殷白牲周騂剛若以騂剛爲赤脊則是夏牲尚黑殷牲尚白全體之毛色皆然而周之尚赤獨爲脊赤而非全體皆赤之牲無是理也當從說文訓犅爲特牛特牛犅牛也騂犅猶言騂牲耳小雅信南山曰祭以清酒從以騂牲吳氏經說云疏山脊曰岡故知騂犅赤脊釋文云犅詩作剛漢書五行志注云鬣領上鬣也楚辭守志覽高岡兮嶢嶢注云山嶺曰岡嶺俗領字然則岡領同義曲禮豕曰剛鬣亦謂豕肥則脊上毛長也剛段借字古止作岡騂剛爲赤脊信矣天子騂犧純赤諸侯騂犅但脊上毛赤以是別尊卑之等故注云從周制以脊爲差說文犅特牛也不若何說之的按王氏之說辨矣然明堂位所記皆魯禮魯兼用四代禮樂夏商之牲純周則止騂犅耳不得据以相難不然則犅字从岡其義何取○注魯公至爲差○繁露郊事云魯郊用純騂剛

周色上赤魯以天子命郊故以騂按郊用騂犢魯公廟用騂犅不同魯公廟不用天子禮樂故不嫌用赤牲也從周制以脊爲差者謂從周制用騂但以脊爲差別耳禮記玉藻云諸侯元端以祭注祭先君也端當爲冕諸侯祭宗廟之服唯魯與天子同正義按明堂位云君卷冕立于阼夫人副褘立于房中熊氏云此謂祭文王周公之廟得用天子之禮其祭羣公以下則亦元冕故公羊云周公用白牡魯公用騂剛羣公不毛是魯公以下與周公異也二王之後祭其先王亦是用其先代之服二王之後不立始封君廟則杞祭東樓宋祭微子以下亦皆玄冕也

羣公不毛【注】不毛不純色所以降于尊祖【疏】注不毛不純色○周禮地官牧人云凡陽祀用騂牲毛之陰祀用黝牲毛之望祀各以其方之色牲毛之注毛之取純毛也明不毛爲不純色也公羊禮說云祭祀之事先爲清酒其次擇牲擇牲卽祭義古者天子諸侯必有養獸之官君召牛擇其毛而卜之也周禮牧人凡陽祀用騂牲毛之注毛之取純毛陽祀祭天于南郊及宗廟又云凡外祭殷事用尨可也注尨謂雜色不純也按今魯祭羣公於宗廟非外事可比何爲而不純乎陽祀用騂牲此天子之禮魯諸侯也魯公尙不敢與文武同牲故以脊爲差而羣公反可以用純乎故注謂不毛不純色所以降于尊祖也孔沖遠於祭義謂犧純色天子牲也牷完也諸侯牲也於大雅謂不毛者不定用一毛而已其牲皆用純色故此祭用騂也祭義云擇其毛是諸侯用純色也沖遠之疏何首鼠兩端而自相矛盾乎按通義云亦用純色但不擇取騂白若黝牲犆牲之屬皆可也亦沿孔疏之誤○注所以降于尊祖○校勘記云盧文弨曰于當作子按此本疏中作降子尊祖今按作于不辭作子是也然則凡用牲廟各別牢故禮運疏引逸禮云毀廟之昭共一牢穆共一牢也

魯祭

周公何以爲盛注据牲異也疏釋文云盛粢盛也在器曰盛此盛統言之與下傳周公盛之盛少異

周公盛注盛者新穀疏注盛者新穀○孟子滕文公云以供粢盛注盛稻也周禮載師不耕者祭無盛按說文皿部盛黍稷在器中以祀者也故在器即謂之盛此蓋對下燾與廩言故解爲新穀亦以意言之非詁盛爲新穀也周禮廩人職云大祭祀則共其接盛注接讀爲一扱再祭之扱扱以受舂人舂之大祭祀之穀藉田之收藏於神倉者也不以給小用盛蓋亦即接盛與

魯公燾注燾者冒也故上以新也疏釋文燾徒報反一本作燾音同○注燾者至新也○小爾雅廣詁燾覆也亦作幬廣雅釋詁云幬覆也覆冒義同謂以覆乎上也按釋文云一本作濤疑幬之誤禮記中庸無不覆幬是也亦作⿱襾壽方言⿱襾壽覆也又云⿱襾壽戴也亦謂以舊穀戴新一穀義之反覆相通者也說文火部燾覆照也周禮司几筵云每敦一几注敦讀爲燾覆也舊疏云正以燾詁爲覆若似周書燾以黃土之屬是也然則言周公盛者謂新穀滿其器言魯公燾者謂下故上新各半也

羣公廩注廩者連新於陳上財令半相連爾此謂方袷祭之時序昭穆之差疏注廩者至連爾○孫氏志祖讀書脞錄云釋言廩廯也郭注或說云即倉廩所未詳按釋文引舍人云廩少鮮也蓋廯與鮮通廩有鮮義公羊文十三年傳羣公廩何注廩者連新穀於陳上財令半相連爾疏謂全是故穀但在上少有新穀財得相連而已故謂之廩廩者希少之名此其證通義云廩者新陳相雜易濂于无陽鄭司農注讀如羣公濂之濂濂雜也郎讀從此傳文按鄭易注見詩采薇疏引濂廩聲相近此舊疏引鄭注易云廩讀如羣公廩之廩當是後人改竄鄭易本亦不

作㢘也臧氏庸拜經日記云注㢘者連新於陳上財令半相連疏㢘謂全是故穀但在上少有新穀財得相連而已故謂之㢘㢘者
稀少之名是以鄭注云讀如羣公㢘之㢘釋文公㢘力甚反開成石經作㢘詩采薇正義引易文言爲其慊于无陽鄭注慊讀如羣
公溓之溓古書篆作立心與水相似讀者失之故作慊慊雜也或据詩正義所引鄭易注以校公羊疏謂傳羣公㢘當作羣公溓按
說文五下嗇愛濇也从來从㐭㐭卽㢘正字爾雅釋言㢘𤸃也釋文引舍人注㢘少鮮也釋名釋宮室云㢘矜也寶物可矜惜者投
之於其中也是㢘爲鮮少希貴之意公羊襄二十三年傳注云所傳聞之世見治始起所聞世㢘㢘近升平治之漸也此㢘字與羣
公㢘正同何云㢘㢘近又云漸皆與財令相連之財字篆合可證㢘字無誤公羊有嚴顏二家本蓋何邵公所据顏氏本作羣公㢘
鄭康成所据嚴氏本作羣公溓溓古讀如㢘溓㢘聲相近故文異謙者雜也言新陳穀相和㢘者鮮少僅有之意謂些些新穀略與
陳穀相粘而已故疏云財令相連注中半字當爲衍文稟下故上新可言半㢘而言半與稟混矣疏甚分明若徐疏所引鄭云或卽
牽合文言注以意竄改或鄭注他經傳另有是語今鄭公之書多闕無可考矣讀書叢錄云爾雅釋文孫炎曰𤸃臧穀鮮絜也舍人
云㢘少鮮也頤煊案孫炎以鮮爲絜舍人以鮮爲少本皆作㢘鮮也郭意同於孫炎舍人故注云或說云卽倉廩所未詳引其義未
改其字亦當作鮮公羊疏㢘者稀少之名詩疏引鄭易注作溓溓亦希少之意與舍人注合按諸說皆相近臧氏尤爲詳贍俞氏樾
曰宗廟粢盛必無新故雜揉之理何解疑非也曰盛曰稟曰㢘蓋別異其在器之多寡耳盛者滿也素問脈要精微論上曰盛則氣高
下盛則氣服王注曰盛謂盛滿然則周公盛者謂滿其器也稟者冒也覆也何氏訓稟爲冒疏謂稟詁爲覆若周書稟以黃土之類

正得其義魯公廩者謂雖不滿其器然足覆冒之不見底也廩者少也爾雅釋言廩癠也癠字說文所無古本止作鮮故釋文引舍人曰廩少鮮也是廩有少義此說亦曰廩者希少之名是也羣公廩者謂不能滿其器並不能覆冒之故在器中見其少也廩古作溓周易文言傳鄭注曰溓讀如羣公溓之溓古書傳作立心與水相近然則羣公溓猶羣公慊也孟子公孫丑篇吾何慊乎哉趙注曰慊少也禮記大學篇正義曰慊不滿之貌是可得其義矣○注此謂至之差○舊疏云若以時祭粢食精鑿羣公之饌一何至此故知正是祫祭之時序昭穆之差所以降子尊祖故也按禮者所以別同異諸侯之尊豈必於粢盛斷其新穀蓋有所等差正所以尊祖也

世室屋壞何以書譏何譏爾久不脩也注簡忽久不以時脩治至令壞敗故譏之言屋者重宗廟詳錄之以不務公室不月者知久不脩當蒙上月疏注簡忽至譏之○通義云歷七月不雨則無壞道而壞知其積阤不脩者久矣穀梁傳太室屋壞者有壞道也譏不脩也又曰禮宗廟之事君親割夫人親舂敬之至也爲社稷之主而先君廟壞極稱之志不敬也五行志中之上文公十三年大室屋壞近金沴木木動也先是冬釐公薨十六月乃作主後六月又吉禘于太廟而致釐公春秋譏之經曰大事于太廟躋僖公左氏說曰太廟周公之廟饗有禮義者也祀國之大事也惡其亂國家之大事於太廟故言大事也躋登也登釐公於愍公上逆祀也釐雖愍之庶兄嘗爲愍臣臣子一例不得在愍上又未三年而吉禘前後亂賢父聖祖之大禮內爲貌不恭而狂外爲言不從而僭故是歲十二月不雨至於秋七月後年若是者三而太室屋壞矣前堂曰大廟中央曰大室屋其上重屋

尊高者也象魯至是陵夷將墮周公之祀也穀梁公羊經曰世室魯公伯禽之廟也周公稱太廟魯公稱世室大事者祫祭也躋釐公者先禰而後祖也經義雜記云漢志所載左氏說乃西漢儒解左傳之文足以補正杜氏彼云惡其亂國家之大事於太廟故言大事則書大事者因以見譏今杜云大事禘也則似為禘之常稱矣○注言屋至錄之○通義云屋者當中霤上也出重屋也魯有復廟重檐亦天子之制也蓋本五行志所載左氏說謂其上重屋尊高者也按明堂位曰復廟重檐注復廟重屋也謂上下重屋也詳錄壞之所在為重宗廟也明太廟非必全壞也○注以不務公室○定二年冬十月新作雉門及兩觀傳修舊不書此何以書譏何譏爾不務乎公室注務勉也舊疏云不務公室亦可施於久不脩亦可施於不務如公室之禮微辭也○注不月至上月○校勘記出不月云鄂本同閩監毛本不誤書舊疏云當蒙上月者謂蒙上秋七月也月者久也彼久不脩是以書月此亦久不脩故知當蒙上月爾意謂据定二年傳書十月例此也

冬公如晉

衛侯會于沓 疏 左穀二家經會下有公字按有者是也此亦宜有如無公字傳注均宜有說繁露隨本消息云文公不事晉先齊侯潘卒一年文公如晉衛侯鄭伯皆不期來齊侯已卒諸侯果會晉大夫于新城所行從不足恃所事者不可不慎此亦存亡榮辱之要也謂此沓及下斐之會十四年新城之盟事也意謂魯不事晉至此始改事何氏無此意蓋齊趙經師異說也杜云沓地闕

狄侵衛

十有二月己丑公及晉侯盟疏包氏慎言云十二月書己丑十二月無己丑十一月之十二日也然十四年始書公至自晉盟後卽書公還自晉鄭伯會公于斐則經月不得有誤己丑或乙丑之誤爾

還自晉疏左傳作公還自晉穀梁以爲還者事未畢也

鄭伯會公于斐疏釋文斐本又作棐按左傳穀梁傳並作棐杜范皆云棐鄭地按左氏襄三十一年鄭印段迋勞于棐林大事表云卽棐林宣元年諸侯會晉于棐林杜亦云鄭地滎陽菀林縣東南有林鄉今開封新鄭縣東二十五里林鄉城是其地也詳宣元年

還者何善辭也何善爾往黨衛侯會公于沓至得與晉侯盟反黨鄭伯會公于斐故善之也注黨所也所猶時齊人語也文公前扈之盟不見序後能救鄭之難不逆王者之求上得尊尊之義下得解患之恩一出三爲諸侯所榮故加錄於其還時皆深善之疏注黨所至語也○校勘記云鄂本宋本閩監本同毛本時誤是通義云左傳師乎師乎何黨之乎集解黨所也彼亦齊人之歌則黨詁爲所信齊語矣往所猶言往許往許猶言往時莊子曰物之黨來寄也其義爲時來荀子曰怪星之黨見其義爲時見黨訓所轉訓時

也按史記注引服虔注黨正訓所即杜氏所本故曾子問歸葬於女氏之黨謂女氏之所也禮父黨無容謂父所無容也鄉射禮乏參侯道居侯黨之一西五步謂侯所也齊策歸于何黨矣謂歸於何所也經傳亦多以所代時昭三十一年左傳有所有名而不如其已謂有時有名而不如無名也大戴禮本命篇無所敢自遂也謂無時敢自遂也襄二十七年左傳晉楚所以兵威之也昭七年左傳從政有所反之以取媚也謂有時反其道以取媚于民也昭三十年左傳先君有所助執紼矣謂有時助執紼也墨子節用篇其欲早處家者有所二十年處家其欲晚處家者有所四十年處家所字亦作時字解公羊問答云越語夫上黨之國韋昭注黨所也釋名上黨黨所也在山上其所最高故曰上黨也○注文公至見序○上七年公會諸侯晉大夫盟于扈傳曰公失序也是也○注後能救鄭之難○上九年楚人伐鄭公子遂會晉人宋人衞人許人救鄭是也○注不逆王者之求○上九年毛伯來求金是也○注上得至善之○上得尊之義即不逆王者之求也下得解患之恩即救鄭之難是也一出三爲諸侯所榮即及晉侯盟鄭伯會公于斐衞侯會公于沓是也通義云前扈之盟公失序今一出而衞鄭皆因公以請平于晉臣子之心喜其爲諸侯所尊榮故加善辭也按如繁露云衞鄭皆不期來似無因公請平于晉之義請平事見左氏傳毛本於改于非

公羊義疏四十三

南菁書院

句容陳立卓人著

文十四年盡十八年

十有四年春王正月公至自晉注月者爲臣子喜錄上事疏穀梁傳自晉事畢也○注月者至上事○桓十六年注致例時此月故解之爲臣子喜錄上事見上文僖四年注凡公出滿三時月危公之久同書月義不同春秋無達例也

邾婁人伐我南鄙

叔彭生帥師伐邾婁

夏五月乙亥齊侯潘卒注不書葬者潘立儲嗣不明乍欲立舍乍欲立商人至使臨葬更相篡弒故絕其身明當更立其先君之文疏孔疏世家及世本是齊昭公也包氏慎言云五月書乙亥月之朔日○注不書至之次○葉鈔釋文篡弒作篡殺音申志反下同按十行注疏本載音義亦作殺包氏慎言云絕其葬使不得入先君之兆也通義云不言葬齊昭公者與詭諸同義按孔氏於晉侯詭諸卒下云不葬者里克弒先君命嗣與弒君同罪奚齊未踰年例不書葬責討賊之文不得見乃更移賊未討不書葬之義於此明

晉之臣子不爲奚齊討賊即爲無恩於獻公故不繫臣子辭則亦以此不書葬爲責齊臣子不討弒舍之賊矣然魯子赤被弒文公書葬何以不責魯之臣子辨見僖九年按史記齊世家云昭公之弟商人以桓公死爭立而不得陰交賢士附愛百姓百姓說及昭公卒子舍立孤弱即與衆十月即墓上弒齊君而商人自立是爲懿公所謂臨葬更相篡弒也惟細按何義似以商人亦昭公子舍與商人儲嗣不明致成亂階與史記左傳皆不合何氏或有所本按世家又云孝公卒孝公弟潘因衛公子開方殺孝公子而立潘是爲昭公則昭公篡立或不書葬以示絕一與晉惠公同與公羊何氏無此義姑存之以備一說

六月公會宋公陳侯衛侯鄭伯許男曹伯晉趙盾癸酉同盟于新城

注 盟下日者刺諸侯微弱信在趙盾 疏 六月書癸酉月之二十九日杜云新城宋地在梁國穀熟縣西大事表云今商丘縣西南有新城亭水經注睢水篇睢水又逕新城北即宋之新城亭也春秋文十四年公會宋公陳侯衛侯鄭伯許男曹伯晉趙盾盟于新城者也方輿紀要新城在歸德府城南○注盟下至趙盾○襄十六年戊寅大夫盟傳其言大夫盟何信在大夫也此注信在趙盾與彼信在義同舊疏云若如盟日定否趙盾制之然是以盟下日以起之

秋七月有星孛入于北斗

孛者何彗星也 注 狀如篲 疏 史記天官書彗星三見正義謂文公十四年七月有星入于北斗是孛即彗也穀梁傳孛之爲言猶茀也○注狀如篲○禮記曲禮云國中以策彗卹勿注彗竹帚是即篲也經傳止作彗釋名釋天云彗星

光稍似彗也是也天官書記一歲星失次云進而東南三月生彗星長二丈類彗星正義天彗者一名掃星本類星末類彗小者數寸長長或竟天而體無光假日之光故夕見則東指晨見則西指如日南北皆隨日光而指光芒所及為災變書又云天棓長四丈末兌天欃長四丈末兌天槍長數丈兩頭兌蓋皆彗類故爾雅釋天云彗星為欃槍開元占經引孫炎云欃槍妖星別名也是也占經又引尸子曰彗星為欃槍一見妖星篇彗星占篇引荊州占曰歲星逆行過度宿者則生彗星一曰天棓二曰天槍三曰天欃四曰茀星此四者皆為彗按茀卽孛星孛欃槍棓與彗同也管子輕重篇國有槍星其君必辱國有彗星必有流血浮丘之戰對言之異散則總名彗也

其言入于北斗何注据大辰不言入又不言孛名疏注据大至孛名○昭十七年有星孛于大辰是大辰不言入也直言于大辰不言所入之星名也何者彼傳云其言于大辰何在大辰也又曰大火為大辰伐為大辰北辰亦為大辰是大辰東方七宿皆謂之辰非七宿之常名也故此据以為難也按注孛字疑七星之誤

北斗有中也注中者魁中疏注中者魁中○穀梁傳其曰入北斗何斗有環域也注据孛于大辰及東方皆不言入此言入者明斗有規郭入其魁中也五行志下之下傳曰曰魁者貴人之牢又曰孛星見北斗中大臣諸侯有受誅者一星曰魁為齊晉升彗星較然在北斗中天之視人顯矣天官書北斗七星所謂旋璣玉衡以齊七政杓攜龍角衡殷南斗魁枕參首索隱引運斗樞云斗第一天樞第二璇第三璣第四權第五衡第六開陽第七搖光第一至第四為魁第五至第七為杓類聚引又云合為斗居陰布陽故稱北斗魁中猶言斗中也其第四星與

何以書記異也注孛者邪亂之氣篲

者埽故置新之象也北斗天之樞機玉衡七政所出是時桓文迹息王者不能統政自是之後齊晉並爭吳楚更謀競行天子之事齊宋莒魯弒其君而立之應

疏注孛者邪亂之氣○五行志云董仲舒以爲孛者惡氣之所生也謂之孛者言其孛孛有所妨蔽闇亂不明之貌也釋名釋天云孛星之旁氣孛孛然也穀梁注引劉向曰茀星亂臣之類○注彗者至星象也○昭十七年左傳申須曰彗者所以除舊布新也又二十六年左傳晏子曰天之有彗也以除穢也史記正義見則兵起除舊布新彗所指之處弱也○注北斗至所出○書堯典在璿璣玉衡以齊七政疏引馬注日月星皆以璿璣玉衡度知其盈縮進退失政所在聖人謙讓猶不自安視璿璣玉衡以驗齊日月五星行度知其政是與否重審己之事也初學記引運斗樞云五帝所行同道異位皆循斗樞機之分遵七政之紀九星之位史記注引文耀鉤云斗者天之喉舌玉衡屬杓魁爲璇璣天官書云斗爲帝車運于中央臨制四鄉分陰陽建四時均五行移節度定諸紀皆繫于斗是爲天之機樞玉衡也七政者史記注引書大傳云七政謂春秋冬夏天文地理人道所以爲政也人道正而萬事順又引馬注書云七政者北斗七星各有所主第一曰主日法天第二曰主月法地第三曰命火謂熒惑也第四曰煞土謂填星也第五曰伐水謂辰星也第六曰危木謂歲星也第七曰罰金謂太白也日月五星侯異故名七政也與書傳小異○注是時至之應○校勘記出王都不能統政云閩監毛本同此本王作正皆誤鄂本作王者當據正左傳周內史叔服曰不出七年宋齊晉之君皆將死亂穀梁注引劉向曰北斗貴星人君之象也茀星亂臣之類言邪亂之臣

將並弑其君五行下之下載此經引劉歆以爲北斗有環域四星入其中也斗天之三辰綱紀象也宋齊晉天子方伯中國綱紀彗星所以除舊布新也斗七星故曰不出七年至十六年宋人弑昭公十八年齊弑懿公宣公二年晉趙穿弑靈公又引董仲舒以爲北斗大國象後齊宋魯莒晉皆弑君劉向以爲君臣亂於朝政令虧於外則上濁三光之精五星羸縮變色逆行甚則爲孛北斗人君象孛星亂臣類篡殺之表也史之有占明矣時君終不悟是後宋魯莒晉鄭陳六國咸弑其君齊再弑焉中國既亂夷狄並侵兵革從橫楚乘威席勝深入諸夏六侵伐一滅國觀兵周室晉外滅二國內敗王師又連三國之兵大敗齊師于鞌追亡逐北東臨海水威陵京師武折大齊皆孛星炎之所及流至二十八年星傳又曰彗星入北斗有大戰其流入北斗中得名人不入失名人宋華元賢名大夫大棘之戰華元獲于鄭傳舉其效云云占經引感精符云孛賊入北斗中者大國結謀伐天子又云星孛入北斗兵大起將有外以制權以兵爲政者取應大率相同惠氏士奇春秋說云漢建安十一年正月星孛于北斗首在斗中尾貫紫宮及北辰其後魏受禪晉隆安四年二月己丑有星孛入北斗魁至三台三月遂經太微帝座端門占曰彗星入北斗經三台易主之象其後宋齊受禪又惠帝永興二年十月丁丑有星孛于北斗占曰璿璣更授天子出走又曰强國發兵諸侯爭權又曰星孛于斗王者疾病天下易政皆與文十四年同占故周內史叔服曰不出七年宋齊晉之君皆將死亂此天下易之象也由是楚莊觀兵周疆敗晉師非所謂彊國發兵諸侯爭權與按齊晉並爭蓋指宣十七年晉衞伐齊成元年齊伐魯二年齊敗衞晉魯衞敗齊之屬吳楚更謀謂楚莊爭霸成七年吳伐郯爲吳伐中國之始齊宋莒魯事此年下齊公子商人弑其君舍十七年宋弑杵臼十八年齊弑商人子卒莒

弒庶其是也

公至自會疏莊六年注公與二國以上出會盟得意致會蓋喜得與晉及諸侯盟猶上書公至自晉及上年書還自晉義也

晉人納接菑于邾婁弗克納疏左氏穀梁接作捷經義雜記云莊十二年宋萬弒其君接今左傳穀梁作捷賈景伯所見公羊穀梁皆作接僖三十二年鄭伯接卒左氏穀梁作鄭伯捷捷接二字古多通用

納者何入辭也疏九經古義云納當作內古文入作內按莊九年傳亦云納者何入辭也穀梁於僖二十五年傳云納者內弗受也蓋納兼二義

其言弗克納何注据言于邾婁與納頓子于頓同俱入國得立辭疏注据言至立辭○即僖二十五年楚人圍陳納頓子于頓是也彼納頓子于頓為入國得立辭此言納接菑于邾婁與彼文正同宜亦得國今云弗克納故難之

大其弗克納也注克勝也鄭伯以勝為惡此弗勝故為大疏注克勝也○詩小雅小宛飲酒溫克傳克勝也禮記禮器云我戰則克注克勝也荀子大略篇然而能使其欲利不克其好義也注克勝也○注鄭伯至為大○隱元年鄭伯克段于鄢傳克之者何殺之也殺之則曷為謂之克大鄭伯之惡也是鄭伯以勝為惡也彼以勝為惡故此弗勝為大通義云不能納糾不言弗克納為知此言弗克者大之也先言納接菑于邾婁者致晉君之意也復言弗克納專卻缺之義也

何大乎其弗克納注据伐齊納子糾恥不能納疏注据伐至能納○莊九年公伐齊納糾傳其言伐之何伐而言納者恥不能納也是

其諱不克納故書伐以起之也然則弗克納者蓋可以克而弗克之辭也晉郤缺帥師革車八百乘疏穀梁傳是郤郤克也與此異左氏又以爲趙盾陳樹華云下十五年至宣九年郤缺兩見穀梁作郤克乃傳寫之誤左傳亦云以諸侯之師八百乘納接菑于邾以納接菑于邾婁力沛若有餘注沛有餘貌疏注沛有餘貌○廣雅釋詁沛大也漢書五行志沛然自大楚辭九歌沛吾乘兮桂舟孟子梁惠王云沛然下雨音義沛字亦作霈初學記太平御覽俱引作霈華嚴經音義引文字集略云霈謂大雨也大雨即有餘意經傳釋詞若猶然也易乾九三夕惕若厲離六五出涕沱若戚嗟若巽六二用史巫紛若義亦同也而納之邾婁人言曰接菑晉出也貜且齊出也注出外孫也疏注出外孫也○穀梁傳注姊妹之子曰出公羊問答曰此即爾雅釋親男子謂姊妹之子爲出女子子之子爲外孫也接爾雅出與外孫不同釋名曰姊妹之子曰出出嫁於異姓而生者也郭注爾雅引襄五年傳蓋舅出也文此以出爲外孫者爲同爲嫁于異姓所出故也左傳成十三年云康公我之自出時已景公世自不必專屬姊妹子言矣儀禮喪服有外孫又僖五年注有禮外孫初冠有朝外祖之道皆謂女子子子也蓋凡姊妹子女子子子皆可謂之出爲其出嫁後所出也子以其指注指手指疏注指手指○說文手部指手指也舊疏云子謂郤缺言子以手指指麾于邾婁令使納接菑也此說迂回子以其指蓋欲令以指喻也喻義在下則接菑也四貜且也六注言俱不得天之正性疏注言俱至正性○毛本俱誤据公羊問答云注言俱不得天之正性何也曰莊子駢拇篇駢拇枝指

而後於德附贅懸疣而後於性釋文司馬云性人之本體也駢拇枝指附贅懸疣此四者各出於形性而非形性之正疏云舊云子以其指者言凡立子之法以其手指相似則接留猶人之四指獲且猶人之六指皆異於人故曰俱不得天之正性也通義云謹案子稱郤缺也凡以手計數者屈四指伸小指則爲四偏屈五指還伸小指則爲六此軍中遙相語舉手小指以示郤缺言接留比之於指如計四數者然也獲且如計大數者然也其實皆以小指喻庶孼爾讀書叢錄云按疏以其手指相似則接留猶人之四指獲且猶人之六指右手將指連左手言之則爲第六指離左手言之則爲第一指故下文云獲且也長按洪氏迂回孔義較是然與何義俱不得天之正性不合故舊疏引舊說以四指六指者喻之也其舊疏云地四生金于西方地六成水于北方皆非天數也言此者喻皆庶子矣亦未是於以指何涉子以大國壓之【注】壓服也服邾婁使從命【疏】釋文壓於甲反服也校勘記云此當本作厭之何訓爲服不當加土○注厭服也○荀子正論云天下厭焉與鄉無以異也注厭然順服貌禮既夕記纓條屬厭注厭伏也後漢書桓榮傳胡廣傳注並云厭伏也則未知齊晉孰有之也【注】設齊復與兵來納獲且亦欲服邾婁使從命未知齊晉誰能使外孫有邾婁者【疏】正以齊亦大國故也時晉霸中衰故邾婁人以理與勢並舉郤之貴則皆貴矣【注】時邾婁再娶二子母尊同體敵【疏】注時邾至體敵○左傳邾文公元妃齊姜生定公二妃晉姬生捷留文公卒邾人立定公捷留奔晉是邾婁再娶也白虎通嫁娶篇必一娶何防淫泆也爲其棄德嗜色故一娶而已人君無再娶之義

也莊十九年傳云諸侯一聘九女諸侯不再娶注不再娶者所以節人情開媵路故聘婚未往而死媵仍當往以示不再娶之義邾以妻元妃卒後復娶于晉衰世諸侯不能如禮也貜且元妃所生則貜且適子之位已正晉人欲以庶奪嫡邾婁人不敢以嫡庶名分郤之故曰貴則皆貴也通義云皆大國外孫故言皆貴此對晉人爲婉遜辭云爾是也舊疏云蓋皆是右媵之子或是左媵之子言非姪娣所生也非注義如左右媵則自有定序見隱元年注不得以長幼論也注明言再娶與左傳合非所謂左右媵也亦非以姪娣與二媵較貴賤也雖然貜且也長注既兩不得正性又皆貴唯當以年長故立之疏隱元年傳立子以貴不以長既皆貴故以長也邾婁君兩娶本失正不敢斥君之非故渾云兩不得正性其實貜且正接菑不正也穀梁云貜且正也捷菑不正也注正適也足也郤缺曰非吾力不能納也義實不爾克也注如邾婁人言義不可奪也故云爾疏校勘記出爾克云唐石經鄂本閩監本同毛本爾克誤倒穀梁傳曰弗克納未伐而曰弗克何也弗克其義也注非力不足義不可勝是也按邾婁人詭辭以謝晉晉人藉義以自解故如邾婁人言而退也故引師而去之故君子大其弗克納也注大其不以己非奪人之是疏惠氏士奇春秋說云易同人之九四乘其墉弗克攻吉象曰乘其墉義弗克也其吉則困而反則也弗克而還可謂困矣困而反則君子善之故易稱吉又何譏焉趙匡曰此乃譏其不量力而勞師爾聞義能止差可補過何足美之如其說則爻辭當云无咎无咎者善補過也曷爲繫之以吉者蓋有過則改聞義則徙善之大者非徙无咎矣公羊

之說誠得春秋微旨趙匡好駁先儒以其說不可通於易詩書則云春秋之例不可通於他經妄之妄者也六經皆聖賢之語曷爲不可通哉學者詳之按左傳宣子曰辭順而弗從不祥乃還注云大其不以己非奪人之是也惟以爲宣子事爲異此晉郤缺也其稱人何【疏】通義云据傳言郤缺率師八百乘則非將卑師少文貶曷爲貶【注】据趙鞅納蒯聵不貶【疏】注据趙至不貶〇卽哀二年晉趙鞅帥師納衛世子蒯聵于戚是也彼疏云郤缺納不正貶稱人今趙鞅亦納不當得位之人而不貶正以納父罪不至貶也是其義也不與大夫專廢置君也【疏】繁露王道云大夫不得廢置君又云觀於晉郤缺之伐邾婁知臣下作福之誅今本君下衍命字非也穀梁傳其曰人何也微之也何爲微之也長轂五百乘縣地千里過宋鄭滕薛敻入千乘之國欲變人之主至城下然後知何知之晚也杜預取以說左氏按與師伐國皆所甚惡春秋何不概貶之稱人況納接菑事必受君命專責之帥師無是理也曷爲不與【注】据大其弗克納實與【注】弗克納是而文不與【疏】通義云弗克納者與之實也稱人者不與之文也文曷爲不與大夫之義不得專廢置君也【注】不復發上無天子下無方伯傳者諸侯本有錫命征伐憂天下之道故明有亂義大夫不得專也接菑不繫邾婁者見挈于郤缺也不氏者本當言邾婁接菑見當國也【疏】注不復至道故〇僖元年二年十四年救邢城楚丘諸侯城緣陵經皆實與文不與傳皆云上無天子下

無方伯天子諸侯有相滅亡者力能救之則救之可也此不發是傳故明云以王制云諸侯賜弓矢然後征賜鈇鉞然後殺是諸侯得天子錫命即可專征伐且保伍連帥本有相救卹之道是諸侯憂天下宜也與大夫不同故得發彼傳○注明有至專也○舊疏云言大夫若有專廢置君者即是亂義故曰明有亂義大夫不得專也正由大夫不得專廢置故也○注接菑至缺也○舊疏云据僖二十五年納頓子繫頓也按接菑進退在郤缺故不繫以邾婁稱也郤缺之宜貶愈見左氏家劉炫云已云邾國又非邾君故不稱邾接菑也然則蒯聵亦去衞納時亦未得國何為繫之衞與○注不氏至國也○舊疏云据宣十一年納公孫甯儀行父于陳皆言氏也僖九年齊小白入于齊傳曷為以國氏當國也注當國故先氏齊也此本當言邾婁接菑當國如齊小白例因本未得國而又見挈于郤缺與鄭段亦異故去其國見義不得更氏也

九月甲申公孫敖卒于齊注已絕卒之者為後齊脅魯歸其喪有恥故為內諱使若尚為大夫疏包氏慎言云九月書甲申月之十二日通義云日者罪不若弒君重穀梁傳曰其地于外也○注已絕至大夫○上八年公孫敖奔莒春秋之例大夫出奔則絕其大夫公子慶父臧孫紇之屬是也則不得書卒今敖書卒故解之脅歸其喪即下十五年齊人歸公孫敖之喪是也穀梁傳曰奔大夫不言卒而言卒何也為受其喪不可不卒也是亦為內諱義也禮記王制云大夫廢其事終身不仕死以士禮葬之注以不任大夫也疏致仕而退死得以大夫禮葬故論語注云大夫退死葬以士禮致仕以大夫禮葬是也是以春秋大夫有過被黜則不書卒以其卒時非大夫故也公孫敖出奔視被

黜重矣當絕尤不當卒茲卒之故爲內諱文使若尙爲大夫也大夫去國得尙爲大夫者以臣子以義去者君有不絕其祿之事禮記曲禮云去國三世爵祿有列于朝白虎通引援神契云臣待放于郊君不絕其祿參分之二與之一留與其妻長子使得祭其宗廟是也

齊公子商人弒其君舍

此未踰年之君也其言弒其君舍何【注】据弒其君之子奚齊也連名何之者弒成君未成君俱名問例所從也【疏】注据弒至齊也○即僖九年晉里克弒其君之子奚齊傳弒未踰年君之號也亦弒未踰年君不言弒其君而引先君冠子上與此殊故据以難○注連名至從也○春秋之例弒成君未成君皆名成君名者隱四年衛州吁弒其君完莊八年齊無知弒其君諸兒之屬是也未成君名則此及哀三年齊陳乞弒其君荼是也此若止問弒其君嫌僅問未踰年君何以稱其君故連名問之正以問例所從也据下傳意則從成君例矣

己立之己殺之【注】商人本正當立恐舍緣潘意爲害故先立而弒之【疏】通義云己己商人也己代舍立乎其位而實即己手刃之與里克殺君之子而不自篡者異齊世家云舍之母無寵於昭公國人莫畏昭公之弟商人以桓死陰交賢士附愛百姓及昭公卒子舍立孤弱即與衆弒舍自立是其事也惟以商人爲昭公弟用左氏義○注商人至弒之○舊疏云正以弒舍不書日見不正遇禍則知商人本正明矣然則公羊以商人爲潘之適舍爲庶潘

立舍立商人未定商人緣潘有廢立意故先立舍而害之也則與左氏叔姬無寵情事亦殊成死者而賤生者也【注】惡商人懷詐無道故成舍之君號以賤商人之所為不解名者言成君可知從成君不日者與卓子同【疏】繁露精華云春秋痛之中有痛無罪而受其死者申生奚齊卓子是也惡之中有已立之已殺之不得如他臣之弒君者齊公子商人是也故晉禍痛而齊禍重春秋傷痛而敦重是以奪晉子繼位之辭與齊子成君之號詳見之也○注惡商至所為○正以已立之已殺之是懷詐無道也春秋貴信而賤詐故於商人尤賤之通義云後商人遭弒且為責討賊成之為君不於此正其君臣之分則嫌商人有可立道故正名之成舍為君而見商人賤為賊也按穀梁傳舍未踰年其曰君何也成舍之為君所以重商人之弒也注舍不成君則殺者非弒君也義亦同彼傳又云商人其不以國氏何也不以嫌代嫌也注春秋以正治不正不以亂平亂舍不宜立有不正之嫌商人專權有當國之嫌故不書國氏明不以嫌相代○是亦以舍立不正也已成舍為君商人弒以國氏其罪惡已見矣○注不解至子同○僖十年春晉里克弒其君卓子注云不正遇禍終始惡明故略之也正以成君例書日此不日故與彼同通義云不日者弒未踰年君正例也然此已成舍為君則不得同未踰年君例也不解名者僖九年注連名者上不書葬子某弒君名未明也彼意以恐人不知奚齊之名為是先君未葬稱子某似若子般子野之屬為若被弒之故稱名似若諸兒卓子之屬故將名連弒問之此不解稱舍之義以上言其君明從成君被弒之故也

宋子哀來奔

宋子哀者何無聞焉爾疏九經古義云公羊主內娶之說故以子哀爲書字爲無聞隱二年注云春秋有改周受命之制孔子救時遠害又知秦將燔詩書其說口授相傳至漢公羊氏及弟子胡母生等乃始記于竹帛故有所失也穀梁傳其曰子哀失之也疏引舊解云失之者謂其未達稱子之意與公羊無聞之義同

冬單伯如齊齊人執單伯齊人執子叔姬

執者曷爲或稱行人或不稱行人注此問諸侯相執大夫所稱例疏穀梁傳注云單伯魯大夫按莊元年有單伯逆王姬十四年稱有單伯會伐宋此或其後與○注此問至稱例○事具下行人而執者以其事執也注以其所銜奉國事執之晉人執行人叔孫舍是也疏注以其至是也○見昭二十三年彼年正月叔孫舍如晉公羊無傳其爲銜奉國事至晉明也不稱行人而執者以己執也注己者己大夫自以大夫之罪執之分別之者罪惡各當歸其本疏鄭此及莊十七年齊人執鄭詹是也其僖四年齊人執陳袁濤塗雖爲國事然辟軍之道其罪由濤塗自致也○注分別至其本○校勘記云浦鏜云當各字誤倒穀梁傳曰齊人執單伯私罪也所謂罪惡當各歸其本也單伯之罪何道淫也惡乎淫淫乎子叔姬注時子叔姬嫁

當爲齊大夫使單伯送之【疏】校勘記出淫乎云唐石經諸本同毛本乎誤于穀梁傳曰單伯淫于齊齊人執之齊人執子叔姬叔姬同罪也○注時子至送之○公羊與穀梁同穀梁疏云單伯是天子命大夫魯人遣送叔姬未至而與之淫左氏以叔姬爲昭公妃單伯爲天子大夫爲魯請叔姬與公穀異。然則曷爲不言齊人執單伯及子叔姬【注】据夫人婦姜繫公子遂【疏】注据夫至子遂○宣元年遂以夫人婦姜至自齊是也內辭也使若異罪然【注】深諱使若各自以他事見執者不書叔姬歸于齊者深諱以起道淫書單伯如齊者起送叔姬也齊稱人者順諱文使若非伯討【疏】注深諱至執者○穀梁疏云王則闇於取人之術魯則失於遣使之宜故經不書叔姬歸于齊再舉齊執之文者使若異罪然所以爲諱也按內辭者爲內諱辭也魯不能教正其女致令淫泆故深爲諱○注不書至道淫○舊疏云欲決隱二年冬十月伯姬歸于紀之屬書歸也言深諱者正以子叔姬有罪故也言以起道淫者謂深諱不言其歸卽是以起道淫之義何者若更爲小事見執何須諱其歸于齊今不言歸于齊而與單伯俱見執明其在道與單伯淫于歸事不醒醒矣或曰不書歸于齊者深諱其起道淫故也何者若言叔姬歸于齊齊人執單伯齊人執子叔姬卽有道淫之理也按或說亦通蓋正爲魯諱道淫何爲又起之與○注書單至姬也○不書叔姬歸于齊但書單伯如齊卽書齊人執單伯齊人執子叔姬則單伯送叔姬自見道淫亦可見所謂微而顯也○注齊稱至伯討○僖四年傳稱侯而執者伯討也稱人而執者非伯討也單伯叔姬有罪嫌齊執爲伯討故稱人不以伯討與之順諱文也通義云內大夫執例無罪月有罪不月雖有罪猶稱人以執者內辭也不使伯討行乎我也孔說亦可從

十有五年春季孫行父如晉

三月宋司馬華孫來盟【注】月者文公微弱大夫秉政宋亦蔽於三世之黨三亂結盟故不與信辭不稱使者宋無大夫官舉者見宋亂也錄華孫者明惡二國非以月惡華孫也【疏】注月者至秉政○涖盟來盟皆時桓十四年夏鄭伯使其弟語來盟是也此月故解之大夫秉政者舊疏云卽公子遂是也○注宋亦至之黨○上八年傳云曷爲皆官舉宋三世無大夫三世內娶也謂慈父王臣處臼也彼注云宋以內娶故威勢下流三世妃黨爭權相殺是爲人君之蔽也○注三亂至信辭○校勘記云三閩監毛本同誤也鄂本三作二當据正此本三字剜改當本作二舊疏云春秋之例凡莅盟來盟例皆書時欲見王者當以至信先于天下故也是以桓十四年注云時以從內爲王義明王者當以至信先天下是也今而書月故言不與信辭耳○注不稱至大夫○舊疏云正決鄭伯使其弟語來盟之文矣宋無大夫者僖二十五年文七年八年皆云宋三世無大夫三世內娶也○注官舉至孫也○通義云承上上官舉而復加名氏者來接乎內錄之也按大夫之義例不官舉上八年書殺司馬司城來奔以官舉見宋之亂此亦宜止官舉而詳錄華孫者正以見華孫無惡書月不書時專以起宋亂故不與信辭也穀梁注范泰亦以

錄名以存善惟其解稱官爲異

夏曹伯來朝

齊人歸公孫敖之喪

何以不言來注据齊人來歸子叔姬疏注据齊至叔姬○下十二月齊人來歸子叔姬是也

內辭也脅我而歸之筍將而來也注筍者竹箯一名編輿齊魯以此名之曰筍將送也爲叔姬淫悪魯類故取其尸置編輿中傳送而來脅魯令受之故諱不言來起其來有恥不可言來也不月者不以恩錄與子叔姬異疏校勘記云脅我唐石經鄂本閩本同監毛本我誤物○注筍者至曰筍○校勘記出以此云閩監毛本同誤也鄂本蜀大字本此作北漢制考同當据正按紹熙本亦作北九經古義云史記張陳列傳上使泄公持節問貫高箯輿前服虔曰箯音編編竹木如今峻可以糞除也韋昭音如頻反云如今輿牀人輿以行郭璞三倉解詁云箯轝土器音部典反按服虔云如今峻峻即筍也同物同音小顏云形如今之食輿師古唐人豈識漢時箯輿諸說唯服子慎與何邵公合蓋目轝之與耳食異也今按釋文云筍音峻與服義合又引韋昭音如頻反通志本無反字是也說文竹部箯竹輿也峻與筍箯古音通段氏玉裁注云公羊史記說文輿皆去聲亦作轝作擧又車部轝大車駕馬者也段又云按左氏傳陳畚挶挶者土轝漢五行

志作輂是梮乃輂之或字也史記河渠書山行即橋一作檋夏本紀正作檋漢書溝洫志作山行則梮韋昭曰梮木器如今轝牀人舉以行也然則周禮輂之制四方如車之輿故曰輂或作蟄或騺馬或人舉皆宜用之徙土則謂之土輿即公羊之筍左氏之箯輿也用之舁人則謂之橋橋即漢書輿轎而越嶺之轎字也禮經輁軸即輂字之異者注云輁狀如長牀是也然則筍之狀如輂但以竹爲之或馬引或人舉未可知耳通義云筍未詳舊云取其尸置編輿中敖死已閱八月豈得尸猶可致此明事之不然古者柳車上飾以竹爲池容得有筍名即左氏所謂飾棺置諸堂阜者與劉氏寶楠愈愚錄云史記張耳傳上使泄公持節問之箯輿前韋昭曰輿如今輿牀人舁以行韋注輿上當有箯字說文云箯竹輿也是筍亦輿牀其制雖有竹木之異而爲今之轎無疑也从木則爲檋爲梮从竹則爲筍爲箯也漢書嚴助傳乘轎而隃領服虔曰轎音橋梁謂隘道輿車也臣瓚曰今竹輿車也江表作竹輿以行是也項昭曰陵絕水曰轎音旗廟反領山領也不通船車運轉皆擔輿也師古曰服音瓚說是也項氏謬矣此直是以轎過領耳何云陵絕水乎如師古說是轎爲輿牀即今之肩輿也按梮即輿牀今山行亦用之其制如肩輿而稍短故韋以爲如今輿牀也檋梮音近故本紀作檋檋作橋亦是段音之字橋與轎同南齊書薛淵傳淵從駕乘虜橋先是敕羌虜橋不得入爲有司所奏免官見原虜橋即虜轎此古稱之僅存者今按作梮作檋作橋音義展轉相通謂如今之肩輿或竹或木或有帷無帷其制率相似唯此傳筍不得以肩輿目之無論敖死已數月即甫死之尸亦無載以肩輿之禮當如史記注服韋郭三家之說或如輁牀若長牀人舁以行者筍字从竹當以竹爲之或兼用木非生人所用之具也惠孔二家說近是俞氏樾曰公孫敖之死至此已閱八月豈其尸猶可置之編

輿中何解非也今按筍者以橫木縣其板使人舁之也其名蓋起於筍簴之筍攷工記梓人爲筍簴鄭注樂器所縣橫曰筍從曰簴凡事理之相近者名郎相通橫木以縣鐘鼓謂之筍故橫木以縣棺亦謂之筍試比類以求之牀前橫木謂之杠說文木部杠牀前橫木也而橫木以渡水亦謂之杠孟子離婁篇十一月徒杠成是也車前橫木謂之扃宣十二年左傳服注扃車前橫木也而橫木舉鼎亦謂之扃士冠禮設扃鼏是也皆其例矣釋文筍音峻史記張陳列傳上使泄公持節問貫高箯輿前服曰箯音編編竹木如今峻可以糞除也陸氏音筍爲峻蓋本服氏之說夫箯輿不妨亦有筍峻名然殺死已久而猶得於箯輿尸傳致其尸萬無是理釋名釋樂器曰筍峻也是筍簴之筍亦可讀如峻矣○注將送也○爾雅釋言文詩邶風燕燕云遠于將之箋云將亦送也○注爲叔至來也○禮記曲禮云在牀曰尸注尸陳也言形體在白虎通崩薨篇失氣亡神形體獨陳是也按殺死已閱八月誠如孔氏所說豈得尸猶可致蓋尸柩古通名左傳隱元年云贈死不及尸杜云尸未葬之通稱蓋郎取殺柩置編輿中傳送而來也脅魯令受故諱不言來通義云本送柩于竟上迫魯使受非有使來故不言來猶言歸公孫敖之喪若以禮歸之爲辭爾是也○注不月至姬異○下十有二月齊人來歸子叔姬書月此不月故解之正以棄歸之例無罪者月叔姬雖有罪推閔之意猶恩錄之與無罪等也

六月辛丑朔日有食之鼓用牲于社注是後楚人滅庸宋人弒其君處臼齊人弒其君商人宣公弒子赤莒弒其君庶其疏注是後至庶其○舊疏云楚人滅庸郎下十六年楚人秦人巴人滅庸也宋人弒其君處臼見下十六年冬齊人弒其君商人見下十八年夏五月宣公

弑子赤十八年冬子卒傳云子者孰謂謂子赤也何以不日隱之也何隱爾弑也莒弑其君庶其在下十八年冬漢書五行志云文公十五年六月辛丑朔日有食之董仲舒劉向以為後宋齊莒晉鄭八年之間五君殺死夷滅舒蓼劉歆以為四月二日魯衛分包氏慎言云六月書辛丑朔日有食之据曆辛丑六月之二日非朔也同劉歆說也

單伯至自齊注大夫不致此致者喜患禍解也不省去氏者淫當絕使若他單伯至也疏注大夫至解也○舊疏云正以內大夫出聘例書至故也○注不省至至也○舊疏云正以昭十四年春隱如至自晉彼是被執而歸省去氏今單伯存氏故解之包氏慎言云絕者謂絕不使為大夫諸侯不得專殺大夫但得放棄之賜玦不反也故云使若異單伯至單伯淫而絕則叔術之妻嫂竊國論其絕也必矣公羊以其讓國之功除其前之淫罪蓋論人君與士大夫異科君與國為體有功于國其餘小過則略之故齊桓之姊妹不嫁晉文之納懷嬴春秋皆不之責焉以其拯生民之功大也叔術妻嫂之罪宜絕而其見幾能作舉國授之夏父免數世爭篡之禍以隱桓之事衡之則術之當幾立斷而不受辱其智為不可及矣故春秋即其絕于邾婁者通其子孫於天下功罪並見言不如叔術者乃可免於誅其子孫乃可不以先人為辱耳聖人目觀時變舉一叔術為鑑非惡叔術也以為如此而不免於誅則誅之不勝誅矣解詁箋云命大夫故不名去單言伯則不辭通義云莊元年之單伯未見錄卒則此仍是一人與桓十五年家父上距幽王之世家父作誦年數亦略相等古人多壽考以詩證此可無疑也自後遂不錄卒者蓋以道淫罪重故也按家父之是否一人亦未可定計莊元年至此八十三年莊元年已能奉

使逆王姬亦須二十而冠後則應一百餘矣至此尚在而能如齊且道淫叔姬此必無之理其非一人可知其書單伯至自齊應仍是順諱文使若單伯以他事如齊今未歸也

晉郤缺帥師伐蔡戊申入蔡疏包氏慎言云六月又書戊申月之九日也

入不言伐此其言伐何至之日也其日何注据甲寅齊人伐衛日伐也疏莊十年傳云戰不言伐圍不言戰入不言圍此入而言伐故弟子据而爲難通義云晉強而蔡無備至日卽入其國也○注据甲至伐也○莊二十八年春王三月甲辰齊人伐衛是日伐也至之日也注嫌至日伐不至日入故曰入也主書與甲寅同義疏通義云不日則至日入意未顯○注嫌至至入也○正以若不書日在入蔡上嫌至日伐不至日入也○注主書至同義○卽彼傳云伐不日此何以日至之日也注用兵之道當先至竟侵責之不服乃伐之今日至便以今日伐之故日以起其暴也此與甲寅同義蓋亦以郤缺今日至便以今日入故書日以起其暴也校勘記出故曰入也云鄂本同蓋誤閩監毛本作曰穀梁疏以伐入兩舉爲伐而不及入日非

秋齊人侵我西鄙疏左傳本無秋字者脫文也石經宋本淳熙本岳本足利本齊人上有秋字

季孫行父如晉

冬十有一月諸侯盟于扈注不序不日者順上諱文使若扈之盟都

不可得而知【疏】注不序至而知○上七年秋八月公會諸侯晉大夫盟于扈傳云諸侯何以不序大夫何以不名公失序也公失序奈何諸侯不可使與公盟眣晉大夫使與公盟也注文公爲諸侯所賤薄不見序故深諱爲不可知之辭不日者順諱爲善文也然則此若序若日則七年之諱見而恥著故仍順上諱文不日不序作爲不可得知之辭也通義云諸侯不序者爲前扈之盟故也春秋有錄內而略外無略內而錄外公會猶不序公不會而序則傎矣不日者明不序意非以諸侯不信而略之

十有二月齊人來歸子叔姬

其言來何【注】据齊人歸公孫敖之喪不言來【疏】注齊人至言來○見上閔之也【注】閔傷其棄絶來歸【疏】通義云故猶從大歸曰來歸之文但繫齊人爲別異耳無罪痛之曰隱有罪痛之曰閔此有罪何閔爾父母之於子雖有罪猶若其不欲服罪然【注】孔子曰父爲子隱子爲父隱直在其中矣所以崇父子之親也言齊人不以棄歸爲文者令與敖同文相發明叔姬于文公爲姊妹言父母者時文公母在明孝子當申母恩也月者閔錄之從無罪例【疏】穀梁傳曰其言來歸何也父母之於子雖有罪欲其免也注凱曰書來歸是見出之辭有罪之人猶與貴稱書之曰子者蓋父母之恩欲免罪也以彼傳云其曰子叔姬貴之也故也○注孔子至親也○見論語子路篇白虎通五行云父爲子隱何法法

水逃金也鹽鐵論周秦篇云父母之於子雖有罪且匿之豈不欲服罪爾子爲父隱父爲子隱未聞父子之相坐也按今律有親屬相爲容隱條凡同居若大功以上親有罪相爲容隱皆勿論亦此義也春秋決事云春秋之義父爲子隱子爲父隱甲宜匿乙是也此舊疏即言來以閔之是也○注言齊至發明○校勘記出今與云鄂本宋本閩本同監毛本令作今舊疏云若以棄歸爲文即言子叔姬來歸不言齊人即宣十六年言郯伯姬來歸之文是今言齊人來歸故謂之同文也言相發明者言郯敖爲齊所惡而來歸之今此亦爲齊人所歸之故曰相發明耳按公孫敖言歸子叔姬言來歸而曰同文者書歸來之與否曰內錄辭其爲齊人歸者同也知亦爲齊人所惡故相發明也○注叔姬至恩也○上四年始逆婦姜于齊知不得有女出適故以爲文公妹妹下十六年夫人姜氏薨十七年葬我小君聖姜傳聖姜者何文公之母也是時文公母在也通義云子叔姬文公母妹而以父母言之者爲內明義孝子當緣父母意恩閔之也爲人子者通於春秋則能以父母之心愛其昆弟姊妹而友弟之道行乎天下矣○注月者至罪例○舊疏云正以棄歸之例有罪者時宣十六年秋郯伯姬來歸是也無罪者月成五年春王正月杞叔姬來歸之屬是也通義云凡來歸無罪時有罪月子叔姬有罪矣而猶若不欲其服罪者春秋有以義治有以恩治恩不本義私恩也義不本恩亦非公義也雖有法度不足以一天下天下惟情出於一故義者必因人之情而爲之制君臣以義合者也然而曾子曰孝子事君子思子曰不信乎朋友不獲乎上矣良以父子天性猶不致其愛朋友等夷猶不得其睦將於君乎何有故春秋葬原仲無譏而子叔姬之罪不盡其辭焉蓋於季子見朋友之至於子叔姬見兄弟之至按孔氏之論甚洽惟以有罪月無罪日與注反不若仍從注義郯伯姬杞叔姬事皆無考罪

之有無原無自知然此經既恩閔之固宜從無罪例則書月爲無罪也蓋有罪時無罪月卽以詳略分也

齊侯侵我西鄙遂伐曹入其郛

郛者何恢郭也注恢大也郭城外大郭疏注恢大也〇説文心部恢大也一切經音義引字林云恢大也又引蒼頡篇恢亦大也楚辭守志云配稷契兮恢唐功注恢大大也亦作㳠廣雅釋詁云㳠大也是也〇注郭城外大郭〇管子度地篇城外爲之郭釋名釋宮室郭廓也廓落在城外也意林引風俗通云郭大也又華嚴經音義引風俗通云郭之爲言廓玉篇引白虎通云郭之爲言廓也大也詩大雅皇矣增其式廓釋文本作郭爾雅釋詁廓大也沈氏彤周官祿田考云王城郭之所占幾何曰匠人營國方九里爲井八十一爲夫七百二十九逸周書作雒篇城方千六百二十丈按百八十一丈爲一里其丈數易里數正相符郭之大者爲郛作雒篇曰郭方七十里則爲井四千九百爲夫四萬四千一百其下云南繫洛水北因郟山則郛大小蓋因地勢異乎城之有定數也由王之城遞推之公城方七里侯伯城方五里子男城方三里三公之都視諸男城亦如之當爲井九爲夫八十一以差而下卿之城當方一里旁各加五分里之二爲井三爲夫二十七强大夫之城當方一里爲井一爲夫九也祭仲之論都城云大都不過參國之一中五之一小九之一蓋圻內外通行之郭所占皆無考以孟子國策三里之城七里之郭推之則郭之大數當四倍于城强也

入郛書乎曰不書疏舊疏云按諸舊本此傳之下悉皆無注有注云圍不言入入郛是也者衍字耳通義云傳言楚子勝乎皇門經但書圍鄭是也若旁徵左傳則隱五年鄭伐宋入其郛襄元年晉伐鄭入

其郛經皆不書是也入郛不書此何以書動我也注諱使若爲同姓見入郛故動懼我也動我者何內辭也其實我動焉爾注齊侵魯魯實爲子叔姬故動懼失操云爾鄉者不去幾亦入我郛故舉入郛以起魯恥且明兵之所鄉苟得其罪則莫敢不懼疏通義云我數被齊兵鬭其入曹郛恐懼震動故書以見文公微弱甚也

十有六年春季孫行父會齊侯于陽穀齊侯弗及盟

其言弗及盟何注據序上會也連盟何者嫌據盟疏注据序至据盟○舊疏云据序上會何得弗及盟乎是以問之嫌据盟者嫌直据盟問之通義云据鄭伯言逃歸不盟按與彼不相比附無爲据之也不見與盟也注與齊期盟爲叔姬故中見餉賤不見與盟侮辱有恥故諱使若行父會而去齊侯不及得與盟故言齊侯弗及亦所以起齊侯不肯疏注與齊至與盟○舊疏云使若行父會齊侯于陽穀訖即棄之而去齊侯不及盟傳言不見與盟必爲中見餉賤受侮有恥故經諱其辭也○注亦所至不肯○舊疏云若直言不及盟文體已具足見不得盟矣而更言齊侯不及何欲道是時不肯盟者是齊侯也若直言季孫行父會齊侯于陽穀不及盟不妨行父不及無以見齊侯不肯矣按左傳公有疾使季

文子會齊侯于陽穀請盟齊侯不肯曰請侯君間是亦以齊侯不肯也但不以爲爲子叔姬耳通義云齊侯不肯盟也弗及者言齊弗汲汲

夏五月公四不視朔注視朔說在六年不舉不朝廟者禮月終于廟先受朝政乃朝明王教尊也朝廟禮也故以不視朔爲重常以朔者始重也疏注視朔說在六年〇上六年注云禮諸侯受十二月朔政于天子藏于太祖廟每月朔朝廟使大夫南面奉天子命君北面而受之是也〇注不舉至爲重〇校勘記出于廟先受朝政云鄂本朝作朔此誤又出朝廟禮也云鄂本禮作私此誤因形相近也閩監毛本改作禮又出故以不視朔云鄂本作故不以非是上六年云閏月不告月猶朝于廟此不視朔不朝廟故解之視朔重於朝廟舉以該輕也明皆不舉也〇注常以至重也〇校勘記云諸本同誤倒鄂本作重始當据正此本注疏標起訖云注常以至始也則本作重始舊疏云言十二月之政令所以不在年初一受之而已必以月之朔日受之者重月之始故也

公曷爲四不視朔注据無事也疏注据無事也〇正以此經上下俱無朝覲會盟征伐之事故也

公有疾也注以不諱舉公如有疾公有疾乃復舉公是也疏左傳亦云公四不視朔疾也〇注以不至有疾〇校勘記出如有疾云鄂本如作知知此誤按穀梁傳天子告朔于諸侯諸侯受乎禰廟禮也公四不視朔公不臣也以公爲厭政以甚矣則不視朔大惡也春秋宜爲諱今不諱舉公故知有疾也明猶可原也〇注公有至是也

○昭二十三年公如晉至河公有疾乃復是也何言乎公有疾不視朔注据有疾無惡也疏注据有至惡也○舊疏云即昭二十三年傳云何言乎公有疾乃復殺恥也者是自是公無疾不視朔也注有疾無惡不當書又不言有疾者欲起公自是無疾不視朔也疏舊疏云即鄭氏云魯至文公四不視朔視朔之禮已後遂廢者正取此書也○注有疾至朔也○通義云自二月朔不視朔凡歷四朔至是書者四月以前本爲有疾五月朔疾已愈矣故特言之以起無疾不視朔之始又引胡康侯曰若後復視朔者必於此書公有疾與昭公如晉之事比矣穀梁注亦云是後視朔之禮遂廢故子貢欲去其羊江氏永鄉黨圖考云自文後視朔之禮亦非盡廢或行或否故至定哀時有司猶不敢去其羊但不行之日爲多故子貢欲去之襄二十九年書春王正月公在楚傳云釋不朝正于廟也則此時公若在國猶朝正然則曷爲不言公無疾不視朔有疾猶可言也無疾不可言也注言無疾大惡不可言也是後公不復視朔政事委任公子遂疏注言無至言也○通義云內大惡不可言故雖譏始猶不顯言公始不視朔也

六月戊辰公子遂及齊侯盟于犀丘疏左氏作郪丘穀梁作師丘鄭犀師古音義通校勘記云唐石經諸本同解云正本作菑丘故賈氏云公羊曰菑丘穀梁曰師丘今左氏經作郪字經義雜記曰釋文作犀丘穀梁音義亦云公羊作犀丘則唐以來本不作菑字矣公羊疏唐以前人爲之所據皆晉宋古書故猶見正本與賈景伯合也水經注穎水篇細水又

東南逕宋縣故城北縣所謂郪丘者也秦伐魏取郪丘謂是邑矣杜云郪丘齊地大事表云當在今泰安府東阿縣境說文邑部郪新郪河南縣前漢志同續漢志曰汝南郡宋公國周名郪丘漢改爲新郪章帝建初四年徙宋公於此段氏玉裁云魏世家安釐王十一年秦拔我郪丘是其地今安徽潁州府城八里有城故新郪城也方輿紀要新郪城在潁州東八里有土阜屹然高大謂之郪城按公子遂會齊侯之地當从杜說顧氏棟高本之故公羊正本作菑丘也後人見左氏作郪丘因以汝南地當之彼別一地也穀梁作師者漢書匈奴傳黃金犀比趙策作師比蓋菑犀郪師無一定也包氏愼言云六月書戊辰月之六日

秋八月辛未夫人姜氏薨疏包氏愼言云八月書辛未月之十日

毀泉臺

泉臺者何郎臺也注莊公所築臺于郎以郎譏臨民之漱浣疏注莊公至漱浣〇莊二十一年築臺于郎傳何以書譏何譏爾臨民之所漱浣也是也注意以于郎譏臨民之漱浣此曰泉臺應是一地

郎臺則曷爲謂之泉臺未成爲郎臺注未成時但以地名之疏謂莊三十一年稱築臺于郎也既成爲泉臺注既成更以所置名之疏謂此名泉臺故也

毀泉臺何以書譏何譏爾築之譏毀之譏疏通義云各有譏義故築毀兩書自非兩譏郎見者不復見也

先祖爲之已毀之不如勿居而已矣注但當勿居令自毀

壞不當故毀暴揚先祖之惡也築毀譏同知例皆時疏穀梁傳曰自古爲之今毀之不如勿處而已矣〇注但當至惡也〇後漢書楊終傳魯文公毀泉臺春秋譏之曰先祖爲之而己毀之不如勿居而已矣以其無妨害於民也不若何氏義切〇注築毀至皆時〇舊疏云知例皆時者正以此經文承月下恐蒙月故如此解

楚人秦人巴人滅庸疏水經注江水篇又東北至巴郡江州縣東江州縣故巴子之都也春秋桓九年巴子使韓服告于楚楚請與鄧爲好是也杜云庸今上庸縣屬楚之小國大事表云今湖廣鄖陽府竹山縣東四十里有上庸故城爲庸國地當四川陝西湖廣三省之交界說文邑部鄘南夷國段注牧誓有庸蜀二志漢中郡皆有上庸縣今湖北鄖陽府竹山縣東四十里有故上庸城尙漢庸地在漢水之南南至江尙遠僞孔傳云在江南非也按僖二年傳曷爲使虞首惡注據楚人巴人滅庸不使巴首惡然則此楚秦之滅庸蓋巴人道之與虞同矣此無傳何氏當別有所見也左傳亦不見巴首惡事

冬十有一月宋人弒其君處臼疏左氏穀梁作杵臼史記宋世家亦作杵臼公羊此及僖十二年陳侯名亦作處臼杵正字處叚借也

弒君者曷爲或稱名氏或不稱名氏疏稱名氏者隱四年衞州吁弒其君完桓二年宋華督弒其君與夷之屬是也不稱名氏者此及下十八年齊人弒其君商人之屬是也大夫弒君稱名氏賤者窮諸人注賤者謂士也士正自當稱人疏注賤者至稱人〇繁露順命云無名姓號氏於

天地之間至賤乎賤者也又云其卑至賤冥冥其無下矣惠氏士奇春秋說云宋人弒其君杵臼杵臼者宋昭公弒昭公者乃其君祖母王姬使帥甸攻而殺之古乘與甸通周禮稍人掌丘乘之政帥甸猶帥乘是時昭公田孟諸故襄夫人使稍人帥乘攻而殺之乃下士謂之賤可以君祖母之尊又王姬之貴號令於其國國人莫敢不從謂之賤不可也自古婦人不與國政婦人而與國政未有不亡國敗家者也宋平公殺其子可直斥宋公襄夫人殺其孫不可直斥君祖母則名不正言不順辭窮故稱人以賤之以君祖母王姬之尊且貴而與賤者同辭此春秋之特筆後世君母臨朝擅廢置其君者當以春秋為鑒焉按窮者極也大夫弒君其賤極於降稱人人者士也士之正稱若閽弒吳子餘祭盜殺蔡侯申則又不在大夫士之科矣繁露又云皆絕骨肉之屬離人倫謂之閽盜而已也

是 大夫相殺稱人賤者窮諸盜注降大夫使稱人降士使稱盜者所以別死刑有輕重也無尊上非聖人不孝者斬首梟之無營上犯軍法者斬要殺人者刎脰故重者錄輕者略也不日者內娶略賤之

疏閩監毛本於此下有注云賤者窮諸人者言士先自稱人今弒君亦稱人故曰窮諸人矣云賤人者窮諸盜者言士之賤名不過于盜故也共四十二字在降大夫使稱人之上鄂本注無之係疏文誤入十行本繫此四十二字於上毀泉臺傳疏故如此解下亦誤詩小雅巧言云君子信盜箋云盜謂小人也春秋傳曰賤者窮諸盜正義傳言窮者盡也弒君則盡於稱人殺大夫則盡於稱盜言盡此以下更無稱也○注降大至重也○注意大夫弒君稱名氏賤者則降同士稱人大夫相殺稱人賤者則降

同士稱盜也以大夫已降稱人故士降稱盜也○注無尊至勿朏○校勘記出刎朏云鄂本同閩監毛本朏改頭按釋文作頭云如字本又作朏音豆九經古義云無尊上漢律所云罔上不道也非聖人漢律所云非聖無法也不孝者商書曰刑三百罪莫大於不孝見呂覽孝經云五刑之屬三千罪莫大於不孝風俗通曰賊之大者有惡逆焉決斷不違時見赦不免又有不孝之罪並編十惡之條斬首梟之者梟當作県玉篇云賈侍中說県謂斷首倒縣也野王謂縣首於木竿頭以肆大辠秦刑也云無營上犯軍法者陳羣新律序云廢律有乏軍之典及舊典有奉詔不謹不承用詔書漢氏施行有小愆之反不如令輒劾以不承用詔書乏軍要斬胡建案軍法曰正法屬將軍將軍有罪以問二千石以下行法焉云殺人刎頭者高祖約法三章所謂殺人者刑焉何氏所據皆本漢律漢律已亡舉其大略如此耳公羊問答問此何代之法也曰說文梟不孝鳥也故日至捕梟磔之从梟頭在木上梟首義取此左傳叔孫昭子殺豎牛投其首於甯風棘上梟首濫鵤於此後世如漢王入關梟故塞王欣頭於櫟陽市是也五行志曰趙人新垣平以望氣得幸於上上立渭陽五帝廟欲出周鼎夏四月郊見上帝歲餘懼誅謀爲逆發覺要斬夷三族高祖本紀初入關約法三章曰殺人者死博雅刎斷也一切經音義自刎注引公羊傳云公遂刎朏而死何休曰刎割也何氏所据皆戰國以來秦漢之法非先王之舊制也解詁箋曰傳有誅絕之例易有焚如之象周官有辜之之制此所謂死刑有輕重也梟首斬要秦法耳按易離九四突如其來如焚如死如棄如說文引易曰突如其來如不孝子突出不容於內也又云去不順忽出也或从㐬倒古文孚卽易突字考㐬正梟首之象與不孝者斬梟合漢書匈奴傳云王莽作焚如之刑則又依周禮掌戮凡殺其親者焚之而作此刑者也○注故重

至略也○舊疏云謂大夫弑君罪重故稱名氏責之深若大夫相殺罪輕于犯君故降稱盜者義之輕重然也義或然也○注不日至賤之○通義云不日者從失德之君不日卒例也按內娶亦失德之一也義與上七年王臣卒同

十有七年春晉人衞人陳人鄭人伐宋疏通義云討弑君不月者無功不得從義兵錄

夏四月癸亥葬我小君聖姜

聖姜者何文公之母也疏包氏慎言云四月書癸亥月之五日聖姜二傳作聲姜

齊侯伐我西鄙

六月癸未公及齊侯盟于穀疏包氏慎言云六月書癸未月之二十六日

諸侯會于扈疏通義云復不序者爲前扈盟公失序故終文之篇不序按穀梁傳范云言諸侯者義與上十五年同

秋公至自穀疏通義云穀內地前所取諸齊者莊六年注云公與一國出會盟得意致地不得意不致按此後齊未來伐明得意也

冬公子遂如齊疏校勘記出公子遂如齊云唐石經鄂本上有冬字此脫

十有八年春王二月丁丑公薨于臺下疏包氏慎言云二月書丁丑月之二十四日穀梁傳云臺下非正也

秦伯罃卒【注】秦穆公也至此卒者因其賢【疏】通義本作罃音義罃舊同左氏經作罃茲從昭公五年注校改○注秦穆至其賢○舊疏云正以秦是戎狄春秋外之往前以來未錄其卒今乃始書故以賢解之而左氏為康公者與此別穀梁無解通義云秦康公也至是卒猶不葬者春秋伯子男為一故從小國例也賢繆公未見卒者及康公之世始有恩禮于內得恩錄之按如傳義則使遂來聘之秦伯仍是穆公孔氏据左氏改公羊可以不必解詁箋云秦穆公子康公也至此卒者因穆公之賢且此接內也考左氏及太史公紀表書皆以穆公卒於魯文公六年春秋終穆公世未嘗接魯文九年歸襚十二年使遂來聘皆康公也傳以為賢繆公能變追其先言之猶吳子使札踊賢季子皆從接內見也繆公之卒反不得如滕侯卒之例先書於經者詩刺繆公以人從死未能盡變其俗不可為典且嫌於僅以康公接內錄能變之人賢反不著也何君失經傳矣按劉說非是賢繆公能變何為賢於康公之世不得援善善及子孫為說吳札自以賢札上推吳子所謂以季子為臣則宜有君者也與此亦不相比附滕侯以先朝新王得褒亦不得引以為例秦俗用人殉葬延及始皇猶未變革何知康公能變其俗況康公如賢自宜不從亂命乃以康公之失近削繆公之卒殊失經旨要之說公羊止可以公羊為主公羊既以善變美秦伯則以十二年之秦伯仍穆公明甚不必牽合左氏史記為調人也

夏五月戊戌齊人弒其君商人【注】商人弒君賊復見者與大夫異齊人已君事之殺之宜當坐弒君【疏】包氏慎言云五月書戊戌月之十六日通義云謹案左傳弒之

者公僕邴歇與其驂乘閻職是賤者稱人例也商人篡不去日處臼去日者商人罪已前見宋昭無道未有見也又篡明當葬知不葬懿公者亦從不討賊例按孔說是也何云齊人以君事之當坐弒君故亦責臣子以不討討賊也○注商人至弒君○校勘記云齊人已君事之殺之且當坐弒君閩監毛本同鄂本且作宜當据正疏已作以且亦作宜古已以通宣六年晉趙盾衛孫免帥師侵陳傳趙盾弒君賊此其復見何注宋督鄭歸生齊崔杼弒其君後不復見今此商人於上十四年弒其君舍今而復見故解之正以春秋之義弒君之賊皆不復見以宜在誅絕之科商人自立爲君齊之臣民已君事之君臣名分已定故今宜坐弒君之罪與齊人殺無知衛人殺州吁殊也且又見商人弒君舉國不討書以責臣子也莊二十二年肆大省注不與念母而譏忌省者本不事母則己不當忌省猶爲商人責不討賊意亦謂商人弒君臣子宜討既靦然事之則宜成其爲君今而弒之當坐弒也

六月癸酉葬我君文公 疏 包氏慎言云六月書癸酉月之二十二日

秋公子遂叔孫得臣如齊 注 不舉重者譏魯猥使二大夫出虛國家廢政事重錄內也 疏 注不舉至內也○毛本二誤五舊疏云書事使舉上客而不稱介不正其同倫而相爲介故列而數之也者亦是古舉重之義也又云外大夫未有並見者於內唯有此經及定六年季孫斯仲孫何忌如晉之文故知正是重錄內也正以出聘宜卿爲使大夫爲介今二卿並出虛國家廢政事以卿位大責重政事是出故也通義云遂謀弒赤而請于齊赤母本齊大夫女非正君甥故未見拒也使舉上客而不舉介獨此列數之者著得臣

之黨于遂而與聞乎弑也與後不日卒相起其罪乃顯義各然也解詁箋云不舉重者著得臣之與聞乎弑也子赤齊出也故爲宣公如齊許賂非子赤使之也子赤弑而季孫行父如齊謀定宣公也遂主謀故于卒也去公子得臣與聞故于卒也去日以明首從分別輕重也行父不與聞故從日卒正文按行父如齊謀定宣公定宣公不得謂無罪春秋蓋以行父雖卿非當國之臣政在公子遂或量力不責之與

冬十月子卒

子卒者孰謂謂子赤也疏通義云既葬不名何以不日注据子般卒日疏注据子般卒日○即莊三十二年書冬十月乙未子般卒是也隱之也疏繁露楚莊王篇子赤殺弗忍言日痛其禍也何隱爾弑也疏釋文弑作殺音試下及注同今本亦誤作弑弑則何以不日注据子般卒日疏注据子般卒日○以子般亦被弑而日故据以難不忍言也注所聞世臣子恩痛王父深厚故不忍言其日與子般異疏注所聞至般異○舊疏云正以子般爲所傳聞之世故也莊三十二年注殺不去日見隱者降子赤也繁露楚莊王云子般殺而書乙未殺其恩也與此注文相足隱元年注所聞者謂文宣成襄王父時事也所傳聞者謂隱桓莊閔僖高祖曾祖時事也於所聞之世王父之臣恩少殺於所傳聞世高祖曾祖之臣恩淺是所聞世恩深於所傳聞世故子般忍言其日而子赤不忍也通義云世近則恩益隆故隱之益深繁露又云屈伸之志詳略之

文皆應之是也穀梁傳云子卒不日故也穀梁不傳三世之義故也

夫人姜氏歸于齊【注】歸者大歸也夫死子殺賊人立無所歸留故去也有去道書者重絶不復反【疏】注歸者大歸也○左傳夫人姜氏歸于齊大歸也詩邶風燕燕衛莊姜送歸妾也箋莊公薨完立而州吁殺之戴嬀於是大歸其事與哀姜大同亦夫死子弒賊人立時州吁未討也以歸歸甯有時而反此即歸不復來故謂之大歸莊二十七年傳大歸曰來歸是也彼爲內女設例故有來也○注夫死至去也○鄂本殺作弒紹熙本同當据正史記魯世家云文公有二妃長妃齊女哀姜生子惡及視次妃敬嬴嬖愛生子俀俀私事襄仲襄仲欲立之叔仲曰不可襄仲請齊惠公惠公新立欲親魯許之冬十月襄仲殺子惡及視而立俀哀姜歸齊哭而過市曰天乎襄仲爲不道殺適立庶市人皆哭魯人謂之哀姜左傳亦云文公二妃敬嬴生宣公敬嬴嬖而私事襄仲宣公長而屬諸襄仲襄仲欲立之叔仲不可仲見于齊侯而請之齊侯新立而欲親魯許之冬十月仲殺惡及視而立宣公夫人姜氏歸于齊將行哭而過市曰天乎仲爲不道殺適立庶市人皆哭魯人謂之哀姜穀梁傳夫人姜氏歸于齊惡宣公也注姜氏子赤之母其子被殺故大歸也又曰有不待貶絶而罪惡見者注引泰曰直書姜氏之歸則宣公罪惡不貶而自見此注云賊人立無所歸留明宣公不能事也○注有去至復反○舊疏云正以常事不書故也按莊二十七年大歸注大歸者廢棄來歸也哀姜不在七棄之科然夫死從子子弒賊立義無可從故有去道也書者重其事也御覽引春秋決事云甲夫乙將船會海盛風船沒溺流死亡不得葬四月甲母丙即嫁甲欲皆何法或曰甲夫死未

葬法無許嫁以私為人妻當棄市議曰臣愚以為春秋之義言夫人歸于齊言夫死無男有更嫁之道也婦人無專制擅恣之行聽從為順嫁之者歸也甲又尊者所嫁無淫之心非私為人妻也明於決事皆無罪不當坐按董生特以夫人姜氏可以如齊以例夫死無子者可以更嫁非謂夫人姜氏更嫁也婦人無專制故今律凡婚娶有違者皆罪坐主昏也解詁箋云不日者無與別有罪無罪

季孫行父如齊 疏 春秋說云子卒季孫行父如齊明弑子赤者非獨襄仲行父亦與聞焉襄仲欲立宣公叔仲不可不可者獨叔仲一人耳故身死而名不顯季孫行父魯之正卿也亦如叔仲以為不可則子赤焉得弑宣公焉得立及襄仲死宣公薨行父有憾於歸父乃以殺適立庶歸罪襄仲臧宣叔怒曰當其時不能治也則行父當時既知其情兼與其事明矣按惠說是也蓋此亦所謂不待貶絕而罪惡自見者與

莒弑其君庶其

稱國以弑何 注 据莒人弑其君密州 疏 注据莒至密州○即襄三十一年莒人弑其君密州是也

稱國以弑者眾弑君之辭 注 一人弑君國中人人盡喜故舉國以明失眾當坐絕也例皆時者略之也 疏 注一人至絕也○左傳載釋例引劉賈許穎以為君惡及國朝則稱國以弑君惡及國人則稱人以弑按天之立君以為民也故失眾當絕惡及國朝不知何指若以為惡及卿大

夫則稱國以見君罪非春秋尊尊之旨也穀梁傳注傳例曰稱國以弑其君君惡甚矣是也疏引舊解稱國者謂惡及國人幷惡及卿大夫稱人者謂失心於民庶也乃涉於賈逵之說○注例皆至之也○通義云所當蒙上月其不日者從小國始見卒例舊疏云謂失衆而稱國以弑者皆書時以略之即定三十年冬薛弑其君比之屬是也昭二十七年夏四月吳弑其君僚者亦是稱國而書月者彼非失衆是以何氏云不書闔閭弑其君者爲季子諱明季子不忍父子兄弟自相弑讓國闔閭欲共享之故爲没其罪也月者非失衆見弑故不略之者是也按何義甚明不必如孔說

公羊義疏四十三

南菁書院

句容陳立卓人著

宣元年盡二年

春秋公羊經傳解詁宣公第六

疏 校勘記云唐石經宣公第七卷六左傳釋文宣公名倭一名接又作委文公子母敬嬴謚法善問周達曰宣魯世家文公長妃齊女哀姜生子惡及視次妃敬嬴生子倭倭私事襄仲襄仲殺子惡及視而立倭是爲宣公徐廣曰倭一作倭何氏以宣公爲僖公妾子公羊敬嬴作頃熊則楚女矣與史記左傳並殊按新序七云魯宣公者文公之弟也劉向習穀梁則穀梁亦以宣公爲僖公子矣禮記檀弓云遇欵伯之忌敬叔不入則下云不可以叔父之私不將公事鄭注敬叔於昭穆以欵伯爲叔父考欵伯爲孟獻子之子獻子爲桓公子慶父之曾孫自桓公至欵伯六世桓公生莊公莊公生僖公僖娶頃熊生宣公及叔肸肸生嬰齊嬰齊生叔老老生弓是爲敬子敬子卽敬叔自桓公至敬叔七世欵伯正爲其叔父是宣公爲僖公子明矣倭倭委古音同作接者恐是譌字孔疏引世家云宣公名倭或作接今史記作倭孔氏所見或卽徐廣所見本無作接說

元年春王正月公卽位

繼弒君不言卽位此其言卽位何其意也注桓公篡成君宣公篡

未踰年君嫌其義異故復發傳 疏 經義述聞云其意上當有如字桓元年傳繼弒君不言即位此其言即位何如其意也何注曰弒君欲即位故如其意以著其惡是也若無如字則文意不明蓋寫者脫去耳唐石經已然按王說是也注明云故復發傳明與彼傳同也穀梁傳繼故而言即位與聞乎故也亦是重發傳○注桓公至發傳○禮喪服臣爲君斬衰三年爲踰年君無服故嫌簒成君與簒未踰年君異然雖未踰年君位已定臣子之分義無所逃故罪之如一也故閔繼子般不書即位是其正也通義云桓宣之罪相等而春秋不言宣無王者既於桓示法則從同同可知故得以所聞之世殺其辭也義或然也

公子遂如齊逆女 注 譏喪娶復書不親迎者嫌觸諱不成其文也有母言如者緣內諱無貶公文 疏 通義云娶聖姜之黨知不譏者禮妾子爲君母之黨君母在則不敢不從服君母不在則不服此於服術本徒從也聖姜既薨故不以娶功緦外屬譏矣○注譏喪至文也○舊疏云何氏以爲人君喪娶宜有貶刺之文若其吉逆使卿者宜書譏之見不親迎而已即叔孫僑如之徒是也今公子遂爲君喪娶宜去公子以見譏而存公子復作不親迎之經書之者正以公子遂本弒君之賊若去公子即嫌爲觸弒君大惡之故諱去公子即似隱四年十四公子翬之類是以不得成其貶文若然文二年公子遂如齊納幣亦譏喪娶之經而不去公子者彼是喪未畢納幣爲失禮猶淺此乃初喪逆女固當合貶即下八年注云元年逆女嫌爲喪娶貶也者義亦通於此按此如隱二年書紀履緰來逆女同故止是譏不親迎爾文公逆女在四年二年冬始納幣猶以其圖婚在三年內譏之此則三月已逆女上尚有納采諸禮在前喪娶已明又不待貶絕而

自見者也不必再去公子又恐觸諱仍不見其貶喪娶文也○注有母至公文○舊疏云下八年夫人熊氏薨又云葬我小君頃熊傳頃熊者何宣公之母也是其有母也舊疏云母不命使者婦人之命不通四方何得言如作內使之文者正以緣內無貶公之文故也何者若其去如則嫌宣公喪娶爲絕賤不成爲諸侯然也正緣此事不得去如也若然莊二十八年臧孫辰告糴于齊不言如所以不嫌莊公不能貯蓄絕而賤之者彼告糴之事可以通臧孫之私行此大夫不外娶無通私行之義故如是按紀履緰來逆女紀伯有母不稱母通使文故但書履緰來逆女而已此與內大夫出聘文同言如皆是君使之文若絕去如則當書公子遂逆女于齊嫌爲貶公喪娶矣故仍作常辭言如也穀梁傳注不譏喪娶者不待貶絕而罪惡自見桓三年傳曰逆女親者也使大夫非正也皆用公羊家義左傳注亦云不譏喪娶者不待貶責而自明也是也

三月遂以夫人婦姜至自齊

遂何以不稱公子一事而再見者卒名也注卒竟也竟但舉名者省文疏左傳以爲尊夫人齊氏召南考證云逆女既書公子遂此文蒙上自應單稱其名公羊謂一事而再見是也按成十四年叔孫僑如如齊逆女下云僑如以夫人婦姜氏至自齊與此同穀梁以爲遂之挈由上致之成十四年僑如同皆非公羊義

夫人何以不稱姜氏注据僑如以夫人婦姜氏至自齊也經有姜不但問不稱氏者嫌据夫人氏欲使去姜疏注据僑至齊也○成十四年僑如以夫人

婦姜氏至自齊是也○注經有至去姜○以傳若但云夫人何以不稱氏嫌据僖元年經夫人氏之喪至自齊爲難也貶曷爲貶注据俱至也譏喪娶也疏穀梁傳曰其不言氏喪未畢略之也喪娶者公也則曷爲貶夫人注据師還也疏注据師還也○見莊八年彼傳云還者何善辭也此滅同姓何善爾病之也曷爲病之非師之罪也彼公滅同姓非師之罪故歸善於師歸惡於公此公喪娶是公之罪非夫人而貶夫人與彼義違故据爲難內無貶于公之道也注明下無貶上之義內無貶于公之道則曷爲貶夫人注据俱有諱義疏注据俱有諱義○舊疏云春秋之道多爲內諱何故此經不爲夫人諱而貶之乎夫人與公一體也注恥辱與公共之夫人貶則公惡明矣去氏比於去姜差輕可言故不諱貶夫人疏禮喪服傳云夫妻一體也又云夫妻牉合也集韻牉合合其半以成夫婦是也白虎通嫁娶篇婦人學事舅姑不學事夫者示婦與夫一體也○注恥辱至明矣○舊疏云正以夫人與公共諡知榮辱同矣通義云服子慎曰古者一禮不備貞女不從故詩云雖速我訟亦不汝從宣公既以喪娶夫人從亦非禮故不稱氏見略賤之也按穀梁注夫人不能以禮自固故與有貶蓋本之服義○注去氏至夫人○校勘記出比於去姜差輕云閩監毛本同鄂本輕下疊輕字舊疏云去姜卽僖元年夫人氏之喪至自齊是也然此不諱者以其輕而僖元年去姜則重矣亦不諱者何氏云因正王法所加臣子不得以夫人禮治其喪也是也按哀姜罪重春秋以王法正之故魯臣子不得申其私恩待以

夫人禮既去其氏以示絕故雖重亦不諱也與此不諱有輕重之殊其稱婦何注据桓公夫人至不稱婦疏注据桓至稱婦○桓三年夫人姜氏至自齊不稱婦是也有姑之辭也注有姑當以婦禮至無姑當以夫人禮至故分別言之言以者見行遂意也見繼重在遂因遠別也月者公不親迎危錄之例也疏詩衛風氓云三歲爲婦傳有舅姑曰婦正義公羊稱婦有姑之辭傳以國君無父故云有姑其實婦亦對舅故士昏禮云贊見婦于舅姑是也穀梁傳其曰婦緣姑言之之辭也舊疏云隱二年傳云在塗稱婦與此違者兼二義也言在途見夫而服從夫故謂之婦至國對姑而服從姑是亦謂之婦矣○注有姑至言之○有姑當以婦禮至文四年逆婦姜于齊成十四年僑如以夫人婦姜氏至自齊及此經是也無姑當以夫人禮至者桓三年夫人姜氏至自齊莊二十四年夫人姜氏入是也婦姜亦上加夫人者舊疏云臣下錄之是也以婦禮至者昏禮記士禮有質明贊見婦于舅姑又贊醴婦又婦盥饋又舅姑共饗婦以一獻之禮是也未知諸侯夫人其禮若何以夫人禮至者則莊二十四年注云禮夫人至大夫皆郊迎明日大夫宗婦皆見是也○注言以至別也○校勘記出見繼重在遂云云閩監毛本同按繼當讀爲繫解云故言見繫重在遂桓十四年傳以者何行其意也注以己從人曰行此言以故爲行遂意也舊疏云遂以夫人者欲見夫人是時進止由遂故言見繫重在遂也因遠別者舊疏云若不言以直云遂夫人則嫌怪夫人男女無別故云因遠別也○注月者至例也○莊二十四年夏公如齊逆女是親迎書時也不親迎危錄之書月者此及桓三年九月夫人姜氏至自齊之屬是

也

夏季孫行父如齊

晉放其大夫胥甲父于衛

放之者何猶曰無去是云爾【注】是是衞【疏】經傳釋詞曰云爾語已詞也隱元年穀梁傳猶曰取之其母懷中而殺之云爾論語述而篇不知老之將至云爾無去是蓋猶言無即往是衞焉爾然則何言爾近正也【疏】通義云比于專殺猶似近正按謂近乎以道事君不可則止之正此其爲近正奈何古者大夫已去三年待放【注】古者刑不上大夫蓋以爲摘巢毀卵則鳳皇不翔刳胎焚夭則麒麟不至刑之則恐誤刑賢者死者不可復生刑者不可復屬故有罪放之而已所以尊賢者之類也三年者古者疑獄三年而後斷易曰繫用徽纆寘於叢棘三歲不得凶是也自嫌有罪當誅故三年不敢去【疏】喪服齊衰三月章爲舊君傳曰言其以道去君而猶未絕也詩鄭風羔裘箋云以道去其君者三諫不從待放于郊得玦乃去白虎通諫諍篇引援神契曰三諫待放復三年盡惓惓也所以言放者臣爲君諱若言有罪放之也所諫事已行者遂去不留凡待放者冀君用其言耳事已行災咎將至無爲留之易曰介如石

不終日貞吉論語曰三日不朝孔子行臣待放于郊君不絕其祿者示不欲其去也道不合耳以其祿參分之二與之一留與其妻長子使得祭其宗廟賜之環則反賜之玦則去明君子重恥也王度記曰反之以玦其待放者亦與之物明有分土無分民也詩曰逝將去女適彼樂土曲禮疏引王度記亦云大夫侯放于郊三年得環則還得玦乃去若然曲禮說大夫士去國之三月而復服注三月一時天氣變可以遂去矣與此不同者蓋得玦之後從郊至竟三月之內行素衣素裳諸禮也又喪服齊衰三月章有大夫在外其妻長子爲舊國君傳曰何以服齊衰三月也妻言與民同也長子言未去也是皆三年待放于郊未仕他國長子在國主其祀故未去也按喪服齊衰三月章言爲舊君者有三一曰爲舊君君之母妻傳曰仕焉而已者也注謂老若有廢疾而致仕者故兼服君君之母妻雷次宗所謂恩紀內結實異餘人是也二曰大夫在外其妻長子爲舊國君注在外待放已去者三曰舊君注大夫待放未去者又云以道去君謂三諫不從待放於郊未絕者言爵祿尚有列於朝出入尚有詔於國按後二條一是大夫自爲舊君服一是大夫之妻長子爲舊君服皆以禮待放君不絕其祿位不分已去未去言也江氏筠云去與未去皆服故經但言舊君而不言大夫之在外與在國蓋皆恩義未絕通典引石渠禮論戴聖謂大夫在外者三諫不從而去君不絕其祿位使其嫡子奉其宗廟是也若有罪見逐收其宗廟其妻長子亦不得留在本國矣孟子離婁篇述爲舊君反服云有故而去則君使人導之出疆又先於其所往去三年不反然後收其田里既云導之出疆是指已去國者其實待放未去而值君薨與已去而值君薨者皆服齊衰三月也○注古者至大夫○曲禮上篇文注不與賢者犯法其犯法則在八議輕重不在刑書是也彼疏引異義禮戴說刑不上大夫古周禮

說士尸肆諸市大夫尸肆諸朝是大夫有刑謹案易曰鼎折足覆公餗其刑渥凶無刑不上大夫事從周禮說鄭駮之曰凡有爵者與王同族大夫適甸師氏令人不見是以云刑不上大夫白虎通五刑篇刑不上大夫何尊大夫禮不下庶人欲勉民使至於士故禮爲有知制刑爲無知設也庶人雖有千金之幣不得服刑不上大夫者据禮無大夫刑或曰撻笞之刑也○注蓋以至類也○史記孔子世家孔子既不得用于衞將西見趙簡子至于河聞竇鳴犢舜華之死也孔子曰竇鳴犢舜華晉國之賢大夫也某聞之也刳胎殺夭則麒麟不至郊竭澤涸漁則蛟龍不合陰陽覆巢毀卵則鳳皇不翔何則君子諱傷其類也淮南本經訓刳胎殺夭麒麟不游覆巢毀卵鳳皇不翔○校勘記出鳳凰云鄂本凰作皇此加几者俗字○注三年至敢去○校勘記出徽墨云鄂本閩本同監毛本墨改纆疏並同此坎卦上六爻詞也舊疏引鄭氏注云繫拘也爻辰在巳巳爲蛇蛇之蟠屈如徽纆也三五互體艮又與震同體艮爲門闕於木爲多節震之所爲有叢拘之類門闕之內有叢木多節之木是天子外朝左右九棘之象也外朝者所以詢事之處也左嘉石平罷民焉右肺石達窮民焉罷民邪惡之民也上六乘陽有邪惡之罪故縛約徽墨寘于叢棘而後公卿以下議之其害人者置之圜土而施職事焉以明刑恥之能復者上罪三年而赦中罪二年而赦下罪一年而赦不得者不自思以得正道終不自改而出圜土者殺故凶是也然則繫于徽纆以待議罪有三年二年一年之殊已恐陷於三歲不得故待至三年乃去也白虎通諫諍云所以必三年者臣下有大喪君三年不呼其門所以復君恩今己所言不合於禮義君欲罪之可得也義亦通

君放之非也注曰無去是非也大夫待放正也注聽君不去衞正也疏舊疏

云此二句皆是今事非古法按莊二十四年曹羈出奔陳傳云三諫不從遂去之故君子以爲得君臣之義也三諫不從復任其放故曰非也大夫待放則上注之自嫌有罪當誅故曰正也○注聽君至正也○校勘記云閩監毛本同按衛蓋是字誤或當作爲按注就本經釋之作衛亦可

古者臣有大喪則君三年不呼其門注重奪孝子之恩也禮父母之喪三年不從政齊衰大功之喪三月不從政故孔子曰夏后氏三年之喪既殯而致事殷人既葬而致事周人卒哭而致事君子不奪人之親亦不可奪親也疏白虎通喪服云臣下有大喪不呼其門者使得終其孝道成其大禮說苑修文篇古者有親喪者不呼其門鹽鐵論未通篇古有大喪者居三年不呼其門通其孝道遂其哀戚之心君子之所重而自盡者其惟親喪乎後漢書陳忠傳臣聞之孝經始於愛親終於哀戚上自天子下至庶人尊卑貴賤其義一也夫父母之於子同氣異息一體而分三年乃免於懷抱先聖緣人情而著其節制服二十五月是以春秋臣有大喪君三年不呼其門閔子雖要經服事以赴公難退而致位以究私恩故稱君使之非也臣行之禮也又云周室凌遲禮制衰廢蓼莪之人作詩自傷是以蓼莪爲從軍之詩故大戴禮小辯注亦云困于兵革之詩也蓋三家詩語又荀爽傳對策曰昔翟方進以身備宰相不敢踰制至遭母憂三十六日而除夫失禮之源自上而始古者大喪三年不呼其門所以崇國厚俗篤化之道也繁露竹林云先王之制有大喪者三年不呼其門順其志之不在事也書云高宗諒闇三年不言居喪之義也禮記喪服四制云門內之制恩掩義以門

內之治〇尙恩行私恩不得行公義故三年不呼其門也〇注重奪
至恩也〇通典引白虎通云有喪不朝吉凶不相干門不奪孝子之
恩也然則臣有大喪不與公役者有二一以重奪孝子之恩一以
吉凶不相干故也故白虎通喪服又云凶服不敢入公門者明尊
朝廷吉凶不相干故周官曰凶服不入公門是也〇注禮父至從
政〇禮記王制文按禮運云三年之喪與新有婚者期不使者彼
注云臣有喪昏當致事而歸然則期之後容有使役者蓋國有大
事期後役使自是一時權禮若其常則三年不從政也又雜記云
三年之喪祥而從政期之喪卒哭而從政九月之喪既葬而從政
小功緦之喪既殯而從政與此殊者注云以王制之言此謂庶人
也從政從爲政者教令謂給繇役正義此庶人依士禮卒哭與既
葬同三月故王制省文總云三月也若大夫士父母之喪三年不
從政正禮也卒哭金革之事無避是權禮也舊疏云此政謂稅矣
王制云從政自讀如征稅之征故彼記上云八十者一子不從政
九十者其家不從政云云下云將從於諸侯三月不從政云云郎
周禮旅師所云新甿之治皆聽之使無征役謂復除不給徭役也
故鄭注周禮引王制解之此引以證臣有大喪君不呼門自謂大
夫士以上政當解如政事之政從爲政事與論語可使從政也與
之從政同當是斷章取義也〇注故孔至親也〇舊疏云曾子問
文引鄭注致事者還其職位於君是也校勘記出周人卒哭而致
事云今本曾子問無此文此與岳珂九經三傳沿革例引興國本
合段玉裁說按曾子問云子夏問曰三年之喪卒哭金革之事無
辟也禮與初有司與孔子曰夏后氏三年之喪既殯而致事殷人
既葬而致事記曰君子不奪人之親亦不可奪親也此之謂乎鄭
注云周卒哭而致事閩監毛本周誤則禮記校勘記云殷人既葬
而致事閩監毛本同石經同岳本同衞氏集說同嘉靖本同宋監

本下有周人卒哭而致事七字考文引足利本同段玉裁云公羊宣元年注有周人卒哭而致事一句疏引統謂曾子問文岳氏云與國本禮記有周人卒哭而致事一句大書爲經文按此同公羊注疏而與本疏不合又出周卒哭而致事云惠棟校宋本作周岳本同考文引足利本同此本周說則嘉靖本同衛氏集說同浦鏜校云按皇氏疏則周人卒哭致事是鄭君從夏殷推而知之當是注文而孔氏云孔子既前答周人卒哭而致事則又似屬經文而誤入注耳按皇氏疏云夏后氏尙質孝子喪親恍惚君事不敢久留故既殯致事還君殷人漸文思親彌深故既葬畢始致事還君周人極文悲哀至甚故卒哭而致事知周卒哭致事者以喪之大事有三殯也葬也卒哭也夏既殯殷既葬周代漸遠以此推之故知周卒哭也則皇氏所据鄭注與孔氏不同但鄭氏解致事在殷人句下明鄭氏所据本無周人卒哭而致事語故於注末申之云周卒哭而致事也若元有此語誤入注中則致事注當在周人下或在夏后句下方合公羊疏所見之曾子問本與與國本合不必比而同之也卒哭者禮記雜記云士三月而葬是月而卒哭大夫三月而葬五月而卒哭鄭注禮既夕云卒哭三虞之後祭名始朝夕之間哀至則哭至此祭止也朝夕哭而已君子不奪人之親亦不可奪親者鄭注二者恕也孝也已既思親推己及人亦不奪其親是恕也孝子思親若不致事則是忘親故今致事是不自奪其思親之心是孝也禮記問喪曰凡見人無免經雖朝於君無免經唯公門有稅齊衰傳曰君子不奪人之喪亦不可奪喪也注無免經經重也稅猶免也有免齊衰謂不杖齊衰也於公門有奪齊衰則大功有免經也然則杖齊期以上雖入公門衰亦不脫故引舊記以明之言君子以己恕人不可奪人喪使之免經而已亦不可自奪其喪所以己有重喪猶經以見君申己喪禮也惟其如此故臣

下在喪不入公門君亦不奪其情以免吉凶相干曲禮云凶服不入公門故也已練可以弁冕【注】此說時衺正失非謂禮當然弁禮所謂皮弁爵弁也皮弁武冠爵弁文冠夏曰收殷曰冔周曰弁加旒曰冕士所以入宗廟【疏】禮記檀弓曰父母之喪哭無時使必知其反也注既緣或時爲君服金革之事反必有祭又禮運云三年之喪期不使是則期內不使故已練可使也而曾子問云卒哭服金革之事無辟者彼記又云昔者魯公伯禽有爲爲之也是非其正也通義云此權時之宜喪大記曰君既葬王政入于國既卒哭而服王事大夫士既葬公政入于家既卒哭弁經帶金革之事無辟也按鄭彼記注亦云權禮也何氏云此說時衰政失非謂禮所當然者謂不獨金革服金革之事失禮即既練而弁冕卽事亦非正上注引云父母之喪三年不從政是其正也鄭注喪大記又云弁經帶者變喪服而弔服輕可以卽事蓋弁經者弔服帶者要經自謂喪服明弔服加重也注正失鄂本正作政當從之〇注弁禮至文冠〇白虎通紼冕云皮弁者何謂也所以法古至質冠名也弁之言攀也所以攀持其髮也上古之時質先加服皮以鹿皮者取其文章也戰伐田獵皆服之爵弁者周人宗廟士之冠也郊特牲曰周弁士冠經曰周弁殷冔夏收爵何以知指謂其色又作言爵弁作但言弁周之冠色所以爵何爲周尚赤所以不純赤但如爵頭何以本制冠者法天天色元者不失其質故周加赤禮士冠禮皮弁服素積緇帶素韠注皮弁者以白鹿皮爲冠象上古也李如圭云古者以鳥獸之皮冒而句領皮弁象之聶氏引舊圖云以鹿皮淺毛者爲之高尺二寸禮又云爵弁服纁裳純衣緇帶韎韐注爵弁者冕之次其色赤而微黑如爵頭然或謂之

緅其布三十升賈疏云凡冕以木爲體長尺六寸廣八寸績麻三十升布衣之上以元下以纁前後有旒其爵弁制大同唯無旒又爲爵色爲異皮弁用之於田獵戰伐爵弁用之於祭故曰皮弁武冠爵弁文冠也以皮弁爲武冠蓋今文家說成二年傳衣服與頃公相似何注禮皮弁以征彼疏云即昭二十五年注皮弁以征不義是也引韓詩傳亦有是語御覽引三禮圖皮弁春八月習大射冠之行事是今文詩春秋家皆然惟周禮司服云兵事韋弁服即成十六年左傳之韎韋之跗注是也按字林云韋柔皮也皮韋同類故同有皮弁之稱惟皮弁白色韋弁韎色爾或古只是皮弁周文有皮弁韋弁之别與○注夏曰至宗廟○士冠記云周弁殷冔夏收當作冔釋文作冔是也毛本同獨斷云冕周曰爵弁殷曰冔夏曰收皆以三十升漆布爲殼廣八寸長尺二寸加爵冕其上周黑而赤如爵色前小後大殷黑而微白前大後小夏純黑而赤前小後大皆有收以持笄古皆以布中古以絲孔子曰麻冕禮也今也純儉冕冠垂旒周禮天子冕前後垂延朱綠藻有十二旒公侯大夫各有差别三公九諸侯卿大夫七組纓各如其綬之色郊天地祠宗廟祀明堂則冠之禮記王制云有虞氏皇而祭深衣而養老夏后氏收而祭燕衣而養老殷人冔而祭縞衣而養老周人冕而祭玄衣而養老正以冕即弁唯大夫以上得有冕士以下只弁耳彼注云皇冕屬焉畫羽飾焉凡冕屬其服皆玄上纁下有虞氏十二章周九章夏殷未聞凡養老服皆其時與羣臣燕之服其冠則牟追章甫委貌也諸侯以大夫之燕服爲朝服王者之後亦以燕服爲之是則收冔弁正爲入祀宗廟之冠矣故禮記雜記云大夫冕而祭于公弁而祭于己士弁而祭于公皆謂爵弁也士冠禮注爵弁者冕之次也賈疏冕者俛也低前一寸二分故得冕稱其爵弁則前後平故不得冕名也周禮弁師掌王之五冕注延冕之

覆在上任氏大椿弁服釋例云爵弁既以弁名則其狀當似弁不特弁下無旒及前後延平異于冕也考釋名弁如兩手相合時也以爵韋爲之謂之爵弁以鹿皮爲之謂之皮弁以韎韋爲之謂之韋弁也然則此三弁皆作合手狀矣其延下當上銳下圜文考後漢輿服志冕制皆前圜後方則與下圜上銳者異疑爵弁與冕雖同有上延而爵弁延下則爲合手之形與冕狀別然則夏殷質用冔收以祭周弁制如冔收別加旒爲冕以爲祭服耳弁非天子之祭服也吳氏廷華儀禮疑義亦云據說文弁本作覍象形或作弁又釋名弁如兩手相合也爵弁與冕制異與皮弁制同胡氏培翬儀禮正義云賈氏之說蓋本漢禮器制度吳氏以釋名說文駁之似亦可從冠禮記注云弁名出於槃槃大也言所以自光大也冔名出於幠幠覆也言所以自覆飾也收言所以收斂髮也其制之異亦未聞史記五帝紀帝堯黄收純衣蓋夏以前通用收詩文王常服黼冔傳冔殷冠也江氏筠讀禮私記云爵弁既非冕制而與冔收連言者蓋冕飾至周始備冔收二者周制以弁例之如殷士祼將服冔周士祭於公用弁其一也又殷人冔而葬周人弁而葬亦其一也是也鄭本主誤王

服金革之事【注】謂以兵事使之【疏】注謂以兵事使之○禮記中庸云衽金革疏金革謂軍戎器械也又曾子問云子夏問曰三年之喪卒哭金革之事無辟者禮與孔子曰吾聞諸老聃曰昔者魯公伯禽有爲爲之也今以三年之喪從其利者吾弗知也注伯禽周公子封於魯有徐戎作難喪卒哭而征之急王事也又喪大記云君既葬王政入于國既卒哭而服王事大夫士既葬公政入于家既卒哭弁絰帶金革之事無辟也注此權禮也弁絰帶者變喪服而弔服輕可以即事也然則父母之喪三年內不服王事經禮也期練之後時有兵革之事不顧私恩權禮也若有急難雖卒哭之

後亦當以國體爲重曾子問所記伯禽事是也喪大記疏引庾氏云謂此言君既葬王政便入國候卒哭乃身服王事前云君言王事謂言答所訪逮而已王政未入于國也庾氏因上記有既葬與人言言君言王事不言國事故分別之也君使之非也注非古道也疏言非禮之正也監本道誤古臣行之禮也注臣順君命亦禮也此與君放之非臣待君放正同故引同類相發明疏注臣順至發明○通義云君呼其門則非國有兵事臣釋縗而赴難則禮宜然校勘記出臣順爲命云鄂本爲作君此誤古者臣有大喪以下與放胥甲父義無涉因欲借君使之非臣行之禮喻君放之非臣待放正之義故連言之閔子注閔子騫以孝聞疏注閔子騫以孝聞○史記仲尼弟子列傳閔損字子騫少孔子十五歲孔子曰孝哉閔子騫人不間於其父母昆弟之言要經而服事注禮已練男子除乎首婦人除乎帶疏注已練至乎帶○禮記間傳云期而小祥練冠縓緣要經不除男子除乎首婦人除乎帶男子何爲除乎首也婦人何爲除乎帶也男子重首婦人重帶除服者先重者易服者易輕者禮喪服注云麻在首在要皆可經經之言實也明孝子有忠愛之心也首經象緇布冠冠缺項要經象大帶閔子既練後服王事故首經除而要經如故也喪大記云弁經帶金革之事無辟正義弁經謂弔服帶謂喪服要經明雖弔服而有要經異凡弔也彼謂卒哭之後弁首經亦變者或亦權禮與既而曰若此乎古之道不卽人心注既事畢言古者不敢斥君卽近也疏注言古至斥君○通義云古謂中古自伯禽以來○注卽近也

〇禮記王制云必卽天論注卽就也必卽天論言與天意合閔子曰古之道不卽人心正義閔子性孝以爲在喪從戎不卽人情爲制此禮是古之所制故閔子嫌之爾雅釋詁卽尼也書疏引孫炎云卽猶今也尼者近也郭注引尸子曰悅尼而來遠是卽尼近互爲訓也又曾子問云昔者魯公伯禽有爲爲之也今以三年之喪從其利者吾弗知也正義云伯禽卒哭徐戎作亂東郊不開故征之是有爲爲之也今則更無所爲直貪從於利攻取於人者吾不知也是以閔子屈於君命要經服事旣葬事之後知不卽人心退而致仕猶斯道也

退而致仕注退退身也致仕還祿位於君疏注致仕至於君〇禮記王制云七十致政注致政還君事又明堂位云七年致政於成王注致政以王事歸授之孟子公孫丑篇孟子致爲臣而歸注辭齊卿而歸其室也是致有歸還之義

孔子蓋善之也注善其服事外得事君之義致仕內不失親親之恩言古者又遜順不訕其君也不言君子者時賢者多以爲非唯孔子以爲是疏舊疏云蓋猶是也言於此三事孔子皆善之其三事者初則要經而服事次則謂君爲古者後則退而致事是也按此蓋如蓋通乎下之蓋蓋猶皆也時賢蓋謂當時有責閔子要經服事者此賢者過之也有疑閔子退而致事者不肖者不及也孔子中庸之道故皆善之也遜順不訕其君表記所云事君欲諫不欲陳注陳言其過於外也故言古以飾之

公會齊侯于平州疏杜云平州齊地在泰山牟縣西大事表云今泰安府萊蕪縣西有平州城一統志平州城在泰

安府萊蕪縣西通義云不致者與惡桓同義桓之會皆不致宣之會唯於始見法而已所聞異辭所傳聞異辭

公子遂如齊

六月齊人取濟西田

外取邑不書此何以書注据曹取之不書疏注据曹至不書○僖三十一年取濟西田傳惡乎取之取之曹也曷爲不言取之曹諱取同姓之田也此未有伐曹者則其言取之曹何晉侯執曹伯班其所取侵地于諸侯也晉侯執曹伯班其所取侵地于諸侯則何諱乎取同姓之田久也然則濟西田本魯有爲曹所取明矣曹取不書故据以難也通義云据伐而言圍者取邑之辭按若如此据傳當云此未有言伐者其言取之何矣所以賂齊也注魯所以賂遺齊故稱人共國辭疏穀梁傳內不言取授之也以是爲賂齊也左傳齊人取濟西之田爲立公故以賂齊賂齊也通義云非以師徒取故不從彼例直言取也杜亦云魯以賂齊齊人不用師徒故曰取范云宣公弒立賂齊以自輔恥賂之故書齊取較杜孔義爲長○注故稱人共國辭○舊疏云謂一人字齊魯共有何者魯人篡弒以地賂人齊人失所取篡者之賂皆合稱人故也曷爲賂齊注据上無戰伐無所謝疏注据上至所謝○舊疏云決哀七年秋公伐邾婁八月己酉以邾婁子益來八年夏齊人取讙及僤傳外取邑不書此何以書所以賂齊也曷爲賂齊爲以邾婁子益來也此上不見戰伐之文應無所謝故難之爲弒子赤之賂也注子赤齊外孫宣公篡弒之

恐爲齊所誅爲是賂之故諱使若齊自取之者亦因惡齊取篡者
賂當坐取邑未之齊坐者由律行言許受賂也月者惡內甚于邾
婁子益疏注子赤齊外孫○文四年逆婦姜于齊子赤即取於齊者所生故爲齊外孫○注未之至賂也○校勘記浦鏜
云由猶通十年疏引受賂作受財下十年齊人歸我濟西田傳齊
已取之矣其言我何言我者未絕于我也曷爲未絕乎我齊已取
之矣其實未之齊也注齊已言語許取之言其人民貢賦尚屬于
魯實未歸于齊不言來者明不從齊來不當坐取邑是未之齊也
故解之由律行言許受賂者九經古義云按漢律有受賕之條魯
賂齊不當坐取邑且未之齊而坐者由齊聽請故也漢律行言許
受賂亦得坐受賕之條故舉以況之唐律疏義職制云諸有事以
財行求得枉法者坐贓論不枉法者減二等諸監臨主司受財而
枉法者一尺杖一百一疋加一等十五疋絞不枉法者一尺杖九
十二疋加一等三十疋加役流○按今律官吏聽許財物雖未接受
事若枉者准枉法論不枉者准不枉法論各減受財一等即此也
魯當坐今律有事以財求行條也○注月者至子益○哀八年夏
齊人取讙及僤傳外取邑不書此何以書所以賂齊也曷爲賂齊
爲以邾婁子益來也注邾婁齊與國畏爲齊所怒而賂之恥甚故
諱使若齊自取然蓋彼爲伐國而賂齊此爲
篡嫡而賂齊罪大於彼故書月以惡之也

秋邾婁子來朝

楚子鄭人侵陳遂侵宋注微者不得言遂遂者楚子之遂也不從鄭

人去遂者兵尊者兼將【疏】校勘記出楚子云唐石經諸本同鄂本作楚人按此注云微者不得言遂遂者楚子之遂也知公羊經作楚人不然則注無爲如此解今作楚子者衍左穀二家誤○注微者至遂也○僖二十五年楚人圍陳納頓子于頓傳何以不言遂兩稱耳明彼爲微者故不得言遂也但別兩耳以大夫無專制之義唯人君得行其遂故知此楚人爲楚子耳若然莊十九年公子結媵陳人之婦遂及齊侯宋公盟得言遂者以公子結聞齊宋欲謀伐魯矯君命而與之盟其事危急重大故與得遂也彼傳云大夫無遂事此其言遂何聘禮大夫受命不受辭出竟有可以安社稷利國家者則專之可也是也

晉趙盾帥師救陳【疏】左傳晉趙盾帥師救陳宋杜以爲經無宋字蓋闕正義引服虔云趙盾既救陳而楚師侵宋趙盾欲救宋而楚師解去義或然也

宋公陳侯衛侯曹伯會晉師于斐林伐鄭【疏】左氏穀梁作棐林斐棐通見文十三年魏世家索隱曰劉氏云林地名蓋春秋時鄭地之棐林在大梁之西北徐廣云在宛縣非也水經注潧水篇華水又東逕棐城即北林亭也春秋文公與鄭伯宴于棐林宣元年諸侯會于棐林以伐鄭楚救鄭遇于北林服虔曰北林鄭南地也京相璠曰今滎陽苑陵縣有故林鄉在新鄭北故曰北林也余按林鄉故城在新鄭北東如北七十許里宛故城在東南五十許里不得在新鄭北也京服之說並爲誤也一統志棐林在鄭州東南方輿紀要林鄉城在開封新鄭縣東二十五里春秋之棐林

此晉趙盾之師也【注】据上趙盾救陳微者不能會諸侯【疏】注微者至諸侯

○舊疏云謂若是微者卽不能爲會主以致諸侯于斐林而會之也按上文明云晉趙盾帥師救陳故云此晉趙盾之師也曷爲不言趙盾之師注据公子遂會晉趙盾于衡雍伊雒戎盟再出名氏疏注据公至名氏○卽文八年冬十月壬午公子遂會晉趙盾盟于衡雍乙酉公子遂會伊雒戎盟于暴是彼公子遂再出名氏故据以難此上出趙盾下稱師也君不會大夫之辭也注時諸侯爲趙盾所會不與卑致尊故正之去大夫名氏使若更有師也殊會地之者起諸侯爲盾所會疏通義云新城之盟趙盾嘗以名氏見矣於此發傳者彼列序諸侯之下以臣從君於義猶可此文若云宋公等會晉趙盾則是以盾敵四國之君故不可也○注時諸侯至師也○正以四國實爲趙盾所會若言會趙盾明盾爲主是以卑致尊故去其名氏若非趙盾然所以正君臣之分也定八年公會晉師于瓦杜云卿不書禮不敵公是其義也○注殊會至所會○舊疏云言殊會者正謂先序諸侯訖乃言會晉師是也所以不言宋公陳侯衛侯曹伯師師伐鄭而先言會晉師于斐林乃言伐鄭者若以趙盾之師先在是致諸侯來會之然也故曰起諸侯爲盾所會耳按繁露隨本消息云譬如於文宣之際中國之君五年之中五君殺以晉靈之行使一大夫立於斐林拱揖指撝諸侯莫敢不出此猶隰之有泮也亦言諸侯爲盾所會莫敢不從春秋殊之所以尊君抑臣不與其致也

冬晉趙穿帥師侵柳疏左氏穀梁作侵崇左氏釋文作崇云本亦作崇趙氏坦春秋異文箋云謹案尚書大傳云

秋祀柳穀華山鄭注祭柳穀之氣于華山柳聚也齊人語廣雅釋詁云崇聚也此必齊人讀崇爲柳故其訓同公羊崇作柳正齊人方音之轉按崇古音在東鍾柳古音在蕭幽部二部間有通轉故尙書君奭其終出于不祥釋文終馬本作崇隸釋載漢石經作其道于不詳文玉篇鯛直轡切又直久切廣韻鯛徒紅切又直冢切直柳二切鯛从同音而有直柳切故漢地理志汝南郡鯛陽孟康曰鯛音紂也又育字轉入平聲在蕭幽部而說文肉部育从充省聲亦其證也吳氏經說云春秋三傳多以聲近相借如歸邴之爲歸祊包來之爲浮來曲池之爲毆蛇夫童之爲夫鍾犀丘之爲郪丘爲師丘皆是獨此傳以義同借鄭注尙書大傳及周禮皆云柳聚也酒誥其敢崇飲傳左傳崇卒也注亦皆云崇聚也按吳氏猶未知古韻之有通轉也

柳者何天子之邑也注天子之閒田也有大夫守之晉與大夫忿爭侵之

疏鹽鐵論論功云晉取郊沛王師敗于茅戎沛蓋柳字之誤詩地理考通典崇國在京兆府鄠縣帝王世紀鯀封崇崇伯國在豐鄗之間周有崇國晉趙穿侵崇按彼本左傳爲說以崇爲秦之與國宜在西周如公羊義當在東周圻內或河北地近温原者故得有晉大夫忿爭事○注天子之閒田也○禮記王制云天子之縣內凡九十三國名山大澤不以朌其餘以祿士以爲閒田正義云其不封公卿大夫及祿士之外並爲閒田則周禮云公邑也畿外閒田少畿內閒田多依周禮閒田自二百里之外以至五百里其大夫則於三百里爲采地卿則於四百里爲采地公則於五百里爲采地故載師云以公邑之田任甸地以家邑之田任稍地以小都之田任縣地以大都之田任畺地是也未知殷制如何然則圻內自封國外皆爲閒田其實邑也○注有大至侵之

○蓋如成十一年左傳載晉郤至與周爭鄇田之類曷爲不繫乎周注据王師敗績于貿戎

繫王疏注据王至繫王○即成元年王師敗績于貿戎是也不與伐天子也注絕正其義使若兩國自相伐疏注絕正其義○舊疏云謂絕柳不使繫之於王所以正君臣之義也按王師敗績于貿戎亦正其義使若王者自敗不言晉敗之也其義皆與此相足

晉人宋人伐鄭疏穀梁傳伐鄭所以救宋也

二年春王二月壬子宋華元帥師及鄭公子歸生帥師戰于大棘宋師敗績獲宋華元注復出宋者非獨惡華元明恥辱及宋國疏包氏慎言云二月書壬子二月無壬子正月之十一日也舊疏云宋鄭皆言帥師者其將皆卑其師皆衆故也大棘杜云在陳留襄邑縣南大事表云今歸德府睢州西曲棘里有棘城又甯陵縣西南七里有大棘城亦與睢相近水經注陰溝水篇云過水又東逕大棘城南故鄭之大棘鄉也春秋宣二年宋華元與鄭公子歸生戰于大棘其地後爲楚所併故圖稱曰大棘楚地有楚太子建墳伍員釣臺過水又東逕安平故城北陳留風俗傳曰大棘鄉故安平縣也郡國志陳留已吾有大棘鄉元和郡縣志已吾故城在甯陽縣西南四十里一統志大棘城在歸德甯陵縣西南七十里甯陵在睢州東大棘當在其間○注復出至宋國○通義云左傳曰鄭公子歸生受命于楚伐宋故使宋主之也獲華元再言宋者凡獲大夫皆繫國責其辱國之甚按曲禮云大夫死衆士死制注云死其

所受於君衆謂軍師制謂君教令所使爲之華元不能死被獲明當絕也穀梁傳獲者不與之辭也言盡其衆以救其將也以三軍敵華元華元雖獲不病矣彼疏引何氏廢疾云書獲皆生獲也如欲不病華元華元當有變文鄭釋之曰將帥見獲師敗可知不當復書師敗績此兩書之者明宋師懼華元見獲皆竭力以救之無奈不勝敵耳華元有賢行得衆如是雖師敗身獲適明其美不傷賢行今兩書敗獲非變文如何劉氏中之曰公羊例大夫死生皆曰獲華元復見知其不死綏也將獲不言師敗績非春秋將帥並重之例證以經文無所据也夫子云我戰則克惡費軍之將與亡國之大夫及與爲後者豈有賢行得衆乎

秦師伐晉 注 秦稱師者閔其衆惡其將本秦之忿起殽之戰今襄公繆公已死可以止矣而復伐晉惡其構怨結禍無已 疏 注秦稱至無已○舊疏云正以文十二年秦伯使遂來聘始有大夫宜見將之名氏若其貶人宜稱人稱國而言師者正以閔其衆惡其將故也繁露竹林云春秋之所惡者不任德而任力驅民而殘賊之又云夫德不足以親近而又不足以來遠而斷斷以戰伐爲之者此固春秋所甚疾已是秦稱師之義也殽之戰見僖三十三年襄公繆公之死見文六年及十八年

夏晉人宋人衞人陳人侵鄭

秋九月乙丑晉趙盾弒其君夷獔 疏 包氏愼言云九月書乙丑月之二十八日左氏穀梁夷獔作夷皋玉篇犬篇獔胡刀反犬呼也鳴也咆也或作嘷周禮大祝云來瞽令皋舞注皋讀爲卒嘷呼之嘷來嘷者皆謂呼之入山海經北

山經丹熏之山有龍焉其狀如鼠而兎首麋身其音如獋犬初學記引作嗥犬知獋嗥皋音義皆通說文口部嗥咆也獋譚長說或从犬是也齊氏召南考證云三傳俱言弑君者趙穿其實盾爲主使故亡不越竟反不討賊德其私也盾爲司馬昭而以穿爲成濟此董狐所以直書而孔子因之以爲萬世弑君之戒如曰盾實無罪以良史之深文遂成鐵案有是理哉靈公不君或趙氏粉飾以欺後世未可知也況君即不君臣可因以不臣哉然則宣四年左傳稱君君無道之說不可爲訓矣

冬十月乙亥天王崩【注】匡王【疏】包氏愼言云十月書乙亥月之八日○注匡王○下三年葬匡王是也

公羊義疏四十四

公羊義疏四十五

南菁書院

句容陳立卓人著

宣三年盡六年

三年春王正月郊牛之口傷改卜牛牛死乃不郊猶三望

其言之何【注】据食角不言之【疏】注据食角不言之○成七年鼷鼠食郊牛角改卜牛鼷鼠又食其角乃免牛是其事也

緩也【注】辭間容之故爲緩不若食角急也別天牲主以角書者譏宣公養牲不謹敬不絜清而災重事至尊故詳錄其簡甚【疏】注辭間至急也○經傳釋詞云之言之間也若在河之洲之屬是也常語也按之爲言之間辭詩則緩以足句春秋則緩以示義故加之爲緩辭也通義云謹案穀梁傳曰之口緩辭也傷自牛作也洪範五行傳曰思心之不睿是謂不聖厥咎霿厥罰恒風時則有牛禍哀元年穀梁傳說此經云牛傷不言傷之者傷自牛作也故其辭緩皆以對食角爲急辭也楊疏引舊解范氏別例云凡三十五范既總爲例則言之者並是緩辭也傳於執衛侯云言之緩辭也其餘不發亦緩可知公喪在外逆之緩也衛侯之弟鱄秦伯之弟鍼稱之者取其緩之得逃吳敗六國稱之者取其六國同役而不急於軍事也殺奚齊稱之者緩於成君也考仲子言之者隱孫爲脩之緩也日食言之者不知之緩也則自餘並緩耳○注別天牲主以角○禮記王制云祭天地之牛角繭栗宗廟之

角握賓客之角尺是主以角也○注書者至而災○鄂本作絜下同閩監毛本作潔俗絜字五行志下之上劉向以爲近牛禍也是時宣公與公子遂謀殺子赤而立又以喪娶區霿昏亂亂成於口幸有季文子得免於禍天猶惡之生則不饗其祀死則災燔其廟董仲舒指略同何氏但譏其養牲不謹失事至尊之道餘無說未知與劉董同否禮記禮運云魯之郊禘非禮也周公其衰矣注非猶失也魯之郊牛口傷鼷鼠食其角又有四卜郊不從是周公之道衰矣言子孫不能奉行興之意亦與何同○注主事至簡甚○繁露順命云孔子曰畏天命畏大人畏聖人之言其祭社稷宗廟山川鬼神不以其道無災無害至於祭天不享其卜不從使其牛口傷鼷鼠食其角或言食牛或言食而死或食而生或不食而自死或改卜而牛死或卜而食其角過有深淺薄厚而災有簡甚不可不察也猶郊之變因其災而之變應而無爲也見百事之變之所不知而自然者勝言與以此見其可畏專誅絕者其唯天乎臣弒君子弒父三十有餘諸其賤者則損以此觀之可畏者其唯天命大人乎亡國五十有餘皆不事畏者也況不畏大人大人專誅之君之滅者何日之有哉魯宣違聖人之言變古易常而災立至聖人之言可不慎此三畏者異指而同致故聖人同之俱言其可畏也

曷爲不復卜【注】据定十五年牛死改卜牛【疏】注据定至卜牛○彼經云鼷鼠食郊牛牛死改卜牛是也

養牲養二卜【注】二卜語在下【疏】郊特牲注云養牲必養二也正義郊天既以后稷爲配故養牲養二以擬祭也一爲帝牲一爲稷牲皆得吉乃養也是二牲皆先卜也○注二卜語在下○校勘記云此本監本下誤卜今訂正

帝牲不吉【注】帝皇天大帝在北辰之中主總領天地五帝

羣神也不吉者有災【疏】注帝皇至神也○齊氏召南考證云皇天大帝似應作天皇大帝鄭注周禮大宗伯禋祀祀昊天上帝云冬至于圜丘所祀天皇大帝晉書天文志云鉤陳口中一星曰天皇大帝其神曰耀魄寶主御羣靈執萬神圖是也御覽引五經通義云昊天上帝天皇大帝亦曰太乙其佐曰五帝又周禮疏引元命包云太微為天庭五帝以合時又云紫微宮為大帝又云天生大列為中宮大極星星其一明者太乙常居也傍兩星巨辰子位故為北辰以起節度亦為紫微宮紫之言此宮之言中此宮之中天神圖法陰陽開閉皆在此中王氏鳴盛尚書後案云按乾鑿度有太乙九宮法鄭注云太乙北辰之神則太乙卽北辰耀魄寶亦卽天皇大帝在北辰者其下行九宮則為青黃赤白黑五帝其返而歸于太微則仍為太乙周禮大宗伯以蒼璧禮天與下禮四方各別故鄭注云此禮天以冬至謂天皇大帝在北極者也又云禮東方以立春謂蒼精之帝禮南方以立夏謂赤精之帝禮西方以立秋謂白精之帝禮北方以立冬謂黑精之帝又小宗伯云兆五帝于四郊鄭注蒼曰靈威仰太昊食焉赤曰赤熛怒炎帝食焉黃曰含樞紐黃帝食焉白曰白招矩少昊食焉黑曰汁光紀顓頊食焉此所謂五帝也周禮疏引文耀鉤有其文羣神蓋卽大宗伯所記以實柴祀日月星辰以下者皆天皇大帝總領之故周禮疏引文耀鉤又云中宮大帝其北極星下一明者為大一之先合元氣以斗布常是天皇大帝之號也又案爾雅云北極謂之北辰鄭注云天皇北辰耀魄寶又云昊天上帝又名太乙帝君以其尊大故有數名也一名皇天書君奭時則有若伊尹格于皇天周禮疏引鄭注云皇天北極大帝亦名上帝周禮掌次以旅上帝亦名皇天上帝月令季夏云以供皇天上帝亦名昊天書堯典欽若昊天一名皇皇后帝論語堯曰篇敢昭告于皇皇后

帝是也此注宜為天皇大帝也舊疏云天地之內五帝羣神則包有岳瀆等在內蓋雖地類地亦統於天焉○注不吉者有災○此經之屬是郊特牲疏若帝牛不吉或死傷是也則扳稷牲而卜之注先卜帝牲養之有災更引稷牲卜之以為天牲養之凡當二卜爾復不吉不復郊疏廣雅釋言扳援也一切經音義引字林云扳引也與注義合隱元年傳扳隱而立之注亦云扳引也文選謝靈運還舊園詩質弱易扳纏注扳纏猶牽引也謂帝牲不吉則引稷牲當之也哀元年穀梁傳曰郊享道也貴其時大其禮其養牲雖小不備可也意雖稷牲合時得禮用之可也○注先卜至卜爾○郊特牲云帝牛不吉以為稷牛疏為猶用也謂用稷牛而為帝牛蓋即定十五年牛死改卜牛之屬養牲之時已卜此改為帝牲之時又卜故何氏以為凡當二卜也帝牲在于滌三月注滌宮名養帝牲三牢之處也謂之滌者取其蕩滌絜清三牢者各主一月取三月一時足以充其天牲疏注牲宮至絜清○郊特牲云帝牛必在滌三月注牢中所搜除處也正義搜謂搜埽清除故周禮掌馬者謂之廋人繁露郊事對云帝牲在滌三月牲貴肥潔而不貪其大也凡養牲之道務在肥潔而已駒犢未能勝芻豢之食莫如令食其母便鄭氏郊特牲目錄云以其記郊天用騂犢之養又注云犢者誠慤未有牝牡之情是亦取其絜清之義也禮記曲禮云天子以犧牛諸侯以肥牛注犧純毛也肥養於滌也其實天子犧牛亦須在滌故祭義云天子諸侯必有養獸之官是也下云犧牷祭牲必於是取之國語楚語云觀射父云大者牛必在滌三月小者羊豕不過十日又禮器云三月

繫七日戒三日宿慎之至也注繫牲于牢也戒散齊也宿致齊也時有祭祀之事必先敬慎如此不敢切也周禮充人云掌繫祭祀之牲牷祀五帝則繫于牢芻之三月享先王亦如之是也○注三牢至天牲○舊疏云春秋說文獨斷上云帝牲牢三月在外牢一月在中牢一月在明牢一月謂近堂也三月一時已足肥矣徙之三月示其潔也哀元年穀梁傳我以六月上甲始庀牲十月上甲始繫牲十一月十二月牲雖有變不道也然則六月卽庀牲養之三月始繫于滌此十三月之中又以三牢遞養皆取其絜也十一月十二月牲雖有變不道爲其可以改卜也故傳又云待正月然後言牲之變也

於稷者唯具是視 注 視其身體具無災害而已不特養于滌宮所以降稷尊帝 疏 注視其至尊帝○其郊特牲云稷牛唯具所以別事天神與人鬼也注唯具遭時又選可用也正義云遭時謂帝牲遭災之時既取稷牲而用之其祀稷之牲臨時選其可者通義云謹案此謂既扳稷牲爲帝牲則可以隨索稷牲不暇繫牢若其平吉無變雖稷牲固亦在滌矣正月迫郊而牲變猶得改卜者正以養二之時此牲已在滌三月故耳若牛死又卜則不得及在滌不可以事上帝故不復卜也按禮曲禮云大夫以索牛注索牛得而用之蓋稷牛唯具亦卽大夫之索牛也

郊則曷爲必祭稷 注 據郊者主爲祭天 疏 注據郊至祭天○郊特牲郊之祭也迎長日之至也大報天而上日也是主爲祭天

王者必以其祖配 注 祖謂后稷周之始祖姜嫄履大人迹所生配配食也 疏 郊特牲云萬物本乎天人本乎祖所以配上帝也郊之祭也大報本反始也又大傳云禮不王不禘王者禘其祖之所自出而以其祖配之○

注祖謂至所生○詩大雅序生民尊祖也后稷生於姜嫄文武之功起于后稷故推以配天也史記周本紀云后稷名棄其母有邰氏女曰姜原姜原爲帝嚳元妃姜原出野見巨人跡心忻然悅欲踐之踐之而身動如孕者居期而生子以爲不祥棄之隘巷馬牛過者皆避不踐徙置之林中適會山林多人遷之而棄渠中冰上飛鳥以其翼覆薦之姜嫄以爲神遂收養長之是其事也詩疏引異義詩齊魯韓春秋公羊說聖人皆無父感天而生左氏說聖人皆有父謹按堯典以親九族卽堯母慶都感赤龍而生堯堯安得有九族而親之讖云唐五廟知不感天而生駁曰元之聞也諸言感生得無父有父則不感生此皆偏見之說也商頌曰天命元鳥降而生商謂娀簡吞鳦子生契是聖人感生見經之明文劉媼是漢太上皇之妻感赤龍而生高祖是非有父感生者耶且夫蒲盧之氣嫗桑蟲成爲己子況乎天氣因人之精就而神之反不使子賢聖乎是則然矣又何多怪禮記禮器云必先有事于頖宮注先有事於頖宮告后稷也告之者將以配天先仁也又明堂位云祀帝于郊配以后稷天子之禮也禮器疏云孝經云郊祀后稷以配天喪服小記云王者禘其祖之所自出以其祖配之周人出自靈威仰則以后稷配靈威仰也然則殷郊祀汁光紀夏郊祀白招矩與○注配食也○荀子禮論云故禮上事天下事地尊先祖而隆君師是禮之三本也故王者天太祖注謂以配天也太祖若周之后稷按凡祀典言配如句龍配社棄配稷之屬皆配食也祭法注云禘郊祖宗謂祭祀以配食也

王者則曷爲必以其祖配注据方父事天疏注据方父事天○獨斷云父天母地故稱天子御覽引漢官儀父天母地爲天下主

自內出者無匹不行注匹合也無所與會合則不行自外

至者無主不止【注】必得主人乃止者天道闇昧故推人道以接之不以文王配者重本尊始之義也故孝經曰郊祀后稷以配天宗祀文王於明堂以配上帝上帝五帝在太微之中迭生子孫更王天下書改卜者善其應變得禮也【疏】注必得至接之○毛本推誤惟喪服小記注云禘大祭也始祖感天神靈而生祭天則以祖配之自外至者無主不止疏外至者天神也主者人祖也故祭以人祖配天神也藝文類聚引白虎通云王者所以祭天何緣事父以事天也祭天必以祖配自內出者無匹不行自外至者無主不止故推其始祖配以賓主順天意也又巡守篇云類祭以祖配不曰接者尊無二禮尊尊之義通義云此通論祭有配食之義自外至者謂天神地亓若稷配郊句龍配社是也自內出者則若祔祭新鬼必以昭穆之類是也○注不以至上帝○孝經聖治章文禮記大傳注引孝經曰郊祀后稷以配天配靈威仰也宗祀文王於明堂以配上帝汎配五帝也通典引鉤命決云郊祀后稷以配天地祭天南郊就陽位祭地北郊就陰位后稷爲天地主文王爲五帝宗祭法云周人禘嚳而郊稷祖文王而宗武王注此禘謂祭昊天於圜丘也祭上帝於南郊曰郊祭五帝五神於明堂曰祖宗按鄭氏之義以郊與圜丘所祭帝不同圜丘所祭者天皇大帝郊所祭者三代各祭其所出何氏於下注云上帝五帝在太微之中迭生子孫更王天下則與鄭氏同也明堂之祭爲月令季秋大饗帝之祭鄭彼注言大饗者徧祭五帝也又曲禮大饗不問卜注祭五帝於明堂莫適卜也是明堂大饗徧祭五天帝兼五人帝五人神以文武配之孝經主言嚴父故

但及文王也祭法疏引雜問志云祭五帝於明堂五德之帝亦食焉又以文武配之祭法祖文王而宗武王此謂合祭於明堂是也孝經注用孔傳說以郊謂圜丘祀天非其注宗祀于明堂云明堂天子布政之宮也周公因祀五方上帝於明堂乃尊文王以配之蓋與鄭同郊特牲云郊之祭也大報本反始也天爲物之本始祖爲王者之本始后稷爲始祖故推之配天不以文也○注上〃至天下○禮記大傳注凡大祭曰禘自由也大祭其先祖所由生謂郊祀天也王者之先祖皆感太微五帝之精以生蒼則靈威仰赤則赤熛怒黃則含樞紐白則白招矩黑則汁光紀皆用正歲之正月郊祭之蓋特尊焉正義按師說引河圖云慶都感赤龍而生堯又云堯赤精舜黃禹白湯黑文王蒼又元命包云夏白帝之子殷黑帝之子周蒼帝之子是其王者皆感太微五帝之精而生也舊疏云此五帝者卽靈威仰之屬言在太微宮內迭王天下卽感精符云蒼帝之始二十八世滅蒼者翼也彼注云堯翼之星精在南方其色赤滅翼者斗注云舜斗之星精在中央其色黃滅斗者參注云禹參之星精在西方其色白滅參者虛注云湯虛之星精在北方其色黑滅虛者房注云文王房星之精在東方其色青五星之精是其義也禮記禮器云故魯人將有事于上帝注上帝周所郊祀之帝謂蒼帝靈威仰也魯以周公之故得郊祀上帝與周同又月令祈穀于上帝注上帝太微之帝也疏以爲春秋緯文太微爲天庭中有五帝座郊天各祭其所感帝殷祭汁光紀周祭靈威仰也○注書改至禮也○天鄂本無也字善其應變得禮卽上帝牲不吉則扳稷牲而卜之禮也改卜之後牛死卽不郊亦得正也穀梁傳曰事之變也事變而處之得正也通義云屬天王崩而卜郊牛不爲譏者繁露說之曰春秋之義國有大喪止宗廟之祭而不止郊祭不敢以父母之喪廢事天地之禮也父母之喪至哀

痛悲苦尙不敢廢郊也孰足以廢郊者故其在禮亦曰喪者不祭唯祭天爲越紼而行事按繁露語見郊祭篇又郊祀篇云郊祭最大也春秋譏喪祭不譏喪郊郊不辟喪喪尙不辟況他物

葬匡王 疏 舊疏云天子記崩不記葬今而書者正以去年十月天王崩至今年春未滿七月即文九年傳曰王者不書葬此何以書不及時書過時書我有往者書此未滿七月所謂不及時書也

楚子伐賁渾戎 疏 左氏作陸渾之戎穀梁作陸渾戎釋文賁渾舊音六或音奔潛研堂答問云問宣三年楚子伐陸渾之戎公羊作賁渾賁何以有六音曰此轉寫之譌本當爲𡲝即古文睦字睦字从光光讀爲六故睦亦有六音大事表云在今河南府嵩縣即詹桓伯所謂惠公歸自秦而誘以來者僖二十二年秦晉遷陸渾之戎于伊川杜注陸渾在秦晉西北二國誘而徙之遂從戎號至今爲陸渾縣正義陸渾本是燉煌之地名徙之伊川復以陸渾爲號也昭十七年爲晉荀吳所滅史記注引服虔云陸渾戎在雒西南也地理志宏農郡有陸渾下云春秋遷陸渾戎於此有關此與姜戎別

夏楚人侵鄭

秋赤狄侵齊 疏 大事表云狄自入春秋以來俱止書狄蓋舉北方引弓之人合而爲一也即狄有亂以後箕之役白狄見矣而以狄冠之白狄猶爲之屬至是顯然分國爲二其至通于中國加以赤字之號而白狄亦以八年偕晉伐秦自爲盟會征伐不復就赤狄之役矣此匈奴分爲南北單于之始也

宋師圍曹

冬十月丙戌鄭伯闌卒 疏 包氏愼言云十月無丙戌九月之二十五日十一月之二十六日也

葬鄭繆公 注 葬不月者子未三年而弑故略之也 疏 ○注葬不至之也校勘記云鄂本無也字此衍解云考諸舊本皆無注然則有者衍字耳舊疏又云不月者與卒同月故也按有注者非也子未三年見弑者多從無去月見略之例此卽隱三年傳所謂不及時而不日慢葬者何氏云慢薄不能以禮葬也定十三年辥伯定卒注不日月者子無道當廢之而以爲後未至三年失衆見弑危社稷宗廟故略之也爲彼書辥弑其君比稱國以弑明失衆此鄭繆公子爲公子歸生弑之非失衆之文故於其卒也備書日月何略之有

四年春王正月公及齊侯平莒及郯莒人不肯公伐莒取向 疏 說文邑部郯東海縣帝少昊之後所封漢書地理志郯故國少昊後盈姓今山東沂州府郯城縣西南百里有故郯城一統志故郯國在沂州府郯城縣西南二十里與江南邳州接界向者杜云莒邑東海丞縣東南有向城蓋卽隱二年所入者詳彼疏

此平莒也其言不肯何 注 据取汶陽田不言棘不肯 疏 注据取至不肯○成二年取汶陽田三年叔孫僑如帥師圍棘傳棘者何汶陽之不服邑也其言圍之何不聽也注不聽者叛也不言叛者爲內諱故書圍以起之是也

辭取向也 注 爲公取向作辭也取行義爲利故諱使若莒

不肯起其平也聽公平伐取其邑以弱之者愈也莒言及者明非莒不肯起其平也書齊侯者公不能獨平也月者惡錄之【疏】注爲公至愈也〇校勘記云鄂本無起其平也四字諸本皆涉下誤衍當刪正讀故諱使若莒不肯聽公平爲一句穀梁傳伐猶可取向甚矣莒人辭不受治也伐莒義兵也取向非也乘義而爲利也說文討治也蓋魯本治莒鄭不平因而取向以義始以利終故諱爲作辭若莒不肯遂伐取其邑以弱之然愈者愈於直書取向惡殺也穀梁又曰不肯者可以肯也注凱之曰君子不念舊惡況爲大國所和其非莒不肯可知〇注莒言至平也〇舊疏云正以及是汲汲之意亦見直之意故如此解以經不曰平〇莒鄭而曰及鄭是汲汲於鄭又見非莒不肯矣故得起其平也〇注書齊至平也〇蓋魯力實不能獨平借助齊侯故書之又見魯之因人取邑恥甚也〇注月者惡錄之〇周禮典瑞云穀圭以和難注難仇讎和之者若春秋宣公及齊平莒及鄭是和難者正也取邑惡詞也舊疏云定十一年冬及鄭平知平例不月此月故以爲惡錄之按左傳云平國以禮不以亂伐而不治亂也以亂平亂何治之有無治何以行禮是并責其伐也舊疏又云若然定十年春王三月及齊平而書月何氏云月者頰谷之會齊侯欲執定公故不易是也又昭七年春王正月暨齊平而書月何氏云月者刺內暨暨也時魯方結婚於吳外慕强楚故不汲汲于齊也是也蓋平例時書月皆各有所主當文解之故宣十五年宋人及楚人平亦書夏五月注月者專平不易是也

秦伯稻卒【疏】通義云秦共公桓公皆在時卒例不蒙上月

夏六月乙酉鄭公子歸生弒其君夷疏包氏慎言云六月無乙酉五月之二十八日也說苑復恩云楚人獻黿於鄭靈公公子家見公子宋之食指動謂公子家曰我如是必嘗異味及食大夫黿召公子宋而不與公子宋染指於鼎嘗之而出公怒欲殺之公子宋與公子家謀先遂弒靈公子夏曰春秋記君不君臣不臣父不父子不子者也此非一日之事也蓋本左傳爲說錢氏大昕答問云鄭公子宋弒君而以歸生主惡者歸生正卿且嘗帥師敗華元矣力足以制子宋而從宋之逆較之趙盾又有甚焉不得託於本無逆謀也按下十年左傳鄭人討幽公之亂斲子家之棺而逐其族是鄭人固以子家主逆矣

赤狄侵齊

秋公如齊

公至自齊

冬楚子伐鄭

五年春公如齊

夏公至自齊

秋九月齊高固來逆子叔姬疏左氏經無子字按下云齊高固及子叔姬來當從公穀有子字在叔姬上通義云月者爲下卒也此子叔姬亦僖公之女宣公之母妹蓋僖季年所生

叔孫得臣卒【注】不日者知公子遂欲弒君爲人臣知賊而不言明當誅【疏】注不日至當誅○舊疏云正以所聞之世大夫之卒無罪者日有罪者月今此不日故解之後漢書孔融傳春秋魯叔孫得臣卒以不發揚襄仲之罪貶不書日用公羊義也通義云胡康侯曰仲遂如齊謀弒子赤叔孫得臣與之偕行在宣公固有援立之私其恩數豈略而不書日足聖人削之也君臣父子妃妾適庶人道之大倫也方仲遂往謀于齊而與得臣並使若懵然不知其謀或知之而不能救則將焉用彼相矣故特不書日以貶之

冬齊高固及子叔姬來

何言乎高固之來【注】据當舉叔姬爲重大夫私事不當書【疏】注据當至爲重○舊疏云正以春秋尊內故也○注大夫至當書○禮記檀弓云古之大夫束脩之問不出竟內外大夫皆不得以私事書舊疏專以內大夫直錄其如爲爲所據雖尚未備言叔姬之來而不言高固之來則不可【注】禮大夫妻歲一歸宗叔姬屬嫁而與高固來如但言叔姬來而不言高固來則魯負教戒重不可言故書高固明失教戒重在固言及者猶公及夫人【疏】注禮大至歸宗○禮喪服齊衰三月章大夫在外其妻長子爲舊國君注大夫不外娶婦人歸宗往來猶民也此歸宗猶言歸甯爾與齊衰期章傳婦人雖在外必有歸宗曰小宗之歸宗異惠氏士奇春秋說云何氏說大

夫妻歲一歸宗謂同國也如大夫娶于鄭國則不可魯之子叔姬者齊大夫一高固之妻也自齊來魯見譏于春秋故不知大夫之妻不得越國歸宗若此者所謂家之閑也按莊二十七年莒慶來逆叔姬傳大夫越境逆女非禮也此不言從可知故無大夫妻越竟歸宗禮何氏所舉謂大夫娶於同國大夫之常禮爾若娶於諸侯當如諸侯夫人不得歸甯詩疏引鄭志答趙商曰婦人有歸宗謂自其家之爲宗者大夫稱家言大夫如此耳王后夫人則不然也天子諸侯位高恐其專恣淫亂是也○注叔姬至在固○正以叔姬於義不得歸甯今違禮來魯明失教戒故歸重在固爲魯殺恥以婦人之道既嫁從夫故禮也通義云禮諸侯大夫嫁女有車馬送之女留其車示不敢必安三月祭行然後夫家遣使反馬今高固親來因與叔姬雙行歸甯失禮合譏故並書見之又足起反馬之實若但舉子叔姬乃嫌叔姬有失行不得成爲婦甫嫁遽歸故不可也按反馬之說出於左氏左疏引何氏膏肓言禮無反馬之法鄭氏箴之曰冠義云無大夫冠禮而有其昏禮則天子諸侯大夫皆異也士昏禮云主人爵弁纁裳緇衣乘墨車從車二乘婦車亦如之此婦車出於夫家則士妻始嫁乘夫家之車也詩鵲巢云之子于歸百兩御之又曰之子于歸百兩將之將送也國君之禮夫人始嫁自乘其夫家之車也何彼穠矣篇云曷不肅雝王姬之車言齊侯嫁女以其母王姬始嫁之車遠送之則天子諸侯嫁女留其乘車可知也高固大夫也來反馬則大夫亦留其車也禮雖散亡以詩義論之大夫以上其嫁皆有留車反馬之禮留車妻之道也反馬婿之義也高固以秋九月來逆叔姬冬來反馬則婦入三月祭行乃反馬禮也按推士禮以言大夫以上婦人出嫁亦當乘其夫家之車男帥女女從男之義所以重恥遠嫌也詩之百兩御百兩將自美其送迎之盛爾不得據爲婦人自乘其車之證

何知歸車不在百兩御之中乎昏禮雖士禮如三月廟見諸節既同何所見婦車一節獨異焉○注言及至夫人○僖十一年公及夫人姜氏會齊侯于陽穀是也舊疏云公羊之義以爲夫妻言及者遠別之稱刺其無別是以下注云言其雙行匹至似於爲獸是也桓十八年公夫人姜氏遂如齊彼傳云公何以不言及夫人外也注若夫人已爲公所絕外也

子公羊子曰其諸爲其雙雙而俱至者與注言其雙行匹至似于鳥獸疏注言其至爲獸○舊疏云言其無別如雄狐綏綏故曰雙行一遊匹而來鶉鵲不異故言匹至似於爲獸矣而舊說云雙雙之爲一身二首尾有雌雄隨便而偶常不離散故以喻焉非何氏義九經古義云大荒南經云南海之外赤水之西流沙之東有獸左右有首名曰䟣踢有三青獸相幷名曰雙雙郭璞曰言體合爲一也公羊傳所謂雙雙而俱至者蓋謂此也爾雅釋地云南方有比翼鳥焉不比不飛其名謂之曰鶼注似鳧青赤色一目一翼相得乃飛郝氏懿行義疏云西山經崇吾之山有鳥焉其狀如鳧而一翼一目相得乃飛名曰蠻蠻郭注比翼鳥也色青赤不比不能飛爾雅作鶼鶼鳥也海外南經比翼鳥在其東其爲鳥青赤兩鳥比翼博物志比翼鳥一青一赤逸周書王會篇巴人以比翼鳥是鳥出西南方也公羊宣五年疏引舊說雙雙之鳥一身二首尾即此類也按韓詩外傳南方有鳥名曰鶼比翼而飛不相得不能舉封禪書西海致比翼之鳥韋昭曰各有一翼不比不飛其名曰鶼鶼郭氏比翼鳥讚曰鳥有鶼鶼似鳧青赤雖云一質氣同體隔延頸離鳴翻能合翮按如惠氏郝氏所引則鳥獸俱有名雙雙者然細玩何義似止以高固叔姬雙行匹至有同以牝牡雌雄爾不必拘拘以比翼鳥等喻之也惠氏士奇春秋說云禮男女有別內外有閑宣五年冬齊高固及

子叔姬來叔姬歸甯高固反馬公羊以爲雙雙而俱來如鳥獸焉桓十八年公與夫人遂如齊亦雙雙俱往君子謂魯桓失夫道矣關雎未嘗乘居而匹遊故詩人取之以爲有別雙雙而來雙雙而往是無別也無別則亂亂則難生魯桓之見殺于齊也宜哉按士昏禮云若不親迎則婦入三月然後壻見于妻之父母此高固親迎則不須三月親見妻之父母故譏其雙雙而至也昏禮疏引膏肓又云禮婦人謂嫁曰歸明無大故不反於家經書高固及子叔姬來故譏乘行匹至也且大夫不外娶夫禮之中又失禮焉劉氏逢祿箴膏肓評曰春秋之義大夫不得外娶大夫尤不得從妻歸宗反馬之禮在國行之可也鄭不揣其本矣劉氏猶牽涉左氏反馬說也

楚人伐鄭

六年春晉趙盾衞孫免侵陳

趙盾弑君此其復見何【注】据宋華督鄭歸生齊崔杼弑其君後不復見【疏】通義云春秋託王者之事見誅賞之法故弑君賊有幸免于誅殺者皆絕正之使不得以他事復見若已誅殺者然言逸討于一時而必討于春秋之王法也雖不稱名氏以弑者其首惡亦絕不復見欒書是也翬遂之復見從內諱弑故也甯喜里克之屬雖討不當罪要自以弑君之故見執殺非以他事復見不得爲難故獨發難於此是也○注据宋至復見○桓二年宋督弑其君與夷上四年鄭公子歸生弑其君夷襄二十五年齊崔杼弑其君光是也按傳据此三者華督至莊十二年始被殺歸生死於

宣十年崔杼死於襄二十七年皆未卽死經不復見故据以難也舊疏云春秋之內書名弒君從不復見者唯此三人耳餘見者皆著義焉卽桓三年公子翬如齊逆女宣元年公子遂如齊逆女之屬欲見罪在桓宣故翬遂得見閔二年公子慶父出奔莒注慶父弒二君不當復見所以復見者起季子緩追逸賊也隱四年衞人殺州吁于濮注書之者善之也然則善其臣子得討其賊故書則莊九年齊人殺無知書者亦是討得其賊善而書之莊十二年宋萬出奔陳注所以復見者重錄彊禦之賊明當急誅之僖十年晉殺其大夫里克書者亦翬遂之類故彼傳云曷爲不以討賊之辭言之惠公之大夫也襄二十七年衞殺其大夫甯喜亦翬遂之類見其與獻公同謀弒剽是以彼二十六年弒剽之下注云甯喜爲衞侯衎弒剽不舉衎弒剽者誤成于喜是也其二十六年晉人執甯喜下傳云不以其罪執之也注當坐執人亦是其得書之義文十八年齊人弒其君商人昭十一年楚子虔誘蔡侯般殺之于申皆書者商人之下注云商人弒君賊復見者與大夫異齊人已君事之殺之當坐弒君昭十三年楚公子棄疾弒公子比得書者亦是加弒故也趙盾之類矣

如親弒君者趙穿也【注】復見趙盾者欲起親弒者趙穿非盾【疏】上二年左傳云乙丑趙穿攻靈公於桃園注穿趙盾之從父昆弟子也疏引晉語云趙衰趙夙之弟世族譜盾是衰子穿是夙孫是穿爲盾之從父昆弟之子也世本夙爲衰祖穿爲夙之曾孫世本轉寫多譌其本未必然也史記晉世家亦曰盾昆弟將軍趙穿襲殺靈公於桃園而迎趙盾○注復見至非盾○正以存其文不沒其實也然史明云而迎趙盾故春秋以盾爲首惡曰親弒君見其特行弒事爾

親弒君者趙穿則曷爲加之趙盾不討賊也【疏】

繁露玉杯云春秋修本末之義達變故之應通生死之志遂人道之極者也是故君弑賊討則善而書其誅若莫之討則君不書葬而賊不復見矣不書葬以爲無臣子也賊不復見以其宜滅絕也今趙盾弑君四年之後別牘復見非春秋之常辭也學者異而問之曰是弑君何以復見猶曰賊未討何以書葬何以書葬者不宜書葬也而書葬何以復見者亦不宜復見也而復見二者同貫不得不相若也盾之復見直以赴問而辨不親弑非不當誅也則亦不得不謂悼公之書葬直以赴問而辨不故弑非不當罪也若是則春秋之說亂矣豈可法哉故貫比而論是非雖難悉得其義一也今誅盾無傳弗誅無傳不交無傳以比言之法論也無比而處之誣辭也今視其比皆不當死何以誅之春秋赴問數百應問數千同留經中幡援比類以發其端卒無妄言而得應於傳者今使外賊不可誅故皆復見而問曰此復見何也言莫妄於是何以得應乎故吾以其得應知其問之不妄知盾之獄不可不察也夫名爲弑父而實免罪者已有之矣亦有名爲弑君而罪不誅者逆而距之不若徐而味之且吾語盾有本詩云他人有心予忖度之此言物莫無鄰察視其外可以見其內也今按盾事而觀其心愿而不刑合而信之非篡弑之鄰也按盾辭號乎天苟內不誠安能如是故訓其終始無弑之志挂惡謀者過在不遂去罪在不討賊而已臣之宜爲君討賊也猶子之宜爲父嘗藥也子不嘗藥故加之弑父臣不討賊故加之弑君其義一也所以示天下廢臣子之節其惡之大若此也故盾之不討賊爲弑君也與止之不嘗藥爲弑父無以異盾不宜誅以此參之問者曰夫謂之弑而有不誅其論難知非衆之所能見也故赦止之罪以傳明之盾不誅無傳何也曰世亂義廢背上不臣篡弑覆君者多而有明大惡之誅誰言其誅故晉趙盾楚公子比皆不誅之文而弗爲傳弗欲明之心也問

者曰人弑其君重卿在而不能討賊非一國也重公弑趙盾不在不在之與在惡有薄厚春秋責在而不討賊者弗繫臣子爾也責不在而不討賊者乃加弑焉何其責厚惡之薄薄惡之厚也曰春秋之道視人所惑爲立說以大明之今趙盾賢而不遂於理皆見其善莫知其罪故因其所賢而加之大惡繫之重責使人湛思而自省悟以反道曰吁君臣之大義父子之道乃至乎此此所由惡薄而責之厚也他國不討賊者諸斗筲之民何足數哉弗繫人數而已此所由惡厚而責薄也傳曰輕爲重重爲輕非是之謂乎故公子比嫌可以立趙盾嫌無臣許止嫌無子責春秋爲人不知惡而恬行不備也是故重累責之以矯枉世而直之矯者弗過其正弗能直知此而義畢矣通義云親弑君者趙穿春秋舍穿而罪盾以爲穿之惡易見而盾之咎難知也所謂視人所惑爲立說以大明之者也然而與使復見則與親弑者有間矣左氏說盾與許世子之事雖是而不知有賊不討不書葬及弑君賊不復見之例一似春秋之誅盾止竟與親弑者無殊且未知春秋之意方將因盾復見起不親弑之迹則穿之惡仍未得揜爾盾以文誅穿以實誅按漢書司馬遷傳爲人臣子不通於春秋之義者必陷篡弑誅死之罪其實皆以善爲之而不知其義被之空言不敢辭蘇林曰趙盾不知討賊而不敢辭弑君之罪穀梁上二年傳曰穿弑也盾不弑而曰盾弑何也以罪盾也曰於盾見忠臣之至於許世子止見孝子之至

何以謂之不討賊【注】据皆去葬不加弑【疏】注据皆至加弑校勘記云鄂本葬○下有日字此脫按依疏日字不當有昭十九年許世子止弑其君買下云葬許悼公傳賊未討何以書葬不成于弑也曷爲不成于弑止進藥而藥殺也止進藥而藥殺則曷爲加弑焉爾譏子道之不盡也是以君子加弑焉爾葬許悼公是君子之赦止也然則加

弑者雖不討賊亦書葬明其非實弑也晉靈去葬則趙盾與親弑者同文既與親弑者同則與加弑者異則盾即是賊賊傳又云不討賊故難之也上二年穀梁䟽趙盾與許止加弑是同而許君書葬晉靈公不書葬者許止失嘗藥之罪輕故書葬以赦止趙盾不討賊之罪重故不書晉侯葬明盾罪不可原也春秋必加弑於此二人者所以見忠厚之至故也晉史書賊曰晉趙盾弑其君夷獋䟽上二年左傳宣子未出山而復太史書曰趙盾弑其君以視於朝晉世家亦云盾復位晉太史董狐書曰趙盾弑其君以視於朝穀梁傳史狐書賊曰趙盾弑公通義云此晉史斥言趙盾弑其君而左氏記齊史亦斥言崔杼弑其君可知內諱弑者爲春秋新意矣趙盾曰天乎無辜注辜罪也呼天告冤䟽注辜罪至告冤○詩小雅正月民之無辜無辜罪也大雅雲漢何辜今之人箋辜罪也爾雅釋詁云辜罪也說文辛部辜辠也穀梁傳盾曰天乎天乎予無罪晉世家盾曰弑者趙穿我無罪人窮則反本急則呼天穀梁注告天言無弑君之罪故曰冤也舊䟽云冤謂冤枉之冤也吾不弑君誰謂吾弑君者乎䟽穀梁傳孰爲盾而忍弑其君者乎注迴己易他誰作盾而當忍弑君者乎釋文孰爲盾絕句按范義迂回經傳釋詞云家大人曰爲猶謂也孟子而子爲我願之乎言子謂我願之也穀梁傳孰謂盾而忍弑其君者乎公羊曰誰謂吾弑君者乎是其證是此傳之謂即穀梁之爲也史曰爾爲仁爲義人弑爾君而復國不討賊此非弑君如何注復反也趙盾不能復應者明義之所責不可辭䟽校勘記出如何云唐石經鄂本同閩監毛本改而何按如當讀而古如而字通隱七

年左傳歆如惢服虔曰如而也莊七年經星隕如雨劉歆曰如而也是也左傳記太史對曰子爲正卿亡不越竟反不討賊非子而誰晉世家太史曰子爲正卿而亡不越竟反不討賊非子而誰穀梁傳史狐曰子爲正卿入諫不聽出亡不遠君弒反不討賊則志同志同則書重非子而誰故書之曰晉趙盾弒其君夷皋者過在下也通義云爲仁外爲仁也爲義外爲義也錢氏大昕答問曰趙穿弒君而以趙盾主惡名穿之弒由於盾也胥甲父與穿同罪盾於甲父則放之於穿不惟不放且使之帥師使崇盾尙得辭其罪乎侵崇小事不必書而書之所以正盾之罪且不使穿得漏網也○注復反也○詩小雅黃鳥復我邦族箋云復反也又我行其野云言歸思復傳復反也爾雅釋言復返也○注趙盾至可辭○左傳宣子曰烏乎我之懷矣自詒伊慼其我之謂矣孔子曰董狐古之良史也書法不隱趙宣子古之良大夫也爲法受惡惜也越竟乃免按越竟乃免非聖人語盾之罪不在亡不越竟在反不討賊卽越竟矣而反不討賊弒君之名仍無所逃謂不知情其誰信之杜云越竟則君臣之義絕可以不討賊此蔑倫害義之語也

趙盾之復國奈何靈公爲無道使諸大夫皆內朝注禮公族朝於內朝親親也雖有貴者以齒明父子也外朝以宮體異姓也宗廟之中以爵爲位崇德也宗人授事以官尊賢也升餕受爵以上嗣尊祖之道也喪紀以服之精粗爲序不奪人之親也疏注禮公至親也○禮記文王世子文彼文親親作內親升餕作登餕精粗作輕重無之字容所見本異也校勘記出雖有富貴者以齒云鄂本無富字此衍按

文王世子無富字又出升餕云閩監毛本同鄂本餕誤錢此本誤酸今訂正文文王世子升作登又出精粗云鄂本粗作麤按疏中引注作犢按荀子大略篇吉事尚尊喪事尚親注吉事朝庭列位也喪事以親者為主禮記曰以服之精粗為序也是楊倞所見本亦作麤文王世子疏引皇氏云喪服以麤為精故鄭注雜記云臣為君三升半微細焉則屬於麤是知斬為精齊為粗也內朝者通義云不於法朝之處也按內朝即路門內之燕朝也鄭注內朝路寢庭君之視內朝也有四一為與宗人圖嘉事文王世子所記是也一為燕羣臣燕禮所載是也一為與臣子議政事一為與四方之賓燕蓋古者視朝之儀君先出路門立於治朝之宁徧揖羣臣則朝禮畢玉藻所謂君日出而視之是也隨卽適路寢聽政若有議論卽於內朝太宰所謂贊聽治者也靈公使諸大夫逕就內朝亦尋常視事之處不為無道靈公之不君謂臺上彈人支解宰夫等也彼記云內朝則東面北上臣有貴者以齒為以父子昭穆為序故為明父子鄭注謂以宗族事會是也又云其在外朝則以官司士為之內有異姓不得以私恩故云體異姓也鄭云體猶連結也又云其在宗廟之中則如外朝之位與彼同故云崇德也鄭云崇高也是也又云宗人授事以爵以官貴賤異位官各有掌故為尊賢也鄭云官各有能是也又云其登餕獻受爵則以上嗣上嗣君之適長子故為尊祖之道也鄭云上嗣祖之正統是也又云其公大事則以其喪服之精粗為序上云事下云紀故鄭云紀猶事也本輕者為下本重者為上不計爵位齒德是為不奪人親也注解內朝連及之明內朝非苟為笑樂所在也

然後處乎臺上引彈而彈之己趨而辟丸【注】己己諸大夫也【疏】左傳云晉靈公不君厚斂以彫牆從臺上彈人而觀其辟丸也晉世家靈公壯後厚斂以雕牆

從臺上彈人觀其辟丸也穀梁傳靈公朝諸大夫而暴彈之觀其辟丸也廣雅釋言彈拼也說文丸圜傾側而轉者玉篇彈行丸也吳越春秋彈生於古之孝子孝子不忍父母爲禽獸所食故作彈以守之李尤彈銘昔之造彈起意弦木以彈爲矢合竹爲樸廣韻彈射也元和志晉靈公臺在絳州正平縣西北三十二里按如此傳似在內朝側釋文已趨音紀釋名釋姿容云疾行曰趨趨赴也此赴所至也

是樂而已矣注以是爲笑樂疏高誘注呂覽云從高臺上引彈觀其走而避丸以爲樂也繁露仁義法云昔者晉靈公殺膳宰以淑飲食彈大夫以嬉其意非不厚自愛也然而不得爲淑人者不愛人也通義云謹案左傳戰于令狐靈猶在抱則是時不過二十已下跡其所爲乃昌邑東昏之類皃由少席寵靈未聞教戒藉其位勢濟彼童心至於殺人以爲笑樂古者成王幼而莅阼周公輔之內有師保之訓抗法之教外有司過之史虧膳之宰故能克終令德祈天永命今趙盾奉經裸之主前後左右不慎其選諭教無術陷之於惡己則避禍而委君于死誰執其咎矣按孔氏此論嚴而正

趙盾已朝而出與諸大夫立於朝有人荷畚注荷負也畚草器若今市所量穀者是也齊人謂之鍾疏注荷負也○釋文傳注俱作何云本又作荷文選東京賦荷天下之重任辥注荷負也小爾雅廣言荷擔也左傳昭七年其子弗克負荷注荷擔也○注畚草至之鍾○公羊問答云說文甾部畚蒲器缾屬所以盛穜鐘訓不同當何從曰周禮挈壺氏挈畚以令糧鄭注畚所以盛糧之器故以畚表稟左傳正義引說文蒲器可以盛糧今本作盛種誤也國語周語時而畚挶注畚土籠也左傳襄九年陳畚挶注畚蕢籠也又宣十一年稱畚築注畚盛土器蓋皆以草或蒲爲

之可以盛土可以盛穀故左傳注云畚以草索爲之筥屬是也吳氏經說按左傳置諸畚注畚以草索爲之其器可以盛糧周禮挈壺氏鄭司農注亦云畚所以盛糧然則說文云畚𤰈屬蒲器也所以盛種爲盛糧之譌矣許君所謂蒲器是編蒲柳以爲器可以盛糧如今俗所謂笆也字書無笆疑卽畚之聲轉麥雲謂畚爲蒲草之器漢世或然字從甾缶之甾當是瓦器古量穀用六斛四斗之鍾亦是瓦器故齊人謂畚爲鍾舊疏云齊人謂之鍾卽昭三年齊舊四量豆區釜鍾是也按六斛四斗之具只可以盛不可以量種卽五穀總稱不必依左疏改爲糧如畚爲瓦器必如左傳十釜之鍾之大亦非一二所能荷也蓋畚者量穀之物或草或蒲或瓦皆可各隨方俗所宜其所容若干亦不必一定亦無定名以爲畚可以爲蕢可以爲土籠可也

自閨而出者【注】宮中之門謂之闈其小者謂之閨從內朝出立于外朝見出閨者知外朝在閨外內朝在閨內可知【疏】注宮中至之閨○爾雅釋宮文郭注謂相通小門也舊疏引孫注亦云闈者宮中相通小門也彼又有小閨謂之閤舊疏引李注云皆門戶小大之異說文門部闈宮中之門也周禮保氏注闈宮中之巷門左氏閔二年傳賊公于武闈注宮中小門謂之闈也周禮匠人注廟中之門謂之闈亦謂廟旁之門婦人出入故禮士冠禮注婦人入廟由闈門也按雅訓言宮中則廟與寢皆有之士虞記注云闈門如今東西掖門賈疏漢時宮中掖門在東西若人左右掖故舉以爲況然則寢門外別有東西二門左傳哀十四年齊子我屬徒攻闈與大門似闈亦可通於外非僅宮中相通小門謂之闈也蓋凡宮寢之別門皆可謂之闈其小者謂之閨說文門部又云閨特立之戶上圜下方有似圭按儒行云篳門圭窬注圭窬

門旁簷也穿牆爲之如圭矣是閨卽取圭義言其小也下云入其大門入其閨是閨爲小門矣○注從內至可知○國語魯語公父文伯之母謂季康子曰自卿以下合官職于外朝合家事于內朝又曰夫外朝子將業君之官職焉內朝子將庀季氏之政也韋注外朝君之公朝內朝家朝也考工記曰外有九室九卿朝焉鄭注外路門之表也九室如今朝堂諸曹治事處賈疏九卿之九室東門外正朝之左右爲之然則韋氏所謂君之公朝者蓋卽正朝兩旁之室諸侯大夫則在治朝之兩旁也爲諸臣治事之處故玉藻云朝辨色始入君日出而視之退適路寢聽政使人視大夫大夫退然後適小寢釋服明諸臣每日朝於治朝旣畢君退路寢諸臣各聽事于兩旁之朝侯諸臣聽事畢退乃還小寢容諸臣有面陳之事故也此趙盾所立於外朝者當卽此朝但何君以閨門分內外見荷畚者遠從閨出不必閨門定在外朝內內朝外也

趙盾曰彼何也夫畚曷爲出乎閨 注 彼何者始怪何等物之辭孰視知其爲畚乃言夫畚者賤器何故乃出尊者之閨乎 呼之不至 注 怪而呼欲問之 疏 注怪而呼欲問之○校勘記云毛本怪作恠俗字 曰子大夫也欲視之則就而視之 注 顧君責己以視人欲以見就爲解也古者士大夫通曰子 疏 經傳釋詞云也猶邪也歟也乎也子大夫也爲問辭也當作邪讀繫辭夫易何爲者也詩旄丘何多日也士昏禮敢不從也禮曲禮奈何去社稷也皆當如邪義按如也讀亦通○注顧君至解也○校勘記云毛本君誤人按見就或云當作就見非也孔疏云過朝以示人令人懼己卽本此君責己以視人立義

靈公欲以視人適趙盾問故因欲即其來見時就而解之也○注古者至曰子○穀梁宣十年傳其曰子尊之也注子者人之貴稱詩王風大車長子不敢箋云子者稱所尊敬之辭按左傳穀梁並云子爲正卿明稱大夫辭也

趙盾就而視之則赫然死人也注赫然已支解之貌疏注赫然至之貌○經義述聞云疏不解赫然二字引之謹案赫之言捇也說文捇裂也从手赤聲續漢書禮儀志逐疫辭曰赫汝軀拉汝幹節解汝肉抽汝腸肺是分裂謂之赫後漢時猶有此語也按廣雅釋詁亦云捇裂也莊子養生主云動刀甚微謋然已解謋與捇亦同公羊問答曰後漢禮儀志黃門令奏曰侲子備請逐疫於是中黃門倡侲子和曰凡使十二神追惡凶赫女軀拉女幹云云故何以赫然爲支解貌也支解之法古無此刑韓詩外傳曰晏子左手持頭右手磨刀仰面而問曰古者明王每支解人不識從何始也景公離席曰縱之罪在寡人此可證爲衰世之淫刑按今律有淩遲即支解法也

趙盾曰是何也曰膳宰也注主宰割殺膳者若今大官宰人疏注主宰至宰人○禮燕禮云膳宰具官饌于寢東注膳宰天子曰膳夫掌君之飲食膳羞者也疏天子有宰夫兼有膳夫諸侯亦有宰夫復有膳宰膳夫卑於宰夫天子宰夫下大夫膳夫上士也春秋時侯國不必有宰夫因通謂膳宰如左傳昭四年稱膳宰屠蒯而檀弓載此事曰蕢也宰夫也此傳稱膳宰而左傳稱宰夫爲皆主殺膳烹割之事故稱雖不一其職同也周禮天官序官膳夫下有上士中士下士府史胥徒其屬又有庖人內外饔亨人等晉靈所殺亦不必即其長也孟子萬章稱伊尹以割亨要湯亦即膳宰之事何云若今大官宰人舉漢制以況也

熊蹯不熟注蹯掌疏注蹯掌○國語楚語

云願食熊蹯不獲而死注蹯掌也左傳文元年王請食熊蹯而死注熊掌難熟孟子告子云熊掌亦我所欲也此也說文采部獸足謂之番从采田象其掌蹞或从足从煩𤖅古文番史記注引服虔云蹯熊掌也其肉難熟

公怒以斗摮而殺之

注摮猶摮也摮謂旁擊頭項

疏大戴禮保傅云太宰持升而御戶右盧校依賈子改升為斗又云所求滋味者非正味則太宰停斗而言曰不敢以待王子說文斗味魁羹斗也蓋即靈公所用者亦可挹酒詩行葦云酌以大斗是也說文作枓云勺也士冠禮注勺尊升所以𣂪酒彼升亦斗字之誤則羹斗其即今之羹勺與羹勺物微而得摮殺人者蓋靈公本意殺人盛怒之下隨手擊摶適當頭項虛怯處亦得致命也通義云斗枓也保傅記曰太宰荷斗而不敢煎調是其物也〇注摮猶至頭項〇孔氏音義云摮音擊摮音敫字或作撽莊子曰撽以馬捶按廣雅釋詁擊摮也王氏疏證云上文已有擊字此摮字當作摮玉篇摮兒公羊注摮猶擊也擊謂旁擊頭項廣韻引蒼頡篇毃擊也擊毃並音五交反其義同也

支解將使我棄之

疏左傳云宰夫胹熊蹯不熟殺之寘諸畚使婦人載以過朝晉世家宰夫胹熊蹯不熟靈公怒殺宰夫使婦人持其屍出弃之繁露王道云晉靈行無禮處臺上彈羣臣枝解宰人而棄之

趙盾曰嘻趨而入

疏左傳趙盾士季見其手問其故而患之將諫士季曰諫而不入則莫之繼也會請先不入則子繼之三進及溜晉世家趙盾隨會前數諫不聽已又見死人手二人前諫嘻者閔二年慶父聞之曰嘻注嘻發痛語首之聲史記藺相如傳秦王與羣臣相視而嘻注嘻驚而怒之辭也檀弓夫子曰嘻注嘻悲恨之聲

靈公望見趙盾愬而再拜

注愬者驚貌禮臣拜然後君

答拜靈公先拜者畚出盾入知其欲諫欲以敬拒之使不復言也禮天子爲三公下階卿前席大夫興席士式几

疏注㤜者驚貌○通義云㤜讀如㤜㤜終吉之㤜又何焯云㤜卽自㤜膳宰之事與舊讀異按孔讀是也廣韻山責切易釋文亦音山革反子夏傳云恐懼貌馬本作虩虩音許逆反云恐懼貌也呂氏易音訓引此注作驚愕也晁氏曰㤜虩虩三字同音色何焯解非○注禮臣至言也○禮士相見禮士大夫則奠摯再拜稽首君答一拜賈疏君答一拜當作空首九拜中奇拜是也曲禮云君于士不答拜也士相見禮答一拜爲其始見則君於大夫以己雖非始見亦答拜可知周禮士師職王日視朝孤卿特揖諸侯亦宜然盾爲卿禮止特揖靈公見之而驚失其常度故爲之再拜也左傳載靈公語曰吾知過矣將改之明自知其過故先拜以拒之也惠氏士奇禮說云特揖者奇拜奇猶特也特揖一爲奇拜則旅揖爲再拜與三孤六卿奇拜二十七大夫再拜八十一元士三拜所爲禮以少爲貴也按靈公再拜自與彼旅揖異○注禮天至式几○舊疏以爲春秋說文惠氏禮說云此坐朝之禮燕享則行之王享諸侯乘車送迎燕禮賓入及庭公降一等而揖焉則有下階之禮凡大朝覲大享射及封國命諸侯皆設席若路門視朝君臣皆立禮未聞設席亦不下階孔子見哀公問儒行蓋燕朝也路門內之朝太僕掌之故曰更僕更僕者久立將倦太僕二人相代爲更於是爲孔子布席於堂而與之坐焉此古禮也及秦而亡漢禮皇帝見三公御坐爲起在輿爲下雖有是禮亦不常行呂氏春秋桓公朝揖管仲而進之所謂特揖也入及庭而未就位之時魏文侯燕飲任座入文侯下階而迎之以爲上客所謂君爲臣下階者此也

趙盾逡巡北面再

拜稽首【注】頭至地曰稽首頭至手曰拜手【疏】公羊問答云逡巡有作逡巡者秦紀引賈生云九國之師逡巡遁逃而不敢進廣雅逡巡卻退也有作逡遁者爾雅逡遁也管子桓公蹴然逡遁鄉射禮注少退少逡遁也有作逡遁者晏子逡遁而對有作逡循者漢書萬章傳逡循甚懼有作蹲循者莊子蹲循勿爭有作遵循者靈樞經黃帝避席遵循而卻亢倉子荊君北面遵循此皆逡巡之段借字也逡又與俊通王莽傳俊儉隆約以矯世俗顏師古俊音千旬反退也遁與巡通遁甲開山圖太元經云巡乘六甲要皆聲音相同字異而義不異也集韻逡巡行不前也逡遁均十倫反音義則一可證按小爾雅廣義倖慙曰逡爾雅釋言逡退也注逡巡卻去也文選注引廣雅逡巡卻退也趙盾見靈公再拜慙而不敢進故曰逡巡班固東都賦西都賓矍然失容逡巡降階悚然意下捧手欲辭猶此義也左傳稽首而對曰人誰無過過而能改善莫大焉云云不言再拜省文也○注頭至至拜手○周禮大祝一曰稽首三曰空首注稽首拜頭至地也空首拜頭至手所謂拜手疏稽首拜中最重臣拜君之拜空首拜者君答臣下拜郊特牲曰大夫之臣不稽首非尊家臣以辟君也如是諸侯於天子臣於君稽首禮之正段氏玉裁說文注云九拜以前三拜爲體後六者爲用凡經言拜手言拜皆周禮之空首手部𢷎字下云首至手何注公羊頭至手曰拜手皆與周禮空首注合凡經言稽首小篆作䭫古文作𩒨經傳無異稱何注公羊頭至地曰稽首與周禮注合頭至手者拱手而頭至于手頭與手俱齊心不至地故曰空首若稽首頓首則拱手皆手下至地頭亦皆至地而稽首倘稽遲頓首倘急遽稽首者吉禮也頓首者凶禮也空首者吉凶所同之禮也經傳立文凡單言拜及下屬稽顙稽首言拜言拜手者皆空首也言拜手稽首者空首而稽首也

經於吉賓嘉曰稽首未有言頓首者也按段說甚明稽首爲臣見君之禮書洛誥周公拜手稽首哀十七年左傳孟武伯曰非天子寡君無所稽首又襄三年左傳公如晉公稽首知武子曰天子在而君辱稽首寡君懼矣惟定四年申包胥請師于秦九頓首而坐文七年穆嬴頓首於宣子皆事之急遽者也宣趨而出注本欲諫君君以拜謝知己意異當覺悟故出疏注本欲至故出○校勘記出異當覺悟云閩監毛本異作冀鄂本悟作寤按下注云非所以意悟用悟字成七年注云重錄魯不覺寤用寤字蓋覺寤字當作寤猶人寐而覺悟也按左傳亦謂靈公知盾欲諫己先以吾知所過見拒故宣子稽首以補過義將順之也靈公心怍焉注怍慙貌慙盾知己過疏注怍慙至己過○論語憲問篇其言之不怍集解馬曰怍慙焉廣雅釋詁怍慙也禮記曲禮容無怍注怍顏色變焉即慙貌也亦作㤰太元經上階天不㤰注㤰慙也說文心部怍慙也左傳云宣子驟諫公患之患由慙心焉欲殺之於是使勇士某者往殺之注某者本有姓字記傳者失之疏注某者至失之○廣雅釋詁某名也言以某名其人也記者忘其姓字多以某字該之左傳云使鉏麑賊之注鉏麑晉力士晉世家靈公患之使鉏麑刺趙盾注引賈逵曰鉏麑晉力士勇士入其大門則無人門焉者入其閨則無人閨焉者注焉者於也是無人於閨門守視者也疏校勘記云唐石經諸本同段玉裁云此當作焉門者下當作焉閨者故注云焉者於也是無人於門閨守視者也今本誤倒通義云謹案守門曰門守閨曰閨猶漢書云詔戶者無得入羣臣亦守

戶曰戶也按如孔說亦是並無須倒二焉在上矣○詩伐檀疏引此傳則無人焉脫門者二字亦焉字在上與段義合○注焉者至者也○焉於雙聲孟子盡心人莫大焉亡親戚君臣上下謂莫大於亡親戚君臣上下也哀十七年左傳裔焉大國裔訓爲邊謂邊於大國也然則卿大夫家大門內卽至閨門與蓋閨門門之小者凡在內之門皆視大門爲小爾

上其堂則無人焉

注 但言焉絕語辭堂不設守視人故不言堂焉者

疏 注但言至焉者○校勘記出故不言堂焉者云鄂本無焉段玉裁云當作焉堂者經傳釋詞云今本正文作則無人門焉者則無人閨焉者注中焉堂者亦作堂焉者皆後人不曉文義而妄改之也蓋用段氏說盧氏文弨鍾山札記云下句注當此故不言堂者今本皆衍一焉字此注及經文疑皆後人轉寫失之按二讀皆可通玉篇焉焉語已之辭也故云但言焉絕語辭

俯而闚其戶

注 俯挽頭戶室戶

疏 注俯挽頭○校勘記云閩監毛本同誤也鄂本挽作俛當据正按紹熙本亦作俛文選注引聲類頫古文俯字西京賦伏櫺檻而頫聽注頫低頭也禮記曲禮俯而納屨注俯俛也考工記矢人前弱則俛注俛低也說文頁部俛低頭也太史卜書頫仰字如此楊雄曰人面頫○注戶室戶○一切經音義引字書一扇曰戶兩扇曰門又在於堂室曰戶在於戶區域曰門禮聘禮設于戶西西陳注戶室戶也凡由堂入室曰戶凡五架之屋棟北楣下爲三間中爲室東西爲房房之南壁止一戶室則有戶有牖戶在東牖在西戶西牖東爲正中爾雅所謂戶牖之間謂之扆是也鄭氏謂大夫士東房西室若如彼說則戶在中之西矣

方食魚飧

疏 詩魏風伐檀云不素飧兮箋云飧讀如魚飧之飧正義說文飧水澆飯也从夕食言人旦則食飯飯不可停故

夕則思飧是飧爲飯之別名按說文食部飧餔也从夕食餔申時食也無水澆飯語段注云小雅傳孰食曰饔魏風傳孰食曰飧然則饔飧皆爲孰食分別之則謂朝食夕食許於饔不言朝於夕飧不言孰互文錯見也其實對文異散則通此爲趙盾將朝時固非夕食左傳僖二十三年僖負羈饋盤飧僖二十五年左傳趙衰以壺飧從皆不必夕時渾言之也故周禮司儀注小禮曰飧掌客上公飧五牢則又不必皆孰食矣勇士曰嘻疏此嘻當爲驚訝聲與上趙盾曰嘻小異子誠仁人也吾入子之大門則無人焉入子之閨則無人焉上子之堂則無人焉是子之易也注易猶省也疏注易猶省也○論語八佾篇與其易也鄭注易猶簡也簡省義近考工記玉人注易行去煩苛是亦簡省之意易繫辭傳辭有險易王注云之泰則其辭易之否則其辭險亦平易之意子爲晉國重卿而食魚飧是子之儉也疏詩召南羔羊云退食自公箋云退食謂減膳也正與序節儉義相足故趙盾食魚飧亦卽儉也晉世家云盾閨門開居處節謂此君將使我殺子吾不忍殺子也雖然吾亦不可復見吾君矣注負君命也疏注負君命也○晉世家鉏麑退歎曰殺忠臣棄君命罪一也左傳晨往寢門闢矣盛服將朝尚早坐而假寐麑退歎而言曰不忘恭敬民之主也賊民之主不忠棄君之命不信有一於此不如死也皆與此詳略互相足遂刎頸而死注勇士自斷頸也傳極道此者明約儉之衞也甚於重門擊柝孔子曰禮與其奢也寧儉此之謂

也疏左傳記鉏麑觸槐而死晉世家謂觸樹而死呂覽過理篇云觸庭槐而死國語晉語云觸庭之槐而死皆與此異韋注晉語以槐爲晉外朝之樹又與杜注槐爲趙盾庭樹異所聞各異要皆爲勇士自死也○注傳極至擊柝○校勘記云鄂本無也字當删重門擊柝易繫辭下傳文彼云以待暴客此儉約之衞勇士自死故甚之也後漢書杜林傳趙孟懷忠匹夫成其仁是也○注孔子至謂也○校勘記出此而謂也云閩監毛本同誤也鄂本而作之當據正孔子曰見論語八佾篇靈公聞之怒滋欲殺之甚注滋猶益也疏注滋猶益也○襄八年左傳滋事無成注滋益也小爾雅廣詁滋益也說文水部滋益也衆莫可使往者於是伏甲于宮中召趙盾而食之疏左傳云晉侯飲趙盾酒伏甲將攻之晉世家晉靈公飲趙盾酒伏甲皆攻盾趙盾之車右祁彌明者國之力士也注禮大夫驂乘有車右有御者疏左傳云其右提彌明知之釋文提本又作祇彼注云右車右本此晉世家作示眯明示郎祇字與左傳釋文之義本合與祁字古音通祁从示聲也彌眯古亦通史記以此郎桑下餓人又以爲公宰與傳文皆不合○注禮大至御者○曲禮注車右勇力之士備制非常者君行則陪乘君式則下步行○正義車行則有三人君在左僕人中央勇士在右也詩鄭風清人云左旋右抽鄭箋云左左人謂御者右車右也周禮太僕云王出入則自左馭而前驅注如今道引也道而居左自御不參乘辟王也亦有車右焉大夫禮亦宜然鄭風箋所言係將所乘車將在中也其甲士之車則左人持弓右人持矛中人御也與此平常乘車法不同月令天子親載耒耜措之於參保介之御間保介謂車右也置耒耜於御者車

右之間御者在中也驂乘猶參乘也謂三人共乘焉然則士以下無車右矣故子適衞冉有僕問津夫子代子路執轡明止御者矣

仡然從乎趙盾而入 注 仡然壯勇貌 疏 唐石經諸本同經義雜記云何注仡然壯勇貌按說文仡勇壯也从人乞聲周書曰仡仡勇夫此何義也鄉飲酒禮賓西階上疑立注疑讀爲疑然從於趙盾之疑疑正立自定之貌則鄭所据公羊作仡然作疑然乃立定之貌不取勇壯義蓋嚴顏之異注疏本改同何本誤也釋文疑立魚乞反不爲仡字作音知陸本作疑然臧氏所據儀禮係單注舊本與朱子經傳通解李氏集釋同毛本本作疑然立自定之貌賈氏鄉射禮疏引作正立臧氏據改士昏禮婦疑立於席西注亦云疑正立自定之貌可證鄉射禮疑立疏引鄉飲酒禮注作疑此疏反作仡者蓋因賈引公羊傳後人因据以私改耳按鄭引此傳乎作於亦異○注仡然壯勇貌○廣雅釋詁仡仡暨暨武也詩大雅皇矣云崇墉仡仡傳仡仡高大也書秦誓云仡仡勇夫孔疏仡仡壯勇之夫

放乎堂下而立 注 嫌靈公復欲殺盾故入以爲意禮器記曰天子堂高九尺諸侯七尺大夫五尺士三尺 疏 周禮天官食醫云凡君子之食恆放焉注放依焉孟子離婁放乎四海注放至也謂至乎堂下或依乎堂下而立也○注嫌靈至爲意○晉世家云示眯明知之左傳亦云提彌明知之○注禮器至三尺○禮器正義天子之堂九尺此周法也白虎通天子之堂高九尺天子尊故極陽之數九尺也堂之爲言明也所以明禮義也禮記曰天子之堂九尺諸侯七尺大夫五尺士三尺然則每堂一尺爲階一等故士冠禮云賓降三等下至地也此爲士三尺階三等之諭賈誼治安策云人主之尊譬如堂羣臣如陛衆庶如地故

陛九級說文陛升高階也玉篇天子階也天子九級爾綜注東京賦云殿高九尺階九齒彼述天子之禮則諸侯以下七齒五齒三齒亦應與堂高相應矣庶人之禮雖不見禮以士三尺差之當一尺與

趙盾已食靈公謂盾曰吾聞子之劍蓋利劍也子以示我吾將觀焉注授君劍當拔而進其首

靈公因欲以進殺之疏注授君至殺之○禮記曲禮云進劍者左首注左首尊也正義進言進授與人時也首劍拊環也少儀云澤劍自注澤弄也又云刀卻刃授穎注穎鐶也是進刀劍皆以首鐶授人不以刃授人敬也左傳定十年叔孫之圉人欲殺公若僞不解禮而授劍劍末杜云以劍鋒末授之是也靈公欲於盾進劍時即拔劍首以劍末刺之也

趙盾起將進劍祁彌明自下呼之曰盾食飽則出何故拔劍於君所疏通義云斥呼盾名君前臣名也左傳云提彌明趨登曰臣侍君宴過三爵非禮也晉世家亦眯明恐盾醉不能起而進曰君賜臣觴三行可以罷皆與此異

趙盾知之注由人曰知之自己知曰覺焉疏晉世家云趙盾令先毋及難○注由人至覺焉○呂覽情欲而終不自知又淮南修務訓七年而後知注並云知猶覺也對文異散則通舊疏云由人曰知之此文是也自己知曰覺者即昭三十一年傳叔術覺焉曰嘻此誠爾國也夫是也

躇階而走注躇猶超遽不暇以次疏校勘記云唐石經諸本同釋文躇與蹝同一本作辵音同經義雜記曰說文辵作行乍止也从彳从止讀若春秋公羊傳曰辵階而走釋文謂一本作辵與說文正合則古本公羊作辵階矣公食大夫禮賓栗階升注不拾級連步趨

主國君之命不拾級而下曰辵公羊傳文當本作辵義當如禮經
注何邵公與鄭義同較之說文作行作止之訓更密也集韻十八
藥躇下引此傳文又云或作𨆪葉鈔釋文𨆪作蹶誤玉篇躒𨆪作
前作卻依說文為說也左傳云遂扶以下彼釋文引服虔注作跳
云徒跳也今杜注本往往作跳者盧文弨云服本是也襄三年傳
晉悼公懼魏絳之死亦跳而出皆是急迫不及納屨使然按與此
注超遽義亦合○注躇猶至以次○釋文遽作劇其據反本亦作
遽公羊問答云左傳距躍三百注超越也疏距地向前跳而越物
過也說文作超距史記王翦傳方投石超距索隱曰超距猶跳躍
也漢書甘延壽傳投石拔距張晏曰拔距超距也然則超距遽猶超
距不暇如常降階也燕禮疏云凡升階之法有四等連步一也栗
階二也歷階三也歷階謂從下至上皆越等無連步若禮記檀弓
云杜蕢入寢歷階而升是也越階四也越階謂左右足越三等若
公羊傳云趙盾避靈公躇階而走是也通義云升降階之法拾級
聚足者正也施於所尊以疾為敬則有栗階栗階者始發猶連步
將進階二等然後散升若其事有急遽則始終散等升則曰歷階
降則曰躇階皆非禮之常矣讀書叢錄云依何注躇當作辵儀禮
公食大夫禮鄭注不拾級而下曰辵燕禮記疏越階謂左右足越
三等若公羊趙盾躇階而走說文無躇字辵作行作止讀若公羊
傳辵階而走與躇字義同廣雅釋訓躊躇猶豫也猶豫即說文所
謂作行作止釋文所謂𨆪也按洪說非是何義自與說文不同此
時趙盾避禍疾逃安得尙𨆪作行作止且躇字與躊躇亦殊無容牽
合為一釋名釋姿容云疾趨曰走走奏也促有所奏至也傳言走
故注言不暇以次也燕禮所謂升降有四等亦未洽曲禮云拾級
聚足連步以上注拾當為涉涉等聚足謂前足躡一等後足從之
併又云連步謂足相隨不相過也此升降常法也外則栗階禮燕

禮記凡公所辭皆栗階公食大夫禮賓栗階升之屬是也鄭注栗蹙也謂越等急趨君命也記又云凡栗階不過二等注其始升猶聚足連步越二等左右足各一發而升堂以其歷階越階皆禮經所無此傳之躇階更非行禮常法所謂不暇以次者故有超距之象矣敖繼公謂越等而上曰栗階下曰躇階亦強生分別耳淩氏廷堪禮經釋例云凡升階皆連步唯公所辭則栗階考連步升堂升階常法猶之平敵相拜也栗階於君辭則然猶之再拜稽首也見諸禮經唯此二節是也栗階又名散等禮記雜記祭主人之升降散等執事者亦散等雖虞附亦然鄭注散等栗階是也彼栗階爲略戚儀與燕禮以栗階爲敬又不同皆與躇階異栗階不過二等栗猶歷也如左足升一等則右足升二等左足升三等則右足升四等閱歷而上若躇階或有過二等者矣靈公有周狗注周狗可以比周之狗所指如意疏校勘記云唐石經諸本同何注云可以比周之狗按爾雅釋畜狗四尺爲獒郭注公羊傳曰靈公有害狗謂之獒也又宋本張華博物志晉靈公有害狗與周形相近故文異害狗謂能害人之狗按郭注引作害蓋嚴顧異文今本誤作善矣通義云周狗周地所出狗若言韓盧宋猑矣〇注周狗至如意〇公羊問答云問犬能知人意乎曰說文獒犬知人心可使者博物志作害狗字之誤也不可從按序周禮廢興諸侯惡其害己舊本誤作周己靈鐵論地廣篇賊不害智亦誤作周智蓋周害形近容或有誤然害狗周狗皆傳者所加自非靈公命名則俱無不可通蓋比周如人意亦足害人也謂之獒注犬四尺曰獒疏注犬四尺曰獒〇爾雅釋畜云犬四尺曰獒左氏釋文引尚書傳獒大犬也廣雅疏證凡物之高大者皆謂之敖山高大者曰敖山犬高大者爲獒犬說文獒犬知人心可使者書序西旅獻

獒孔傳西戎遠國貢大犬呼獒而屬之疏左傳公嗾夫獒焉釋文嗾服本作㖩疏引服虔云嗾㖩也公乃嗾夫獒使之噬盾也晉世家盾既去靈公伏士未會先縱齧狗名獒經義雜記云按釋文謂㖩即嗾字㖩讀若諏與嗾聲相近故文義依正義則服本亦作嗾但訓嗾為㖩耳說文口部嗾使犬聲引春秋傳曰公嗾夫獒按彼之嗾即此之呼也方言秦晉冀隴謂使犬曰嗾蓋方言之殊與舊疏謂呼而指屬之今呼犬謂之屬義出於此獒亦躇階而從之疏据此則躇階更非行禮之歷階可知祁彌明逆而跛之注以足逆躝曰跛疏注以足至曰跛〇葉本釋文躝作蹋文選東京賦已事而跛注跛退也以足躝而退之故曰跛也玉篇跛退也說文足部蹋踐也史記蘇秦傳六博蹋鞠者謂以足蹋之為戲也亦作躝漢書霍去病傳去病尚穿域躝鞠是也絕其頷注頷口疏注頷口〇校勘記段氏玉裁云玉篇引作絕其頷說文頁部頷顧也頷頤也段云此謂以足迎蹋之遂使獒之顧不能噬也方言頷頤頷也南楚謂之頷秦晉謂之顧頤其通語也又云依方言則緩言曰頷急言曰頷頷當讀如合也按頷於說文訓為面黃則無口義揚雄長楊賦稽顙樹頷注音蛤玉篇訓為口蓋即本此左傳云明搏而殺之晉世家明為盾搏殺狗趙盾顧曰君之獒不若臣之獒也疏晉世家盾曰棄人用狗雖猛何為然不知明之為陰德也左傳盾曰棄人用犬雖猛何為鬭且出提彌明死之注責公不養士而更以犬為己用則此傳所云君之獒不若臣之獒也然而宮中甲鼓而起注甲即上所道伏甲約勒聞鼓聲當起殺盾疏經傳釋詞曰然而者詞之承上而轉者也猶言如是而也與僖三十

三年傳然而晉人與姜戎要之殽而擊之定八年傳然而甲起於琴如同義殽下何注云猶豫留住之頃正合此傳義有起于甲中者抱趙盾而乘之注欲趨疾走疏正以抱而乘之抱之上車也据此則左傳遂扶而下宜如服本作跣而下矣禮脫屨上堂降階納屨趙盾躇階而走蓋猶徒跣不及納屨不能疾走故甲中者抱之而乘也杜本作扶於情事不合孔疏強附杜氏謂堂上無屨跣則是堂何須云遂跣而下不知下者不必專指下階凡退由階庭而門皆謂之下也〇注欲趨疾走〇校勘記出欲趨云鄂本同閩監毛本趨作趨按紹熙本作趨趙盾顧曰吾何以得此于子注猶曰吾何以得此救急之恩於子邪非所以意悟疏晉世家示眯明反擊靈公之伏士伏士不能進而竟脫盾盾問其故曰我桑下餓人左傳既而與為公介倒戟以禦公徒而免之問何故對曰翳桑之餓人也與公羊合惟史記謂即眯明異注非所以意悟者猶言非所意悟也曰子某時所食活我于暴桑下者也注某時者記傳者失之暴桑蒲蘇桑傳道此者明人當素積恩德疏晉世家初盾常田首山見桑下有餓人盾與之食食其半問其故曰宦三年未知母之存不願遺母盾義之益與之飯肉左傳初宣子田於首山舍於翳桑見靈輒餓問其病曰不食三日矣食之舍其半問之曰宦三年矣未知母之存否今近焉請以遺之使盡之而為之簞食與肉寘諸橐以與之呂覽報更篇趙宣孟見骫桑之餓人為之下食而餔之與脯一朐拜受而不敢食曰臣有老母將以遺之宣孟曰食之吾更與汝乃復賜之脯二束與錢百而遂去之晉靈公欲殺宣孟伏士以待因發酒

宣孟宣孟知之中飲而出靈公令房中之士疾追殺之一人追先
及曰君轝吾請爲君反死宣孟曰而名爲誰曰何以名爲臣骫桑
之餓人也還鬬而死與左傳謂其亡去少異後漢書注引呂覽曰
昔趙宣孟將之絳見桑下有餓人宣孟止車下食而餔之再咽而能
視宣孟問之曰汝何爲而餓若是對曰臣宦於絳歸而絶糧羞行
乞故至於此宣孟與脯三朐拜受而弗敢食問其故曰臣有老母
將以遺之宣孟曰吾更與汝乃復與脯二束皆詳略互見○注暴
桑蒲蘇桑○公羊問答云左氏作翳桑杜注翳桑之多蔭翳者公
羊作蒲蘇韓非子本枝扶疏易林扶疏條桃長大茂盛潘尼桑樹
賦上疏而參差是亦多蔭翳之意扶蘇即蒲蘇韓愈南山詩杉篁
吒蒲蘇呂氏春秋作骫桑淮南子作委桑骫古委字按爾雅釋詁
毗劉暴樂也注謂樹木葉缺落蔭疏暴樂見詩考暴樂即爆爍詩
桑柔捋采其劉傳劉暴樂而希也箋云捋采之則葉爆爍而疏彼
疏引爾雅作爆爍又引舍人曰毗劉爆爍之義也然則暴桑者即
爆爍之桑爆爍爲稀疏不均之名故何氏訓爲蒲蘇蒲蘇猶扶疏
潘尼賦之上疏也吳氏經說云蒲蘇猶扶疏也然則暴桑即槫桑
矣槫蒲暴桑皆一聲之轉大雅云鬱彼桑柔柔古讀如猱左傳注
桑之多翳蔭者意與此同按爾雅釋木蔽者翳郭注樹蔭翳相覆
蔽者詩曰其椔其翳經義述聞木自斃以下皆釋死木也蔽即上
文木自斃之蔽大雅皇矣正義引此作斃者翳又引李巡曰斃死
也釋言斃踣也釋文斃字作獘郭本作敝者借字耳皇矣傳自斃
爲翳釋文斃或蔽襄二十七年左傳以誣道蔽諸侯釋文蔽服虔
王肅董遇並作斃云踣也是獘斃並與蔽通翳讀曰殪皇矣篇其
菑其翳釋文韓詩作殪後漢書光武紀注殪仆也宣六年左傳使
疾其民以盈其貫將可殪也殪皆謂踣斃之也作翳亦借字耳周
語是去其藏而翳其人也翳其人謂踣斃其民也毛傳自斃爲翳

雖與爾雅原文小異而其爲踣木則同若云樹蔭翳相覆蔽則是相覆蔽之木而非踣木與上二句全不相應矣然則左氏之翳桑亦爲桑之踣翳者與此槃桑正同故何氏以爲蒲蘇桑也水經注雷首山北去蒲阪三十里一統志雷首山在蒲州永濟縣南四十五里哺飢阪在絳州北六里即食翳桑餓人處○注傳道至恩德○說苑復恩篇述此事云故惠君子君子得其福惠小人小人盡其力夫德一人活其身而況置惠於萬人乎故曰德無細怨無小豈可無樹德而除怨務利於人哉利施者福報怨往者禍來形於內者應於外不可不慎也此書之所謂德無小者也後漢書崔駰傳達旨云宣孟收德于束脯淮南繆稱訓傳負羈以壺餐表其閭趙宣孟以束脯免其軀禮不隆而德有餘人心之感恩接而憯怛生故其入人深

趙盾曰子名爲誰注後欲報之疏晉世家亦云問其名左傳云問其名居

曰吾君孰爲介注介甲也猶曰我晉君誰爲與此甲兵豈不爲盾乎疏注介甲也○詩鄭風清人云駟介彭彭傳介甲也大雅瞻卬云舍爾介狄箋云介甲也釋名釋兵甲云甲亦曰介史記衛世家太子與五人介注引賈逵云介被甲也

子之乘矣何問吾名注之乘即上車也猶曰已上車矣何不疾去而反徐問吾名乎欲令蚤免去不望報也疏注之乘至報也○校勘記出子以上車矣曰鄂本以作已又出不望報矣云鄂本矣作也紹熙本亦作已左傳不告而退遂自亡也注不望報也史記注引服虔注同晉世家亦云弗告說苑復恩篇與呂覽所記大同亦云宣孟曰子名爲誰及是且對曰何以名爲然不若此傳所對之詳

趙盾驅而出衆無

留之者【注】明盾賢人不忍殺也且靈公無道民衆不悅以致見殺晉世家云盾遂奔驅而出驅車而出也○注明盾至見殺○鄂【疏】本悅作說紹熙本同下傳民衆不悅亦同繁露滅國上云晉趙盾一夫之士也無尺寸之土無一介之衆也而靈公據伯主之餘尊而欲誅之窮變極詐詐盡爲竭禍大及身推盾之心載小國之位孰能亡之哉盾爲賢人者左傳云趙宣子古之良大夫也晉世家云趙盾素貴得民和靈公少侈民不附故爲弑易是也趙穿緣民衆不悅起弑靈公【疏】史記十二諸侯年表趙穿殺靈公晉世家盾昆弟趙穿襲殺靈公於桃園注虞翻曰園名也左傳趙穿攻靈公於桃園釋文攻本或作弑北堂書鈔引作煞靈公煞即殺字殺亦音弑釋文僖九年左傳可證繁露王道云晉靈行無禮處臺上彈羣臣枝解宰人而棄及患趙盾之諫欲殺之卒爲趙穿所殺是也釋文作不說與鄂本同然後迎趙盾而入與之立于朝【注】復大夫位也即所謂復國不討賊明史得用責之傳極道此上事者明君雖不君臣不可以不臣【疏】晉世家亦云而迎趙盾穀梁傳趙穿弑公而後反趙盾注招使還○注復大夫位也○左傳宣子未出山而復蓋即復大夫位晉世家亦云盾後位家語正論作未及山而還杜云晉竟之山按晉語陽處父及山而還韋注山河内溫山也是時晉已啓南陽竟及于河未及山即所謂亡不越竟也杜注殊泥晉世家亦云未出竟公羊以盾之罪在復不討賊其出竟與否不及記也○注即所至責之○即上傳曰史曰爾爲仁爲義人弑爾君而復國不討賊此非弑君如何是也○注傳極至不臣○正以穿爲盾宗盾出穿弑穿

弒盾反而自反其位處穿如常是時成公未立盾之復位誰實使之其不臣之跡顯而易見故注極言臣不可不臣以責之也通義云晉侵天子之邑而穿為之上將是其人素有無君之心必以犯天子為可者也諸侯可以犯天子大夫可以犯諸侯曾子曰出乎爾者反乎爾者也故卒至於手刃其君噫上之所以率下者可不慎與孔氏之論極正而左傳韓獻子猶曰宣孟之忠則當時已無興是非董狐所以為良史也然左傳謂趙宣子為法受惡亦非孔子語

而立成公黑臀注不書者明以惡夷獔猶不書剽立疏左傳云趙宣子使趙穿逆公子黑臀于周而立之注黑臀晉文公子晉世家云趙盾使趙穿迎襄公第黑臀于周而立之是為成公成公者文公少子其母周女也國語周語單襄公曰吾聞成公之生也其母夢神規其臀以黑曰使有晉國故命之曰黑臀按晉文不應娶周女蓋周大夫女也○注不書至剽立○剽立在襄十四年彼二十六年傳云曷為不言剽之立不言剽之立者以惡衛侯矣注云欲起衛侯失衆出奔故不書剽立剽立無惡則衛侯惡明矣正以不書黑臀立亦以起夷獔之無道也通義云不當立不書者已從立晉託始見法何氏云以惡夷獔猶不書剽立非也君弒自必立嗣君與衛甯衎剽二君者異不當推彼解此按衛完見弒亦必立嗣春秋何以書晉立以見慕正夷獔失道前後不見故於不書黑臀起之

夏四月

秋八月螺注先是宣公伐莒取向公比如齊所致疏注先是至所致○取向事在上

四年公比如齊卽上四年秋公如齊五年春又如齊是也五行志中之下宣公六年八月螽劉向以爲先是宣伐莒向後比再如齊謀伐萊

冬十月

公羊義疏四十五

公羊義疏四十六

南菁書院

句容陳立卓人著

宣七年盡九年

七年春衛侯使孫良夫來盟疏桓十四年夏鄭伯使其弟語來盟注時者從內爲主義明王者當以至信先天下則此當與彼同成三年冬十有一月晉侯使荀庚來聘衛侯使孫良夫來聘丙午及荀庚盟丁未及孫良夫盟書日月者彼注云惡之詩曰君子屢盟亂是用長二國既修禮相聘不能親信反復相疑故舉聘以非之是彼書日月之義也

夏公會齊侯伐萊疏杜云萊國今東萊黃縣元和郡縣志故黃城在登州黃縣東南二十五里古萊子國齊乘萊子城地名龍門居山峽閒鑿石通道極爲險隘俗名萊子關

秋公至自伐萊疏莊六年傳不得意致伐注公與一國及獨出用兵得意不致不得意致伐

大旱注爲伐萊踰時也疏五行志中之上宣公七年秋大旱是夏宣與齊侯伐萊

冬公會晉侯宋公衛侯鄭伯曹伯于黑壤疏大事表云傳云盟于黃父杜注黃父卽黑壤蓋二名爲一地矣黑壤山在今澤州府沁水縣西北四十里沁水所出

八年春公至自會疏毛本會誤齊

夏六月公子遂如齊至黃乃復疏方輿紀要黃城在東昌府冠縣南按史記正義黃縣在魏州按由魯至齊不知何以行至今之冠縣地

其言至黃乃復何注据公孫敖不言至復又不言乃疏注据公至言乃〇即文八年公孫敖如京師不至復丙戌奔莒是不言至復又不言乃也有疾也注乃難辭也上言乃復下有卒知以疾爲難疏注乃難辭也〇說文乃曳詞之難也象气之出難下傳云乃者何難也因難故緩亦爲緩詞周禮太宰乃縣治象之法于象魏注乃緩辭也是也何言乎有疾乃復注据公如晉以有疾乃復殺恥以爲有疾無惡疏注据公至無惡〇即昭二十三年冬公如晉至河公有疾乃復傳云何言乎公有疾乃復殺恥也注因有疾以殺畏晉之恥是也校勘記出乃復弒恥云閩監毛本弒作殺此誤蓋凡殺字皆改爲弒遂誤改此爾紹熙本亦作殺譏何譏爾大夫以君命出聞喪徐行而不反注聞喪者聞父母之喪徐行者不忍疾行又爲君當使人追代之以喪喻疾者喪尚不當反況於疾乎順經文而重責之言乃不言有疾者有疾猶不得反也敖不言乃者明無所難爲重敖當誅遂當絕

疏注聞喪至代之〇白虎通喪服云大夫使受命而出聞父母之喪非君命不反蓋重君也故春秋傳曰大夫以君命出聞喪徐

行不反禮聘禮若有私喪則哭于館衰而居不饗食歸使衆介先衰而從之注私喪謂其父母哭于館衰而居不敢以私喪自聞於主國凶服干君之吉使春秋傳曰大夫以君命出聞喪徐行不反賈疏謂行聘享仍服皮弁蓋不以私喪廢公事也或駁之謂當使上介攝彼文賓死介攝其命則此不使介攝明矣蓋出竟未遠遇有私喪君或使人代之若已至彼國當終其事聘禮所載是也彼經云不饗食則已行聘享可知鄭又云己有齊斬之服其在道路使介居前歸又請反命己猶徐行隨之君納之乃朝服既反命出公門釋服哭而歸皆與此徐行不反之義相足禮記奔喪云唯父母之喪見星而行見星而舍若未得行則成服而後行注謂以君命有爲者是也成喪服得行則行是爲不能即反故先成服也奔喪又云聞喪不得奔喪哭盡哀問故又哭盡哀乃爲位注謂以君命有事不然者不得爲位是也何氏知君當使人代之者風俗通愆禮亦云春秋大夫出使聞父母之喪徐行而不反君追還之禮也是也繁露精華篇徐行不反者謂不以親害尊不以私妨公也○注以喪至責之○杜云大夫受命而出雖死以尸將事遂以疾還非禮也正義哀十五年傳有朝聘而終以尸將事之禮是入所聘之竟則當遂行黄是齊竟遂以疾還非禮也舊疏云傳不言大夫以君命出遇疾而還非禮而言聞喪徐行而不反者是其順經文而重責之也○注言乃至反也○穀梁傳乃者亡乎人之辭也注鄭駟曰大夫受命而出雖死以尸將事今遂以疾而還失禮違命故曰亡乎人按聘禮賓入竟而死遂也介攝其命歸介復命柩止于門外若賓死未將命則既斂于棺造于朝介將命注謂俟間之後也以柩造朝以己至朝志達君命足證有疾俱不得反矣○注赦不至當絶○以赦非有疾無所難故不得言乃與此異也赦無所難而復故當誅此遂實有疾惟不俟君命遽爾反國故當絶

輕於赦也舊疏云赦違命罪大故當誅誅者罪累家也遂前雖弑君而宜公不以爲罪直以當時行事而責之責其奉命不終而以疾辭故當絶其身而已

辛巳有事于太廟 疏 包氏慎言云六月書辛巳月之十八日下壬午月之十九日禮記疏引釋廢疾云宣八年六月有事于太廟禘而云有事者雖爲卿佐卒張本而書有事其實當時有用七月而禘因宣公六月而禘得禮故變文言有事春秋因事變文見其得正也按何氏無此義亦不必以此爲禘直不過時祭而已

仲遂卒于垂 疏 杜云垂齊地大事表云非魯竟故書地當在今泰安府平陰縣境即隱八年遇于垂之垂

仲遂者何 注 据不稱公子故問之公子遂也 注 自是後無遂卒知公子遂何以不稱公子 注 据公子季友卒雖加字猶稱公子也 疏 注据公至子也〇即僖十六年公子季友卒是也彼季友加字稱公子此仲遂亦加字不稱公子故据以難鄂本無也字貶曷爲貶 注 据叔孫得臣卒不貶 疏 注据叔至不貶〇上五年叔孫得臣卒注不日者知公子遂欲弑君爲人臣知賊而不言明當誅然則仲遂得臣皆合貶彼得臣乃不去氏示貶故難之爲弑子赤貶 疏 通義云貶去公子則不嫌與季友同故亦得稱字但加字之故傳文未明竊取劉敞之說曰譏世卿也言自是世世仲氏也世世卿多矣曷爲獨譏乎此因其可譏而譏之此其爲可譏奈何言是乃弑子赤者也其諸則宜於此焉正之矣然則曷爲不於其弑焉

貶【注】据翬終隱之篇貶，欲使於文十八年子赤卒年中貶。【疏】注据翬至中貶○卽隱四年翬帥師會宋公以下伐鄭，傳：翬何以不稱公子？貶。曷爲貶？與弑公也。十年夏翬帥師，傳：此公子翬也，何以不稱公子？貶。曷爲貶？隱之罪人也，故終隱之篇貶也。是其事也。据此例，則遂宜於文公薨後子卒前貶也。於文則無罪，於子則無年。【注】此解十八年秋如齊不貶意也。十八年編於文公，貶之則嫌有罪於文公，無罪於子赤也。卒乃貶者，元年逆女嫌爲喪娶貶也，公會平州下如齊嫌公遂，八年如齊嫌坐，乃復貶也。貶加字者，起嬰齊所氏，明爲歸父後，大宗不得絶也。地者，卒外明當有卒外禮也。日者，不去樂也。書有事者，爲不去樂張本。【疏】注此解至赤也○卽文十八年書公子遂叔孫得臣如齊是也。未踰年君尚未改元，是年編於文公，貶則嫌有罪於子，亦仍不見。○注元年至貶也○元上元年公子遂如齊逆女是也。注：嫌觸諱，不成其文也。彼本宜去公子，起喪娶，嫌爲弑君削去其氏；貶喪娶，不明界在喪娶限內，又若爲喪娶貶，弑君意亦不明，故此注與元年注相足也。○注公會至公遂○校勘記出下如齊也嫌公遂，云：閩、監、毛本同，誤也，鄂本如齊下無也字，當据以訂正。卽上元年公會齊侯于平州，又卽書云公子遂如齊，若不書公子，則是公會齊侯于平州遂如齊，嫌公遂矣。○注八年至貶也○校勘記出如齊嫌坐上無八年二字，云：閩、監、毛本同，誤，鄂本公遂下有八年二字，當据正。於八年如齊至黃乃復貶不稱公子則嫌因坐乃復貶之矣彼廢棄君命有疾即還本宜坐貶若去公子則仍嫌爲坐有疾乃復貶也舊疏云公子翬助桓簒弑入篇即不貶見其無罪於桓公今此公子遂助宣簒弑而於宣貶者正以於子赤則無年遂之罪重不得令免會須貶之諸見之處悉皆有嫌不得作文是以正於卒時貶見其事〇注貶加至絕也〇成十五年仲嬰齊卒傳仲嬰齊者何公孫嬰齊也公孫嬰齊則曷爲謂之仲嬰齊爲兄後也爲兄後則曷爲謂之仲嬰齊爲人後者爲之子也爲人後者爲之子則其稱仲何孫以王父字爲氏也然則嬰齊孰後後歸父也蓋嬰齊爲遂子宜稱公孫而稱仲嬰齊是爲歸父後爲遂孫矣孫以王父字爲氏宜氏仲故也故先於遂卒加仲與仲嬰齊稱仲相起明嬰齊所氏之由也大宗不得絕者通典引石渠禮議大宗無後族無庶子己有一嫡子當絕父祀以後大宗否戴聖曰大宗不可絕言嫡子不爲後者不得先庶耳族無庶子己有一嫡子則當絕父以後大宗聞人通漢云大宗有絕子不絕其父宣帝制曰聖議是也白虎通封公侯云禮服傳曰大宗不可絕同宗則可以爲後爲人作子何明小宗可絕大宗不可絕故舍己之後往爲後于大宗所以尊祖重不絕大宗也春秋傳曰爲人後者爲之子按禮喪服齊衰期章傳曰何以期也不二斬也何以不二斬也特重於大宗者降其小宗也爲人後者孰後後大宗也曷爲後大宗大宗者尊之統也大宗者收族者也不可以絕故族人以支子後大宗也嫡子不得後大宗又斬衰章傳曰何如而可爲人後同宗則可爲之後何如而可以爲人後支子可也通典引范甯云支子有出後之義而無廢嫡之文故嫡子不得後大宗傳所云嫡子不得繼大宗此乃小宗不可絕之明文也按禮傳所云自謂有支子者不得以嫡子後大宗耳禮傳明云大宗不可絕不云不可絕小宗也祖易於上宗曷爲下何云小

宗不絕乎通典引鄭志劉德問以爲人後者支子可也長子不以爲後同宗無支子唯有長子長子不後人則大宗絕後則違禮如之何田瓊答曰以長子後大宗則成宗子禮諸父無後則祭于宗子之家復以其庶子還承其父後如田所言亦可謂仁至義盡矣○注地者至禮也○校勘記出地者絕外卒云鄂本作地者卒外此本絕衍字外卒誤倒按解云此言于垂者正以卒於外故也是疏本亦作卒外不言絕舊疏云欲道公子季友之文皆不地所以卒於外則地之者明當有卒於外之禮故也聘禮述聘使死禮云歸介復命柩止于門外介卒復命出奉柩送之君弔卒殯注成節乃去又曰若大夫介卒亦如之又曰若介死歸復命唯上介造于朝若介死雖士士介賓既復命往卒殯乃歸注往謂送柩王氏士讓儀禮訓解云士士喪禮君於士有視斂禮況奉使有勞於國君必弔可知○注日者至樂也○舊疏云失禮鬼神例日也按傳聞世大夫卒有罪不日無罪日故叔孫得臣卒不日此而日故解之通義云遂卒不日日當與得臣同法卒已則祭日非卒日一也范武子曰祭于太廟之日而知仲遂卒是也垂猶齊地理不能一日計至遂卒賓在前但必退書日下主譏猶繹之義乃顯○注書有至張本○舊疏云時祭之禮初夏作之卽是得時不書之例而書之者爲下不去樂張本故也而言有事者礿不合書是以但言有事爲下張本而已似若文二年注云不言吉禘者就不三年不復譏略爲下張本而已之類按不似書烝嘗明者嫌礿祭非禮也

壬午猶繹萬入去籥

繹者何祭之明日也注禮繹繼昨日事但不灌地降神爾天子諸

侯曰繹大夫曰賓尸士曰宴尸去事之殺也必繹者尸屬昨日配先祖食不忍輒忘故因以復祭禮則無有誤敬慎之至殷曰肜周曰繹繹者据今日道昨日不敢斥尊言之文意也肜者肜肜不絶据昨日道今日斥尊言之質意也祭必有尸者節神也禮天子以卿爲尸諸侯以大夫爲尸卿大夫以下以孫爲尸夏立尸殷坐尸周旅酬六尸

疏 注禮繹至神爾○毛本繼誤祭穀梁傳云繹者祭之旦日之享賓也左傳注繹又祭陳昨日之禮所以賓尸禮有司徹目錄云天子諸侯之祭明日而繹爾雅釋天繹又祭也郭注祭之明日尋繹復祭詩疏引李巡曰繹明日復祭曰又祭左疏引孫炎云祭之明日尋繹復祭也詩大雅序絲衣繹賓尸也箋繹又祭也天子諸侯曰繹以祭之明日國語魯語宗不具不繹章注繹又祭也唐尚書云祭之明日也昭謂天子諸侯曰繹禮記禮器云爲祊于外注祊祭明日之繹祭也謂之祊者於廟門之旁因名焉此經祭于辛巳繹于壬午可爲繹祭於明日之證不灌地降神者正祭有灌此繹主爲尸作故不須灌地降神也正祭嘗如天子九獻君灌爲一獻夫人灌爲再獻明堂位灌用玉瓚大圭鬱尊用黃目是君用圭瓚酌黃目之鬱夫人以璋瓚也既灌之後則出迎牲視殺蓋灌在尸入之後也人道宗廟有灌天地至尊不灌莫稱焉亦作祼皇侃論語義疏云先儒舊論灌法不同一云於太祖室奧前東向東白茅置地上而持鬯酒灌白茅上使酒味滲入淵泉以求神也按郊特牲云周人尚臭灌用鬯臭鬱合鬯臭

陰達於淵泉注謂以圭瓚酌鬯始獻神也禮記祭統君執圭瓚灌尸注天子諸侯之祭禮先有灌尸之事鄭二注或祭神或尸故解者或云灌神是灌地之禮灌尸是灌人之事按正祭尸者神象則灌尸卽灌神無二事也○注天子至殺也○舊疏以天子至宴尸爲春秋說文絲衣箋又云大夫曰賓尸與祭同日正義云繹祭之禮主爲賓事此尸但天子諸侯禮大異日爲之別爲立名謂之爲繹言其尋繹昨日卿大夫禮小同日爲之不別立名直指其事謂之賓尸耳郊特牲云繹之於庫門內祊之於東方朝市之於西方失之之矣注祊之禮宜於廟門外之西室繹又於其堂神位在西也此二者同時而大名曰繹其祭禮簡而事尸禮大正義釋宮云閍謂之門孫炎云謂廟門外又引詩云祝祭于祊故知廟門也知廟門外者禮器云爲祊于外故知在外也以西是鬼神之位室又求神之處故知在廟門外之西室祊是求神之名繹是接尸之際求神在室接尸在堂故云繹又於其堂也祊於室內求神繹是堂上接尸一時之事故二者同時也又云祊有二種一是正祭之時既設祭于廟又求神於廟門之內詩楚茨云祝祭于祊是二是繹祭之時設饌於廟門外西室亦謂之祊按春秋爾雅詩序皆但言繹不言祊是其大名曰繹也禮有司徹鄭目錄云少牢之下篇也大夫既祭儐尸於堂之禮祭畢禮尸於室中又經有司徹下云徹室中之饋及祝佐食之俎卿大夫既祭而儐尸禮崇也儐尸則不設饌西北隅以此薦俎之陳有祭象而亦足以厭飫神天子諸侯明日祭於祊而繹此引此引爾雅文按天子諸侯之繹與大夫儐尸異者儐尸在祭日繹在明日儐尸於廟之堂繹則於廟門之祊儐尸但有獻尸而不祭繹則又祭故名曰繹又卿大夫儐尸卽用正祭之牲有司徹云燅尸俎是也繹祭則別用牲詩絲衣云自堂徂牛鄭箋以爲視牲周禮牛人凡祭祀共其享牛求牛注求終也終事之牛

謂所以繹者也謂皆禮之異於卿大夫者郊特牲又云坐尸於堂鄭注謂朝事時是正祭朝之踐時已事尸於堂故繹祭於廟門行之所謂求神非一處也卿大夫無朝踐禮正祭事尸於廟室故儐尸於廟堂行之亦其異也其祊之異者詩祝祭于祊傳祊門內也鄭箋孝子不知神之所在故使祝博求之平生門內之旁待賓客之處以正祭之禮不出廟門又郊特牲云索祭祝於祊鄭注索求神也此正祭之祊也江氏永云索祭祝於祊文承直祭祝於主之下當在薦熟之後是也祭統詔祝于室而出於祊卽此禮器云爲祊乎外注祊祭之明日繹祭也此繹日祭之祊也郊特牲祊之於東方疏有司徹疏以索祭祝于祊爲明日繹祭之祊誤胡氏培翬儀禮正義疑郊特牲祊與繹對言明亦正祭之祊在考正祭時設席於奧東西以神位在室之西此求神於門內亦當在西方今乃設於東方猶繹當在廟門今乃在庫門均爲失禮之事耳此經言繹言祊言朝事明是三事鄭乃繹與祊牽合爲一解之恐非按胡說亦近是此賓尸者上大夫禮有司徹又云若不儐尸注謂下大夫也其牲物則同不得備其禮耳其牲同者如牲亦用羊豕魚六十五之類其異者尸七飯以上皆同祝侑尸八飯後見其異也此賓尸卽禮之儐尸儀禮校勘記儐徐本作賓按通篇儐尸之儐或作賓或作儐諸本互錯據經文作儐當以儐爲正賓儐或古字通用吳氏廷華云徹而儐尸蓋以紓其象神之勞也是也禮器曰季氏祭逮闇而祭日不足繼之以燭他日祭子路與室事交乎戶堂事交乎階質明而行事晏朝而迎注室事祭時堂事儐尸是也其士曰宴尸則無文特牲於尸卒食三飯後僅有獻賓衆及旅酬無算爵諸節無儐尸之禮宴尸者或祭畢而酬宴之又殺於下大夫之不儐尸者也○注必繹至之至○舊疏云畏敬先君之尸而爲之設祭則無有過誤也周禮牛人注宗廟有繹者孝子求神非一處疏今日

之祭於廟明日繹祭在廟門之西室祭義注此時君牽牲將薦毛血君獻尸而夫人薦豆謂繹日也儐尸主人獻尸主婦自東房薦韭菹醓醢疏儐尸之時先獻後薦上大夫儐尸卽天子諸侯之繹也按繹祭禮亡以少牢有司徹證之其儐尸之異於正祭者埽堂設筵皆堂上之事也與正祭筵與奧異賓尸迎尸與大夫正祭不迎尸異儐尸有侑與正祭有祝異儐尸先獻後薦與正祭先薦後獻異儐尸鼎三與正祭鼎五異儐尸牲體進腠與正祭牲體進下異儐尸魚橫載與正祭縮載異賓尸主人獻尸而尸酢之於獻侑之後與正祭主人獻尸而尸酢之於獻祝佐食之前異以上陳祥道晰之最詳故備錄之儐者禮之之意繹爲儐尸之事明因昨日配先祖食勞乏故次日復儐禮之也○注殷曰彤周曰繹○爾雅釋天周曰繹商曰彤郝氏懿行義疏云彤者融之假音也書之高宗彤日絲衣箋云商謂之彤釋文彤作融是也釋詁融長也方言融與繹俱訓長是融繹義同詩疏引孫炎曰彤者亦相尋不絕之義公羊注彤者彤彤不絕是皆以彤爲融故左氏隱元年傳其樂也融融文選思元賦作彤彤李善注融與彤古字通也錢氏大昕答問云問祭之明日又祭曰彤見於尚書爾雅而說文肉部無彤字或謂彤乃漢人俗字然否曰說文舟部有彤字云船行也从舟彡聲卽高宗彤日之彤玉篇彤訓祭又訓舟行足證彤繹字从舟不从肉此必顧野王元本非唐以後儒者所能附益古音繹當爲余箴反轉爲余弓切侵東兩部聲相近也孫炎曰彤者相尋不絕古人音與韻協以尋訓彤知古音彤在侵部其讀如融乃轉聲非正聲也按錢郝二家之說極爲精當而音當如錢讀舊疏云郭氏爾雅其下仍有夏曰復胙之文而何氏不言者正以諸家爾雅悉無此言故不引之○注繹者至質意也○舊疏云祭尊于繹欲道今日所尋繹乃是昨日之正祭故云据今日道昨日不敢斥尊乃是

尊正之義故曰文意昨日正祭今日作又祭相因而不絕彤彤然故曰據昨日道今日乃是追近而不尊故曰質意也按兩漢諸儒說殷周異制多主質文立說必周秦相傳舊義魏晉以後無有知之者矣○注祭必至爲尸○禮記祭統云祭之道孫爲王父尸所使爲尸者於祭者子行也父北面而事之注子行猶子列也祭祖則用孫列皆取於同姓之嫡子也天子諸侯之朝事延尸於戶外是以有北面事尸之禮也此天子諸侯之禮以少牢特牲尸皆在室之奧主人西面事之無北面事尸之禮也郊特牲云詔祝於室坐尸於堂然則北面事尸亦惟朝事之時然也凡堂上以南面爲尊也天子諸侯雖取孫列用卿大夫爲之故詩大雅既醉傳云天子以卿箋云諸侯入爲天子卿大夫故云公尸蓋天子用內大夫則以卿其侯伯入爲卿士者亦爲尸以侯伯七命王朝之卿六命相等也不以三公者詩疏引白虎通云曾子曰王者宗廟以卿爲尸射以公爲耦不以公爲尸避嫌三公尊近天子親稽首拜尸故不以公爲尸推之諸侯以大夫不以卿內蓋亦避嫌之義曾子問云卿大夫將爲尸於公受宿矣而有齊衰內喪則如之何孔子曰出舍於公館以待事禮也是卿大夫爲尸於君事也男子取諸同姓婦人取諸異姓禮士虞記云男男尸女女尸必使異姓不使賤者注異姓婦也尸配尊者必使適也彼謂虞之時若祔後則夫婦共尸取諸同姓之適也其非宗廟之祭則不必同姓詩疏引石渠禮論周公祭天用太公爲尸又引白虎通云周公祭太山用召公爲尸也其大夫士則但取孫列或同姓適者亦可曾子問云無孫取諸同姓可也是也禮記曲禮云爲人子者不爲尸注尸必卜筮無父者是則尸必嫡而無父者矣曾子問又曰祭必有尸乎若厭祭亦可乎孔子曰祭成喪者必有尸尸必以孫孫幼則使人抱之又曰祭殤必厭蓋弗成也祭成喪而無尸是殤之也○注夏立至六尸

〇禮記禮器云夏立尸而卒祭注夏禮尸有事乃坐又云殷坐尸注無事猶坐又云周旅酬六尸注使之相酌也后稷之尸發爵不受旅又云曾子曰周禮其猶醵與注合錢飲酒為醵旅酬相酌似之也正義旅酬六尸謂祫祭時聚羣廟之主於太祖后稷廟中后稷在室西壁東嚮為發爵之主尊不與子孫為酬酢餘自文武二尸就親廟中凡六在后稷之東南北對為昭穆更相次序以酬也殷但坐尸未有旅酬之禮而周益之也然大祫多主而唯云六尸者先儒與王肅並云殷廟無尸但有主也記又云周坐尸詔侑武方其禮亦然其道一也注武當為無聲之誤也方猶常也告尸行節勸尸飲食無常若孝子之為也孝子就養無方此三代質文之變夏質殷衞文周彌文也

萬者何干舞也注干謂楯也能為人扞難而不使害人故聖王貴之以為武樂萬者其篇名武王以萬人服天下民樂之故名之云爾

疏詩邶風簡兮云方將萬舞箋萬舞干舞也疏知萬舞為干舞不兼羽籥者以春秋云萬入去籥別文言干則有戚矣禮記曰朱干玉戚冕而舞大武言籥則有羽矣籥師曰教國子舞羽吹籥羽籥相配之物則羽為籥舞不得為萬也以干戚武事故以萬言之羽籥文事故指體言籥耳是以文王世子云春夏學干戈秋冬學羽籥注干戈萬舞象武也羽籥籥舞象文也是干羽之異也孫毓亦云萬舞干戚也羽籥翟之舞也傳以干羽為萬舞失之矣此孫氏破毛傳義也〇注干謂至武樂〇文王世子注云干盾也干戈萬舞象武也廣雅釋器小爾雅廣器並云干盾也書牧誓云比爾干傳干盾也禮既夕甲盾干笮注干楯也方言注干扞也詩周南兔罝公侯干城傳干扞也周禮春官序官司干注干舞者所持謂盾也〇注萬者至云爾〇舊疏云

春秋說文詩觧令正義云商頌曰萬舞有奕殷亦以武定天下蓋象湯之伐桀也何氏解周舞故以武王言之萬舞之名未必始自武王也通義云謹案萬舞有奕見于商頌夏小正二月丁亥萬用入學非武王始有萬也左傳云考仲子之宮將萬焉公問羽數於衆仲似文舞通得稱萬然彼傳稱楚子元振萬而文夫人曰先君以是舞也習戎備也又事以為武舞小正傳亦曰萬也者干戚舞也詩曰公庭萬舞有力如虎此亦萬為武舞之證月令疏云商頌萬舞有奕蓋殷湯亦以萬人得天下此夏小正是夏時之書亦云萬者或以為禹以萬人治水故樂亦稱萬按何氏云萬者篇名蓋三代皆有萬舞篇內各紀開國功業故夏時或詠治水事殷周各詠其服天下之功云爾

籥者何籥舞也【注】籥所吹以節舞也吹籥而舞文樂之長【疏】注籥所至之長○文王世子注羽籥舞象文也周禮春官序官籥師注籥舞者所吹禮記檀弓云萬入去籥注籥文舞也籥師職掌教國子舞羽吹籥注文舞有持羽吹籥者所謂籥舞也故知為節舞者也通義云謹案左手執籥右手秉翟二者相將乃得成容理不能去籥存羽明知萬入去籥者是納武舞去文舞也按詩疏引異義公羊說樂萬舞以鴻羽取其勁輕一舉千里詩毛說萬以翟羽韓詩說以夷狄大鳥羽謹案詩云右手秉翟爾雅說翟鳥名雉屬也知翟羽舞也似公羊舊說有以萬為羽舞者矣或為衍字

其言萬入去籥何【注】据入者不言萬去樂不言名【疏】注据入至言名○即昭十五年有事于武宮籥入叔弓卒去樂卒事是也

去其有聲者【注】不欲令人聞之也

【疏】惠氏棟周禮古義去大司樂令去樂注云去樂藏之也春秋傳曰壬午猶繹萬入去籥萬言入則去者不入藏之可知按古人

皆謂藏爲去春秋傳云去樂卒事又云紡焉以度而去之公羊傳去其有聲者皆訓爲藏顧炎武云漢書蘇武傳掘野鼠去中實而食之師古曰去謂藏之也陳遵傳皆藏去以爲榮師古曰去亦藏也魏志華陀傳去藥以待不祥裴松之按古語以藏爲去有聲者詩簡兮云左手執籥右手秉翟傳籥六孔翟翟羽也爾雅釋樂云大籥謂之產郭注籥如笛三孔而短小廣雅釋樂器云七孔鄭於周禮笙師禮記明堂位少儀注皆云三孔無正文故各以所見言焉明堂位云土鼓蕢桴葦籥伊耆氏之樂也蓋古用葦後世用竹故爲笛類與吹以節舞故爲有聲者也○注不欲至之也○校勘記鄂本無也字此誤衍

廢其無聲者注廢置也置者不去也齊人語疏注廢置至人語○周禮疏引鄭志張逸問籥師注春秋傳曰去其有聲者廢其無聲者何謂答曰廢置也于去聲者爲廢謂廢去不留也通義云謹案左傳廢六關莊子廢一于堂廢一于室其義皆爲置段氏說文廢字注云鄭曰廢置也于去聲者爲廢謂廢留不去也左傳廢六關王肅家語作置六關淮南子舜葬蒼梧不變其肆高注不煩市井之所廢仲尼弟子傳子貢好廢居與時轉貨貨殖傳作廢著鬻財徐廣曰著猶居也讀如貯莊子廢一于堂廢一于室廢之爲置如徂之爲存苦之爲快亂之爲治去之爲藏

存其心焉爾存其心焉爾者何知其不可而爲之也注明其心猶存於樂知其不可故去其有聲者而爲之疏通義云知其不可祭而猶祭但屏去聲音略存哀死之心按此爲譏其萬入去籥故何氏謂其但存心於樂知不可爲而但去其有聲之樂而爲之也穀梁傳以其爲之變譏之也注內舞去籥惡其聲聞此爲卿變於常禮是知其不可而爲之

猶者何

通可以已也【注】禮大夫死爲廢一時之祭有事於廟而聞之者去樂卒事而聞之者廢繹日者起明日也言入者据未奏去籥時書凡祭自三年喪已下各以日月廢時祭唯郊社越紼而行事可【疏】

注大夫至之祭○禮記檀弓云仲遂卒于垂壬午猶繹萬入去籥仲尼曰非禮也卿卒不繹注先日辛巳有事於太廟而仲遂卒明日而繹非也漢書王嘉傳聖王之於大臣在輿爲下御坐則起疾病視之無數死則臨弔之廢宗廟之祭進之以禮退之以義誄之以行通典禮四云東晉元帝姨廣昌君喪未葬中丞熊遠表云禮大夫死廢一時之祭祭猶可廢而況餘事○注有事至廢繹○校勘記云鄂本壘卒事二字此因重文誤脫當据補按疏引昭十五年經去樂卒事以證上卒事又標注卒事至日也以釋下注則疏本亦壘卒事二字今按紹熙本壘卒事二字穀梁傳聞大夫之喪則去樂卒事昭二十五年傳其言去樂卒事何禮也君有事於廟聞大夫之喪去樂注思痛不忍舉然則未卒事者卒事已卒事者不繹故此書猶繹穀梁傳云猶者可以已之辭也○注言入至時書可○舊疏云欲道所以不言萬作而言萬入之意也○注凡祭至事可○校勘記云毛本下祭字空缺鄂本可作也按疏標起訖作凡祭至事可按紹熙本亦作可禮記王制云喪三年不祭唯祭天地社稷爲越紼而行事疏引鄭志答田瓊云天地社稷至尊不可廢故越紼祭之六宗山川之神則否又云五祀宮中之神喪時朝夕出入所祭不爲越紼也天地社稷之祭豫卜時日今忽有喪故既殯越紼行事若遭喪之後當天地郊社常祭之日啓殯至於反哭則避此郊社祭日而爲之按曾子問云天子崩未殯五祀之祭不

行既殯而祭其祭也尸入三飯不侑酳不酢而已矣自啓至于反哭五祀之祭不行已葬而祭祝畢獻而已不注既葬彌吉祝畢獻而後止郊社亦然唯嘗禘宗廟俟吉也然則未殯與啓殯後反哭前雖郊社之事亦不行矣故彼疏引鄭志趙商問曰自啓至反哭五祀之祭不行注云郊社亦然者按王制云唯祭天地社稷爲越紼而行事之祭不行何得有越紼而行事鄭答越紼行事喪無事時天地郊社有常日自啓及至反哭自當避之孔疏鄭言無事者謂未殯以前是有事既殯以後未啓以前是無事得行祭禮郊社既有常日自啓至反哭當辟此郊社之日郊社尊故辟其日不使相妨五祀既卑若與啓至反哭日相逢則五祀避其日也然當未殯以前親始死之際更非大斂之後郊社之祭恐亦不宜親行當時應有權禮不可知也曾子問又云大夫之祭鼎俎既陳籩豆既設不得成禮廢者幾孔子曰三年之喪齊衰大功皆廢外喪自齊衰以下行也其齊衰之祭也尸入三飯不侑酳不酢而已矣大功酢而已矣小功緦室中之事而已矣士之所以異者緦不祭所祭於死者無服則祭然則大夫以下期功之喪皆廢祭矣天子諸侯絕旁期而大夫以下亦無郊社之祭此云三年喪以下各以日月廢時祭者蓋祖父母后夫人服天子諸侯姑姊妹女子子之嫁於二王後若諸侯者與諸侯爲昆弟之爲國君者此二等功之喪或亦廢時祭與

戊子夫人熊氏薨 疏 包氏愼言云六月書戊子月之二十五日熊氏左傳作嬴氏顧氏炎武唐韻正一東熊古音羽陵反春秋宣八年葬我小君敬嬴公羊穀梁並作頃熊頃音近敬熊音近嬴正義不得其解乃云一人有兩號非也左傳昭七年正義曰張叔皮論云賓爵下革田鼠上騰牛哀虎變鯀化爲熊久血爲燐積灰生蠅傳玄潛通賦云聲伯忌瓊瑰而弗占兮晝言諸而

暮終嬴政沈璧以祈福兮鬼告凶而命窮黃母化而爲黿兮鯀殛變而成熊二者所韻不同或疑張叔爲能字著作郎王劭曰古人讀雄爲熊皆于陵反張叔用舊音傅元用新音張叔亦作熊也按詩無羊正月及襄十年衞卜禦寇繇皆以雄韻陵劭言是也

晉師白狄伐秦 疏 沈氏欽韓云赤狄白狄猶紀年之赤夷白夷今之花苗紅苗黑玀玀白玀玀各有其種類耳

楚人滅舒蓼 疏 穀梁蓼作鄝釋文鄝音了本又作蓼國名詩小雅漸漸之石序荊舒不至箋舒舒鳩舒鄝舒庸之屬彼釋文與穀梁釋文同左傳桓十一年云將與隨絞州蓼伐楚師注蓼國今義陽棘陽縣東南湖陽城釋文蓼音了本或作鄝同文五年傳楚子燮滅蓼注蓼國今安豐蓼縣釋文蓼音了字或作鄝音同哀十七年傳是以克州蓼釋文蓼本又作鄝音了說文邑部鄝地名从邑翏聲晉太康地記蓼國先在南陽故縣今豫州郾縣界故胡城是潛研堂答問說文鄝卽舒蓼之蓼大事表云按舒蓼舒鳩舒庸及宗四國皆偃姓皋陶之後所謂羣舒也杜注皆不明言其地但云廬江南有舒城及龍舒城約略四國所居在此兩城之閒今江南廬州府舒城縣爲古舒城廬江縣爲古龍舒城是當在此二縣之境水經注決水篇灌水東北逕蓼縣故城西而北注決水故地理志曰決水北注蓼入灌灌水於蓼亦入決春秋宣八年楚子滅舒蓼是也路史注引盟會圖云舒蓼國在光州顧炎武云羅泌曰僖三年徐取舒文五年滅蓼今云舒蓼者當自是一國名傅氏曰此蓋羣舒之一如舒庸舒鳩之屬按文十七年左傳羣舒叛楚此三舒均宜相近當在今鄖陽宜昌界內

秋七月甲子日有食之既 注 是後楚莊王圍宋析骸易子伐鄭勝晉

鄭伯肉袒晉大敗於邲中國精奪屈服强楚之應疏包氏慎言云七月無甲子六月有甲午若閏不在四月則七月爲甲子朔然六月又無辛巳等日矣劉歆以爲十月二日據曆八月二日亦爲甲子或經月有誤姜岌云十月甲子朔食大衍同沈氏欽韓以今曆推之是歲十月甲子朔加時在晝食九分八十一杪蓋十誤爲七○注是後至之應○楚莊王圍宋見下十四年析骸易子見下十五年傳伐鄭勝晉卽下九年楚子伐鄭晉郤缺救鄭十年晉人以下伐鄭冬楚子伐鄭十一年楚子陳侯鄭伯盟辰陵爲鄭服楚是伐鄭勝晉也其鄭伯肉袒見下十二年傳晉大敗于邲見下十二年經中國精奪者舊疏云正以日者太陽之精諸夏之象今而被食故曰中國精奪也毛本於改于鄂本强作彊紹熙本同五行志下之下董仲舒劉向以爲先是楚商臣弑父而立至于嚴王遂彊諸夏大國唯有齊晉齊晉新有篡弑之禍內皆未安故楚乘弱橫行八年之閒六侵伐而一滅國伐陸渾戎觀兵周室後又入鄭鄭伯肉袒謝罪北敗晉兵于邲流血色水圍宋九月析骸而炊之義與何氏大同劉歆以爲十月二日楚鄭分滅氏壽恭左氏古義推得十月癸亥朔合辰在角五度二日甲子在角六度角在鶉尾壽星之閒十二次之分鶉尾楚也壽星鄭也故曰楚鄭分故所應多在楚鄭也通義云師說以爲荆楚將伯中國之驗

冬十月己丑葬我小君頃熊疏左氏作敬嬴古頃敬同韻包氏慎言云十月書己丑月之二十八日下書庚寅月之二十九日

雨不克葬庚寅日中而克葬

頃熊者何宣公之母也注熊氏楚女宣公即僖公妾子疏注熊氏至妾子○通義云頃熊蓋楚同姓大夫之女婦人繫姓不繫氏楚以熊爲氏芊爲姓或其公族屈氏鬭氏之屬乃可更以熊爲姓耳按楚世家陸終生子六人六曰季連芊姓楚其後也季連之苗裔曰鬻熊其子曰熊麗歷熊狂熊繹至春秋時熊惲是爲成王皆以名配熊蓋鬻熊姓鬻名熊子孫以熊爲氏也鬻从𩰲米聲蓋即芊字錢氏坫說文斠詮說也楚女或稱芊左傳文元年江芊是或稱熊此頃熊是也僖八年用致夫人注僖公本聘楚女爲嫡齊女爲媵齊先致其女脅僖公使用爲嫡其即頃熊與而者何難也疏通義云言越宿又遲至日中而後得葬穀梁傳云足乎日之辭也柩以己丑日出次日中始克葬葬是其難也乃者何注問定公日下昊乃克葬疏注問定至克葬○校勘記出謂問云鄂本無謂字此誤衍毛監本昊改昃非下同閩本與此同疏中亦然即定十五年九月丁巳葬我君定公雨不克葬戊午日下昊乃克葬是也舊疏云言乃之經不干此事而於此問之者正以葬時遇雨廢葬而乃異文是以連而問之難也注禮卜葬從遠日不克葬見難者臣子重難不得以正日葬其君疏說文丂曳詞之難也象气出難○注禮卜至遠日○禮記曲禮云喪事先遠日注喪事葬與練祥事也左傳禮卜葬先遠日辟不懷也注懷思也正義卜葬先卜遠日辟不思念其親似欲汲汲而早葬之也今若冒雨而葬亦是不思其親欲得早葬故舉卜葬先遠日以證爲雨而止禮也則何氏引禮證難義亦宜同禮記王制云庶人葬不爲雨止者庶人禮節減少得從權也又曾子問曰葬引至于堩日有食之則有變乎且不乎孔子曰昔

者吾從老聃助葬于巷黨及埴日有食之老聃曰丘止柩就道右止哭以聽變既明反而後行禮也然則日食且止柩聽變矣其兩止為禮可知○注不克至其君○即曾子問哭以聽變之義卜日而不得成禮故為重難之詞也曷為或言而或言乃乃難乎而也注言乃者內而深言而者外而淺下昊日昳久故言乃孔子曰其為之也難言之得無訒乎皆所以起孝子之情也雨不克葬者為不得行葬禮孔子曰生事之以禮死葬之以禮祭之以禮故不得行禮則不葬也魯錄雨不克葬者恩錄內尤深也別朝莫者明見日乃葬也疏注言乃至而淺○穀梁傳而緩辭也定十五年穀梁傳乃急辭也二文相對為緩急猶此之相對為外內淺深也大戴禮夏小正篇乃瓜傳乃者急瓜之辭也又云匽之興五日翕望乃伏傳作而復明乃亦以乃與而分難易也古讀而乃二字音近義通俱為語詞禮燕禮及大射儀大夫不拜乃飲注並云乃猶而也是也經傳釋詞云乃與而對言之則異禮記文王世子文王九十七乃終武王九十三而終是也散言之則通又云詩杕杜而多為恤言乃多為憂也鄉射禮曰而錯言乃錯也檀弓曰而曰然鄭注而猶乃也故堯典試可乃已曰五帝紀作試不可用而已曲禮卒哭乃諱雜記乃作而史記淮陰侯傳相君之背貴乃不可言漢書蒯通傳乃作而僖二十八年左傳而乘軒者曹世家而作乃○注下昊至言乃○決定十五年經也彼注云昊日西也下昊蓋晡時此始日中猶緩故曰而至下昊則去晚近故為重詞言乃以葬須見日也○注孔子至

情也○論語顏淵篇文今本作爲之難鄭注訒不忍言也包氏慎言論語溫故錄云依何氏意似訒者謂其辭之委曲煩重心有所不忍而不能徑遂其情其爲之也非出於得已故言之亦多重難鄭注說與何氏同牛之兄桓魋有寵於宋景公而爲害於國牛憂之情見於辭兄弟怡怡不以義傷恩也而魋之不共上則禍國下致絕族爲之弟者必須涕泣而道徐遲明公羊疏申解論語云言難言之事必須訒而行之蓋訒而言正所以致其不忍之情故夫子以爲仁也按包氏說於公羊義極合蓋雨不克葬直至明日之日中或日下昃乃葬推仁人孝子之心必有大不忍於其親而難終葬事者聖人即推仁孝之心於事之緩急分詞之難易故或曰而或曰乃也明皆不得正日故重難也○注雨不至葬禮○通義云謹案左傳曰雨不克葬禮也穀梁傳曰葬既有日不爲雨止禮也雨不克葬喪不以制也廣森以爲穀梁之說謂既發引至于埏不可因雨而乖有進無退之義又非可若日食止柩道右以須明復故有潦車之載蓑笠之備若其在廟祖遣柩猶未行雨霑服失容自當卻改期日故王制曰庶人縣封葬不爲雨止明士以上皆爲雨止也昔魏葬惠王雪及牛目有司請弛期襄王弗許而惠子託爲灤水齧王季墓事以說之可知雨不克葬者禮典之故常春秋之垂訓矣按禮記疏引異義公羊說雨不克葬謂天子諸侯也卿大夫臣賤不能以雨止穀梁說葬既有日不爲雨止左氏說卜葬先遠日辟不懷也言不汲汲葬其親雨不可行事廢禮不行庶人不爲雨止許愼謹案論語云死葬之以禮以雨而葬是不行禮穀梁說非也從公羊左氏之說鄭氏無駁與許同彼疏引鄭釋廢疾又云雖庶人葬爲雨止與公羊左氏說異者彼疏云在廟未發之時庶人及卿大夫亦對爲雨止若其已發在路及葬則不爲雨止其人君在廟及在路及葬皆爲雨止是孔氏本此而又小異者

也穀梁注引徐邈曰按經文是己丑之日葬喪既出而遇雨若未及己丑而卻期無爲逆書此日葬禮喪事有進無退又士喪禮有潦車載蓑笠則人君之張設固兼備矣禮先遷柩于其廟其明昧爽而引既及葬日之晨則祖行遣奠之禮設矣故雖雨猶終事不敢停柩久次毛氏奇齡春秋傳云穀梁謂喪不以制故遇雨即止而徐邈引士喪禮有潦車載蓑笠之文以爲事有設備何用雨沮而胡氏力主其說殊不知潦車蓑笠乃士官師之制與天子諸侯大異按周禮遂師大喪使帥其屬以幄帟先道野役而澤虞喪紀則共其葦蒲之事凡天子諸侯喪制甚設其禦雨諸備有甚於士官師者豈周禮在魯並不一具必待士喪禮一言而後知之特是輴綍碑窆儀注既繁廞葆荼翣工力復賾定非惟蓋莞簟一所能行事故唐楊氏疏有云安得執紼五百人皆觸雨而行則萬一急於行事偶失不戒此非蓑笠苦蓋所得遮蔽其罪戾也按仙民之說本誤會傳意楊氏毛氏辨之是矣然如孔氏通義說謂發引至于壙天子諸侯亦不爲雨止草率將事恐非聖人制禮之意其與人有何殊異夫未啓以前雖庶人亦爲雨止不得責其僭禮也○庶注孔子至葬也○論語爲政篇文兩則不得行禮故謂之不克也○注注魯錄至深也○舊疏云欲道外諸侯葬無不克之文者以其恩淺也○注別朝至葬也○釋文莫音暮鄂本莫作暮紹熙本作莫毛本作暮非下並同監本日誤日曾子問曰葬行至于堩日有食之則有變乎且不乎孔子曰昔者吾從老聃助葬及堩日有食之老聃曰丘止柩就道右止哭以聽變既明反而后行曰禮也反葬而丘問之曰夫柩不可以反者也日有食之不知其已之遲數則豈如行哉老聃曰諸侯朝天子見日而行逮日而舍奠大夫使見日而行逮日而舍夫柩不早出不莫宿見星而行者惟罪人與奔父母之喪者乎日有食之安知其不見星也且君子行禮不以

人之親痁患吾聞諸老聃云注侵晨夜則近姦寇又云爲無日而慝作是其見日而葬之由也朝謂日中莫謂下昊也舊疏云朝莫猶早晚

城平陽疏杜云今泰山有平陽縣大事表云在今泰安府新泰縣西北四里按魯有兩平陽此係東平陽也西平陽在兗州府鄒縣西三十里本邾邑爲魯所取水經注洙水篇洙水出泰山蓋縣臨樂山又西經泰山東平陽縣春秋宣八年城平陽是也河東有平陽故此加東矣漢書地理志作東平陽晉志作新泰晉武帝元康九年改元和郡縣志晉武帝泰始中鎮南將軍羊祜此縣人也表改爲新泰縣與水經注言元康者異一統志平陽故城在泰安府新泰縣西北然此所城未知爲何平陽也

楚師伐陳

九年春王正月公如齊注月者善宣公事齊合古禮卒使齊歸濟西田不就十年月者五年再朝近得正孔子曰知和而和不以禮節之亦不可行也明雖事人皆當合禮疏注月者西田○即十年齊人歸我濟西田是也○注不就至得正○決下十年公如齊不月也桓元年注故即位比年使大夫小聘三年使上卿大聘四年又使大夫小聘五年一朝彼爲朝天子之禮何意以諸侯亦然上五年公如齊此復如齊是爲合古惟五年之中再朝不盡合五年之數故僅爲近得正也是以書月以見其善十年公復如齊是爲大數不得有善文且取濟西田亦無所爲善故不就十年月也通典引異義云諸侯有妾母喪

得出朝會否春秋公羊說妾子爲諸侯不敢以妾母之喪廢事天子大國出出朝會禮也魯宣公如齊有妾母之喪經書善之左氏說云妾子爲君當尊其母有三年之喪而出朝會非禮也故譏魯宣公按禮妾母無服貴妾子不立而他妾子立者也不敢以卑廢事尊者禮也卽妾子爲君義如左氏鄭玄駁曰喪服緦麻庶子爲後爲其母此義自天子下至庶人同不得三年魯宣所以得尊其妾母敬嬴爲夫人者以夫人姜氏大歸之齊不反故也因是言妾子立母卒得爲之三年於禮爲通乎其服之閒出朝會服王事與鄭伯伐許何異則鄭以妾子不得重服宣公與衆殊則似唯魯不得出朝會矣通典又引異義云諸侯未踰年出朝會與不出會何稱春秋公羊說云諸侯未踰年不出境在國中稱子以王事出亦稱子非王事而出會同安父位不稱子鄭伯伐許未踰年以本爵譏不子子也左氏說諸侯未踰年在國內稱子以王事出則稱爵詘於王事不敢申其私恩鄭伯伐許是也春秋不得以家事辭王事諸侯蕃衞之臣雖未踰年以王事稱爵是也鄭玄駁曰昔武王卒父業旣除喪出至孟津之上猶稱太子者是也爲孝也今未除喪而出稱爵是與武王義反矣春秋僖九年宋公禦說卒夏公會宰周公齊侯宋子衞侯鄭伯許男曹伯于葵丘宋子卽未踰年君也出與天子大夫會是非王事而稱子耶然則宣公無譏或以其爲妾母喪與通典又引鄭志趙商問云許氏異義駁以爲妾子爲母依喪服庶子爲後爲其母緦麻三月按禘祫志春秋魯昭公十一年夏夫人歸氏薨十三年五月大祥十月而禫是得爲妾母三年經無譏文得合下禘祫之數若不三年則禘祫事錯鄭玄答曰春秋之所所善皆於禮難明者也其事若明但如事善之當按禮以正之今以不譏爲善亦甯有善之文與此鄭依左氏以齊歸爲妾而仍不以三年之服爲禮若依公羊則齊歸本嫡夫人得合禘祫之數無

虧於禮然則公羊雖有母以子貴之說究不得如嫡母重也○注孔至至合禮○知和而和見論語學而篇係有子語此引作孔子曰者潛研堂答問云漢藝文志云論語者孔子應答弟子時人及弟子相與言而接聞於孔子之語也故漢唐諸儒引用論語雖弟子之言皆歸之於孔子後儒未達斯義輒謂諸弟子之言多有流弊豈知論語所述皆孔氏微言大義端木游夏諸賢其言皆聞諸夫子者乎按如漢藝文志引小道可觀蔡邕傳引致遠恐泥後漢章帝紀引博學篤志王充論衡引死生有命皆以子夏之言爲孔子說苑修文篇引恭近於禮以有子之言爲孔子北史何妥傳引仍舊貫以閔子之言爲孔子皆此類也按如何義似論語此章爲言事大字小之禮小大由之謂大小國皆書以和爲貴也然朝聘會盟皆須節之以禮如比年小聘三年大聘之類宣公今年如齊明年復如齊是爲不以禮節之矣有國者能明乎和而節以爲禮之用舉而措之天下無難矣蓋魯論家義

公至自齊

夏仲孫蔑如京師

齊侯伐萊

秋取根牟

根牟者何邾婁之邑也疏杜云根牟東夷國也今琅邪陽都縣東有牟鄉大事表云在今沂州府沂水縣東南昭八年左傳蒐于紅自根牟至于商衞即所取根牟地也一統志根牟城在沂州府沂水縣西南曷爲不繫乎

邾婁諱亟也【注】亟疾也屬有小君之喪邾婁子來加禮未期而取其邑故諱不繫邾婁也上有小君喪而下諱取之則邾婁加禮明矣未期年從加禮數者猶王子虎從會葬數【疏】注亟疾也○爾雅釋詁亟疾也詩小雅何人斯爾之亟行禮記少儀小飯而亟之箋傳注並云亟疾也○注屬有至婁也○舊疏云謂上八年葬頃熊之時邾婁子使人來加禮但例不書之故不見也去年十月未加禮今年七月而取邑故言未期也加禮者或不是賵襚之屬皆是葬前之事而要繫會葬言之言未期者欲取諱亟之義強故也必知過期之後不復諱者定十五年夏五月定公薨邾婁子來奔喪至於哀元年冬仲孫何忌帥師伐邾婁注邾婁子新來奔喪伐之不諱者期外恩殺惡輕明當與根牟有差是也通義云亟屢也魯鄰于邾婁數取其邑故沒其國文爲內諱惡也不舉伐者蓋微者取之按邾婁與魯自文十四年後未見搆兵自文七年取須朐後不見取邑之文似不必如孔義也○注上有至明矣○正以經從常例不書邾婁加禮故注推言之也○注未期至葬數○文三年夏五月王子虎卒傳外大夫不卒此何以卒新使乎我也注王子虎即叔服也新爲王者使來會葬在葬後三年中卒君子恩隆于親親則加報之故卒明當有恩禮也按僖公之薨在僖三十三年十二月葬在文元年夏四月是第就會葬時數之在三年內與此相似也若數在公卒則四年矣此頃熊薨在去年夏亦過期也故亦繫會葬諸事言之

八月滕子卒【疏】通義云滕昭公也至是始錄卒仍不日不名足知滕侯卒爲特褒錄矣

九月晉侯宋公衛侯鄭伯曹伯會于扈【疏】補刊石經左傳九月下有公會二字衍文

晉荀林父帥師伐陳

辛酉晉侯黑臀卒于扈【疏】包氏愼言云九月書辛酉九月無辛酉十月之八日八月之七日也杜亦以九月無辛酉

扈者何晉之邑也【疏】通義云杜預以爲鄭邑非也汲郡竹書晉出公十二年河絕于扈是此地穀梁傳其地于外也注外謂國都之外諸侯卒于路寢則不地諸侯卒其封內不地此何以地【注】据陳侯鮑卒不地【疏】注据陳至不地○桓五年春正月甲戌己丑陳侯鮑卒傳云曷爲以二日卒之怴也甲戌之日亡己丑之日死而得君子疑焉故以二日卒之也是其卒於封內也不書地故難之卒于會故地也【注】起時衰多窮厄伐喪而卒於諸侯會上故地危之【疏】通義云不地則嫌既會而反卒于國內○注起時至危之○襄二年遂城虎牢傳取之則曷爲不言取之爲中國諱也曷爲爲中國諱諱伐喪也又十九年晉士匄帥師侵齊至穀聞齊侯卒乃還傳還者何善辭也何善爾大其不伐喪也明當時有乘危伐喪者故書地以危之也未出其地故不言會也【注】左右皆臣民雖卒於會上危愈於竟外故不復著言會也出外死有輕重死於師尤甚於會次之如人國次之於封內最

輕不書葬者故篡也疏注左右至會也○通義云欲見杞伯戊卒于會者是竟外之辭卒於封內猶皆臣子視境外之會危少愈故不如杞伯戊書如會也雖卒鄆本閩監本同毛本雖誤所於作于○注出外至最輕○云死於師尤甚者襄十八年曹伯負芻卒于師是也僖四年夏許男新臣卒注不言卒於師者桓公師無危是書于師者危甚辭舊疏云時衰多窮厄伐喪師者用兵之處而君死焉故言于師著其危甚於會次之者即定四年杞伯戊卒于會是也舊疏云與人交接之處或相劫詐未可知若柯之盟曹子劫桓公之類是也而君卒焉故言次之如人國次之者如校勘記云鄂本元本同誤也閩監毛本如作於當据正按舊疏亦云云於人國次之者作於也即襄二十六年許男甯卒于楚之屬是也舊疏云正以時多背死向生而君卒於竟外似有掩襲之理但於主國有賓客之道是故又以爲次矣於封內最輕者此經是也雖左右皆臣民究有外國之人亦有危理於君行師從鄉行旅從故也故亦書地示危不得醇同國內也陳侯鮑卒不地甲戌日亡己丑日死而得不知何地且不於會仍在封內也昭十有三年楚公子比弒其君虔于乾谿不與人會地者彼注云於內地者起禍所由因以爲戒是也死於外有於師於會於人國於封封內之別則危有輕重故殊而書之也○注不書至篡也○校勘記出故篡也云閩監毛本同鄂本無故字僖二十四年晉侯夷吾卒注篡故不書葬明當絕也其篡明者書葬莊九年書齊小白入于齊僖十八年書葬齊桓公隱四年書衞人立晉桓十三年書葬衞宣公以立入皆篡辭故也篡不明者不書葬此及夷吾是也

冬十月癸酉衞侯鄭卒注不書葬者殺公子瑕也疏包氏慎言云十月書癸酉月之

十六日辛酉乃癸酉之前十二日十月之癸酉不誤卽九月之辛酉其誤審矣○注不書至瑕也○卽僖三十年秋衛殺其大夫元咺及公子瑕是也咺有罪故止書瑕也通義云前有歸惡元咺嫌惡成公意未明故復去葬以絕之

宋人圍滕

楚子伐鄭

晉郤缺帥師救鄭

陳殺其大夫泄冶 疏 校勘記云宋本閩監毛本同唐石經避諱作洩今左氏本作洩大戴禮三本篇靈公殺洩冶而洩鄧元去陳以族從盧注鄧元知陳之必亡故以族去通義云陳靈公淫于夏姬泄冶諫而死何氏膏肓以爲泄冶無罪是也穀梁傳稱國以殺其大夫殺無罪也泄冶之無罪如何陳靈公通于夏徵舒之家公孫甯儀行父亦通其家或衣其衣或衷其襦以相戲於朝泄冶聞之入諫曰使國人聞之則猶可使仁人聞之則不可君愧於泄冶不能用其言而殺之家語子路初見篇子貢曰陳靈公宣淫於朝泄冶正諫而殺之是與比干諫而死同可謂仁乎孔子曰比干於紂親則諸父官則少師忠報之心在於存宗廟而已固必以死爭之冀身死之後紂當將悔悟本志存於仁者也泄冶之於靈公位在大夫無骨肉之親懷寵不去仕於亂朝以區區之身欲正一國之淫昏死而無益可謂狷矣詩云民之多辟無自立辟其泄冶之謂乎按家語本王肅僞書就左傳引孔子語傅會爲此泄冶於陳是否同族一均無明据何所見無骨肉之親卽異姓之臣見君淫亂若是不盡一言謬效卷懷開天下巧猾之端非聖人教

忠之旨與杜預所謂洩冶直諫於淫亂之朝以取死不爲春秋所貴者同爲得罪名教之語也

公羊義疏四十六

公羊義疏四十七

南菁書院

句容陳立卓人著

宣十年盡十二年

十年春公如齊

公至自齊

齊人歸我濟西田疏校勘記云閩監毛本同唐石經磨改西下增之字鄂本亦有

齊已取之矣其言我何注据歸讙及闡齊已取不言我疏注据歸至言我〇釋文作僤云本又作闡校勘記云閩監毛本闡作僤按哀八年夏齊人取讙及僤冬齊人歸讙及僤亦取之我魯而來歸者不言我故据以難

言我者未絕於我也曷為未絕於我注据有俄道疏校勘記出未絕於我也云閩監毛本同唐石經鄂本於作于又出曷為未絕于我云唐石經鄂本閩監本同毛本于改於疏同〇注据有俄道〇校勘記云閩監毛本同鄂本俄作我是也當据正舊疏引桓二年傳云至乎地之與人則不然俄而可以為其有矣彼注云俄者謂須臾之間制得之頃也則疏本作俄字舊疏又云言俄爾之間則有絕於本主之道爾來十年何言未絕於我乎故難之若作我字据意不明

齊已言取之矣注齊已言語許取之疏爾雅釋詁已此也言齊此言語許取

之也莊子齊物論已而不知其然言此而不知其然也淮南道應訓已雖無除其患言此雖不除其患也其實未之齊也注其人民貢賦尚屬於魯實未歸於齊不言來者明不從齊來不當坐取邑凡歸邑物例皆時疏注其人至於齊○何氏以義言之也○注不言至取邑○舊疏云元年注云亦因惡齊取篡者賂當坐取邑者正以篡逆之賊天下共惡齊乃許取其賂而與之同似若漢律行言許受財之類故云當坐取邑耳今言不當坐取邑者正以爾來十年仍不入已見宜有禮還復歸之功過相除可以滅其初惡是以春秋恕之不復書來以除其過故曰不當坐取邑耳按舊說非是此注云不當坐取邑謂魯不坐取邑耳因不從齊來故不書來故也舊解謂恕齊坐不書來不坐取邑誤矣通義云歸地例上有取文者為內邑明則不言來上無取文者言來也按言歸者見魯不當坐取邑不言來者起未之齊也○注凡歸至皆時○歸邑時此及定十年夏齊人來歸運讙龜陰田是也歸物時者莊六年冬齊人來歸衛寶是也其哀八年齊人歸讙及僤在日月之下知不蒙上日月也

夏四月丙辰日有食之注與甲子既同事重故累食疏包氏慎言云四月書丙辰据曆為月之三日賈服解經日食或有在三日者此類是也賈氏精於四分法定非臆造劉歆以為二月二日朔亦同沈氏欽韓云元志今曆推之是月丙辰朔加時在晝交分十四日九百六十八分入食限○注與甲至累食○即上八年秋七月甲子日有食之既是也彼注云是後楚莊王圍宋析骸易子伐鄭勝晉鄭伯肉袒晉師大敗於邲中國精奪屈服強楚之應此為楚威中國衰故為

事重日累食著異也五行志下之下云十年四月丙辰日有食之董仲舒劉向以爲後陳夏徵舒弑其君楚滅蕭晉滅二國王札子殺召伯毛伯均與何義殊劉歆以爲二月魯衛分臧氏壽恭推四月乙卯朔合辰在奎七度二日丙辰在奎八度

己巳齊侯元卒疏包氏慎言云四月又書乙巳月之十六日

齊崔氏出奔衛

崔氏者何齊大夫也疏白虎通姓名篇楚有昭屈景齊有高國崔襄二十五年左傳東郭偃謂崔杼曰今君出自丁是崔亦齊公族也新唐書丁公子季子食采於崔因以爲氏生穆伯穆伯生沃沃生野八世孫夭夭生杼按夭見僖二十八年左傳杼見襄二十五年其稱崔氏何注据齊高无咎出奔名連崔氏者與尹氏俱稱氏嫌爲采邑疏注据齊至奔名○即成十七年秋齊高无咎出奔莒是也○注連崔至采邑○即隱三年書尹氏卒是也若不連氏問嫌崔爲采邑矣貶曷爲貶注据外大夫奔不貶疏注据外至不貶○舊疏云即上引高无咎出奔莒之屬是也譏世卿世卿非禮也注復見譏者嫌尹氏王者大夫職重不當世諸侯大夫任輕可世也因齊大國禍著故就可以爲法戒明王者尊莫大於周室彊莫大於齊國世卿猶能危之疏穀梁傳氏者舉族而出之之辭也彼注引何氏廢疾云氏者譏世卿也即稱氏爲舉族而出尹氏卒寧可復以

爲舉族死乎鄭釋之曰云舉族死是何妖問甚乎舉族而出之之辭者固譏世卿也崔杼以世卿專權齊人惡其族令出奔既不欲其身反又不欲國立其宗後故孔子順而書之曰崔氏出奔衛若其舉族盡去之爾是鄭氏爲公穀謂人也劉氏申何云傳無譏世卿之義鄭爲飾之非遁詞乎又以爲順齊人而書之豈筆削之義乎且如鄭說後又安得有崔杼乎以易下繫辨六子之辭獨以艮人爲吉何君一語真可解頤鄭不兼五子之病乎左氏以爲非其罪也彼疏引何氏膏肓以爲公羊譏世卿而難左氏蘇氏釋之崔氏祖父名不見經則知非世卿且春秋之時諸侯擅相征伐猶尚不譏世卿雖曰非禮夫子何由獨責按襄二十五年傳謂崔氏出自丁明丁公之後世爲大夫故得詳其世系又崔夭見諸僖二十八年城濮之戰隨伯者敗楚必非微者矣何得以名不見經爲嫌故劉氏箴膏育評曰鄭駁異義引詩書以難譏世卿之義不知春秋之禮謂卿之子當試之以士考績之後始黜陟之不宜驟登卿位也於詩書之義何不合之有春秋時世卿之禍亟矣擇其尤著者譏之周尹氏齊崔氏皆先著其世而後徵其禍何待祖父之名見乎且詩刺尹氏太師入春秋來無其祖父接內之事安得見於經故於其卒也見不當世世乃有立王子朝之禍崔氏之復歸例不得書故於其奔也見不當世世乃有弒其君光之禍至敵國相征孟子所謂春秋無義戰也蘇氏豈不知耶按春秋世卿之禍最多魯三家晉六卿齊田氏其尤烈者故春秋於世卿譏之尤力蘇氏但以非禮目之不亦慎乎春秋於戰伐侵入必書皆爲兵連禍結重兵害衆之故但不爲大惡爾何得謂無譏文乎○注復見至世也○正以尹氏已於隱三年見譏此復譏崔氏故解之也○注因齊至危之○舊疏云欲道等是諸侯科取卽得所以不於僖二十八年衞元咺出奔晉之經見之者因齊大國有弒君之禍著明於

出奔故也按孔子當齊景悼之世蓋已逆見有齊其爲陳之禍故於齊特著之與晉亦大國後亡於世卿不於欒盈等書氏者彼各有所主稱氏不明故不得氏且欒書弒君在先春秋未著與杜漸防微義不能相起也

公如齊注不言奔喪者尊內也猶不言朝聘疏注不言至朝聘○舊疏云正以上文四月己巳齊侯元卒則知此經公如齊者奔喪而往而言尊內也者欲道定十五年公薨于高寢邾婁子來奔喪彼則書之今此否者尊內故也猶不言朝聘者隱元年注云春秋王魯王者無朝諸侯之義故內適外言如外適內言朝聘所以別外尊內也是也

五月公至自齊疏舊疏云致例時而書五月者爲下癸巳出之

癸巳陳夏徵舒弒其君平國疏包氏愼言云五月書癸巳月之十日

六月宋師伐滕

公孫歸父如齊葬齊惠公

晉人宋人衛人曹人伐鄭

秋天王使王季子來聘

王季子者何天子之大夫也其稱王季子何注据叔服不繫王不稱子王札子不稱季疏注据叔至稱季○文元年天王使叔服來會葬是不繫王不稱子也下十五年王札

子殺召伯毛伯是不稱季也叔服以叔配字不言王子王札子稱字不稱長幼之稱又叔服王札子皆王之兄弟故据以爲難也

貴也其貴奈何母弟也注子者王子也天子不言子弟故變文上季繫先王以明之著其骨肉貴體親也疏注子者至明之〇穀梁傳其曰王季王子也其曰子尊之也天子不言母弟者文元年注云叔服者王子虎也不繫王者不以親疏錄也不稱王子者時天子諸侯不務求賢而專貴親親故尤其在位子弟刺其早任以權也是也其王子瑕奔晉天王殺其弟年夫言子弟者注言尤其在位任權故朝聘會盟不書若其奔與殺不復在位矣何權之任乎通義云頃王之子匡王之弟也不如年夫稱弟者先君之母弟稱叔季例也加子者王之貴屬殊於蔡叔紀季唯尊內亦得言季子耳文繫王使君前不名者從內錄尊敬辭按本紀以定王爲匡王之弟則不得謂爲先君之母弟也天子大夫稱字不必從內錄尊敬辭也子郎王子公穀義同亦不必爲加殊之辭〇注著其至親也〇舊疏云以其稟氣於先王故言骨肉貴以其今王母弟故曰體親也

公孫歸父帥師伐邾婁取蘱疏左氏穀梁作繹按蘱字廣韻在十八隊隊爲脂微等部之去聲繹廣韻在二十二昔爲魚模等部之入聲古韻不同部不得相通段必有一誤杜云繹邾邑魯國鄒縣北有繹山按文十二年左傳稱邾文公卜遷於繹則繹爲邾婁都魯不得取之恐二傳誤也通義云辭與取根牟等同而文承伐下諱而不盈不如須朐日者異於公取

大水注先是城平陽取根牟及蘱役重民怨之所生疏注先是至所生〇五行志

宣上公十年秋大水饑董仲舒以爲時比伐邾取邑亦見報復兵仇連結百姓愁怨劉向以爲宣公殺子赤而立子赤齊出也故懼以濟西田賂齊邾子玃且亦齊出也而宣比與邾交兵臣下懼齊之威創邾之師皆賤公行而非其正也按城平陽取根牟及蘱事見上八年冬九年秋取應與董劉旨大同

季孫行父如齊

冬公孫歸父如齊

齊侯使國佐來聘【疏】通義云未踰年而稱侯以使者既於王見居喪之正法其餘卽悉因其廢禮之實以刺譏當世矣

饑

何以書以重書也【注】民食不足百姓不可復興危亡將至故重而書之明當自省減開倉廩贍振乏之哀公問於有若曰年饑用不足如之何有若對曰盍徹乎曰二吾猶不足如之何其徹也對曰百姓足君孰與不足百姓不足君孰與足【疏】注民食至振乏○校勘記出贍振乏云鄂本乏作之此誤按紹熙本作之周書文傳解有十年之積者王有五年之積者霸無一年之積者亡生十殺一者物十重生一殺十者物

頻空十重者王頻空者亡又羅匡解年饑則勸而不賓舉祭以薄
樂無鐘鼓凡美禁畜不阜羣車不雕攻兵備不制民利不淫征當
商旅以救窮乏問隨鄉下鬻熟分助有匡以綏無者於是救困大
荒有禱無祭國不稱樂企不滿壑刑罰不修舍用振窮君親巡方
卿參告糴餘子倅運開廩同食民不藏糧曰有匡裨
民畜惟牛羊○注哀公至與足○見論語顏淵篇

楚子伐鄭

十有一年春王正月

夏楚子陳侯鄭伯盟于辰陵【注】不日月者莊王行霸約諸侯明王法
討徵舒善其憂中國故爲信辭【疏】杜云辰陵陳地潁川長平縣東
南有辰亭故長平城在今開封
府西北六十里穀梁作夷陵夷陵之爲辰陵猶夷儀之爲陳儀也
水經注洧水篇洧水又東南逕辰亭東俗謂之田城非也蓋田辰
聲相近城亭音譌連故也經書魯宣公十一年楚子陳侯鄭伯盟
于辰陵也京相璠曰潁川長平有故辰亭惠氏棟左傳補注引酈
元曰今此城在長平城西北長平城在東南或杜氏不謬傳寫之
誤耳一統志辰亭在陳州府淮寧縣西六十里○注不日至信辭
○正以不信日小信月大信時故也明王
法討徵舒見下憂中國即斥討陳事也

公孫歸父會齊人伐莒

秋晉侯會狄于欑函【注】離不言會言會者見所聞世治近升平內諸

夏而詳錄之殊夷狄也下發傳於吳者方具說其義故從外內悉

舉者明言之疏杜云櫕函狄地○注離不至狄也○隱二年公會戎于潛注云所傳聞之世外離會不書書內離會者春秋王魯明當先自持正躬自厚而薄責於人故略外也此離不言會謂所傳聞世也隱元年注云於所傳聞世見治起於衰亂之中用心尚麤觕故內其國而外諸夏先詳內而後治外錄大略小內離會書外離會不書是也於所聞之世見治升平內諸夏而外夷狄書外離會宣十一年秋晉侯會狄于櫕函是也○通義云會文在狄上者殊狄也所謂內諸夏也○注下發至言之○舊疏云卽成十五年叔孫僑如會晉士燮以下會吳于鍾離傳云曷爲殊會吳外吳也曷爲外也春秋內其國而外諸夏內諸夏而外夷狄王者欲一乎天下曷爲以外內之辭言之言自近者始也注云明當先正京師乃正諸夏諸夏正乃正夷狄以漸治之是也

冬十月楚人殺陳夏徵舒

此楚子也其稱人何注据下入陳稱子疏注据下至稱子○卽下楚子入陳是也貶

曷爲貶注据徵舒有罪不與外討也注辟天子故貶見之卽所謂貶絕然後罪惡見疏通義云諸按蔡人殺陳佗從討賊辭此不爲討賊辭者佗淫於蔡與使蔡人得討之徵舒之罪無與於楚非天子之命方伯之位義不得討也繁露楚莊王篇楚莊王殺陳夏徵舒春秋貶其文不予專討也○注辟天至惡見○正以非天子命不得外討故貶也昭元年傳春秋不待貶絕而罪惡見者不貶絕以見罪惡也貶絕然後罪惡見者貶絕以見

罪惡也此討陳夏徵舒嫌無貶文故必貶以起不與也不與外討者因其討乎外而不與也

雖內討亦不與也注雖自討其臣下亦不得與也疏注雖自至與也○此就傳文不與外討中言之傳言不與外討嫌內討得與故復辨之明此特因楚莊外討故就言不與外討爾通義云諸專殺大夫書是也按弒君之賊內討亦與故隱四年衛人殺州吁于濮傳其稱人何討賊之辭也注討者除也明國中人人得討之所以廣忠孝之路是也又隱十一年傳君弒賊不討不書葬以為無臣子也檀弓曰臣弒君凡在官者殺無赦子弒父凡在宮者殺無赦注言諸臣子孫無尊卑皆得殺之其罪無赦是宜得與也知此傳文不與自謂內討其大夫孟子所謂無專殺大夫是也曷為不與

注据善為齊誅之疏注据善至誅之○即昭四年秋七月楚子以下伐吳執齊慶封殺之傳此伐吳也其言執齊慶封何為齊誅也注月者善義兵又云稱侯而執者伯討也是也彼慶封脅齊君亂齊國猶善楚子之討故据以難實與

注不言執與討賊同文疏注不言至同文○若書執則是稱人以執僖四年傳稱人而執者非伯討也此言殺故云與討賊同文舊疏云正以昭八年夏楚人執陳行人干徵師殺之言執非討賊之文隱四年衛人殺州吁莊九年齊人殺無知皆不言執以見此不言執乃與討賊同文故知實與矣穀梁傳其外徵舒於陳何也明楚之討有罪也注雍曰經若書楚子入陳殺夏徵舒者則入者內不受是無以表徵舒之悖逆楚子之得正沈氏欽韓云二百四十二年之中正弒君之罪而得討賊之義者楚莊一人而已可為中夏羞也而文不與文曷為不與諸侯之義不得專討也

諸侯之義不得專討則其曰實與之何上無天子下無方伯天下諸侯有爲無道者臣弑君子弑父力能討之則討之可也【注】與齊桓專封同義不書兵者時不伐【疏】校勘記云昭十一年疏引作臣弑君子殺父蓋弑字本皆作殺後改弑君而仍殺父耳白虎通誅伐云諸侯之義非天子之命不得動衆起兵誅不義者所以強幹弱枝尊天子卑諸侯也論語曰天下有道則禮樂征伐自天子出天下無道則禮樂征伐自諸侯出上無天子下無方伯諸侯有相滅亡者力能救之則救之可也論語曰陳恆弑其君孔子沐浴而朝請討之御覽引書大傳云諸侯之義曰非天子命不得動衆起兵殺不義者所以强幹弱枝尊天子卑諸侯也然則諸侯不得專討者義之正故禮記王制云諸侯賜弓矢然後征賜鈇鉞然後殺是也若上無天子下無方伯有弑君弑父者力能討則討之故陳恆弑君孔子請討此義之變也必曰力能討之者君子量力不責也故哀十四年左傳孔子對哀公曰陳恆弑其君民之不與者半以魯之衆加齊之半可克也是其義也〇注與齊至同義〇見僖元年二年十四年傳繁露楚莊王篇莊王之行賢而徵舒之罪重以賢君討重罪其於人心善若不貶孰知其非正經春秋常於其嫌德者見其不得也是故齊桓不予專地而封晉文不予致王而朝楚莊弗予專殺而討三者不得則諸侯之得殆貶矣此楚靈之所以稱子而討也春秋之辭多所況是文約而法明也〇注不書至不伐〇舊疏云欲決昭四年秋楚子以下伐吳執齊慶封殺之彼實有兵故言伐今此不書兵者時實不伐非是省文之義耳按左傳云楚子爲陳夏氏亂故伐陳謂陳人無動將討於少西氏是亦用兵而言不伐者蓋楚子入陳

陳人無動不煩兵力故不書兵也執慶封須先伐吳與此異也

丁亥楚子入陳注日者惡莊王討賊之後欲利其國復出楚子者爲下納善不當貶不可因上貶文疏包氏愼言云十月書丁亥月之三日○注日者至其國○舊疏云正以春秋之義入例書時傷害多則書月今此書日以詳其惡故如此解左傳遂入陳殺夏徵舒轘諸栗門因縣陳注滅陳以爲楚縣史記陳杞世家已誅徵舒因縣陳而有之是討賊後欲利其國事也惠氏士奇春秋說云陳夏徵舒之亂是時楚子實先入陳而後討賊春秋退入陳於後而進討賊於前蓋先褒之而後貶之先褒之者以爲陳人力不能討齊爲大國晉爲盟主亦長養殺君之賊而晏然不一興師楚子獨能討而正之故先書討賊以褒之然內實懷縣陳之心而外爲討賊之義故後書入復書納以貶之人皆知稱人爲貶而不知稱人爲褒討賊稱人者言人人皆欲討之人乃天下之人公心也穀梁傳云入者內勿受也日入惡入者也彼以納二子書日惡莊王爲異○注復出至貶文○左傳申叔時曰夏徵舒弒其君其罪大矣討而戮之君之義也抑人亦有言曰牽牛以蹊人之田而奪之牛牽牛以蹊者信有罪矣而奪之牛罰已重矣諸侯之從也曰討有罪也今縣陳貪其富也以討召諸侯而以貪歸之無乃不可乎王曰善哉吾未之聞也反之可乎乃復封陳陳杞世家亦云申叔時使於齊還不賀莊王問其故對曰今王以徵舒爲賊弒君故徵兵諸侯以義伐之已而取之以利其地則後何以令於天下莊王曰善乃迎陳靈公太子午於晉而立之復君陳如故孔子讀史記至楚復陳曰賢哉楚莊王輕千乘之國而重一言是其納善事也通義云先言殺後言入者大其能悔過得

而弗居故不因上貶文且復錄日以入魯義兵也舊疏云春秋之義以納爲篡辭而言爲下納魯者正以上有起文故與凡納異何者上有討賊之文而即言納二子於陳故知其魯所謂美惡不嫌同辭矣按何注謂下納魯者即謂納諫不取陳事下猶後也見大雅下武傳舊說以下納魯爲魯其納公孫甯儀行父非也傳注於下納二子皆無魯文也書日以起其利人之國書子以起其悔過正相起也解詁箋云日者惡納黨亂臣也復出楚子者正上貶文不正則不見也

納公孫甯儀行父于陳 疏 二傳甯作寍

此皆大夫也其言納何 注 据納者謂已絕也今甯儀行父上未有出奔絕文故見大夫反言納也 疏 通義云据糾及接菑蒯聵之等皆納使爲君○注据納至納也○定十四年衛世子蒯聵出奔宋哀二年晉趙鞅納衛世子蒯聵于戚是上有出奔絕文故下言納是納爲已絕之辭今甯儀行父未見出奔故解之爲見任大夫而反言納也僖二十五年納頓子于頓亦無頓子出奔文言納者彼注云頓子出奔不書小國例也正以小國出入不兩書也子糾亦無出奔文言納者彼爲其不能納書也

納公黨與也 注 徵舒弒君甯儀行父如楚訴徵舒徵舒之黨從後絕其位楚爲討徵舒而納之本以助公見絕故言納公黨與不書徵舒絕之者以弒君爲重主書者美楚能變悔改過以遂前功卒不取其國而存陳不繫國者

因上入陳可知【疏】注徵舒至黨與○何氏以意言也上年左傳云二子奔楚世家同明其如楚訴也杜云二子淫昏亂人也君弑之後能外託楚以求報君之仇內結強援於國故楚莊得平步而討陳除弑君之賊於時陳成公播蕩於晉定亡君之嗣靈公成喪賊討國復功足以補過故君子善楚復之劉氏解詁箋云傳言二人黨惡卽詩刺乘我乘駒朝食于株者非以其訴楚討賊得免罪也納者內弗受未有善辭也主書者刺楚不誅惡人若以二人無罪美楚存陳當書陳公孫甯儀行父自楚歸于陳矣按二子爲公黨與非經傳所與故書納非善辭也然楚子存陳之善自不可泯當別論之杜預之說自不可從○注不書至爲重○舊疏云若書徵舒絕之宜云陳公孫甯儀行父出奔楚矣○注主書至存陳○舊疏云美楚能變悔改過謂之入陳是也以遂前功討徵舒是也○注不繫至可知○舊疏云欲決哀二年納衛世子云云繫衛是也左疏引賈逵云二子不繫之陳絕於陳也惡其與君淫故絕之善楚有禮也解詁箋云甯儀行父不繫國者因上未有出奔絕文故絕之於陳也亦本賈義穀梁疏引麋信云二子不繫陳者以其淫亂明絕之也其說亦通彼疏或當上有入陳之文下云于陳故省文耳則卽何氏義按穀梁傳云納者內弗受也輔人之不能民而討猶可入人之國制人之上下使不得其君臣之道不可亦不以納爲善辭

十有二年春葬陳靈公

討此賊者非臣子也何以書葬【注】据惠公殺里克不書卓子葬【疏】注据惠至子葬○卽僖十年春晉里克弑其君卓下卽云夏晉殺其大夫里克不書卓葬也君子辭也楚已討

之矣臣子雖欲討之而無所討也注無所復討也不從殺泄冶不書葬者泄冶有罪故從討賊書葬則君子辭與泄冶罪兩見矣不月者獨甯儀行父有訴楚功上已言納故從餘臣子恩薄略之疏注無所復討也〇通義云恕陳臣子力不能討假手於楚而討之也劉敞曰既葬而後乃討賊賊雖已討葬猶不追書也閔公是已討賊雖遲而葬在討賊之後則葬得書此陳靈公是已凡君弒賊不討不敢葬父弒讎不復不敢葬不敢葬則亦不敢除其服是故寢苫枕戈志必復而後已此賊不討不書葬之義也所以春秋有其賊未討雖久弗葬而弗非也按傳意似恕陳臣子無所復討爾舊疏云卓子之賊亦是惠公已討之其臣子雖欲討之亦無所討而不作君子辭者正以惠公之殺里克不作討賊之意是以春秋不書卓子葬以責其臣子也楚莊本討賊而殺徵舒一賊不可再討故不責之〇注不從至罪故〇校勘記云鄂本泄作洩下同舊疏云何氏作膏肓以爲泄冶無罪而此注云有罪者其何氏兩解乎蓋以諫君之人罪之無文而左氏罪之故言無罪矣而此何氏以一爲有罪者其更有他罪乎〇注從討至見矣〇注義書葬二義則賊已討無復再討故書葬以見恕辭一則泄冶有罪不兼必從殺無罪大夫去葬也故云兩見矣〇注不月至略之〇正以大國諸侯卒日葬月今不月故解之通義云不月者淫夏氏罪重故奪臣子辭解詁箋云何氏膏肓以爲泄冶無罪是也不書葬則君子辭不著不月者討賊者非臣子本不得書葬又殺泄冶當云葬故不足也按孔劉說皆通穀梁注引泰曰楚已討之矣臣子雖欲討之無所討也故君子卽而恕之以申臣子之恩稱國以殺大夫

則靈公之惡不嫌不明書葬以表討賊不言靈公無罪也踰三年而後葬則國亂居可知矣非日月小有前卻則書時不嫌皆本公羊義何氏謂從餘臣子恩薄略之亦以責靈公也甯儀行父雖有訴楚功特公黨與耳故書納以起內弗受之義

楚子圍鄭

夏六月乙卯晉荀林父帥師及楚子戰于邲晉師敗績【疏】包氏愼言云六月書乙卯六月無乙卯五月之十四日也杜云邲鄭地大事表云今開封府鄭州東六里有邲城水經注濟水篇濟水又東逕敖山北又東合滎瀆瀆首受河水有石門謂之爲滎口而地形殊卑蓋故滎播所導自此始也濟水於此又兼邲目春秋宣公十三年晉楚之戰楚軍於邲邲即是水也京相璠曰在敖北方輿紀要其地蓋即滎口受水之處今在河陰縣而元和志邲城在鄭州管城縣東六里管城縣明初省入鄭州大事表又云亦爲邲水即今之汴濟水於此又兼名邲邲即楚戰處說文邑部邲晉邑非是

大夫不敵君【疏】繁露王道篇春秋曰大夫不適君遠此偪也適敵通禮記樂記注適讀爲無敵之敵是也此其稱名氏以敵楚子何【注】据城濮之戰子玉得臣貶也【疏】注据城至敗也〇即僖二十八年夏晉侯以下及楚人戰于城濮楚師敗績傳此大戰也曷爲使微者子玉得臣也子玉得臣則其稱人何貶曷爲貶大夫不敵君也是也不與晉而與楚子爲禮也【注】不與晉而反與楚子爲君臣之禮以惡晉【疏】注不與至惡晉〇舊疏云不與至禮也但作一句連讀之注注云不與晉而反與楚子爲君臣之

禮亦爲一句連讀之通義云言不以晉人爲直而善楚子爲有禮也林父録名氏反爲不與晉者者莊王之師進以義退以仁子卓然君子之行林父不度德力輕取敗衂中國遂衰故特出主名專見其罪得臣囊瓦可以貶稱人者下有奔殺事足相起此上下無起文須就戰見其名氏乃所以斥責林父也董生言春秋之用辭已明者去之未明者著之今君臣常辭城濮伯莒已明故於此得變文以託別義舊作一句連讀者非按繁露竹林篇春秋之常辭也不予夷狄而予中國爲禮至邲之戰偏然反之何也曰春秋無通辭從變而移今晉變而爲夷狄楚變而爲君子故移其辭以從其事夫莊王之舍鄭有可貴之美晉人不知善而欲擊之所救已解如挑與之戰此無善善之心而輕救民之意也是以賤之而不使得與賢者爲禮又觀德篇春秋常辭夷狄不得與中國爲禮至邲之戰夷狄反道中國不得與夷狄爲禮辟楚莊也則繁露亦似作一句讀謂不與晉之得與楚爲禮也所以爲反之也舊疏云內諸夏以外夷狄春秋之常今敘晉於楚子之上正是其例而知其惡晉者楚莊德進行修同於諸夏討陳之賊不利其土入鄭皇門不取其地既卓然有君子之信甯得殊之既不合殊即晉侯之匹林父人臣何得序於其上既序人君之上無臣子之禮明矣臣而不臣故知惡晉也

曷爲不與晉而與楚子爲禮也注据城濮之戰貶得臣者不與楚爲禮疏注据城至爲禮○彼注云子玉得臣楚之驕蹇臣數道其君侵中國故貶明當與君俱治也雖不言不與爲禮不與可知

莊王伐鄭勝乎皇門注勝戰勝皇門鄭郭門疏注勝戰勝○經義述聞家大人曰爾雅勝克也謂莊王克鄭入自皇門非謂戰勝也凡克國克邑皆曰勝下文云今君勝鄭而不有隱二年左傳曰

司空無駭入極費庈父勝之文十五年傳曰凡勝國曰滅之襄十年傳曰城小入而固勝之不武弗勝為笑哀元年傳曰國勝君亡非禍而何十三年傳曰國勝乎太子死乎晉語曰趙襄子使新稚穆子伐狄勝左人中人孟子公孫丑篇三里之城七里之郭環而攻之而不勝並與此勝字同義按戰勝固克何氏本其由言之○注皇門鄭郭門○大事表云其南門曰皇門吳氏曰諸侯國各以其所向之地為門名皇周邑蓋走王圻之道按莊二十八年左傳楚伐鄭入於桔柣之門杜注鄭遠郊門下文云入自純門縣門不發當是近郊門則皇門當內城門矣史記注引賈逵云鄭城門

放乎路衢 注 路衢郭內衢道四達**謂之衢** 疏 注路衢至之衢○爾雅釋宮云四達謂之衢左傳至於逵路注逵塗方九軌曰逵郭注爾雅云交道四出定八年疏引李巡云四達各有所至曰衢孫炎云交通四出蓋衢為四道交錯之名大戴禮子張問入官篇六馬之離必於四面之衢周禮保氏注說五馭有舞交衢是也釋名釋道云齊魯間謂四齒杷為權亦取義於四也楚辭天問注九交道曰衢淮南繆稱訓注道六通謂之衢荀子勸學注衢道兩道也並與爾雅不合通義云放至也

鄭伯肉袒 疏 爾雅釋訓云襢裼肉袒也郭注脫衣而見體說文肉部膻肉膻也引詩膻裼暴虎今詩作襢詩大叔于田釋文襢本又作袒是也說文袒訓衣縫綻則袒本叚借字詩疏引李巡云襢裼脫衣見體曰肉袒孫炎云袒去裼衣按孫李不同郭注本李說如說文肉袒之袒當作膻李郭說是也袒去裼衣不同見體亦曰袒當作但說文人部但裼也衣部裼但也是也則孫氏所說是也按袒與肉袒異禮鄉射禮注袒左免衣也謂袒去左袖露臂衣肉袒則見體矣賈疏云凡事無問吉凶皆袒左唯有受刑袒右則肉袒禮亦宜然左傳云鄭伯肉袒牽羊以迎史記注引賈

逵云肉袒牽羊爲臣隸也左執茅旌【注】茅旌祀宗廟所用迎道神指護祭者斷曰藉不斷曰旌用茅者取其心理順一自本而暢乎末所以通精誠副至意【疏】史記始皇本紀贊鄭伯茅旌鸞刀嚴王退舍新序四引作左執旄旌韓詩外傳亦載此傳文執作把按作旄非是○注茅旌至祭者○任氏兆麟述記云茅旌祀宗廟所用迎道神道○祭謂祭行也月令孟冬之月其祀行注行在廟門外之西周禮大馭注犯之者封土爲山象以菩芻棘柏爲神主按男巫旁招以茅招即迎之義也古者用茅招神表位亦以爲神主士虞禮祭于苴注苴所以藉祭也孝子始將納尸以事其親爲神疑於其位設苴以定之耳楚語屏攝之位注昭謂屏屏風也攝形如今要扇皆所以明尊卑爲祭祀之位近漢亦然此指表神之所在非爲神主也若五經異義云大夫束帛依神士結茅爲菆此直以茅旌爲神主也○注斷曰藉○周禮司巫及蒩館注蒩之言藉也祭食有當藉者館所以承蒩謂若今筐也禮士虞禮云苴刌茅長五寸注苴猶藉也又云取黍稷祭于苴注云苴所以藉祭也苴刌茅者謂刌茅以爲苴而置黍稷之祭於其上有藉義也故謂之藉刌者斷焉易大過初六藉用白茅无咎是也蒩義同苴說文艸部蒩茅藉也周禮甸師共蕭茅鄭注茅以共祭之苴以藉祭鄉師共茅蒩鄭注蒩士虞禮所謂苴刌茅長五寸束之者是也蓋斷茅以用者爲藉名曰苴或作蒩凡甸師鄉師司巫士虞禮說文所記皆是也○注不斷曰旌○經義述聞云謹按春官司巫祭祀則共蒩館鄭注蒩之言藉也祭食有當藉者引士虞禮苴刌茅長五寸史記封禪書曰古之封禪江淮之間一茅三脊所以爲藉也是茅之藉物者或曰藉或曰苴而無稱旌之文何注斷曰藉不斷曰旌未知

何据也茅為草名旌則旗章之屬二者絕不相涉何得稱茅以旌乎今按茅當讀為旄旄正字茅借字也蓋旄之飾或以羽或以旄春官司常析羽為旌爾雅注旄首曰旌李巡注旄牛尾著干首是也其用旄者則謂之旄旌矣地官掌節道路用旌節鄭注今使者所持節是也後漢書光武紀注節所以為信也以竹為之柄長八尺以旄牛尾為其毦三重桓十六年左傳壽子載其旌以先邶風二子乘舟傳作竊其節而先往正義引史記衛世家盜其白旄而先而釋之曰或以白旄為旌節也漢書蘇武傳仗漢節牧羊臥起操持節旄盡落是節即旄旌也周語曰敵國賓至行理以節逆之然則鄭伯執旄旌者其自比於行人執節以逆賓與何氏据借字作解而不求其正字非也旄从毛聲茅从矛聲古毛聲矛聲之字往往相通如詩髧彼兩髦之髦說文作髳如蠻如髦之髦牧誓作繫是其例也新序雜事篇載此事正作旄旌唐余知古渚宮舊事同蓋出嚴氏春秋也較何氏本為長按史記宋世家武王伐殷微子肉袒面縛左牽羊右把茅又左傳云前茅慮無注或曰時楚以茅為旌識蓋古有此制今不可考矣茅旌鸞刀皆祭祀所用示不能有其宗廟之意若謂執旄旌以自比行人則執鸞刀又將何為乎惠氏士奇禮說云藉謂說者以為藉祭之物而祭之用藉非徒藉祭而已志六穀之名謂之幟即肆師之表齍盛也護羣神之位謂之旌即左傳之羣屏攝也皆以藉為之一共之鄉師一共之甸師而司巫共館所謂包匭菁茅故館一作包然則茅之為物薄而用也重矣鄭伯左執茅旌蓋以宗廟將不血食歸首於楚以為不如是不足以動仁人孝子之心也鄭眾亦云屏攝攝束茅以為屏蔽韋昭以屏為屏風攝為要扇非是〇注用茅至至意〇詩邶風靜女自牧歸荑傳荑茅之始生也箋云茅潔白之物也自牧田歸荑其信美而異者可以供祭祀易大過疏云用潔白之茅言以潔素

之道奉事於上也是也說文艸部茅菅也右執鸞刀注鸞刀宗廟割切之刀環有和鋒有鸞執宗廟器者示以宗廟不血食自歸首疏注鸞刀至有鸞○禮記郊特牲云割刀之用鸞刀之貴貴其義也聲和而後斷也又祭義云祭之日君牽牲卿大夫序從既入廟門麗於碑卿大夫袒而毛牛尚耳鸞刀以封取膟膋又祭統云鸞刀耑嚌是鸞刀為宗廟割切之刀矣釋名釋兵云刀到也以斬伐到其所以擊之也其末曰鋒言若蜂刺之毒利也其本曰環形似環也鸞刀之鸞當作鑾說文金部人君乘車四馬鑣八鑾鈴象鸞鳥聲和則敬也鑾和並車馬之飾鑾刀亦取象和鑾法其有節故詩小雅信南山云執其鸞刀傳鸞刀刀之有鸞者言割中節也正義鸞卽鈴也是也禮記經解注引韓詩內傳曰鸞在衡和在軾大戴禮保傅篇同詩蓼蕭傳曰在軾曰和在鑣曰鸞是和鸞皆鈴也其分別環鋒未知何有本否○注執宗至自首○舊疏云言己宗廟將墮滅斟酌在墊耳故言自歸首矣今律之犯罪自首謂自行投首也云血食者禮器云君親制祭注謂朝事進血膋時所制者又云血毛詔於室灌地迎神後取血及毛告神為先也以逆莊王曰寡人無良邊垂之臣注諸侯自稱曰寡人天子自稱曰朕良善也無善喻有過言己有過於楚邊垂之臣謙不敢斥莊王疏注諸侯至曰朕○禮記曲禮記諸侯云其與民言自稱曰寡人注謙也於臣亦然正義寡人者言己是寡德之人也其實與鄰國諸侯言自稱亦曰寡人此傳是也臣子稱諸異邦曰寡君稱夫人曰寡小君取義同也朕者爾雅釋詁朕我也白虎通號篇或稱朕何亦王者之謙也朕我也獨斷上朕我

也古者尊貴共之貴賤不嫌則可同號之義也堯曰朕在位七十載皋陶與帝舜言曰朕言惠可底行屈原曰朕皇考此其義也至秦天子獨以爲稱漢因而不改也按曲禮君天下曰天子朝諸侯分職授政任功曰予一人又曰天子未除喪曰予小子此古天子之稱其稱朕者秦漢以後稱也其諸侯有稱稱不穀者有稱孤者左傳隱三年疏老子曰孤寡不穀王侯之謙稱故以下諸侯自稱亦多稱不穀○注良善至有過○詩邶風日月云德音無良傳良善也廣雅釋詁良善也說文畗部良善也無善卽有過也○注言己至莊王○邊垂猶邊陲也成十三年左傳虔劉我邊陲韓詩外傳作垂說文工部垂遠邊也从土𠂹聲猶稱執事之屬也故不敢斥莊王

以干天禍【注】干犯也謙不敢斥莊王歸之於天【疏】注干犯至於天○國語晉語云則上下不干注干犯也史記管蔡世家乃背晉干宋索隱干謂犯也楚辭繆諫恐犯忌而干諱注干觸也觸犯義同言天禍者左傳云孤不天注不爲天所佑是也

是以使君王沛焉【注】沛焉者怒有餘之貌猶傳曰力沛若有餘【疏】注沛焉至有餘○毛本若誤者文十四傳文也漢書禮樂志沛施祐注沛然泛貌也後漢書袁術傳沛然俱起注沛然自恣縱貌也又李固傳誠當沛然思惟善道注沛然寬廣之意又耿純傳況沛然自足注引何氏此注云沛有餘優饒貌自引者以意增減非有別本也蓋沛訓爲大故沛然爲有餘之意怒有餘曰沛然力有餘亦曰沛然故引文十四年傳喻之也新序沛焉作昧焉廣雅釋詁怖怒也自是怖字於此無涉

辱到敝邑【注】遠自勞辱到於鄭也諸侯自稱國曰敝邑【疏】注遠自至鄭也○韓詩外傳作使大國之君沛焉遠辱至此○注諸侯至敝邑

○隱四年左傳敝邑以賦與陳蔡從之屬是也君如矜此喪人【注】自謂己喪亡【疏】新序作君如憐此喪人禮記檀弓喪亦不可久也注喪謂亡失位故死謂之喪失位亦謂之喪昭二十五年傳喪人其何稱檀弓喪人無寶鄭大學之亡人也皆言如己喪亡之義也錫之不毛之地【注】墝埆不生五穀曰不毛謙不敢求肥饒【疏】史記鄭世家云若君王不忘厲宣王桓武公哀不忍絕其社稷錫不毛之地○注墝埆至肥饒○公羊問答曰詩邱中有麻傳云邱中墝埆之處漢書食貨志注磽磽确也謂瘠薄之田也淮南子舜耕歷山田者爭處墝埆以肥饒相讓管子而欲土地之毛毛謂黍苗穀粱傳毛澤未盡注邵曰凡地所生謂之毛引此傳曰錫之不毛之地按左傳隱三年澗溪沼沚之毛注毛草也又昭七年食土之毛注毛草也凡生地者皆曰毛不必苗穀也蜀志諸葛亮傳深入不毛亦謂不生草木者也載師宅不毛者有里布先鄭注宅不毛者謂不樹桑麻者也蓋凡地所生者不皆曰毛故古今注云地以名山爲輔石爲之骨川爲之脈草木爲之毛其五穀亦毛之一載師令民種植故据桑麻言也何氏此注亦舉其重者言之墝者說文作磽石部云磽磐石也漢書賈山傳地之磽者注磽确瘠薄也孟子告子云則地有肥磽一切經音義引孟子注磽埆薄瘠地也又引通俗文云物堅硬謂之磽埆淮南原道田者爭處墝埆注墝埆讀人相墝橡之墝墝埆疊韻字單舉則墝亦訓埆淮南修務訓肥墝高下注墝埆也楚語瘠磽之地注磽确也是也趙注孟子云墝薄也墝埆與肥饒對故云不敢求肥饒也使帥一二耋老而綏焉【注】六十稱耋七十稱老綏安也謙不敢多索丁夫願得主帥一二老夫

以自安疏唐石經耋作耊○注六十至稱老○舊疏云七十稱老曲禮文按今曲禮曰七十曰耋與此異也葢何氏所見

與鄭注者不同或者此耋字誤耳經義雜記曰徐疏當作今曲禮六十曰耆徐據今禮記曰耆不作耋故下云或者此耆字誤也錢

氏大昕潛研堂答問云曲禮七十曰老公羊疏乃云今曲禮七十曰耋豈徐彥所見本異乎曰陸德明釋文云本或作八十曰耋九十

十曰耄徐所見本蓋郎此本故引以證何氏六十稱耋之異同後人轉寫譌八為七耳八十曰耋見於毛詩故訓傳又見許氏說文

厥後劉熙釋名王肅注易郭璞注爾雅皆主此義易大耋之嗟鄭注謂年踰七十亦與許鄭義不遠注曲禮有曰耋二字當是古本而

陸以為後人妄加失之矣何氏六十以上稱耋之說與犍為舍人爾雅注相同服虔注左傳又云七十曰耋蓋漢人說耋義各不同

當以八十為正也按爾雅釋詁耋老也詩疏引孫炎云耋者皮膚變黑色如鐵也郝氏義疏云耋說文及釋名俱本毛傳以為八十

易釋文引馬融注及詩正義引左傳服虔注並云七十曰耋釋言云耋左傳正義又引舍人云年六十稱也杜預僖九年注從服虔

何休注從舍人是耋無正訓故為六十七十八十之異要為老壽之稱則同故爾雅以耋為老也○注綏安也○詩周南樛木云福

履綏之傳綏安也小雅南有嘉魚嘉賓式燕綏之箋綏安也○注謙不至自安○釋文索舊本作策音索通義云喪人喪國之人鄭

伯自謂也一二耋老謂其卿大夫按左傳云其俘諸江南以實海濱亦唯命其翦以賜諸侯使臣妾之亦唯命是已自等俘臣故何

氏謂不敢多索丁男也孔義未安請唯君王之命疏左傳鄭伯肉祖牽羊以逆曰孤不天不能事君使君懷怒

以及敝邑孤之罪也敢不唯命是聽其俘諸江南云云又曰若惠顧前好徼福於厲宣桓武不泯其社稷使改事君夷於九縣君之

惠也孤之願也非所敢望也敢布腹心君實圖之鄭世家鄭襄公肉袒擊羊以迎曰孤不能事邊邑使君王懷怒以及弊邑孤之罪也敢不惟命是聽君王遷之江南及以賜諸侯亦惟命是聽若君王不忘厲宣王桓武公哀不忍絶其社稷錫不毛之地使復得改事君王孤之願也然非所敢望也敢布腹心惟命是聽皆與此詳略互見

莊王曰君之不令臣交易爲言【注】是亦莊王謙不斥鄭伯之辭令善也交易猶往來也言君之不善臣數往來爲惡言【疏】注是亦至之辭○正以楚莊誘罪於不令之臣故爲謙不斥鄭伯之辭○注令善也○詩小雅湛露云莫不令德箋令善也爾雅釋詁令善也書皋陶謨何畏乎巧言令色孔壬史記夏本紀作巧言善佞人是也○注交易至惡言○校勘記出數往來云宋本同閩監毛本數作屢釋文作屢往又作數音朔按屢數音義同易繫辭下傳交易而退亦謂彼此交互變易故有往來之義也讀書叢錄云交通一作狡狡猾也易輕也言不善臣數爲狡猾輕慢之言說文傷輕也一曰交傿其即本此按洪氏說亦可通

是以使寡人得見君之玉面而微至乎此【注】微喻小也積小語言以致於此【疏】舊疏云若祭統云請君之玉女注言玉女者美言之也君子於玉比德焉然則此言玉面者亦美言之也按史記陳丞相世家如冠玉耳亦謂美也○注微喻至於此○通義云微略也深入國邑而言略至乎此遜辭也經義述聞云謹案邶風式微傳云微無也言寡人得見君面徒以君之不令臣激怒使然耳而其實貳而伐之服而舍之無或至於滅國遷君若此之甚也微至於此即是赦鄭之語故下文遂言撝軍退舍何訓微爲小而加積言語三字殆失之

迂矣上文已云交易爲言矣何又云積小言語耶且鄭伯請不毛之地待命甚殷豈得置之不答而但言伐鄭之由乎韓詩外傳載此文而省去君如矜此喪人四句遂使微至乎此文義不明蓋西漢時人已不識傳意矣按何意以微至乎此仍據不令臣爲言自是重複且彼不過謙不斥鄭伯諉過臣下之辭何爲數數言之王義以微爲無亦迂不如孔氏較爲直捷

莊王親自手旌【注】自以手持旌也緇廣充幅長尋曰旐繼旐如燕尾曰旆加文章曰旗錯革鳥曰旟注旄首曰旌

【疏】韓詩外傳作莊王受節左右麾楚軍○注自以至旌也○通義云手旌手持節也周禮曰析羽爲旌按書牧誓右秉白旄以麾逸周書克殷解武王乃手大白以麾左傳桓十年壽子載其旌以先衞世家作盜其白旌以先然則白旌也大白也旌也一物也手執之爲旌節載之武車則爲師節司馬法偃伯靈臺注伯一師節是也亦曰武節漢武帝詔躬秉武節是也古文伯伯帛白通康叔封衞分以少帛即武王之小白也○注緇廣至曰旌○皆爾雅釋天文舊疏云其間少有不同者蓋所見異或何氏潤色之校勘記出緇廣云解云今爾雅釋天緇作縿字按此則何注本作縿廣充幅當訂正又出加文章曰旗云旗當作旂疏同疏引爾雅及孫炎注皆作旂又注監毛本作註非疏同按釋天郭注云帛全幅長八尺舊疏引孫炎注縿黑繒也與何本作縿義合說文㫃部旐龜蛇四游以象營室游游而長引周禮曰縣鄙建旐如郭義帛全幅廣二尺四寸爲旐其長八尺也蓋用黑色繒故爾雅作縿旐畫龜蛇屬北方色宜黑又禮記檀弓設旐夏也旐從夏夏制知黑色矣鄭注周禮引爾雅云緇布廣充幅長尋曰旐於緇下增布字布充幅廣二尺二寸非何義也釋名釋兵云龜蛇曰旐旐兆也龜知氣兆之

吉凶建之於後察度事宜之形兆也釋天又繼旐曰旆何氏增如燕尾三字故郭彼注云帛續旐末爲燕尾者也舊疏引孫炎云帛續旐末亦長尋詩云帛旆英英是也說文云繼旐之旗也沛然而垂釋名云白旆殷旐也以帛繼旐末也雜帛爲旆以雜色綴其邊爲燕尾也將帥所建象物雜也蓋以雜色帛言之何不言帛當從同也亦作茷詩疏及釋文旆俱作茷左傳之蒨茷是也旆正字茷叚借也釋天又云有鈴曰旂郭注縣鈴於竿頭畫交龍於旒周禮司常云交龍爲旂注諸侯畫交龍一象其升朝一象其下復也儀禮疏引白虎通云禮記曰天子乘龍載大旂象日月升龍何氏所云加文章也釋天又云錯革鳥曰旟郭云此謂全剝鳥皮毛置之竿頭即禮記云載鴻及鳴鳶舊疏引李巡云以革爲之置於旐端詩六月傳鳥章錯革鳥爲章也李郭所本也詩疏引孫炎云錯置也革急也畫急疾之鳥於縿也按鄭志答張逸云畫急疾之鳥隼則孫氏所本而說文云錯革畫鳥於上所以進士衆旟旟衆也引周禮曰州里建旟則又置革而兼畫矣御覽引爾雅舊注云刻爲革鳥置竿首也與諸家義又不合何氏無說未知所從釋天又云注旄首曰旌郭注載旄於竿頭如今之幢亦有旒詩疏引李巡云旄牛尾著干首孫炎云析五采羽注旄上也其下亦有旒縿說文云游車載旌析羽注旄首所以精進士卒按禮記明堂位云綏有虞氏之旌也注云注旄杠首所謂大麾不言析羽蓋有虞氏質但著牛尾於竿首釋名云析羽曰旌旌精也有精光也綏有虞氏之旌也注旄竿首其形燊燊然也故謂之綏周則加五采羽於其上與周禮序官夏采注謂有虞氏已以夏翟羽爲綏未知然否釋名又云交龍爲旂旂倚也畫作兩龍相依倚也鳥隼爲旟旟譽也軍吏所建急疾趨事則有稱譽也義並同

左右撝軍退舍七里

疏 楚世家云莊王自手旗左右麾軍引

兵去三十里而舍遂許之平左傳退三十里而許之平注退一舍以禮鄭淮南子覽冥訓武王於是左操黃鉞右秉白旄瞋目而撝之注撝揮也公羊問答曰或以爲即用鄭伯之茅旌以撝可從否曰此俗儒之臆說也淮南子武王左操黃鉞右秉白旄而撝之注撝揮也舍次宿也按此軍中之儀制也見司馬法設鄭伯不執茅旌軍中將無以指揮之具乎是不然矣按說文手部麾旌旗所以指麾也从手靡聲段注云凡旌旗皆得曰麾故許以旌旗釋麾段借之字作戲淮陰侯傳項羽本紀皆曰戲下是也又凡旗之所指曰指麾師之耳目在吾旗鼓是也毋訾曰右秉白旄以麾小雅曰麾之以肱按此之撝即彼之麾也莊王即持旌以左右撝軍也說文手部撝字下以手指撝爲別一義蓋以手指撝者作撝以旌旗指撝者當作麾也退舍之說亦與左氏家不同賈云司馬法從遯不過三舍三舍九十里是以舍爲三十里之定名杜亦云退一舍以禮鄭此云七里謂退次於七里外爲平也故新序作麾軍還舍七里也非三十里之舍也史記稱嚴王退舍即用此傳不必謂三十里也

將軍子重諫曰南郢之與鄭相去數千里注南郢楚都不能二千里言數千里者欲深感莊王使納其言疏通義云子重楚左軍將公子嬰齊也○注南郢楚都○漢書地理志南郡江陵下云故楚郢都楚文王自丹陽徙此後九世平王城之後十世秦拔我郢徙東史記楚世家正義括地志云紀南故城在荆州江陵縣北五十里志又云又至平王更城郢在江陵縣東北六里故郢城是也○注不能至其言○正以不二千里而言數千皆甚言之辭以動王滅鄭也

諸大夫死者數人廝役扈養死者數百人注艾草爲防者曰廝汲水

爨者曰役養馬者曰扈炊亨者曰養【疏】校勘記云廝唐石經閩本同監毛本廝改厮非注同按紹熙本亦作廝新序雜事篇作斯役死者數百人○注艾草至曰養○史記張耳陳餘傳注韋昭曰析薪爲廝漢書揚雄傳蹂屍與廝注廝破析也又嚴助傳廝輿之卒注廝析薪者廝亦或作斯哀二年左傳去斯役易旅斯其所取災王弼注而爲斯賤之役是也方言官婢女廝謂之娠注女廝婦人給使亦謂之娠玉篇廝使也賤也斯訓爲析故謂析薪者曰廝此艾草與析薪事相近故艾草爲防者亦曰廝其實廝爲賤役之通稱淮南覽冥訓廝徒馬圉注廝役也一切經音義引字書謂賤役者也廣雅釋詁廝賤也廣韻廝養也漢書嚴助傳注張晏曰廝微也是也史記蘇秦列傳廝徒十萬索隱廝養馬之賤者則廝與扈同矣正義又以廝爲炊亨供養雜役則又與養同總之爲雜役之名故不必有定詁也艾草爲防者詩小雅車攻篇東有甫草傳甫大也田者大艾草以爲防釋文芟作艾穀梁昭八年傳艾蘭以爲防注防爲田之大限田獵者必大芟殺野草以爲防限止舍其中所謂置旃以爲轅門以葛覆質以爲槷流旁握是也明行軍亦宜然也役者說文殳部役戍邊也引申之服使賤者皆曰役廣雅釋詁云役使也楚辭大招云不歠役只注役賤也周禮甸師以薪蒸役外內饔之事注役爲給役也又典祀徵役於司隸而役之注役之作使之又罪隸掌役百官府注役汲其小役汲水爨亦賤者事對則異散則通不必爲汲水爨者專名焉扈者惠氏棟云閔元年僕人鄧扈樂卽圉人犖圉人卽養馬者也封氏聞見記百官從駕曰扈從又云扈從蓋臣下侍從至尊各供所職蓋扈圉同部字圉正字扈段借也扈爲隨從服役之稱故廣雅訓扈爲使亦不必專爲養馬者也養者後漢書劉元傳竈下養注引此傳炊烹曰養傳下脫注字也易說卦傳

兌為羊釋文云虞翻作羔集解載虞注女使也朱震漢上易傳引鄭本作陽注此陽謂為養无家女行賃炊爨今時有之賤於妾也與炊亨之義合陽卽養之借漢書兒寬傳嘗為弟子都養師古曰養主給烹炊者也史記注引韋昭云炊烹曰養見陳餘傳下蓋飲食所以養人故炊烹者名養虞氏易作羔經義述聞謂羔當為恙借恙為養也厩養之養通作恙猶爾雅恙憂之恙通作養也其實亦役使通稱故廣雅亦訓為使史記秦始皇紀監門之養索隱養卽卒也是卒亦稱養四者通為役使之稱對言之則各別耳書費誓臣妾逋逃史記魯世家集解引鄭注臣妾厮役之屬也古者兵車一乘甲士三人步卒七十二人外有餘子二十五人蓋卽厮役厩養也戰國策韓策卒不過三十萬而厮徒負養在其中廣雅釋詁厮厩養役使也孫子作戰篇注養二人主炊墨子備城門篇守法五十步丈夫十人丁女二十人老小十人一守城法或有婦人蓋亦給使炊烹役與通義云謹按司馬法兵車一乘炊家子十人厩養五人樵汲五人樵謂之厮汲謂之役漢書陳餘傳有厮養卒蘇林曰厮取薪者也古厮與斯通詩斧以斯之蓋所由取名也厩圉也傳言鄧厩樂是也漢書兒寬為弟子都養而鄭君讀易兌為養以為無家女行賃炊爨是炊烹者通名養矣毛本亨作烹俗字

今君勝鄭而不有無乃失民臣之力乎【注】無乃猶得無【疏】新序雜事篇今剋而不有無乃失民力乎鄭世家云楚羣臣曰自郢至此士大夫亦久勞矣今得國舍之何如楚世家云楚羣臣曰王弗許左傳亦曰左右曰不可許也得國無赦

莊王曰古者杅不穿皮不蠹則不出於四方【注】杅飲水器穿敗也皮裘也蠹壞也言杅穿皮蠹乃出四方古者出四

方朝聘征伐皆當多少圖有所喪費然後乃行爾偷已出征伐士卒死傷固其宜也不當以是故滅有鄭恥不能早服也疏注杅飲水器○唐石經諸本同釋文杅音于舊疏云其音于若今馬盂矣舊說云杅是衧字若今食竽矣按今音作于則舊說非校勘記云按說文有盂飯器也杅櫌也所以涂也然則古經皆段杅為盂公羊問答云問注杅飲水器說文盂飯器二字不同何也曰杅即盂之段借字也既夕禮兩敦兩杅注杅盛湯漿尸子君如杅民如水杅方則水方杅員則水員按後漢書引方言盌謂之杅又呂強傳注盂方椀屬也亦作盂禮記玉藻出杅注杅浴器也既夕禮注今文杅為桙蓋為盛水之具也故玉藻疏云杅浴之盆也是也新序作盂荀子君道云槃圓而水圓杅方而水方○按此與既夕皆飲器與玉藻之浴器別名同物異也○注穿敗也○按說文穴部穿通也从牙在穴中通故敗引伸義也○注皮裘也○說文皮部剝取獸革者謂之皮按經傳稱皮多指有毛者言周禮大宗伯孤執皮帛小行人璋以皮注並云皮虎豹皮禮聘禮庭實皮則攝之注皮虎豹之皮又云乘皮設注儷皮麋鹿皮也孟子梁惠王篇事之以皮幣注皮狐貉之裘儀禮士昏禮儷皮注皮鹿皮是皆据有毛者別之若無毛者謂之革故此言皮裘也○注蠹壞也○國策秦策云則是一舉而壞韓蠹魏又云有漢中蠹高注並云蠹害也一切經音義引字林云蠹木中蟲也穿食器物者也左傳襄二十七年云財用之蠹注蠹害物之蟲蓋蠹本所以壞物因謂蠹為壞襄三十一年傳而朽蠹以重敝邑之罪是也○注古者至有鄭○通義云杅積而穿器有餘也皮藏而蠹幣有餘也此與漢書云粟陳腐不可食錢貫朽不可校其喻相類言師出則費財故國必餘富然後敢從四方

之事以明今伐鄭致有損喪固其所也○注恥不能早服也○毛本能誤得是以君子篤於禮而薄於利注篤厚也不惜材皮之費而貴朝聘征伐者厚於禮義薄於財利疏校勘記云唐石經鄂本同閩監毛本于作於是也新序雜事篇云以是見君子重禮而賤利也韓詩外傳是以君子之重禮而賤財也新語云故君子篤於義而薄於利○注篤厚也○詩大雅皇矣云則篤其慶箋篤厚也又唐風椒聊云碩大且篤傳篤厚也爾雅釋詁篤厚也按說文二部竺厚也又馬部篤馬行頓遲竺正字篤借字也要其人而不要其土注本所以伐鄭者欲要其人服罪過耳不要取其土地猶古朝聘欲厚禮義不顧材皮疏注本所至土地○校勘記出耳字云閩監毛本同是也鄂本耳作爾按此即左傳云怒其貳而哀其卑叛而伐之服而舍之德刑成矣伐叛刑也柔服德也二者立矣是也告從注從服從疏注從服從○昭十一年左傳不昭不從注言順曰從禮記樂記率神而從天注從順也順卽服從之義故襄十年左傳云從之將退注從猶服也是也說文从相聽也从二人禮記郊特牲云從人者也注從謂順其教令謂鄭服從也左傳王曰其君能下人必能信用其民矣楚世家亦有其語鄭世家云莊王曰所爲伐伐不服也今已服尚何求乎不赦不詳注善用心曰詳疏注善用心曰詳○公羊問答云詳者祥也古字通爾易視履考詳虞注詳善也易大壯不詳也釋文王肅本作祥荀子修身篇則可謂不詳少者矣注詳當作祥按周書皇門解以昏求臣作威不詳又淮南說山訓六畜生多耳目者不詳孔注高注並云詳善也易

繫辭下傳虞注吉事爲詳詳之本義爲詳審凡从羊之字多取義於吉與善故詳爲善用心也或詳即祥之借新序雜事篇作告從而不赦不祥也韓詩外傳作人告以從而不舍不祥也是也繁露王道篇莊王曰古者曰杅不穿皮不蠹則不出君子篤於禮薄於利要其人不要其土告從不赦不詳強不陵弱下云此春秋之救文以質也救文以質見天下諸侯所以失其國者亦有焉意謂春秋美楚莊爲其以質待諸侯故大之以救文也

吾以不詳道民災及吾身何日之有注何日之有猶無有日疏新序雜事篇云吾以不祥立乎天下菑之及吾身何日之有矣韓詩外傳亦作吾以不祥立乎天下災及吾身何取之有

既則晉師之救鄭者至注荀林父也疏既猶已也猶論語憲問篇既而曰之既也已爲語終詞書洛誥云公言予往已是也結上楚子服鄭曰事也左傳楚世家敘晉救鄭俱在潘尪入盟子良出質後故左傳云及河聞鄭既及楚平桓子欲還是也鄭世家云晉聞楚之伐鄭發兵救鄭其來持兩端故遲比至河楚兵已去晉將率或欲渡或欲還卒渡河故此以既字括之也通義云本楚伐鄭而晉救之故經以楚爲客晉爲主也救鄭不書者舉重與戰不言伐同例〇注荀林父〇左傳晉師救鄭荀林父將中軍鄭世家云莊王聞還擊晉鄭反助楚大破晉軍於河上者林父奉君命故也

曰請戰注荀林父請戰疏注荀林父請戰〇按左傳桓子欲還曰無及於鄭而勦民焉用之唯先穀欲戰此云林父請戰者林父主師故也左傳韓獻子謂桓子曰彘子以偏師陷子罪大矣子爲元帥師不用命誰之罪也失屬亡師爲罪已重不如進也事之不捷惡有所分與其專罪六人同之不猶愈乎師遂濟故注順其文謂荀林父請戰也

莊王許諾

將軍子重諫曰晉大國也【注】國大衆彊【疏】新序雜事篇云晉彊國也道近力新楚師疲勞
君請勿許韓詩外傳亦云晉彊國也道近力銳楚師奄罷君其勿許王師淹病矣【注】淹久也諸大夫
廝役死者是【疏】注久也○爾雅釋詁云淹久也左傳云二三子無淹久注淹留也留故久晉語云振廢淹離騷經日
月忽其不淹兮韋注王注並云淹久也亦作奄詩周頌臣工奄觀銍艾箋云奄久是也左傳令尹孫叔敖曰昔歲入陳今茲入鄭不
無事矣是淹久事也○注諸大至者是○正以上子重云諸大夫死者數人廝役扈養死者數百人是其病也君請勿許
也莊王曰弱者吾威之彊者吾辟之是以使寡人無以立乎天下
【注】以是故必使寡人無以立功名於天下【疏】新序雜事篇云莊王曰不可彊者吾避之
弱者我威之是寡人無以立乎天下也韓詩外傳同通義云言避晉將為天下羞按左傳所記與此小異左傳聞晉師既濟王欲還
嬖人伍參欲戰令尹孫叔敖弗欲伍參言於王曰君而逃臣若社稷何王病之是也令之還師而逆晉寇【注】
言還者時莊王勝鄭去矣會晉師至復還戰也言寇者傳序經意
謂晉如寇虜【疏】注言還至戰也○左傳告令尹改乘轅而北之次於管以待之○注言寇至寇虜○通義云晉稱寇
者敵國辭按春秋惡晉傳故寇晉也莊王鼓之【疏】周禮鍾師掌鼛鼓縵樂注鼓讀如莊王鼓之之鼓今彼注脫一之字
新序雜事篇云莊王援桴而鼓之韓詩外傳同晉師大敗晉衆之走者舟中之指可掬矣

注時晉乘舟度邲水戰兵敗反走欲急去先入舟者斬後扳舟者指指隋舟中身隋邲水中而死可掬者言其多也以兩手曰掬禮天子造舟諸侯維舟大夫方舟士特舟

疏新序雜事篇云晉師大敗晉人來渡河而南及敗犇走欲渡而北卒爭舟而以刃擊引舟中之指可掬也韓詩外傳云晉師大敗士卒奔者爭舟而指可掬也左傳遂疾進師車馳卒奔乘晉軍桓子不知所爲鼓於軍中曰先濟者有賞中軍下軍爭舟舟中之指可掬也○注時晉至而死○此何氏推度當時情勢言之不必有成文也校勘記云鄂本度作渡按下注云使得過渡邲水去也作渡字此誤○注可掬至曰掬○杜云兩手曰匊釋名釋姿容云掬局也使相局近也詩唐風椒聊云蕃衍盈匊傳兩手曰匊又小雅采綠云不盈一匊傳同小爾雅廣量兩手謂之匊舊注一升也考工記疏引小爾雅云二升爲匊二匊爲豆豆四升則匊亦量名古律度量衡多取法人長蓋一手爲溢小爾雅云一升手之盛謂之溢也禮喪服傳注二十四兩曰溢爲米一升二十四分升之一蓋一手一升稍強兩手則二升也胡氏承珙小爾雅義證云古量甚小漢二斗七升當今五升四合以古之五當今之一則溢爲米一升二十四分升之一不過當今二合稍羸一手之盛足有此數則一匊不過四合也說文勹部在手曰匊禮記曲禮受珠玉者以掬注掬手中蓋以手掬之則作匊若訓爲兩手之掬則當作臼說文臼叉手也从巨彐手指相向兩手之象形也○注禮天至特舟○爾雅釋水文也說文引此四句作禮蓋古禮經文臧氏庸拜經日記云何邵公引爾雅釋文而稱禮者魏張揖上廣雅表言爾雅秦叔孫通撰置禮記此蓋漢初之事大戴禮記中當有

爾雅數篇爲叔孫通所取入故白虎通引釋親文稱爲禮親屬記風俗通引釋樂文爲禮樂記則禮記中有爾雅信矣詩大雅大明云造舟爲梁傳天子造舟諸侯維舟大夫方舟士特舟箋云天子造舟周制也殷時未有等制疏引王基云自殷以前質略未有造維方特之差周公制禮因文王敬太姒重初昏行造舟遂卽制之以爲天子禮著尊卑之差以爲後世法是也造舟者郭注爾雅云比船爲橋詩疏引李巡云比其舟而渡曰造舟孫炎曰造舟比舟爲梁也舊疏引爾雅舊說云以舟爲橋詣其上而行過故曰造舟也與孫李郭皆異因造有至訓附會爲此說耳郝氏懿行義疏云蓋比併其船加板於上孔穎達謂卽今浮橋是也方言艁舟謂之浮梁閒居賦云浮梁黝以徑度皆其義也至其並船之數釋文引郭圖云天子並七船按禮自上而下降殺以兩若以諸侯四大夫二士一推之則天子當並六船也按郝氏用孔疏謂卽浮橋是也造舟始於文王文王親迎太姒造舟爲梁造猶作也蓋文王刱作之制後世定爲天子法故名造舟其七船六船或定禮後彌加彌文未必文王造舟卽有此制也維舟者郭云維連四船詩疏引李巡曰中央左右相維持曰維舟舊疏引孫炎云維連四船音義曰維持使不動搖也蓋連繫四船不致散離孔穎達謂維舟以下則水上浮而行之但船有多少爲等差耳方舟者郭云併兩船詩疏引李巡云併兩船曰方舟說文方併船也象兩舟省總頭形或从水作汸方言云方舟謂之潢郭注揚州人呼渡津舫爲潢荊州人呼杭音橫按方潢舫杭航音義同也方之初義爲併船之名引申之凡方皆訓併如車不得方軌謂不得併軌也禮鄉射記不方足謂不併足也其詩周南南有喬木云不可方思邶風谷風方之舟之傳並用釋言文訓方爲泭者爾雅又云庶人乘泭注併木以渡蓋編木以渡與併船相類故俱可名方方舟爲大夫制詩所詠不

必大夫故也則對文異散亦通矣特舟者郭云單船舊疏引李巡云一舟曰特是也此及毛詩傳說俱不引庶人乘泭者所見本異或所引不具也說苑復恩云天子濟於水造舟爲梁諸侯維舟爲梁大夫方舟並不引士特舟是其例也莊王曰嘻吾兩君不相好注敵大夫戰言兩君者林父本以君命來疏與鄭世家莊王還擊晉鄭反助楚破晉軍於河上稱晉君義同百姓何罪令之還師而佚晉寇注佚猶過使得過渡邲水去也晉見莊王行義於陳功立威行嫉妒欲敗之救鄭雖解猶擊之不止爲其欲壞楚善行以求上人故奪不使與楚成禮而序林父於上罪起其事言及者以臣及君不嫌晉直明晉汲汲欲敗楚爾陸戰當舉地而舉水者大莊王閔隋水而佚晉寇疏〇通義云緩晉師令得逸去也以上並申明與楚子爲禮之事〇注佚猶至去也〇爾雅釋言逸過也廣雅釋詁逸遞也國語周語是有逸罰注逸過也逸佚通亦作軼文選蕪城賦佚周令注佚與軼通廣雅釋詁軼過也是也新序雜事篇莊王曰嘻吾兩君之不相能也百姓何罪乃退師以軼晉寇亦作軼〇注晉見至其事〇校勘記出以求二人云鄂本作上人此誤按紹熙本亦作上舊疏云即上十一年討夏徵舒是其行義也討陳既得鄭人遂服是其功立威行也救鄭雖解者晉師未至之時楚師已解去非謂晉人擊之令解也猶擊之不止者謂欲一逐而擊之非謂已擊也繁露竹林云夫莊王之舍鄭有可貴之美晉人不知善而欲擊

之所救已解如挑與之戰此無善善之心而輕救民之意也如而也義與何氏合也○注言及至楚爾○校勘記出大臣及君云鄂本大作以此誤大字𠜉改當本作以按紹熙本亦作以繁露玉杯云戰伐之事後者主先苟不惡何為使起之者居下是其惡戰伐之辭已是春秋之例在下者惡故莊二十八年齊人伐衞衞人及齊人戰傳春秋伐者為客伐者為主使衞主之衞未有罪爾故書齊於下以要齊僖十八年宋公以下伐齊下云宋師及齊師戰於甗伐者為主齊宜為主而與宋為主者彼傳云不使齊主之與襄公之征齊也故退齊於下此亦楚在下嫌楚不直故解之為其以臣敵君其罪已著不嫌楚曲明晉之汲汲也隱元年傳及猶汲汲也○注陸戰至晉寇○水經注河水篇河水又東逕卷縣北晉楚戰晉軍爭濟舟中之指可掬楚莊祀河告成而還即是處也此與僖二十二年戰於泓同義彼注云舉水者大其不以水厄人是也隋說文肉部云裂肉也又土部隓云敗城𨸏曰隓篆文作𡐦繫傳云今俗作隳隋水謂落水也宜隓之借字白虎通號篇云楚勝鄭而不告從而攻之又令還師而佚晉寇圍宋宋因而與之平引師而去知楚莊之霸也韓詩外傳載此事末引詩曰柔亦不茹剛亦不吐皆與公羊大莊王之義合穀梁家徐邈云先林父者內晉而外楚也非聖人善善之義

秋七月

冬十有二月戊寅楚子滅蕭注日者屬上有王言今反滅人故深責之疏包氏慎言云十二月書戊寅月之十日杜云蕭宋附庸國大事表云杜注沛國蕭縣今江南徐州有蕭縣北十里有蕭城

莊十二年蕭叔大心殺南宮牛立桓公有功封爲附庸宣十二年楚滅之後仍入爲宋邑水經注獲水篇又東過蕭縣南蕭縣南對山世謂之蕭城南山城東西及南三面側臨獲水故沛郡治城南舊有石橋高二丈縣本蕭叔國宋附庸楚滅之地理志沛郡蕭云故蕭叔國宋別封附庸也○注曰者至責之○舊疏云春秋之義滅例書月卽莊十年冬十月齊師滅譚之屬是今乃書日故解之也言屬上有王言謂適上文云莊王曰嘻吾兩君不相好百姓何罪令之還師而佚晉寇者王霸之言也王者之道宜存人矜患今反滅人爲過深矣是故書日變於常例故曰深責之耳通義云莊王行進於中國乃純以中國禮責之故楚滅國錄日始於此也

晉人宋人衛人曹人同盟于清丘 疏 杜云清丘衛地今在濮陽縣東南大事表云今大名府開州東南七十里有清丘高五丈水經注瓠子河篇瓠瀆又東南逕清丘北春秋宣公十二年晉人宋人衛人曹人同盟于清丘京相璠曰在今東郡濮陽縣東南三十里一統志清丘山在曹州府菏澤縣西南三十五里清丘在大名府開州東南七十里方輿紀要云丘高五尺唐置清丘縣通義云考之左傳是晉先穀宋華元衛孔達也大夫而專司盟於是始故壹貶稱人疾之

宋師伐陳 疏 校勘記云唐石經諸本同解云宋師伐陳者按諸家經皆有此文唯賈氏注者闕此一經疑脫耳盧文弨曰賈氏所闕當并衛人救陳亦闕否則救陳之文何所承乎

衛人救陳

公羊義疏四十七

句容陳立卓人著

宣十三年盡十五年

十有三年春齊師伐衛左氏穀梁作伐莒二者必有一誤

夏楚子伐宋

秋螽注先是新饑而使歸父令齊人伐莒賦斂不足國家遂虛下求不已之應疏注先是至之應○卽上十年冬書饑是也歸父會齊人伐莒見上十二年五行志中之下宣公十三年秋螽公孫歸父會齊伐莒

冬晉殺其大夫先穀疏穀梁作先穀唐石經穀梁亦作穀彼釋文云穀戶木反一本作穀知唐初穀梁本有作穀者矣

十有四年春衛殺其大夫孔達

夏五月壬申曹伯壽卒注日者公子喜時父也緣臣子尊榮莫不欲與君父共之故加錄之所以養孝子之志許人子者必使父也疏

包氏愼言云五月書壬申月之十三日〇注日者至父也〇舊疏云正以曹爲小國卒月葬時即昭十八年三月曹伯須卒秋葬曹平公之屬是今而書日故以加錄解之也喜時事見昭二十年曹公孫會自鄭出奔宋傳所以養孝子之志者舊疏云正以喜時之讓而春秋尊榮其父故曰養孝子之志也猶襄二十九年傳云以季子爲臣則宜有君者也是也許人子者必使父者襄二十九年傳云許人子者必使子也孝子之至莫大乎尊親尊榮與君父共所以隆父子之親厚君臣之義必使子者必使人子尊榮其父也校勘記云元本同閩監毛本父上有人字按疏中引注亦作必使人父也此脫謂喜時爲子必使其父亦尊榮是以加錄之也

晉侯伐鄭

秋九月楚子圍宋〔注〕月者惡久圍宋使易子而食之〔疏〕注月者至食之〇正以圍例時此月故解之易子而食諸事見下十五年傳

葬曹文公〔疏〕通義以上月爲此葬出也日卒則月葬月卒則時葬例之正也

冬公孫歸父會齊侯于穀

十有五年春公孫歸父會楚子于宋〔注〕宋見圍不得與會地以宋者善內爲救宋行雖不能解猶爲見人之厄則矜之故養遂其善意不嫌與實解宋同文者平專見刺皆可知〔疏〕注宋見至善意〇隱元年及宋人盟于宿

注宿不出主名者主國主名與可知故省文明宿當自首其榮辱也是春秋之例凡盟會地與國初者皆主國與盟也今宋見圍不得與會可知而地以宋故解之知宋不得與者以下五月始書宋人及楚人平故也如此書者正以善內為救宋行會有見人之厄則矜之意春秋美其志故書于宋若宋已與會然所以養成其善也穀梁隱元年傳春秋成人之美不成人之惡此類是也○注不嫌至可知○舊疏云舊云見刺者謂魯人見刺也者疑之按平事見刺者即傳宋人及楚人平傳云此皆大夫也其稱人何貶曷為貶平者在下也注言在下者譏二子在君側不先以便宜反報歸美于君而生事專平故貶稱人是其平事見刺也魯以春會楚子至夏宋楚始平明魯未能解宋圍故不嫌與實解宋同文也舊疏引舊說疑之浦氏鏜云之疑非字誤按此經方以于宋善內何有刺之通義云地以宋者與僖二十七年同說彼引杜云宋方見圍無嫌于與盟故直以宋地非何義何注彼云地以宋者起公解宋圍為此盟也宋得與盟則宋解可知是二者文同義異

夏五月宋人及楚人平

外平不書此何以書【注】据上楚鄭平不書【疏】注据上至不書○即上十二年莊王伐鄭勝于皇門放于路衢鄭伯肉袒云云莊王親自手旌左右撝軍退舍七里是其平事也大其平乎己也【注】己二大夫【疏】注己二大夫○謂華元子反專己為平故曰己也後漢書王望傳昔華元子反楚宋之良臣不稟君命擅平二國春秋之義以為美談本此大義也何大乎其平乎己【注】据大夫無遂事【疏】注大夫無遂事

○莊十九年傳語大夫不得遂今云大其平乎己二者義反故据以難莊王圍宋軍有七日之糧爾盡此不勝將去而歸爾疏舊疏云考諸舊本或云軍有七日之糧爾七日盡此不勝將去而歸爾卽云更留七日盡此資糧而不得勝將去宋而歸爾今定本無下七日二字校勘記云唐石經諸本同定本是也於是使司馬子反疏通義云子反楚右軍將公子側也乘堙而闚宋城宋華元亦乘堙而出見之注堙距堙上城具疏校勘記出闚宋城云唐石經鄂本閩監本同毛本闚改窺非韓詩外傳載此文堙皆作闉○注堙距堙上城具○校勘記出土城具云閩監本同誤也鄂本土作上當據正按紹熙本亦作上公羊問答云問堙距堙上城具有據否曰左傳晏弱城東陽而遂圍萊甲寅堙之環城傅于堞孫武子攻城篇攻城之法脩轒轀具器械三月而後成距堙注謂踊土稍高而前以傅其城也按左傳襄六年注堙土山也蓋於城外積土而高乘以登城者築土爲之故从土作垔也說文作垔訓爲塞引書鯀垔洪水今本作堙與此義爲虛實之分也左傳云登諸樓車史記注引服虔云樓車窺望敵軍兵法所謂雲梯也亦堙之類堙蓋用土築之堙爾司馬子反曰子之國何如華元曰憊矣疏一切經音義引通俗文云疲極曰憊說文心部𢡱憊也漢書樊噲傳又何憊也注憊力極也易遯象傳遯有疾憊也釋文引鄭注困也又既濟憊也釋文引陸注憊困劣也謂國困極也困極事見下曰何如注問憊意也曰易子而食之析骸而炊之注析破骸人骨也疏左傳使華元夜入楚師登子反之牀曰寡君使元以病告曰敝邑易子而

食析骸以爨語與此同唯以華元入楚師爲異然不若公羊之詳情勢亦不合杜云爨炊也用此傳也說文火部炊爨也方言爨齊謂之炊韓詩外傳作爨下同○注析破○一切經音義引聲類析劈也廣雅釋詁析分也淮南俶真訓析才士之脛注析解也說文木部析破木也故詁析爲破也○注骸人骨也○左傳釋文云骸本又作骨廣雅釋器骸骨也說文骨部骸脛骨也說苑復恩云邯鄲之民炊骨易子而食之是骸卽骨也故史記宋世家楚世家呂氏春秋行論篇並引作骨

司馬子反曰嘻甚矣憊雖然注雖如所言疏注雖如所言○禮記大傳注云然如是也言雖如是所言也

吾聞之也圍者注古有見圍者疏韓詩外傳作吾聞圍者之國

柑馬而秣之注秣者以粟置馬口中柑者以木銜其口不欲令食粟示有畜積疏校勘記云唐石經秣作末柑當作拑按紹熙本亦作秣从末韓詩外傳柑作箝○注秣者至口中○公羊問答云說文䬴食馬穀也今借作秣按成十六年左傳秣馬利兵注秣穀馬也禮部韻略釋疑引字林云秣食馬穀詩小雅鴛鴦云摧之秣之傳秣粟也又周南漢廣云言秣其馬傳秣養也周禮太宰七日芻秣之式注芻秣養牛馬禾穀也漢書魏相傳禁秣馬酤酒貯積注秣以粟米飤馬也○注柑者至畜積○釋文云柑以木銜馬口公羊問答云後漢書崔寔傳方將拑勒鞬䩛以救之注引何氏此注拑與鉗通後漢書袁紹傳百辟鉗口注以木銜其口也按此經注柑字皆當作拑拑說文竹部箝籋也从竹拑聲又金部鉗以鐵有所劫束也从金甘聲又手部拑脅持也从手甘聲後漢書單超傳上下鉗口注拑與鉗古字通漢書袁盎傳注箝籋也又五行志注拑籋也又江充傳注鉗籋也以木

攝馬口如鉗故曰柑或作箝鬼谷子有飛箝篇注云箝謂牽持緘束令不得脫蓋柑箝鉗皆可惟不得作柑柑乃果名也奚氏經說云柑从木釋文唐石經並同而說文無柑木者某从木从甘訓酸果與柑馬桼無涉麥雲謂柑當止作甘卽銜也甘銜古今字以金置馬口中曰銜行馬則銜之止馬則卸之故銜从金行聲甘說文作甘从口含一象口中有物形正銜在馬口中象也古文一字兼數義者甚多則甘卽柑之本字明矣說文拑脅持也鉗以鐵有所結束也此謂持以手束以鐵若口之含物然故从手从金銜馬口所銜不能銜物古卽有以木爲之者不當从木柑俗字也馬口有柑則不能食置粟馬前示敵以粟有餘也注謂以粟置馬口中非是按注意秣本飤馬之名故云以粟置馬口中也因有柑銜其口故須人置之也此本權以示敵有蓄積爾使肥者應

客【注】示飽足也是何子之情也【注】猶曰何大露情【疏】論語子路篇則民莫敢不用情集解引孔子注曰情實也禮記大學無情者不得盡其辭鄭注情猶實也淮南繆稱訓不戴其情高注情誠也太露情卽誠實之謂也韓詩外傳是作今今與是皆指事之辭華元曰吾聞之君子見人之厄則矜之【注】矜閔【疏】注矜閔○詩小雅鴻雁爰及矜人傳矜憐也華嚴經音義引字統云矜怜也書呂刑云矜我一日釋文引馬注矜哀也方言矜哀也齊魯之閔曰矜秦晉之閔曰哀哀憐皆有閔義小人見人之厄則幸之【注】幸僥幸【疏】韓詩外傳二厄字皆作困同○注幸僥幸○國語晉語云武不行而勝幸也又荀子王制云朝無幸位民無幸生注並云僥幸也按後漢書鮑永傳誠慙以其衆幸富貴注幸希也小人見人之厄則希幸之也希所不當希曰幸小爾雅廣義非分而得謂之幸

論衡幸偶篇孔子曰君子有不幸而無有幸小人有幸而無不幸是也蓋猶言幸災樂禍也吾見子之君子也是以告情于子也疏左傳寡君使元以病告是卽以情告子之事也司馬子反曰諾注諾者受語辭疏注諾者受語辭○廣雅釋詁云諾譍也說文同詩魯頌閟宮云莫敢不諾箋諾應聲也荀子王霸云刑賞已諾注諾許也許卽受語辭也文選傲曹子建樂府白馬篇一朝許人諾注相然許之辭也勉之矣注勉猶努力使努力堅守之疏注勉猶至守之○呂覽達鬱篇臣乃今將爲君勉之注勉勵也小爾雅廣詁勉力也勉勵勉力皆有努力之義故法言孝至篇所以行之者一曰勉注云勉勵也左傳昭二十年爾其勉之注云勉謂努力也方言猶勉努也注勉努者如今人言努力也是也故古詩十九首內有努力加餐飯李陵與蘇武詩有努力崇明德皆勉語也吾軍亦有七日之糧爾盡此不勝將去而歸爾揖而去之反于莊王注反報于莊王疏注反報于莊王○國語晉語反使者注反報也史記禮書反其所自始正義反猶報也反卽訓報故云反報也莊王曰何如司馬子反曰憊矣曰何如曰易子而食之析骸而炊之莊王曰嘻甚矣憊雖然注雖已憊疏注雖已憊○范望注太玄務測曰然猶是也言雖是憊也吾今取此然後而歸爾注意未足也疏經傳釋詞云而猶乃也言然後乃歸也莊十三年穀梁傳國而曰歸此邑也其言歸何言國乃曰歸也論語泰伯篇而今而後言乃今乃後也注言意未足者謂但會宋憊不足也

志在必取爾司馬子反曰不可臣已告之矣軍有七日之糧爾莊王怒曰吾使子往視之子曷爲告之【疏】毛本子誤則司馬子反曰以區區之宋【注】區區小貌【疏】注區區小貌○廣雅釋詁區區小也又釋訓云區區小也文選朱浮與彭寵書柰何以區區漁陽而結怨天子李注區區言小也襄十七年左傳宋國區區釋文區區小貌漢書楚元王傳豈謂區區之禮哉注區區謂小也又楊王孫傳何必區區獨守所聞注區區小意也區有小義故區區爲狀辭猶有不欺人之臣可以楚而無乎是以告之也莊王曰諾【注】先以諾受絕子反語【疏】注先以至反語○孟子梁惠王篇公曰諾注諾止不出此亦諾止不取之義恐子反仍諫故也舍而止【注】更命築舍而止示無去計【疏】注更命至去計○左傳申叔時僕曰築室反耕者宋必聽命從之宋人懼注築室於宋分兵歸田示無去志左傳敘於華元見子反前爲異說文亼部市居曰舍漢書高帝紀欲止宮休舍注舍謂屋舍也太元去舍彼枯園注舍居也周禮司戈盾及舍注止也築室而止故亦詁舍爲止韓詩外傳無諾舍而止通義云先勉受子反語言將舍宋止而弗攻以此爲莊王語非何義雖然【注】雖宋已知我糧短【疏】玉篇虫部雖辭兩設也經傳釋詞然詞之轉也莊王雖勉諾子反而意仍不然吾猶取此然後歸爾【注】欲徵糧待勝也【疏】注欲徵糧待勝也○此亦何氏以意測之通義云纔乃道王本意終弗舍而止免其德甚七日不解必內潰云爾夫七日不去楚糧亦絕何以使宋內潰故云徵糧待勝也

司馬子反曰然則君請處于此臣請歸爾疏白虎通諫諍篇親屬諫不得放者骨肉無相去離之義也春秋傳曰司馬子反曰君請處乎此臣請歸子反者楚公子也時不得放明人臣三諫不從宜去子反楚公子故不從仍返國也莊王曰子去我而歸吾孰與處于此吾亦從子而歸爾引師而去之故君子大其平乎己也注大其有仁恩疏左傳華元登子反之牀起之曰寡君使元以病告曰敝邑易子而食析骸以爨雖然城下之盟有以國斃不能從也去我三十里唯命是聽子反懼與之盟而告王退三十里宋及楚平華元爲質盟曰我無爾詐爾無我虞似是華元要劫爲盟與此詳略互見蓋盟在先反報莊王在後也繁露竹林篇司馬子反爲其君使廢君命與敵情從其所請與宋平是內專政而外擅名也專政則輕君擅名則不臣而春秋大之奚由哉曰爲其有慘怛之恩不忍餓一國之民使之相食推恩者遠之而大爲仁者自然而美今子反出己之心矜宋之民無計其閒故大之也是卽何氏大其有仁恩之義也繁露又云難者曰春秋之法卿不憂諸侯政不在大夫子反爲楚臣而恤宋民是憂諸侯也不復其君而與敵平是政在大夫也溴梁之盟信在大夫而春秋刺之爲其奪君尊也平在大夫亦奪君尊而春秋大之此所閒也且春秋之義臣有惡擅名美故忠臣不顯諫欲其由君出也書曰爾有嘉謀嘉猷入告爾君于內爾乃順之于外曰此謀此猷惟我君之德此爲人臣之法也古之良大夫其事君皆若是今子反去君近而不復莊王可見而不告皆以其解二國之難爲不得已也柰其奪君名美何此所惑也曰春秋之道固有常有變變用於變常用於常各止其科非相妨也今諸子所稱皆天下之常雷同

之義也子反之行一曲之變術脩之義也夫目驚而體失其容心驚而事有所忘人之情也通於驚之情者取其一美不盡其失詩云采葑采菲無以下體此之謂也今子反往視宋聞人相食大驚而哀之不意之至於此也是以心駭目動而違常禮禮者庶於仁文質而成體者也今使人相食大失其仁安著其禮方救其質奚恤其文故曰當仁不讓此之謂也春秋之辭有所謂賤者有賤乎賤者夫有賤乎賤者則亦有貴乎貴者矣今讓者春秋之所貴雖然見人相食驚人相爨救之忘其讓君子之道有貴於讓者也故說春秋者無以平定之常義疑變故之大義則幾可論矣反覆大子反之義極爲平允韓詩外傳云君子善其平己也華元以誠告子反得以解圍全二國之命詩云彼姝者子何以告之君子善其以誠相告也是亦公羊義也

此皆大夫也【疏】校勘記云唐石經鄂本閩監本同毛本皆誤其按紹熙本亦作皆

其稱人何貶曷爲貶【注】据大其平

平者在下也【注】言在下者譏二子在君側不先以便宜反報歸美于君而生事專平故貶稱人等不勿貶不言遂者在君側無遂道也以主坐在君側遂爲罪也知經不以文實貶也凡爲文實貶者皆以取專事爲罪月者專平不易【疏】注言在至稱人○後漢書馮衍傳顯志賦云媟子反於彭城兮注媟呂忱字林音仕春反勉也東觀記作譏字此雖作媟蓋亦譏刺之意謂二子專平之美不歸於君故也繁露陽尊陰卑篇云是故春秋君不名惡臣不名善善皆歸於君惡皆歸於臣臣之義比於地故爲人臣者視地之事天也又五行對云風雨者地之

所為地不敢有其功名必上之於天命若從天命者勤勞在地名一歸於天非至有義其孰能行此○注等不至天道也○校勘記出等不勿貶云疏標起訖亦作等不勿貶言與不勿貶相等謂貶也此本勿勿作物誤今訂正按紹熙本亦作勿莊十九年遂及齊侯宋公盟傳大夫無遂事此其言遂何聘禮大夫受命不受辭出境有可以安社稷利國家者則專之可也彼公子結不在君側故得言遂此與彼殊故雖貶大夫專平不書遂也舊疏云若言遂當言楚圍宋此宋宋華元楚子反遂平于宋矣然子反亦不得書字貶言遂者僖三十年公子遂如京師遂如晉之屬是也○注以主至罪也○正以遂者專事之辭此主書者雖大其平仍坐其在君側行遂事○也○注知經至為罪○通義云平倒舉國獨此稱人故知見貶義不發文實傳者在君側無專道實亦不與也雖大其平猶不與所以醇事君之義杜要上之漸舊疏云為文實貶者皆以時無王霸諸侯專事事雖違古典于時為宜是以春秋文雖貶惡其實與之即僖元年齊師云云救邢貶齊侯稱師刺其專事不言狄人滅邢而為之諱見非實與云是也按此專坐在君側專事為罪非謂無明王方伯專事罪之故直貶稱人以起其專無為實與文不與故經無與文也○注日者專平不易○定十一年冬及鄭平注不書月者易故也是不書月為易則書月為不易矣猶定十年春王三月及齊平注月者頰谷之會齊侯欲執定公故不易是也通義云凡平而後有反復者月信者時何氏無此義

六月癸卯晉師滅赤狄潞氏以潞子嬰兒歸疏

包氏慎言云六月書癸卯月之二十一日杜云潞赤狄之別種潞氏國故稱氏子爵也大事表今潞安府潞城縣東北四十里有古潞城為赤狄潞氏國按潞氏封域極廣國

都在潞安而其邊邑則在今直隸廣平府曲梁縣直接山東之界延袤二省傳云荀林父敗赤狄于曲梁遂滅潞蓋師出其東而轉攻之以絕其奔逸也一統志潞縣故城在潞安府潞城縣東北

潞何以稱子注据其滅稱氏疏通義云据赤狄君未嘗見按此爲氏與爵對舉故注云据其滅稱氏也孔改所據無謂

潞子之爲善也躬足以亡爾注躬身疏經義述聞云謹按躬行善事無取滅亡之理此非傳意也古字躬與窮通躬當讀爲窮潞子之爲善也躬窮言潞子之爲善也其道窮也蓋潞子去俗歸義而無黨援遂至于窮困下文曰離于夷狄而未能合于中國晉師伐之中國不救狄人不有是其窮於爲善之事也何注失之孔氏通義又以躬字屬下讀而云足以亡其躬按經云以潞子嬰兒歸未嘗殺之也不得云亡其躬古人字多段借必執本字以求之則迂曲而難通矣按王氏說甚允○注躬身○說文身部軀身也論語子路吾黨有直躬者孔注直躬直身而行繁露仁義法篇潞子於諸侯無所能正春秋予之有義其身正也蓋亦以躬作身解

雖然君子不可不記也離于夷狄注疾夷狄之俗而去離之故稱子疏注疾夷至稱子○繁露觀德篇潞子離狄而歸黨以得亡春秋謂之子以領其意漢書景武昭宣元功臣表昔書稱蠻夷率服詩云徐方既來春秋列潞子之爵爲其慕諸侯也應劭曰潞子離狄內附春秋嘉之稱其爵列諸盟會也是其進稱子爲其疾夷俗也

而未能合于中國注未能與中國合同禮義相親比也故猶繫赤狄疏校勘記云唐石經鄂本閩監本同毛本于改於○注未能

至赤狄○若醇同中國當書晉師滅潞氏矣晉師伐之中國不救狄人不有是以亡也

注以去俗歸義亡故君子閔傷進之日者痛錄之名者亦所聞世始錄小國也錄以歸者因可責而責之責而加進之者明不當絕

當復其氏

疏昭六年左傳女喪而宗室於人何有人亦於女何有注言人亦不能愛女也又二十六年傳是不有寡君也注有相親有也詩王風葛藟亦莫我有古以有為相親愛之義故廣雅仁虞撫有也是也狄人不有狄人不相親愛也○注以去至進之○繁露王道篇救文以質見天下諸侯所以失其國者亦有焉潞子欲合中國之禮義離乎夷狄未合乎中國所以亡也又云觀乎潞子知無輔自詛之敗自詛卽自阻也釋名釋言語云詛阻也使人行事阻限于言也繁露仁義法述此事又云故曰義在正我不在正人此其法也潞子能正我故進之也○注日者痛錄之○舊疏云正人以凡滅例月今此書日故以為哀痛而詳錄之耳通義云凡滅國而以君歸者例日惡其虐之甚然以隗子歸不書曰也○注名者至國也○舊疏云僖二十六年秋楚人滅隗以隗子歸彼注云不名者所傳聞世見治始起責小國略然則此書名者示所聞世始錄小國也通義云謹案所聞之世小國君猶未名名嬰兒者亦以行進錄之也○注錄以至責之○僖二十六年注云書以歸者惡不死位是錄以歸為責辭潞子去俗歸義為春秋所閔本可不錄責而書以歸為責辭正以其行進在可責之限春秋備責賢者之故也○注責而至其氏○舊疏云言其行既進明不當絕滅其國還當復其潞氏以為國矣按此春秋與滅國之義也穀梁傳其曰潞子嬰兒賢也論語述而篇與其進也不與其退

也戴氏望注云春秋列國進乎禮義者與之退則因而貶之潞子離狄內附稱其爵列諸盟會許其慕諸夏也按孟子滕文公篇吾聞用夏變夷者又曰吾聞出于幽谷遷于喬木者未聞下喬木而入于幽谷者下引魯頌曰戎狄是膺荆舒是懲是則春秋進潞子義也

秦人伐晉

王札子殺召伯毛伯

王札子者何長庶之號也注天子之庶兄札者冠且字也禮天子庶兄冠而不名所以尊之子者王子也天子不言子弟故變文上札繫先王以明之不稱伯仲者辟同母兄弟起其爲庶兄也主書者惡天子不以禮尊之而任以權至令殺尊卿二人不言其大夫者挈也惡二大夫居尊卿之位爲下所提挈而殺之大夫相殺不稱人者正之諸侯大夫顧弒君重故降稱人王者至尊不得顧疏注天子至尊之○白虎通王者不臣篇諸父諸兄不名諸父諸兄者親與己父兄有敵體之義也詩云王曰叔父春秋傳曰王札子何長庶之稱也桓四年注亦云諸父兄不名經曰王札子詩曰王謂叔父是也蓋謂既冠之後天子字而不名所以尊之也○注子

者至明之○文元年注不稱王子者時天子諸侯不務求賢而專貴親親故尤其在位子弟刺其早任以權也故變文上札不稱王子札也上繫先王者知爲今王之庶兄矣校勘記出故變文上札云閩監毛上本同此本上作王誤按紹熙本亦作上○注不稱至兄也○上十年天王使王季子來聘傳其稱王季子何貴也其貴柰何母弟也是同母兄弟稱伯仲此但稱其字故起其爲庶兄也所以分別之者隱七年注云春秋變周之文從殷之質質家親親明當親厚異於羣公子也○注主書至二人○舊疏云正以經不稱爵知非公故云不以禮尊之矣正以堪殺二卿故知任以權也通義云春秋文不空設皆爲後世法觀於王札子知貴戚之禍觀於三世內娶知外戚之禍是也○注不言至殺之○此明兼畿二子義也舊疏云由其爲下所提挈而殺之失大夫位故不云大夫也居尊卿之位者正以稱其伯仲字知是尊卿耳○注大夫至得顧○毛本重作仲誤文十六年傳大夫弒君稱名氏賤者窮諸人大夫相殺稱人賤者窮諸盜是則大夫相殺稱人今此不稱人故解之云正殺之稱者舉疏云正之使稱王札故也所以正之者諸侯大夫欲分別弒君殺大夫故降稱人顧弒君重故也王者至尊無有弒理不必顧故大夫相殺不假降之稱人矣

秋螺注從十三年之後上求未已而又歸父比年再出會內計稅畝百姓動擾之應疏注從十至之應○校勘記出內計稅畝云閩監毛本同鄂本計作議上十三年秋螺注云先是新饑而使歸父會齊人伐莒賦斂不足國家遂虛下求未已此年又螺故注承上言之也歸父比年再出卽上十四年公孫歸父會齊侯于穀十五年公孫歸父會楚子于宋也稅畝見下漢書五行志中之下云十五年秋螽宣無熟歲數有軍旅

仲孫蔑會齊高固于牟婁疏左氏穀梁作無婁按牟無古音之轉禮士冠禮記毋追夏后氏之道也釋文毋音牟公食大夫禮注鶩音毋釋文毋音牟方言一憮牟愛也韓鄭曰憮宋魯之閒曰牟杜云無婁杞邑大事表云公羊作牟婁蓋即莒人所取然此時已爲莒邑杜注疑有誤

初稅畝

初者何始也疏爾雅釋詁云初始也十行本作畒唐石經作畝閩監本作畆毛本作畞紹熙本亦作畒按說文作晦六尺爲步百步爲晦或从十久作畝錯曰十其制久聲稅畝者何履畝而稅也注時宣公無恩信於民民不肯盡力於公田故履踐案行擇其善畝穀最好者稅取之疏孟子萬章篇取之於民也猶禦也趙注今諸侯賦斂不由其道履履畝強求猶禦人也○注時宣至取之○毛本案改按五行志中之下是時民患上力役解於公田宣是時初稅畝稅畝就民田畝擇美者稅其什一亂先王制而爲貪利與何氏說合通義云穀梁傳曰去公田而履畝十取一也蓋古者八家同井中爲公田藉而不稅今去公田則九家同井而每畝稅取其什之一近貢法也或以爲什二而稅非也論語言二者是哀公用田賦以後耳按如所言則什一而貢猶是先王正法春秋何爲責之與履字義亦不合穀梁傳謂古者什一藉而不稅初稅畝者非公之去公田而履畝十取一也似亦與何義同孟子公孫丑篇耕者助而不稅趙注助佐公田家治公田不橫稅賦若履畝之類亦用公羊義也杜注左傳云公田之法十取其一今又履其餘畝復什收

其一故哀公曰二吾猶不足遂以爲常故曰初亦非按彼傳云穀出不過藉謂不過藉民之力以取所出穀爾不當履民畝而稅之也似杜亦失傳意穀梁疏引徐邈說以爲除去公田之外又稅私田之什一耳與杜合亦非穀梁義

初稅畝何以書譏何譏爾譏始履畝而稅也 疏 潛夫論班祿篇履畝稅而碩鼠作鹽鐵論取下篇德惠塞而嗜欲衆君奢後而上求多民困于下怠於公事是有履畝之稅碩鼠之詩作也彼當出魯韓詩此下云什一行而頌聲作似正對碩鼠詩言

何譏乎始履畝而稅 注 据用田賦不言初亦不言稅畝 疏 注据用至稅畝○哀十二年用田賦是也

古者什一而藉 注 什一以借民力以什與民自取其一爲公田 疏 注什一至公田○下注云一夫一婦受田百畝公田十畝與漢書食貨志同是爲一夫受田一百十畝百畝入己十畝入公是爲以什與民自取其一蓋一在十之外也周禮載師職凡任地近郊十一遠郊二十而三甸稍縣都皆無過十二唯其漆林之征二十而五蓋據王畿之內所共多故賦稅重也此傳稅法據諸侯邦國言蓋國地狹小役少賦暇故無遠近之差也又周禮所記或是貢法通義云孟子曰助者藉也不言徹言助者傳順經意有從殷之質故取法其善者段氏玉裁說文注云耡殷人七十而耡耡藉稅也从耒助聲周禮曰以興耡利甿今孟子作助周禮注引作莇耡卽以借釋之耤稅者借民力以食稅也遂大夫注云鄭大夫讀耡爲藉杜子春讀耡爲助謂起民人令相佐助按鄭意耡者合耦相助以歲時合耦于耡謂於里宰治處合耦因謂里宰治處爲耡也許以周禮證七十而耡蓋其意同廣雅疏證云大雅韓奕篇實畝實藉鄭箋曰藉稅也宣十六年左傳穀出

不過藉杜預注云周法民耕百畝公田十畝借民力而治之稅不過此藉王制古者公田藉而不稅鄭注云藉之言借也借民力治公田美惡取於此不稅民之所自治也說文殷人七十而耡耡耤稅也耡字亦作莇又作助助與耤古音同聲孟子公孫丑篇助而不稅稅即藉而不稅也論語顏淵篇盍徹乎鄭注周法什一而稅謂之徹徹通也爲天下之通法孟子滕文公篇夏后氏五十而貢殷人七十而助周人百畝而徹其實皆什一也徹者徹也助者藉也趙氏注徹猶人徹取物也藉者借也猶人相借力助之也鄭氏注匠人云貢者自治其所受田貢其稅穀莇者借民之力以治公田又使收斂焉徹者通其率以什一爲正也姚氏文田求是齋自訂稿云徹之制度終不能明惟周禮司稼巡野觀稼以年之上下出斂法是知徹無常額惟視年之凶豐此其與貢異處助法正是八家合作而上收其公田之入無煩更出斂法然其弊必有如何休所云不盡力於公田者故周直以公田分授八夫至斂時則巡野觀稼合百十畝通計之而取其什一其法亦不異於助故左傳云穀出不過藉然民自無公私緩急之異此其與助異處自魯宣公因其舊法而倍收之是爲什而稅二矣謂之徹者直是通盤核算猶徹上徹下之謂蓋非通融之義故孟子既分釋徹助之義而又據大田之詩以證其與助同法先儒以貢助並用爲辭殆未然矣按如姚義似即宣公履畝之法謂又取二也猶爲杜說所牽萬氏斯大學春秋隨筆云孟子言三代田制莫善於助言助法之形體曰方里而井井九百畝其中爲公田八家皆私百畝同養公田非謂成周之徹法如此也漢書食貨志直本此以言周制後儒多相因不變若是則周人乃百畝而助矣何名爲徹哉惟趙岐注孟子云周人耕百畝者徹取其十畝以爲賦斯言得之矣司馬法云畝百爲夫夫三爲屋屋三爲井小司徒亦云九夫爲井據此二文是畝

周人井九百畝分之九夫每夫百畝中以十畝爲公田君取其入而不收餘畝之稅宣公於公田之外更稅餘畝之十一故曰稅畝也周氏柄中四書辨正云充宗之說良不誣也徹本無公田故孟子曰惟助爲有公田言惟助有則徹無以明其制之異言雖周亦助見助豐凶相通徹亦豐凶相通明其意之同若徹原是助則人人共知孟子何用詞費徹無公田詩曰雨我公田者商家同井公田在私田外周家九夫爲井公田在私田中夏小正云農服于公田公田之稱可施於貢獨不可施於徹乎然則周何以變八夫爲九夫此自任鈞臺言之矣蓋自商至周歷六百餘年生齒必日煩無田可給不得不舉公田授之民及列國兵爭殺戮過甚民數反少於周初而徹法之壞已甚故孟子欲改行助法所謂與時宜之者此眞通人之論也鍾氏褎蔽匡考古錄云孟子論井田之制以夏爲貢殷爲助周爲徹顯分其制及引大田之詩又謂雖周亦助可知助徹乃通名也夏后氏五十而貢其實亦是什一獨不能通助徹之名者蓋因諸侯去籍孟子末由攷之耳夏小正二月農及雪澤初服于公田傳云古有公田焉者古言先服公田而後服其田也可知公田之制自夏已然公劉雖由夏居戎亦循有部之舊而不改也然則貢卽助卽徹皆不離乎什而稅誤以公劉創什一之稅可乎大抵周家典禮多夏殷之制特其斟酌損益少有不同耳按鍾氏說極爲明晰貢者以上言徹者取也以下言助者指其事言要皆借民力什取一耳孟子不憚煩言者容當時列國井田已壞故特申明舊制極言貢不如助蓋時冒貢之名非貢之實若時尚沿殷周之舊何庸畢戰問哉且夏時與創貢法若如龍子所言豈神禹之所爲哉商君阡陌之開殆所本有素矣周氏謂殷周之異一則八家爲井一則九家爲井一則公田在私田外一則公田在私田中何注據殷制故云以什與民自取其一周則取一則在

十中矣其說似亦可通王制疏云凡賦法無過十一故孟子云輕於十十一大貉小貉重於什一大桀小桀十一而稅堯舜之道但周之圻內有參差統而言之皆什一若圻外先儒約孟子樂緯皆九夫爲井八家共治公田八十畝已外二十畝以爲八家井竈廬舍是百畝之外別爲助是十外稅一郊外既十外稅一郊內亦十外稅一假令治一夫之田得百十碩粟而貢十碩是亦什外稅一也劉氏以爲匠人注引孟子野九夫而稅一國中什一諸侯謂之徹者通其率以十一爲正則謂野九夫之田而稅一國中十一夫之田而稅一是二十夫之田中而稅二計地言之十中稅一計夫實稅猶十外稅一與先儒同也是古者曷爲什一

而藉 注 据數非一 疏 注据數非一○正以周禮載師有二十而一有十一有十二有二十而三有二十而五又論語顏淵篇哀公曰二吾猶不足又孟子告子篇白圭曰吾欲二十而取一是輕重之數非一也什一者天下之

中正也多乎什一大桀小桀 注 奢泰多取於民比於桀也 疏 孟子告子下欲重之於堯舜之道者大桀小桀也趙注堯舜以來什一而稅足以行禮故以此爲道欲重之過什一則夏桀爲大桀子爲小桀也尚書大傳說多方云古者什稅一多於什稅一謂之大桀小桀舊疏云夏桀無道重賦於人今過什一與之相似若十取四五則爲桀之大貪若取二三則爲桀之小貪較之趙義爲長按此及下小貉大貉等語似當時成語故此傳及孟子書傳並引用焉○注奢泰至桀也○舊疏引舊說云不言紂者近事不嫌不知按桀之與紂科取其一無定義也舊疏云所以不言紂者略舉以爲說爾

寡乎什一大貉小貉 注 蠻貉無社稷宗廟百官制度之費稅薄 疏

釋文貉作貊論語衛靈公篇雖蠻貊之邦行矣亦作貊孟子又云欲輕之於堯舜之道者大貉小貉也趙注云今欲輕之二十稅一者夷貉爲大子爲小貉也舊疏云若十四五乃取其一則爲大貉行若十二十三乃取一則爲小貉行亦不取趙義趙氏專以二十稅一爲小貉亦泥蓋輕於什一卽是貉也不必至二十取一也尙書大傳又云少於什稅一謂之大貊小貊王者什一而稅頌聲作矣故書曰越惟有胥賦小大多政伏氏以小桀大桀小貊大貊明多方大小二字政者正也今書作正小大多得其正也江氏聲尙書集注音疏云胥繇役繇役亦賦也故曰胥賦蓋胥賦卽稅正卽謂什一中正謂胥賦之輕重一一本於中正小之不致爲小桀小貊大之不致爲大桀大貊與此舊疏同故詩疏引鄭志答張逸曰稅法有常不不得薄今魏君不取於民唯食園桃而已非徒薄于什一稅故刺之亦卽大貉小貉之類與○注蠻貉至稅薄○孟子又云夫貉五穀不生唯黍生之無城郭宮室宗廟祭祀之禮無諸侯幣帛饔飧無百官有司故二十取一而足也說文貉北方豸種从豸各聲孔子曰貉之言惡也此言蠻者連舉之爾史記匈奴列傳居于北蠻是北方亦稱蠻也又云隨畜牧而轉移逐水草遷徙毋城郭常處耕田之業明無社稷宗廟等也

什一者天下之中正也什一行而頌聲作矣注頌聲者太平歌頌之聲帝王之高致也春秋經傳數萬指意無窮狀相須而舉相待而成至此獨言頌聲作者民以食爲本也夫飢寒並至雖堯舜躬化不能使野無寇盜貧富兼并雖皐陶制法不能使彊不淩弱是故聖人制井

田之法而口分之一夫一婦受田百畝以養父母妻子五口爲一家公田十畝卽所謂十一而稅也廬舍二畝半凡爲田一頃十二畝半八家而九頃共爲一井故曰井田廬舍在內貴人也公田次之重公也私田在外賤私也井田之義一曰無泄地氣二曰無費一家三曰同風俗四曰合巧拙五曰通財貨因井田以爲市故俗語曰市井種穀不得種一穀以備災害田中不得有樹以妨五穀還廬舍種桑荻雜菜畜五母雞兩母豕瓜果種疆畔女工蠶織老者得衣帛焉得食肉焉死者得葬焉多於五口名曰餘夫餘夫以率受田二十五畝十井共出兵車一乘司空謹別田之高下善惡分爲三品上田一歲一墾中田二歲一墾下田三歲一墾肥饒不得獨樂墝埆不得獨苦故三年一換主易居財均力平兵車素定是謂均民力彊國家在田曰廬在邑曰里一里八十戶八家共一巷中里爲校室選其耆老有高德者名曰父老其有辯護伉健者

爲里正皆受倍田得乘馬父老比三老孝弟官屬里正比庶人在官吏民春夏出田秋冬入保城郭田作之時春父老及里正旦開門坐塾上晏出後時者不得出莫不持樵者不得入五穀畢入民皆居宅里正趨緝績男女同巷相從夜績至於夜中故女功一月得四十五日作從十月盡正月止男女有所怨恨相從而歌飢者歌其食勞者歌其事男年六十女年五十無子者官衣食之使之民閒求詩鄉移於邑邑移於國國以聞於天子故王者不出牖戶盡知天下所苦不下堂而知四方十月事訖父老教於校室八歲者學小學十五者學大學其有秀者移於鄉學鄉學之秀者移於庠庠之秀者移於國學學於小學諸侯歲貢小學之秀者於天子學於大學其有秀者命曰進士行同而能偶別之以射然後爵之士以才能進取君以考功授官三年耕餘一年之畜九年耕餘三年之積三十年耕有十年之儲雖遇唐堯之水殷湯之旱民無近

憂四海之內莫不樂其業故曰頌聲作矣疏鹽鐵論未通云什一而藉民之力也豐耗美惡與民共民饑己不獨衍民衍己不獨饑故曰什一者天下之中正也又取下篇德惠塞而嗜慾重君奢侈而上求多民困於下急於公事是以有履畝之稅碩鼠之詩作也履畝碩鼠爲一事當出三家詩序知此云頌聲作者正爲碩鼠詩而言公羊與三家詩皆今文故說相近潛夫論班祿云履畝稅而碩鼠作是其明證又潛夫論下云賦斂重而譚告通班祿頗而傾父刺行人乏而綿蠻諷皆上見序下見詩則碩鼠與履畝相連爲一事矣傳云什一行而頌聲作與履畝稅而碩鼠作相對所以隱義之也周禮疏引異義今春秋公羊說十一而稅過於十一大桀小桀減於什一大貉小貉什一稅天下之正什一行而頌聲作故周禮說國中園廛之賦二十而稅一近郊十而稅一遠郊二十而稅三有軍旅之歲一井九夫百畝之賦出禾二百四十斛芻稾二百四十斛釜米十六斗謹按公羊十一稅遠近無差漢制收租田有上中下與周禮同義元之閒也周禮制稅法輕近而重遠者爲民城道溝渠之役近皆勞遠皆逸故也其授民田家所養者多與之美田所養者少則與之薄田其調均之而足故可以爲常法漢無授田之法富者貴美且多貧者賤薄且少美薄之收不通相倍蓰而云上中下與周禮同義未之思也又周禮六篇無軍旅之歲一井九夫百畮之稅出禾芻稾釜米之事何以得此言乎是周禮與春秋不必強合公羊舉其稅之正者言明爲後世立法故也漢書貢山傳昔者周蓋千八百國以九州之民養千八百國之君用民之力不過歲三日什一而籍君有餘財民有餘力而頌聲作又王莽傳古者設廬井八家一夫一婦田百畝什而稅則國給民富而頌聲作此唐虞之道三代所遵行也皆本此爲說○注頌聲至致也○詩譜云頌之

言容天子之德光被四表格於上下無不覆燾無不持載此之謂容於是和樂興焉頌聲乃作又云頌者美盛德之形容以其成功告於神明者也是頌者太平歌頌之聲也帝王之高致者舊疏云謂帝王之行清高乃致頌聲故曰高致也舊疏又云文宣之時乃升平之世也而言頌聲作者因事而言之故也何者文宣之世乃升平之世言佰能均其衆寡等其功力平正而行必時和而年豐什一而稅之則四海不失業歌頌功德而歸鄉之故曰頌聲作矣不謂宣公之時實致頌聲○注春秋至本也○舊疏云言春秋經與傳數萬之字論其科指意義實無窮然其上下經例相須而舉其上下意義相待而成以此言之則非一言可盡至此獨言頌聲作者正以此處論稅畝之事若稅畝得所以致太平故云民以食爲本也繁露玉杯云春秋赴問數百應問數千同留經中繙援比類以發其端卒無妄言而得應於傳民以食爲本故於此稅畝○特著頌聲作之故以見相須而舉相待而成也○注夫飢至淩弱○校勘記飢寒並至鄂本閩本同監毛本飢改饑下及疏同漢書食貨志晁錯說上曰民貧則奸邪生貧生於不足不足生於不農不農則不地著不地著則離鄉去家民如鳥獸雖有高城深池嚴刑重法猶不能禁也夫寒之於衣不待輕煖飢之於食不待甘旨飢寒至身不顧廉恥人情一日不再食則飢終歲不製衣則寒夫腹飢不得食膚寒不得衣雖慈母不能保其子君安能育其民哉鹽鐵論授時云周公之相成王也百姓饒樂國無乏人非代之耕織也易其田疇薄其稅斂則民富矣上以奉君親下無飢寒之憂則教可成也是即飢寒並至雖堯舜不能爲治也食貨志又云衣食足而知禮節倉廩實而知榮辱史記平準書漢興七十餘年之閒民則家給人足都鄙廩庾皆滿故人人自愛而重犯法也平準書又云當此之時網疏而民富役財驕溢或至兼并豪黨之徒以武

斷於鄉曲是卽强陵弱事也彊陵弱見隱三年左傳○注是故至稅也○閩監毛本作什一食貨志又云故又建步立畮正其疆界六尺爲步步百爲晦晦百爲夫夫三爲屋屋三爲井井方一里是爲九夫八家共之各受私田百畞公田十畞是爲八百八十畞後漢書劉寵傳注謹按春秋井田記人年三十歲受田百畞以食五口五口爲一戶父母妻子也繁露爵國云以井田準數之方里而一井一井而九百畞而立口方里八家一家百畞以食五口孟子言八口之家者子女容有多者舉其極言焉○注廬舍至井田○食貨志又云餘二十畞以爲廬舍出入相友守望相助疾病則救民是以和睦而教化齊同力役生產可得而平也蓋百畞爲一頃八家得八頃又公田八十畞廬舍二十畞共爲一頃是爲八家而九頃也韓詩外傳古者八家而井田方里爲一井廣三百步長三百步爲一里其田九百畞廣一步長一步爲一畞廣百步長百步爲百畞八家爲鄰家得百畞家爲公田十畞餘二十畞共爲廬舍各得二畞半八家相保出入更守疾病相憂患難相救有無相貸飲食相召嫁娶相謀漁獵分得仁恩施行是以民和親而相好詩曰中田有廬疆場有瓜劉寵傳注引井田記又云公田十畞廬舍五畞成田一頃十五畞八家而九頃二十畞共爲一井孟子滕文公篇方里而井井九百畞其中爲公田八家皆私百畞同養公田趙注方一里者九百畞之地也爲一井八家各私得百畞同共養其公田之苗稼公田八十畞其餘二十畞以爲廬井宅園圃家二畞半也公羊問荅問注廬舍二畞半食貨志之外有徵乎曰孟子曰五畞之宅趙注廬井邑居各二畞半以爲宅冬入保城二畞半故爲五畞也說文廬寄也秋冬去春夏居廛二畞半也按廛卽里也何下注云在田曰廬在邑曰里春夏出田秋冬入保皆與許趙同不獨合於漢志王制疏引書緯云九家爲井八家共治公田八十

畝已外二十畝爲廬舍井竈是也○注廬舍至市井○劉寵傳注井田記曰廬舍在內貴人也公田次之重公也私田在外賤私也井田之義一曰無泄地氣二曰無費一家三曰同風俗四曰合巧拙五曰通貨財因市爲井交易而退故稱市井也風俗通云謹按古者二十畝爲一井因爲市交易故稱市井閻氏若璩釋地續云後漢劉寵列傳拜會稽太守山民愿朴乃有白首不入市井者父老自稱山谷鄙生未嘗識郡朝郡朝太守之聽事也此可證市之貼在國都言注引風俗通義以井爲井田則在野矣非市交易之井處井共汲之所又引張守節曰古人未有市及井若朝聚井汲水便將貨物於井邊售賣故言市井按因井爲市蓋始於三代以前初作井田時民情倹朴無非尋常食用故於井田閒交易非必汲水之井也後世漸趨於文百貨交易必於都會聚集之所因亦謂之市井孟子萬章篇所謂在國曰市井之臣是也○注種穀至葬爲○校勘記云食貨志無荻字此荻當作萩荻者楸之叚借字楸者梓也又出女上蠶織云閩監毛本同浦鏜云工誤上按上同尙按紹熙本作工穀上梁蠶傳曰古者公田爲居井竈葱韭盡取焉注損其廬舍家作一園以種五菜外種楸桑以備養生送死食貨志又云種穀必雜五種以備災害田中不得有樹以妨五穀力耕數耘收穫如寇盜之至還廬樹桑菜茹有畦瓜瓠果蓏殖於疆易雞豚狗彘無失其時女修蠶織則五十可以衣帛七十可以食肉詩小雅信南山云中田有廬疆埸有瓜箋云中田田中也農人作廬焉以便其田事孟子梁惠王篇五畝之宅樹之以桑五十者可以衣帛矣雞豚狗彘之畜無失其時七十者可以食肉矣又盡心篇五畝之宅樹牆下以桑匹婦蠶之則老者足以衣帛矣五母雞二母彘無失其時老者足以食肉矣梁惠王又云穀與魚鼈不可勝食材木不可勝用是使民養生送死無憾也與何氏注同故周禮載

師職云凡宅不毛者有里布鄭司農云宅不毛者謂不樹桑麻也又閭師職凡庶民不畜者祭無牲不耕者祭無盛不樹者無椁不蠶者不帛不績者不衰注掌罰其家事也皆所以責民畜者也禮記王制云六十非肉不飽七十非帛不煖孟子梁惠王趙注古者年五十乃衣帛矣任氏大椿深衣釋例云大司徒六曰同衣服注民雖有富者衣服不得獨異按雜記注麻衣白布深衣深衣注庶人吉服深衣管子立政篇刑餘戮民不得服絲然則非刑餘者可服絲矣春秋繁露服制篇散民不敢服采刑餘戮民不敢服絲然則散民不服采耳絲得服也又繁露廣制篇古者庶人衣縵縵無文帛也尙書大傳命民得乘飾車軿馬衣文軿錦未有命者不得衣不得乘庶人墨車單馬衣布帛然則命民亦得衣文不命之民亦得衣帛與鄭注庶人白布深衣異術今考士昏禮注士而乘墨車攝盛蓋士庶人往往有攝盛之事鄭注深衣爲庶人之服言其常服皆布也若行盛禮或當攝盛則衣絲也刑餘戮民幷不得攝盛矣周禮閭師不蠶者不帛疏引孟子曰五十可以衣帛以不蠶故身不得衣帛然則不蠶雖五十不得衣帛蠶而未五十亦不得衣帛則庶人布深衣其常也鹽鐵論古者庶人耄老然後衣絲其餘則麻枲而已故命曰布衣按此言老者不別五十六十七十之異統言老者非帛不煖非肉不飽井田法行則不至有不煖不飽之患其非老者者亦不必不衣帛食肉焉公羊問答云桑荻何也曰荻爾雅釋草蕭荻注卽蒿也荻字當從穀梁作楸古楸字往往作荻史記貨殖傳千樹荻楸之誤也今食貨志種桑下無荻字齊氏召南考證以食貨志無種荻之文駁何氏直未讀穀梁也○注多扵至五畝○食貨志農民戶一人已受田其家衆男爲餘夫亦以口受田如比士農工商家受田五口乃當農夫一人孟子滕文公云餘夫二十五畝注餘夫者一家一人受田其餘老小尙有餘

力者受二十五畝半於圭田謂之餘夫也受田者田萊多少有上中下周禮曰餘夫亦如之亦如上中下之制也王制曰夫圭田無征謂餘夫圭田皆不出征賦也與何義合何云多於五口則不拘何人故趙岐兼言老幼也食貨志云如比則如一夫百畝之例與孟子餘夫二十五畝之餘夫不同地官遂人云上地夫一廛田百畝萊五十畝餘夫亦如之中地夫一廛田百畝萊百畝餘夫亦如之下地夫一廛田百畝萊二百畝餘夫亦如之注萊不耕者鄭司農云戶計一夫一婦而賦之田其一戶有數口者餘夫亦受此田也廛居也楊子雲有田一廛謂百畝之居也後鄭無注其注載師云餘夫在遂地之中如比則士工商以事入在官而餘夫以力出耕公邑彼疏云六鄉七萬五千家家以七夫為計餘子弟多三十壯有室其合受地亦與正夫同孟子云餘夫二十五畝與正夫不同者彼餘夫是二十九以下未有妻室受口田故二十五畝若三十有妻則受夫田百畝故鄭注內則云三十受田給征役士與工商之家丈夫成人受田各受一夫則上注云半農夫者是也其家內無丈夫其餘家口不得如一成人故五口乃當農夫一人矣百里內置六鄉以九等受地皆以一夫為計其地則畫至於餘夫無地可受則六鄉餘夫等並出耕在遂地中百里之外其六遂之餘夫亦並在遂地之中受田矣如是則遂人之餘夫不同於孟子之餘夫而趙氏引以證孟子則以遂人所云餘夫亦如之即孟子之受二十五畝者矣趙氏解遂人餘夫亦如之非謂必如受田百畝意謂上地里二十五畝萊半之中地二十五畝下地二十五畝萊則五十畝矣未知何意然否○注十井至一乘○論語學而道千乘之國注包曰古者井田方里為井井十為乘毛氏奇齡經問云古千乘之國地方百里出革車千乘故稱千乘之國方里而井百里之國為萬井而出千乘是十井出一乘不問可知周禮乃謂九夫

爲井四井爲邑四邑爲丘四丘爲甸甸六十四井出車一乘則是百里之國止出兵車一百五十乘何名千乘乎曰周禮小司徒職唯有九夫爲井四井爲邑四邑爲丘四丘爲甸四甸其下甸出一乘云云皆司馬法文杜預引此注左傳不注明司馬法三字而混并在周禮文下或遂以之詬周禮特所謂司馬法者原非周制史記齊景公時有司馬穰苴會著兵法戰國時齊威王使大夫追論古司馬兵法而附穰苴於其中名曰司馬法今其書不傳然且有兩司馬法兩言出車之制其一又云六尺爲步步百爲畝畝百爲夫夫三爲屋屋三爲井井十爲通通十爲成成出革車一乘此馬融引之注論語鄭康成引之注周禮然皆非是大抵侯國以百里爲率百里之地以開方計之實得萬里孟子方里而井井萬里者萬井也乃以甸出一乘計之甸方八里實得六十四井以成出一乘計之成方十里實得百井百井出一乘則萬井止百乘六十井出一乘則萬井止出一百五十有六乘雖爲之說曰成之十里卽甸之八里以甸八里外有治溝洫之夫各受一井得二里不出車賦仍是十里然其與千乘之賦則總不合於是馬融謂侯封不止百里當有方三百一十六里有奇而鄭康成直據周禮謂公五百里侯四百里伯三百里子二百里男百里以求合於成甸出車之數夫列爵惟五分土惟三眞周制也公侯百里伯七十里子男五十里王制之等也故易曰震驚百里言建侯象雷震地止百里而春秋傳曰列國一同一同者百里之地孟子謂周公太公其始封皆止百里非地有不足而限制如此在漢後五經諸家如何休張苞包咸范甯輩皆歷爲是說而乃以五等班祿亂周家三等之制以一人之書盡反易春秋尚書孟子王制之文豈可訓也按毛氏主包說與百里千乘正合以六十四井五百餘夫出一乘似亦過少昭元年注亦云十井爲一乘公侯封方百里凡千乘伯四百七十

乘子男二百五十乘孟子盡心下武王之伐殷也革車三百兩虎賁三千人此一乘有士十人故魯頌閟宮公車千乘公徒三萬矣士十人徒二十人數之也禮記坊記云制國不過千乘注古者方十里其中六十四井出兵車一乘此兵賦之法也成國之賦不過千乘亦與此不合○注司空至國家○校勘記出換主云閩監毛本同誤也鄂本主作土當據正按紹熙本亦作土彊國家毛本彊誤疆禮記王制云司空執度度地居民山林沮澤時四時量地遠近興事任力注事謂築邑廬宿市也食貨志云民受田上田夫百畝中田夫二百畝下田夫三百畝歲耕種為不易上田休一歲者為一易中田休二歲者為再易下田三歲更耕之自爰其處孟子滕文公死徙無出鄉注徙為爰田易居平肥磽也彼之爰土即此之換土也爰土即國語晉語之轅田注引賈侍中云轅易也為易田之法左傳僖十五年亦云作爰田彼之平肥磽即此之肥饒不得獨樂磽确不得獨苦所謂不易之地家百畝一易之地家二百畝再易之地家三百畝無偏枯不均也左傳疏引服虔孔晁皆云爰易也賞衆以田易其疆畔易亦換也古爰換同音故畔換即畔援也說文走部趄田易居也段氏注云周禮大司徒不易之地家百畝一易之地家二百畝再易之地家三百畝大鄭云不易之地歲種之美故家百晦一易之地休一歲乃復地薄故家二百再易之地休二歲乃復種故家三百畝遂人辨其野之土上地中地下地以頒田里上地夫一廛田百畝萊五十畝中地夫一廛田百畝萊百畝下地夫一廛田百畝萊二百畝注謂萊休不耕者公羊何注云司空別田之高下美惡分為三品三年一換土易居漢書食貨志云三歲更耕自爰其處地理志秦孝公用商鞅為制轅田張晏曰周制三年以易以同美惡商鞅始割列田地而立阡陌令民各有常制孟康曰三年爰土易居古制也末世既廢商鞅相秦復

立爰田上田不易中田一易下田再易爰但在其田不復易居矣按何云換土易居班云更耕自爰其處趙云爰土易居許云趄田易居爰轅趄換四字音義同也古者每歲易其所耕則田廬皆易之三年者三年而上中下田皆偏焉三年後一年仍耕上田故曰自爰其處孟康說古制易居爲爰田商鞅自在其田不復易居爲轅田名同實異孟說是也依孟則商鞅田分上中下而少多之得上田者百畝得中田者二百畝得下田者三百畝不令得田者彼此相易其得中田二百者每年耕百畝二年而偏得下田三百畝者亦每年耕百畝三年而偏故曰上田不易中田一易下田再易爰自在其田不復易居周禮之制得三等田者彼此相易今年耕上田百畝明年耕中田二百畝之百畝又明年耕下田三百畝之百畝又明年仍耕上田之百畝如是乃得有休一歲休二歲之法故曰三歲更耕自爰其處與商鞅法雖異而意則同然不若商鞅之自在其田不復易居之便民也周家亦唯鄉遂可行之若用井法八夫授地各有定則公田廬舍授口而給若年年更換不勝其擾且此八百八十畝者若有一易再易在其中則不容有此數則不得有此多夫窒礙種種恐非久計也○注在田至曰里○食貨志又云在埜曰廬在邑曰里注師古曰廬各在田中而里聚居也段氏說文注云說文廬寄也秋冬去春夏居廛畝半也一家之居大雅于時廬旅毛傳廬寄也小雅中田有廬箋云中田田中也農居人作廬焉以便其田事宣十五年公羊注一夫受田百畝廬舍二畝半孟子梁惠王注廬井邑居各二畝半以爲宅焦氏循孟子正義云按許廬義與下廛義互相足在野曰廬在邑曰廛皆二畝半也趙氏尤明里即廛也詩伐檀毛傳云一夫之居曰廛遂人夫一廛先鄭云廛居也後鄭云廛城邑之居載師以廛里任國中之地後鄭云廛里者若今之邑居廛民居之區域也里居也毛鄭皆未

明言二畝半要其意同也許於廬不云二畝半於廛曰二畝半以錯見互相足按今說文廛下作畝半焦氏不知所據何本閻氏若璩釋地三續云炳燭齋隨筆曰五畝之宅說者皆云古者受宅二畝半在田二畝半在邑此說之極不通者古今皆習同莫知其非可笑也匠人營國不過方九里九九八十一為方一里八十一方一里之地為田九百畝以八十一倍算不過七萬二千七百畝耳其中有王宮有左祖右社面朝後市又道涂九經九緯每經涂闊九軌又六卿以至於三百六十官各有公署自公卿而下至於上中下士各有館舍如詩所云退食自公適子之館者又有賓館神祠作坊倉庫囹獄以上諸項處于王城之中必三分居二所存不過二三萬畝耳而六鄉之民已七萬五千家工商各不下萬家郎人受半畝勢必不給況二畝半乎孟子云願受一廛而為氓禮記云儒有一畝之宮參觀之足知二畝半之說妄矣以今世數目驗之民有地二十步即可造屋三四間足以成家矣則古者一畝百步之地當必容四五家二畝半之地當必容十餘家矣愚按此說可疑之存之以待博雅君子按所疑之甚是農人春夏赴田秋冬入城近郊猶可遠者若今歲歲兩移民力固不給亦何不憚煩因疑一邑者不必王城國城內蓋近田隙地如今時之村落鄉鎮然虞舜一年成聚二年成邑何必城內耶春夏耕作就田為廬以便作息收穫以後聚居都會習法讀禮講武入學易於趨事也○注一里八十戶○食貨志云五家為鄰五鄰為里四里為族五族為黨五黨為州五州為鄉二萬五千五百戶也本周禮為說與此不同韓詩外傳云八家為鄰則以鄰即井又與漢志異八十戶為里正合十井之數或當時十井之家聚集一區因而成里與此與里仁為美之里同不必拘五都之數又如十室之邑豈必四井之地乎蓋十井出一乘無事則校室講學有事則治兵振旅朝夕相親可守可

戰衆寡得其中遠近適其平古聖所為寓兵於農焉○注八家共一巷○說文䣆里中道从䢼从共皆在邑中所共也廣雅釋宮衖道也一切經音義引三蒼云衖里中別道也此云八家一巷蓋一井之夫所共何氏亦以意言之無正訓也○注中里為校室○校勘記云毛本校改挍按毛本作挍避所諱全書皆然中里猶小雅之信南山之中田中田謂田中中里謂里中也廣雅釋詁云校教也本孟子為說校庠序皆鄉學名對文異散則通鄭人遊於鄉校即以校名不必專主夏曰校也詩鄭風青衿刺學校廢也箋云鄭國謂學為校言可以校正道藝因凡校壘勤惰之處亦謂之校此校室是也食貨志云於里有序而鄉有庠序以明教庠則行禮而視化焉史記儒林傳公孫弘乃謹與太常臧博士平等議曰聞三代之道鄉里有教夏曰校殷曰序周曰庠閻氏若璩釋地又續云陳氏禮書曰孟子論井田而及夏曰校商曰序周曰庠蓋校庠序者鄉學也鄉飲酒主人迎賓于庠門之外鄉簡不帥教耆老皆朝于庠則庠鄉學名也周官州長令民射于州序黨正屬民飲酒于序則序亦鄉學名也鄭人之所欲毀者謂之鄉校則校亦鄉學名也然鄉曰庠記曰黨曰庠州有序記言遂有序何也古之致仕者教子弟於閭塾之基則家有塾云者非家塾也合二十五家而教之閭塾謂之家有塾則合五黨而教之鄉庠謂之黨有庠可也周禮遂官各降鄉官一等則遂之學亦降鄉一等矣降鄉一等而謂之州長其爵與遂大夫同則遂之學其名與州序同可也小戴本襍記之書陳氏能將儀禮周官左氏及孟子融會於一無少牴牾真經術之文也然則此中里為校室亦即家塾之意不徒考校情勸出入其有不帥教者亦在所簡至十月事訖專為校學之所焉○注選其至乘馬○校勘記出辯護云辯當作辦辦即今人所用之辦字辦護謂能幹辦護衛也食貨志云鄰長為下士自此以上

稍登一級至鄉而爲卿也鄉長卽此父老里正也說文人部健伉也又犬部犺健犬也漢書宣帝紀伉健習騎射注伉强也伉健猶强健也强健故能辨護也公羊問答云何以謂之辨護也曰詩疏引中候握河紀云說帝堯受河圖之禮云稷辯護注辯護供射用相禮儀是監典謂之護也按說文辦致力也史記項羽紀項籍常爲主辦故今俗猶以幹辦稱人能矣護亦辦意晉書紀瞻傳帝使謂瞻曰卿雖病但爲朕臥護六年所益多矣護猶治也公羊問答又云問經得乘馬然則有不得乘馬者乎曰此古制也春秋繁露散民不得服襍采百工商賈不敢服狐貉刑餘戮民不敢服絲元乘馬謂之服制尚書大傳曰古之帝王必有命人能敬長矜孤取舍好讓者命於其君得乘飾車駢馬衣文錦未有命者不得衣不得乘衣乘者有罰今里正得乘馬非散民可知矣按書臯陶謨云車服以庸卽命爲士之義故文選注引書大傳曰未命爲士車不得有飛軨又或作不得朱軒皆與不得乘馬義同御覽引韓詩傳古者必有命民云云與尚書大傳同彼又云是故民雖有錢財侈物而無禮義功德卽無所用其錢財故其民皆興仁義而賤不爭貴强不淩弱衆不暴寡是唐虞之所以象典刑而民不犯也潛夫論浮侈篇古者必有命民然後乃得衣繒綵而乘車馬說苑修文云古者必有命民命民能敬長憐孤取舍好讓居事力者命於其君命然後得乘飾輿駢馬未得命者不得乘乘者皆有罰故其民雖有餘財侈物而無仁義功德則無用其餘財侈物故其民皆興仁義而賤財利賤財利則不爭不爭則强不淩弱衆不暴寡是唐虞所以興象刑而民不敢犯亂斯止矣與韓詩外傳大同皆得乘馬事也倍田者蓋倍於凡民周禮載師職有官田注云庶人在官者其家受田此父老里正當亦庶人在官王制注所云官長所除不命於天子國君者也按王制云制農田百畝百畝之分上農夫

食九人其次食八人其次食七人其次食六人下農夫食五人庶人在官者其祿以是爲差然則庶人在官其祿人至厚者亦止同上農夫此云倍者蓋彼謂六鄉之府史胥徒以祿代耕此爲擇之民閑能治田事者同一授田故倍之以示異理亦宜然或何氏別有所據○注父老至之官○校勘記出父老此三老云鄂本此作比當據正又出庶人在官吏○云鄂本官下有之字儀禮經傳通解同按紹熙本與鄂本同公羊問答云三老孝弟之名始於何代曰漢書高帝紀舉民年五十以上有修行能帥衆爲善置以爲三老鄉一人擇鄉三老一人爲縣三老注百官表云十里有亭亭有長十亭一鄉鄉有三老掌教化皆秦制也高后紀初置孝弟力田二千石者一人按何以漢制況古制也問答又云里里一正於經有據乎曰此卽雜記里尹主之注王度記曰百戶爲里里一尹其祿如庶人在官者按尹卽正也白虎通辟雍篇古者教民者里皆有師里中之老有道德者爲里右師其次爲左師教里中之子弟以道藝孝弟之彼左右師蓋卽此之父老里正也○注民春之至城郭○食貨志云彼春令民畢出在埜冬則畢入於邑故詩曰四之日舉止同我婦子饁彼南畝又曰十月蟋蟀入我牀下嗟我婦子聿爲改歲入此室處所以順陰陽備寇賊習禮文也孟子梁惠王篇五畝之宅注冬入保城毛氏奇齡四書賸言補云廬井邑居各二畝半則已五畝又云冬入保城二畝半何解漢書食貨志云在野曰廬則廬井者井閭之廬也又云在邑曰里則邑居者里邑之居也爾雅里邑也鄭康成稱里居與趙稱邑居並同蓋廬井二畝半在公田中一名廬舍何休云一夫受田百畝又受公田十畝廬舍二畝半謂一夫受田一百十畝又分受公田之二十畝各得二畝半作廬舍此此易曉者至在邑之二畝半以國城當之則大謬不然管子內政云此四民勿使襍處處工就官府處商就市井處農就田野而韋

昭謂國都城郭之城唯士工商而已農不與焉則二畝半在邑止
在井邑與國邑無涉蓋古王量地置邑其在國邑外如公邑家邑
丘邑都邑類凡所屬井地皆可置宅然且諸井邑中亦惟無城者
可處農井若有城如費邑郈邑者所稱都邑則農不得入管子與
韋氏之言稍有據而趙邠卿乃有冬入保城之說或係衍文或係
脫簡且或原有師承如周禮夫一廛鄭康成所謂城邑之居者則
或諸邑有城者亦置里居事未可知若在國城則周禮載師明有
國宅無征園廛二十而一之文鄭司農注云國城宅國城中宅也而
鄭康成則云國宅者凡官所有之宮室與吏所治者又名國廛與
園宅園廛農民所居正相分別安可以農民園廛涵當之官吏之
國宅乎則此二畝半當云在井邑不問有城與無城並得入保此
舉近地井里而言如四井有邑則必邑中有里居乃可爲保守之
地故其居名里居又名邑居倪氏思寬二初齋讀書記云晉語尹
鐸請於趙簡子曰以爲繭絲乎抑爲保障乎韋注小城曰保引禮
記遇入保者以爲證然則趙注當亦指井邑中小城言之若既無
城何名入保毛氏說未免于率周氏柄中辨正云季彭山讀禮疑
圖言農民所宅必是平原可居之地別以五畝爲一處不占公田
取於便農功邇饋餉去田亦不宜遠其所聚居或止八家或倍八
家以上各隨便宜聚爲一邑置堡以相守望故舉成數言則有千
室之邑千室之邑非必都邑然後爲邑而都邑亦豈可寓農民哉
農民之宅鄉里也即制里以導其妻子養老者也國中之廛市廛
也但爲士旅寄居之所工商樊遷之區而已按毛氏倪氏周氏三
家說各有是處農民田閒自有廬舍專爲耕作之需秋冬入保邑
里大約皆近田而人民聚集之處亦容有城堡如今北省凡村寨
皆有城垣闤闠是必舊有沿爲俗焉毛氏謂里宅無城者拘周氏
謂里廬爲一亦不合也○注田作至得入○食貨志云春秋出民

里胥平旦坐於右塾鄰長坐於左塾畢出然後歸夕亦如之入者必持薪樵輕重相分班白不提挈孟康曰里胥如今里吏也師古曰門側之堂曰塾坐於門側者督促勸之知其早晏防怠惰也白虎通辟雍云立春而就事朝則坐於里之門餘子皆出就農而後罷夕亦如之皆入而後罷其有出入不時早晏不節者有過通考引書大傳云距冬至四十五日始出學傳農事上老平明坐于右塾庶老坐于左塾餘子畢出皆歸夕亦如之餘子皆入父之齒隨行兄之齒雁行輕任并重任分班白者不提挈出入皆如之此其謂造士塾者李如圭儀禮釋宮云夾門之堂謂之塾爾雅釋宮曰門側之堂謂之塾郭氏曰夾門堂也門之內外其東西皆有塾一門而塾四其外塾南向內塾北向也廟門體制全備此是里門未必定有四塾之制也○注五穀至月止○食貨志云冬民既入婦人同巷相從夜績女工一月得四十五日必相從者所以省費燎火同巧拙而合習俗也公羊問答云荀悅漢紀作女工一月得四十五日功知食貨志有脫字○注男女至其事○食貨志云男女有不得其所者相與歌詠各言其傷越絕書本事云夫人情泰而不作窮則怨恨怨恨則作猶詩人失職怨恨憂思作詩也詩考引韓云伐木廢朋友之道缺序云勞者歌其事御覽引韓詩云飢者歌食勞者歌事文選謝叔源遊西池詩注引韓詩曰伐木廢朋友之道缺勞者歌其事詩人伐木自苦故以為文摯虞曰文章流別云古之作詩也發乎情止乎禮義情之發因辭以形之禮義之指須事以明之漢書藝文志云哀樂之心感而歌詠之聲發誦其言謂之詩詠其聲謂之歌史記自序詩三百篇大抵聖賢發憤之所為作也此人皆意有所鬱結不得通其道也故述往事思來者蓋風雅多採自民閒雅頌多士大夫歌詠之作也故文中子薛收曰小人歌之以覺其俗君子賦之以見其志聖人采之以觀其變漢書

匡衡傳室家之道修則天下之理得詩始國風所以厚性情而明人倫也蓋觀化自近始故陳詩可以知民隱也○注男子至四方○禮記王制云天子五年一巡守命太師陳詩以觀民風注陳詩謂采其詩而觀之文中子十一薛收問曰今之民胡無詩子曰詩者民之性情也性情能亡乎非民無詩職詩者之罪也此謂詩亡無采詩之官也食貨志云孟春三月羣居者將散之行人振木鐸徇於路以采詩獻之太師比其音律聞於天子故曰王者不窺牖戶而知天下此先王制土處民富而教之之大略也說文丌部近古之遒人以木鐸記詩言襄十四年左傳師曠引夏書曰遒人以木鐸徇于路官師相規工執藝事以諫正月孟春於是乎有之杜注木鐸鐸徇于路采歌謠之言也然則此求詩者即班之行人記之遒人以木鐸徇于路使民閒出男女歌詠書之簡牘遞薦於天子也段氏云其字从辵丌辵者行也丌者薦也漢書藝文志又云古者有采詩之官王者所以觀風俗知得失自考正也韓詩外傳昔者聖人不出戶而知天下矣以己之情量之也己惡飢寒知天下之欲衣食也己惡勞苦知天下之欲安佚也正以飢者歌食勞者歌事故聖人推己及物而四方周知也孟子離婁王者之迹熄而詩亡宋氏翔鳳釋地辨證云息止也言此官止而不行則下情不上通天下所苦天子不知政教流失風俗陵夷皆由於此謂之詩亡可耳儀封人曰天將以夫子爲木鐸謂王者不采風將使夫子周流四方以行其教春秋之志其見於此與彼以孟子之迹即說文之近故言此官不行也劉歆與揚雄書云三代周秦軒車使人遒人使者以歲八月巡路求代語僮謠歌戲揚答劉書云嘗聞先代輶軒之使奏籍之書皆藏於周秦之室又云翁孺猶見輶軒之使所奏言二書皆即遒人之事也遒輶遒三字同音遒人即遒人揚劉皆謂使者采集絕代語釋別國方言故許舉括之曰詩言班何

則但云采詩也劉云求代語僮謠歌戲則詩在其中矣周禮大行人屬象胥諭言語協辭令屬瞽史諭書名聽聲音豈非揚劉所謂使者班所謂行人與說者雖殊可略見古考文之事爲政之不外正名矣按何氏謂年六十云云未知所據○注十月至大學○食貨志云是月餘子亦在於序室八歲入小學學六甲五方書計之事始知室家長幼之節十五入大學學先聖禮樂而知朝廷君臣之禮白虎通辟雍云若既收藏皆入教學通考引書大傳云耰耡已藏新穀已入歲時事已畢餘子皆入學周禮黨正注云三時務農將闕于禮至此農隙而教之尊長養老見孝弟之道也禮記疏引書傳略說云大夫七十而致仕大夫爲父師士爲少師教於州里禮記學記云古之教者家有塾注古者仕焉而已者歸教於閭里朝夕坐於門側之堂謂之塾鄭之塾即此之校室同爲教督之所故也○注其有至進士○校勘記出進士云鄂本進作造儀禮經傳通解同當據正按紹熙本亦作造食貨志云其有秀異者移鄉學于庠庠序之異者移國學于小學諸侯歲貢小學之異者于天子學于大學命曰造士禮記王制云命鄉論秀士升之司徒曰選士司徒論選士之秀者而升之學曰俊士此學即左學在城中王宮之左者也又云升於學者不征於司徒曰造士白虎通辟雍云其有賢才美質知學者足以開其心頑鈍之民亦足以別於禽獸而知人倫故無不教之民孔子曰以不教民戰是謂棄之明無不教民也按王制云耆老皆朝于庠注此庠謂鄉學也而此云由鄉學移之庠者此鄉學即謂教於校室由里正父老移之州長黨正等故曰移於庠王制以庠序皆鄉學對國學言言各有當不相妨也○注行同至授官○食貨志云行同能偶則別之以射然後爵命焉王制云習射上功習鄉上齒大司徒帥國之俊士與執事焉明上德絀惡皆習射焉按有鄉射有大射鄭氏鄉射禮目錄

云州長春秋以禮會民而射於州序之禮又大射儀目錄云名曰大射者諸侯將有祭祀之事與其羣臣以觀其禮盛氏世佐儀禮集編云射義云諸侯之射也必先行燕禮又云諸侯君臣盡志於射以習禮樂此篇所陳是也蓋古者天子以射選諸侯卿大夫士即有虞氏侯以明之之遺法貢士之取舍諸侯之黜陟皆繫焉故諸侯與其臣相與盡志於此以求安譽而免流亡也將祭而擇士習之於澤試之於射宮唯天子之制則然篇內無擇士之義鄭乃引射義所言天子之制釋之誤矣褚氏寅亮儀禮管見云聖王之重射義有二選諸侯也擇士也禮記射義曰射爲諸侯也射中則得爲諸侯射不中則不得爲諸侯此所謂選諸侯也其曰天子之制諸侯歲獻貢士于天子天子試之於射宮其中多者得與於祭中少者不得與於祭此所謂擇士也又曰數與於祭而君有慶數不與於祭而君有讓數有慶而益地數有讓則削地此則於擇士之中而寓黜陟操諸侯之微權也按盛氏褚氏俱極分晰蓋因祭而射以擇士此大射之一事其主意仍在擇賢否定黜陟蓋自鄉射已然故胡氏匡衷儀禮釋官云鄉射有二一是州長令民習射一是鄉大夫貢士後以此詢衆庶是也○注三年至之儲○王制云故三年耕必有一年之食九年耕必有三年之食以三十年之通雖有凶旱水溢民無菜色食貨志云故孔子曰道千乘之國敬事而信節用而愛人使民以時故民皆勸功樂業先公而後私其詩曰有渰淒淒興雲祁祁雨我公田遂及我私民三年耕則餘一年之蓄衣食足而知榮辱謙讓生而爭訟息故三載考績孔子曰苟有用我者期月而已可也三年有成成此功也三三考黜陟餘三年食進業曰登再登曰平餘六年食三登曰泰平二十七年遺九年食然後以德流洽禮樂成焉故曰如有王者必世而後仁緜斯道也按王制注云通三十年之率當必有九年之蓄疏云通三十

年之率者每年之率入物分爲四分一分擬爲儲積三分爲當年所用二年又留一分三年又留一分是三年總得三分爲一年之蓄三十年之率當有十年之蓄此云當有九年之蓄者崔氏云三十年之閑大略有閏月十二足爲一年故爲九年之蓄也王肅以爲二十七年有九年之蓄言三十年者舉全數兩義皆通鄂本畜作蓄新書愛民云王者之法民三年耕而餘一年之食三十歲而民有十年之蓄是也○注雖遇至作矣○食貨志云故堯禹有九年之水湯有七年之旱而國無捐瘠者以畜積多而備先具也後漢書楊震傳臣聞古者九年耕必有三年之儲故堯遭洪水人無菜色又郎顗傳昔堯遭九年之水人有十載之畜者簡稅防災爲其方也新書又云故禹水八年湯旱七年甚也野無青草而民無饑色道無乞人歲復之後猶禁陳耕古之爲天下誠有具也即王制之凶旱水溢民無菜色也王制疏引律曆志云十九歲爲一章四章爲一部二十部爲一統三統爲一元則一元有四千五百六十歲初入元一百六歲有陽九謂旱九年次三百七十四歲陰九謂水九年以一百六歲幷三百七十四歲爲四百八十歲注云六乘八之數次四百八十歲有陽九謂旱九年次七百二十歲陰七謂水七年次七百二十歲陽七謂旱七年又云七百二十歲者九乘八之數次六百歲陰三謂水三年次六百歲陽五謂旱五年注云六百歲者以八乘八八八六十四又以七乘八七八五十六相幷爲一千二百歲於易七八不變氣不通故合而數之各得六百歲次四百八十歲陰三次四百八十歲陽三從入元至陽三除去災歲總有四千五百六十年其災歲兩个陽九年一个陰九年一个陰陽各七年一个陰陽各五年一个陰陽各三年災歲縣有五十七年幷前四千五百六十年通爲四千六百一十七歲此一元之氣終矣如志此言是爲陰陽水旱之大數也

冬蝝生

未有言蝝生者此其言蝝生何 注 蝝即蝗也始生曰蝝大曰蝗 疏 注蝝即至曰蝝○五行志中之下冬蝝生劉歆以爲蝝螕蠹之有翼者食穀爲災黑眚也董仲舒劉向以爲蝝螟始生也孟康曰蝗蠹音蚍蜉爾雅釋蟲云蝝蝮蜪左疏引李巡云蝮蜪一名蝝蝝蝗子也郭注蝗子未有翅者劉歆以爲蚍蜉有翅者非也說文虫部蝝復陶也劉歆說蝝蚍蠹子也董仲舒說蝝蝗子也郝氏爾雅疏云杜預注從董劉以爲蝝蠹子是也魯語蟲舍蚳蝝韋注蝝蝮陶也可食鄭注祭統亦以陸產之醢爲蚳蝝之屬矣今呼蝝爲蝮蝻子蝻讀若闐釋文蝮蒲篤反按蝗子今通謂之蝻固可食然不能常有未必用爲祭品或魯語及祭統注之蝝別爲一物與

蝝生不書此何以書幸之也 注 幸僥倖 疏 注幸僥倖○左傳云冬蝝生饑幸之獨斷上王仲任曰君子無幸而有不幸小人有幸而無不幸春秋傳民之多幸國之不幸也言民之得所不當得故謂之幸按王仲任語見論衡幸偶篇宣公襄國之君變古易常而能受過變悟蝝不爲災故春秋以幸書之也僥倖者禮記中庸云小人行險以徼幸

幸之者何 注 聞災當懼反喜非其類故執不知問猶曰受之云爾受之云爾者何上變古易常 注 上謂宣公變易公田古常舊制而稅畝 疏 通義云上上文也按注以上爲宣公義亦通不必改作上文解也幸宣公能變故就上言之繁露必仁且智亦云春秋之法上變古易常應是而有天災明以上指公言

應是而有天

災**注**應是變古易常而有天災衆民用饑**疏**注應是至用饑○各本衆作螺誤五行志中之下一曰螟始生是時民患上力役解於公田宣是時初稅畝亂先王制而爲貪利故應是而有蝝生屬蠃蟲之孽後漢書陸康傳夫什一而稅周謂之徹徹者通也言其法度可通萬世而行也故魯宣稅畝而蝝災自生鹽鐵論論菑云故好行善者天助以福符瑞是也好行惡者天報以禍妖災是也春秋曰應是而有天災經義述聞云春秋記災異者數矣自董仲舒推言災異之應何休又引申而爲之說郅詳且備然尋檢傳文惟宣十五年冬蝝生有變古易常應是而有天災之語其餘則皆不言致此之由亦不以爲禍亂之兆如隱三年日有食之何注是後衞州吁弒君諸侯初僭魯隱係獲公子翬進諂謀九年大雨震電注曰不還國之所致大雨雪注此桓將怒而弒公之象然傳但云記異未嘗言某事所致某事之象也隱五年螟注先是隱公張百金之魚設苛令急法以禁民之所致桓元年大水注曰先是桓篡隱百姓痛傷悲哀之心既蓄積而復專易朝宿之邑陰逆而與怨氣并之所致五年大雩注曰先是桓公無王而行比爲天子所聘得志益驕去國遠狩大城祝丘故致此旱然傳但云記災未嘗言某事所致也其他記災記異者不可枚舉而皆無一語及於感應乃知公羊之學惟據人事以明法戒又傒天道以涉譸張蓋天人之際荒忽無常君子於其所不知蓋闕如也自董仲舒推言災異之應開讖緯之先何氏又從而祖述之迹其多方揣測言人人殊謂之推廣傳文則可謂之傳之本指則未見其所以然也至於穀梁明言災異者尤鮮而劉向說莊七年恆星不見夜中星隕如雨傳十四年沙鹿崩十六年六鷁退飛昭二十五年有鸜鵒來巢皆流入占驗之學而考之本傳則絕無此語豈非論衡所謂語增者與按如董何所言某

災某事所致某異某事所應固屬拘泥然聖人借天戒以明人事不明言某事所致幾若人之所爲與天無涉敬天之怒之謂何後世占事驗之學自後人衍之者之過不必歸咎於前人矣劉子政於王氏專政於災異之變痛苦陳言成帝不悟竟移漢鼎得以占驗之學目之與論語季氏篇云畏天命畏大人畏聖人之言天命卽吉凶禍福之命災異其命之兆畏見天者也魯宣變古易常卽不畏聖人之言也繁露順命篇云魯宣違聖人之言變古易常而災立至聖人之言可不愼是也故春秋握誠圖云孔子作春秋陳天人之際記異考符又繁露二端云因惡夫推災異之象於前然後圖安危禍亂於後者非春秋之所甚貴也然而春秋舉之爲一端者亦欲其省天譴而畏天威內動於心志外見於事情修身行己明善心以反道者也豈非貴微重始愼行推效者哉又必仁且知云災異以見天意天意有欲也有不欲也所欲所不欲者人內以自省宜有懲於心外以觀其事宜有驗於國故見天意者之於災異也畏之有而不惡也以爲天欲振吾過救吾失故以此儆我也春秋之法上變古易常應是而有天災者以救爲幸國孔子曰天之所幸有爲不善而屢極楚莊王以天不見災地不見孽則禱於山川曰天其將亡予耶不說吾過極吾罪也以此觀之天災之應過而至也異之顯明可畏也此乃天之所欲救也春秋之所獨幸也聖主賢君尚樂受忠臣之諫而況受天譴也又曰天地之物有不常之變者謂之異小者謂之災災常先至而異乃隨之災者天之譴也異者天之威也譴之而不知乃畏之以威詩云畏天之威殆此謂也凡災異之本盡生於國家之失國家之失乃始萌芽而天出災異以譴告之譴告之而不知變乃見怪異以驚駭之驚駭之尚不知畏恐其殃咎乃至以此見天意之仁而不欲害人也其於災異昭應之理至爲明顯大事表云班氏云昔殷道弛文王演周易周道敝孔

子述春秋漢董仲舒治公羊推陰陽爲儒者宗宣元之後劉向治穀梁專以洪範與仲舒錯至向子歆治左氏言五行又與向異歐陽子曰聖人歿而異端起秦漢以來學者惑於災異天文五行之說不勝其繁故其作五代史書天而不書人二者之說果孰從乎曰二者雖殊其義一也諸子即天以命人歐陽子以人合天均無失乎易春秋之旨而已不言天則天道廢人故諭見於天則王者避正殿不舉樂戒百官省闕失此春秋書災異之意易所謂後天而奉天時也專言天則人事惑故大戊修德而祥桑枯死宋景公有君人之言而熒惑退舍此春秋書災異而不言其所以然之意易所謂先天而天弗違也後天者曰天意見矣可不懼乎先天者曰吾修吾人事而已其要歸于責人事以回天變余觀春秋所載地震山崩水旱螟螽蜚鸛鵒之類多見於莊宣昭定哀之世天意豈不顯然哉

其諸則宜於此焉變矣【注】言宣公於此天災饑後能受過變寤明年復古行中冬大有年其功美過於無災故君子深爲喜而僥倖之變蝝言蝝以不爲災書起其事【疏】桓六年傳其諸以病桓與注其諸辭也經傳釋詞云其諸擬議之詞也是也○注言宣至倖之○校勘記云鄂本其作有上云幸僥幸此倖加人旁非通義云變古易常初稅畝是也蝝應變而生故始生未爲災而即書之幸其見譴咎之蚤宜於此時立震懼變動深察天意而其改過則必有金縢反風之應宣公不寤卒致凶饑易中孚傳曰陽感天子不旋日諸侯不旋時大夫不過期此之謂也以宣公不變故下書饑與何義異○注變蝝至其事○蝝爲蝝子周之冬夏之秋物已成熟蝝子始生不能爲害故書以起之宣公受過變寤易饑而爲大有年故幸之也

下之饑猶緣於秋螺不緣於蝝生也孔氏謂宣公見蝝不變卒致凶饑則何爲幸之乎蝝始生而民卽饑不得如此之速

饑疏差繆略云公羊無此經按今唐石經公羊及各注疏本皆有或以何氏無注疑公羊或無按上注云衆民用饑則何氏本有此經矣

公羊義疏四十八

南菁書院

句容陳立卓人著

宣十六年
盡十八年

十有六年春王正月晉人滅赤狄甲氏及留吁注言及者留吁行微不進疏左傳注云甲氏留吁赤狄別種大事表云今潞安府屯留縣東南十里有純留城即留吁地晉滅之爲純留邑甲氏在今直隸之廣平府雞澤縣一統志純留故城在今潞安府屯留縣南春秋赤狄留吁邑按史記匈奴傳晉文公攘戎翟居于河西圁洛之間號曰赤狄白翟索隱三蒼圁作圜地理志圜水出上郡白土縣正義引括地志云白土故城在鹽州白池東北三百九十里又云近延州綏州銀州本春秋時白狄所居又云潞州本赤狄地史文謂在圁洛間未詳〇注言及至不進〇甲氏書潞氏與上年潞氏同彼注云明不當絶當復其氏是也留吁不書氏知其行微故及以絶之杜范皆以甲氏等爲潞之餘黨蓋亦欲離于夷狄而未能合于中國者

夏成周宣謝災疏校勘記云鄂本閩本同監毛本謝作榭下及注疏並同唐石經缺釋文宣謝災左氏作宣榭惠棟云襄九年疏引作謝古無榭字或止作射周邿敦銘曰王格于宣射是也三傳皆作謝俗从木又災左傳作火按紹熙本亦作謝公羊釋文引左氏作宣謝火穀梁釋文亦作謝知三傳無从木者矣九經古義云棟案左氏古文榭本作射邿敦銘云云又劉逵引國語

云射不過講軍實今本作榭說文無榭經傳通作謝荀卿子曰臺謝甚高泰誓曰惟宮室臺榭釋文本又作謝吳射慈亦作謝慈是射與謝通左氏襄三十一年傳宮室卑庳無觀臺榭釋文榭音謝本亦作謝原注摯虞三輔決錄注云漢末大鴻臚射咸本姓謝名服天子以爲將軍出征姓謝名服不祥改之爲射氏名咸載見廣韻此由晉時不識古文曲爲之說按禮記玉藻卜人定龜注謂靈射之屬釋文射爾雅作謝荀子王伯篇注謝與榭同潛研堂答問云說文無榭字則臺榭之榭亦當爲射蓋因習射以得名也

成周者何東周也注後周分爲二天下所名爲東周名爲成周者本成王所定名天下初號之云爾疏注後周至東周〇此據作春秋時言也昭二十二年劉子單子以王猛入于王城傳云王城者何西周也又二十六年天王入于成周傳云成周者東周也注是時王猛自號爲西周天下因謂成周爲東周矣故傳就當時所名解之書洛誥云我乃卜澗水東瀍水西惟洛食我又卜瀍水東亦惟洛食疏引鄭注云觀召公所卜之處皆可長久居民使服田相食瀍水東既成名曰成周今洛陽縣是也召公所卜處名曰王城今河南縣是也鄭舉漢地志爲驗後漢洛陽河南皆屬河南尹郡國志洛陽周時號成周河南周公時所城洛邑春秋謂之王城是也馬融注周禮大司徒亦云王國東都王城今河南縣是與鄭同也成周亦號下都胡氏渭禹貢錐指云王城卽郟邑漢爲河南縣其故城在今洛陽縣西北下都卽成周漢爲洛陽縣河南郡治其故城在今洛陽縣東北二十里二城東西相去四十里而今洛陽縣居其中古時澗水經河南故城西入洛瀍水經河南故城東入洛故澗東瀍西爲王城而瀍東爲下都洛誥之文甚明也續漢志注雒陽引帝王世紀云城東

西六里南北九里河南注引博物記曰王城方七百二十丈郛方一十里南望雒水北至郟山地道記曰去雒城四十里成周在東王城在西敬王居成周故曰東王必大克也○注名爲至云爾○舊疏引鄭注書序云居攝七年天下太平而作此邑乃名曰成周是爲本成王所定名也時二都並建洛邑爲東都平王東遷以豐鎬爲西周敬王後以王城爲西周成周爲東周矣

宣謝者

何宣宮之謝也【注】宣宮周宣王之廟也至此不毀者有中興之功室有東西廂曰廟無東西廂有室曰寢無室曰謝【疏】穀梁注宣樹宣王之樹本此爲說杜以爲講武屋別在洛陽者疏引服虔云宣揚威武之處五行志引左氏說樹者講武之坐屋與公羊異○注宣宮至之功○禮記疏引異義魯詩說丞相匡衡以爲殷中宗周成宣王皆以時毀古文尚書說經稱中宗明其廟宗而不毀謹案春秋公羊御史大夫貢禹說王者宗有德廟有毀宗而復毀非尊德之義鄭從而不駮是何本先師舊說也漢書五行志云元鳳四年孝文廟正殿災劉向以爲孝文太宗之君與成周宣謝火同義明亦以成宣爲宗而不毀也顧氏炎武左傳補正云呂大臨考古圖郝敦銘曰王格于宣樹宣樹者蓋宣王之廟也樹射堂之制也其文作印古射字執弓矢以射之象因名其堂曰射其堂無室以便射事故凡無室者皆謂之樹宣王之廟制如樹故謂之宣樹春秋記成周宣樹火以宗廟之重而書之如桓僖宮之比通義云成周非王居而宣宮在焉凡邑有宗廟先君之主曰都此周之下都得有先王廟若漢時原廟矣左傳敬王入于成周盟于襄宮亦廟之在成周者也按漢書韋元成傳劉歆議曰七者其正法數可常數者也宗不在此數中宗變也苟有功德則宗之不可預爲設數故於殷太甲

為太宗太戊為中宗武丁為高宗周公為無逸之戒舉殷三宗以勸成王繫是言之宗無數也蓋卽特廟特者不在七廟中而特立一廟者也據歆說宗不在數中則殷之三宗在六廟外周之成宣在七廟外矣昭七年左傳余敢忘高圉亞圉或在亦先公廟之不毀者也馬融說高圉亞圉周人所報而不立廟蓋不以宗而不毀為然矣與何鄭說皆異劉歆習古文則古文尚書春秋皆與公羊家同○注室有至曰謝○爾雅釋宮文此疏引李巡曰室有東西廂謂宗廟殿有東西小堂也孫炎曰夾室前堂郭注本之郝氏爾雅義疏云廟之制中為大室東西序之外為夾室夾室之前小堂為東西廂亦謂之東西堂後漢書注引埤蒼云箱序也字或作箱廟所以有廂者箱之言相謂左右助勵也故公食大夫禮注箱俟事之處覲禮注東箱東夾之前相翔待事之處文選為賈謐作贈陸機詩注引爾雅廟作廊蓋字形之誤又引舍人曰殿有東西小堂也寢者郭云但有太室郝氏義疏寢之制但有太室而無左右夾室故無東西廂按古路寢制如明堂五寢有堂有室有夾室有房正如上所陳廟制故周禮隸僕注云五寢五廟之寢也前曰廟後曰寢月令正義廟是接神之處其處尊故在前寢衣冠所藏之地對廟為卑故在後也不得有無東西廂之制蓋寢者平常所臥息之所說文作寑云臥也釋名釋宮室云寢寢也所寢息也推人道以事神固不必備有堂戶房階室之制與亦所謂致死而致生之不智而不可為也榭者郭云榭卽今堂堭禮疏引李巡云但有大殿無室名曰榭書疏引孫炎云榭但有堂也郝氏義疏云左傳注以榭為屋歇前正義謂歇前者無壁也如今廳是也按廳卽後世之堂皇漢書胡建傳列坐堂皇上集解堂無四壁曰皇是也然則無壁者無室但有堂故杜謂屋歇前矣通義云謝讀如序則物當棟之序謝之言射也堂後無室本射堂之制故以名焉按禮鄉射禮

云豫則鉤楹內堂則由楹外注庠之制有堂有室也豫讀如成周宣榭火之榭凡屋無室曰榭今文豫爲序序乃夏后氏之學亦非也則鄭不以榭卽序也然鄭於禮經豫字但讀如謝不卽破其字爲謝而於記序則物當棟亦不破序字蓋以序榭皆無室謝序豫又同音字得相通也禮與記之堂則物當楣皆指庠言庠大於序故有堂有室也鄭彼注自謂豫讀如榭音非以爲榭彼之豫自謂州黨學之序爾

何言乎成周宣謝災注据天子之居稱京師宋災不別所燒疏注据天至京師○桓九年紀季姜歸于京師是也彼傳京師者何天子之居也○注宋災至所燒○襄十年宋災是也舊疏云特据宋災者以其王者之後與宋相類也

樂器藏焉爾注宣王中興所作樂器疏校勘記云漢書五行志曰榭者所以藏樂器唐石經諸本作藏俗字按說文無藏字穀梁傳周災不志也其曰宣榭何也以樂器之所藏目之也疏徐氏所據本云周災至注云重王室也則與范本異五行志云成周宣榭火榭者所以臧樂器宣其名也董仲舒劉向以爲十五年王札子殺召伯毛伯天子不能誅天戒若曰不能行政令何以禮樂爲而臧之左氏經曰成周宣榭火人火也人火曰火天火曰災榭者講武之坐屋臧氏琳經義雜記云按左氏以宣謝爲講武之坐屋服杜注皆本漢書服謂宣揚威武更得命名之義火爲人火見守戒之無人而武功之廢弛也公穀以宣謝爲藏樂器之所董劉義同故漢志云謝者所以藏樂器宣其名也蓋樂以宣節陰陽故名宣謝何氏不得其解而以爲宣王弁以樂器爲宣王中興所作旣違公羊本文復乖左氏之義按說經須守家法左氏之義不得据以相難公羊本文明云宣宮之謝宣宮猶言桓宮僖宮也非謂宣王之廟乎何得謂其違公羊本文乎按禮記禮運

以爲臺榭【注】榭器之所藏也是藏物之所通曰榭爾雅釋宮闍謂之臺有木者謂之榭是不必講武之屋也詩車攻序宣王會諸侯於東都因田獵而選車徒焉蓋是時必有講武之所嗣因有中興之功宗而不毀或即因立宣廟廟宜靜肅不能再爲肄武即因爲藏樂器所專○注宣王至樂器○舊疏云蓋夷厲之時樂器有壞故宣王作之不謂更造別樂何者考諸古典不見宣王別有樂名也按周本紀云懿王之時王室遂衰禮記郊特牲云下堂而見諸侯天子之失禮也由夷王以下又禮運云我觀周道幽厲傷之明禮樂俱有敗壞也本紀又此宣王即位二相輔之修政法文武成康之遺風又詩車攻諸篇美宣王復古容亦作樂器焉

成周宣謝災何以書記災也外災不書此何以書新周也【注】新周故分別有災不與宋同也孔子以春秋當新王上黜杞下新周而故宋因天災中興之樂器示周不復興故繫宣謝於成周使若國文黜而新之從爲王者後記災也【疏】校勘記新周也唐石經諸本同惠棟云當作親周古親新通新讀爲親按春秋繁露三代改制質文篇云絀夏親周故宋史記孔子世家云春秋據魯親周故殷皆作親字何注云孔子以春秋當新王上黜杞下新周而故宋是何注本作新周也當亦爲嚴顏之異按董子史記親周皆新周之誤錢大昕言之當矣惠棟未憭此今按阮氏之說是○注新周至同也○決襄三十年宋災不別所災也○注孔子至故宋○此春秋通三統之義注爲全書發其例也劉氏逢祿釋例云顏子問爲邦子曰行夏之時乘殷之輅服周之冕終之曰樂則韶舞蓋以王者必通三統而治道乃無偏而不舉之

處自後儒言之則曰法後王自聖人言之則曰三王之道若循環終則復始窮則反本非僅明天命所授者博不獨一姓也夫正朔必三而改故春秋損文而用忠文質必再而復故春秋變王而從質受命以奉天地故首建五始至于治定功成鳳皇來儀百獸率舞而韶樂作焉則始元終麟之道舉而措之萬世無難矣其言以春秋當新王之意至爲明顯孔子曰我欲託之空言不如著之實事故假魯以立王法所謂春秋之魯也以魯當新王故新周新周者新黜周等王者後也新周則故宋合宋周春秋爲三統故黜杞等之小國也臧氏琳經義雜記云公羊言新周核之董說則以天意以樂器空存無補實政故災之而望周之重新聖人書之所以承天意也乃何氏謂孔子以春秋當新王繫宣謝於成周使若國文黜而新之此言更爲誣矣通義云周之東遷本在王城及敬王避子朝之難更遷成周作傳者据時言之故號成周爲新周猶晉徙于新田謂之新絳鄭居郭鄶之地謂之新鄭云爾傳爲道此者言成周雖非京師而先王宮廟有大災變火爲除舊布新之象其後敬王果新邑於此故春秋大廟之同於京師而錄其災也天道不遠三五復反向使周人寅畏謹異修政更始興宣王之禮樂則子朝之亂必不作可以無人居新周之事傳所以深探經旨上本天意子稱言約而取意遠矣治公羊者舊有新周故宋之說新周雖出此傳實非如注解故故宋傳絕無又唯穀梁有之然意尤不相涉是以晉儒王祖游譏何氏黜周王魯大體乖硋志通公羊而往往還爲公羊疾病者也按新周故宋見之董生繁露史公孔子世家必西漢經師相傳之義孟子所謂罪我者其惟春秋郎斥新周故宋等義眞七十子微言大義也非何氏之𢦤解魏晉俗儒不識經師大旨孔氏反祖以非何氏此此孔沖遠譏劉炫所謂蠹生于木而反食木者也孔氏於三世已多違舊義而於三統之義又全更滅率此以

解公羊其讐者之無相與臧氏本非今文家置之不足責可也○注因天至災也○舊疏云使周成爲國與宋齊之屬相似包氏愼言云春秋何新乎周曰孔子一生夢見周公美周之文而其作春秋書王正月傳曰王者孰謂謂文王也周之禮制拁自文王而成於武王周公言文王以統武王周公也周監二代以成郁郁之文春秋監周以爲萬世文章之祖新周者揚周之文於萬世也周道傷于厲王宣王中興文武之道燦然復明平王東遷所守者宣王之法耳成周宣謝宣王方策所藏也孔子適周問禮老聃柱下所守宣王之留貽也宣榭災而舊章之存者鮮矣故孔子有春秋之作春秋爲後世新王制法一王初起皆用先王之禮樂故曰新周周監二代春秋監周殷亦二代故黜杞故宋論語曰夏禮吾能言之杞不足徵也殷禮吾能言之宋不足徵也文獻不足故也足則吾能徵之矣杞宋不足徵而文獻之可徵者唯周一姓不再與周之不興於宣謝之火兆其萌孔子修史至此而喟然於周道之衰故不曰京師宣謝火又不曰王室宣謝火而特曰成周同之列國猶王之爲風也傳曰成周者何東周也宣謝者宣宮之謝樂器藏焉爾孔子曰如有用我者吾其爲東周乎有能用孔子者孔子能興文武之道於成周則雅頌可作不能用而憲章文武以作春秋則周之禮樂不僅爲周之禮樂而爲萬世之禮樂周雖亡猶存也荀子曰孔子仁智且不蔽故學亂術足以爲先王者也一家得周道舉而用之不蔽於成積也是之謂新周也云爾按包氏之論深得春秋書成周之旨書成周明與爲王者後記災文同襄九年宋火傳云外災不書此何以書爲王者之後記災也是也

秋郯伯姬來歸注嫁不書者爲媵也來歸書者後爲嫡也死不卒者

已棄有更適人之道或時爲大夫妻故不得待以初也棄歸例有罪時無罪月

疏左傳云出也禮記雜記云諸侯出夫人使者將命曰寡君不敏不能從而事社稷宗廟使使臣某敢告於執事主人對曰寡君固前辭不教矣寡君敢不敬以俟命有司官陳器皿主人有司亦官受之鄭注器皿其本所齎物也律弃妻畀所齎范云爲夫家所遣○注嫁不至嫡也○春秋之例內女嫁爲諸侯夫人者皆書如隱二年伯姬歸于紀莊二十五年伯姬歸于杞之屬是也此鄭伯姬出嫁不書故以爲媵也按隱七年叔姬歸于紀注伯姬之媵也至是乃歸者待年父母國也彼亦媵得書者彼注媵賤書者後爲嫡終有賢行紀侯爲齊所滅紀季以酅入于齊叔姬歸之能處隱約全竟婦道故重錄之知此被棄來歸無賢行故從媵賤常例不書也莊二十九年紀叔姬卒注國滅卒者從夫人行待媵之如初是內女由媵爲嫡詳其卒葬從夫人行此卒來歸亦書故知爲嫡也此伯姬蓋爲他國之媵若內女姪則當書嫡之歸鄭如紀伯姬之屬也通義云來歸者出也始嫁不書者容鄭子爲世子時歸之其說亦通○注死不至初也○毛本以誤有按此決紀叔姬書卒故也紀叔姬自莊十二年歸酅後能全婦道故詳其卒葬此不然故死不卒但錄其來歸而已禮記雜記云諸侯出夫人夫人比至於其國以夫人之禮行至以夫人入注行道以夫人之禮者棄妻致命其家乃義絕不用此爲始是則在道至入時猶以夫人禮待矣通義云已出則失其貴故後不見卒也按孔說非是禮喪服大功章君爲姑姊妹女子子嫁于國君者女子在室期出嫁大功諸侯雖絕期爲其尊同故服其親服則女子許嫁諸侯而卒則服期可知故僖九年書伯姬卒明當有期之恩也齊衰不杖期章又有姑姊妹女子子適人無主者注無主後者人

之所哀憐此雖指大夫以下以諸侯不得有無主之事然推無主加服之義則被出而歸雖爲夫家所絕而父母兄弟視之似不得竟同絕期之例則被出卒者理合恩錄書卒此鄭伯姬不書卒故何氏云已棄有更適人之道或時爲大夫妻故不得待以初也諸侯女嫁於大夫者禮無服爲其尊不同故莒慶之叔姬高固之子叔姬皆無卒文也○注棄歸至罪月○有罪時者此書秋是也無罪月者成五年春王正月杞叔姬來歸是也成八年杞叔姬卒恩錄之明其終于父母至歸道故云無罪益見孔氏已出則失其貴之說非矣

冬大有年疏詩大雅豐年云豐年多黍多稌箋云豐年大有年也正義宣十六年穀梁傳曰五穀大熟爲大有年公羊以爲大豐年是也桓三年經書有年穀梁傳五穀皆熟爲有年公羊傳曰僅有年彼春秋之文相對而爲例他經散文不必然也魯頌曰歲其有年亦當謂大豐年矣按上年傳云則宜於此變矣注言宜公於此天災饑後能受過變寤明年復古行中冬有大年是宣公省悟後應是而大有年矣通義云稅畝而饑所以譴君也繼饑而旋大有年乃天之愛民也君恆稅之而天又薦饑之則民無生按孔氏此說不値一噱天之愛民原不必因國家重斂加之薦饑惟是孔子書之春秋究何主意抑書以褒天乎亦褒天以貶魯與此皆好爲立異而不知其語之駮也

十有七年春王正月庚子許男錫我卒疏包氏愼言云正月書庚子月之二十六日也

丁未蔡侯申卒疏包氏愼言云正月無丁未二月之四日也

珍倣宋版印

夏葬許昭公

葬蔡文公【注】不月者齊桓晉文沒後先背中國與楚故略之與楚在

文十年【疏】注不月至十年○舊疏云正以卒日葬月大國之常例今此蔡侯不月故解之與楚在文十年彼注云楚子蔡侯次于屈貉者是也莊氏存與春秋正詞云屈貉之役左氏以爲陳侯鄭伯在焉而又有宋公後至麇子逃歸春秋一切不書主書蔡侯者甚惡蔡也蔡同姓之長而世役於楚自絕諸夏商臣弒父罪大惡極犬彘將不食其餘蓋竊位以來諸侯尚未有與盟會者蔡莊侯首道以摟上國獨與同惡相濟同氣相求不再傳而蔡亦有弒父之禍遂使通春秋唯商臣與般相望於數十年之閒若蔡莊侯者所謂用夷變夏者也按蔡自桓二年會鄧懼楚自獻舞獲後棄夏即夷故僖十四年蔡侯肸卒注不月者賤其背中國而附父仇故略之甚也是也終齊桓之世未嘗與盟會事晉文敗楚城濮得臣被戮始與乎踐土溫翟泉之會晉文沒後首道中國以事楚屈貉之次是也故春秋尤賤而略之通義云文公從楚當莊王之世猶爲與賢比肸責輕故葬但不月而已肸潰宜絕故不書葬故移不月之文於其卒蔡侯申但責其背中國與楚故書葬而去月以起之非比肸責輕也楚莊之賢春秋亦不得已而與之所謂夷狄之有君不如諸夏之亡也若必使中國君長比而從之非聖人內夏外夷之心也孔氏於屈貉經下採其座主莊侍郎之語是也此又以爲比肸責輕何先後之不侔耶

六月癸卯日有食之【注】是後邾婁人戕鄫子四國大夫敗齊師于鞌

齊侯逸獲君道微臣道强之所致 疏 包氏愼言云六月書癸卯月之二日劉歆以爲三月晦朓元志姜岌以六月甲辰朔不應食大衍是年五月在交限六月甲辰朔交分已過食限蓋誤以今曆推之是歲五月乙亥朔入食限六月甲辰朔入交二日已過食限大衍是按五行志云晦而月見西方謂之朓朔而月見東方謂之仄慝仄慝則侯王其肅朓則侯王其舒劉歆以爲舒者侯王展意顓事臣下促急故月行疾也肅者王侯縮朒不任事臣下弛縱故月行遲也當春秋時侯王率多縮朒不任事故食二日仄慝十八食晦日朓者一此其效也〇注是後至所致〇毛本强作彊五行志下之下宣公十七年六月癸卯日有食之董仲舒劉向以爲邾支解鄫子晉敗王師于貿戎敗齊于鞌按邾婁戕鄫子見下十八年四國大夫敗齊師見成二年齊侯佚獲見成二年傳

己未公會晉侯衛侯曹伯邾婁子同盟于斷道 疏 包氏愼言云六月書己未月之十八日杜云斷道晉地大事表云傳云卷楚一地二名今沁州東有斷梁城方輿紀要卷城在開封府原武縣西北九里按如左傳文上云會于斷道討貳也盟于卷楚辭齊人似斷道與卷楚二地卷楚亦不得以卷當之杜云卷楚即斷道固是臆說顧棟高謂在沁州不知何據通義云是盟同欲仇齊而不與信辭者傷中國無伯之甚

秋公至自會

冬十有一月壬午公弟叔肸卒 注 稱字者賢之宣公簒立叔肸不仕

其朝不食其祿終身於貧賤故孔子曰篤信好學守死善道危邦不入亂邦不居天下有道則見無道則隱此之謂也禮盛德之士不名天子上大夫不名春秋公子不爲大夫者不卒卒而字者起其宜爲天子上大夫也孔子曰興滅國繼絕世舉逸民天下之民歸心焉【疏】包氏慎言云十一月書壬午月之十三日○注稱字者賢之○穀梁傳其曰公弟叔肸賢之也春秋稱字多賢辭僖十六年公子季友卒傳其稱季友何賢也亦稱字故也○注宣公至貧賤○穀梁傳其賢之何也宣弒而非之也非之則胡爲不去也曰兄弟也何去而之與之財則曰我足矣織屨而食終身不食宣公之食君子以是爲通恩也以取貴於春秋注引泰曰宣公弒逆故其祿不可受兄弟無絕道故雖非而不去論情可以明親親言義足以厲不軌書曰公弟不亦宜乎新序節士云魯宣公者文公之弟也文公薨文公之子赤立爲魯侯宣公殺子赤而奪其國公子肸者宣公之同母弟也宣公殺子赤而肸非之宣公與之祿則曰我足矣何以兄之食爲哉織屨而食終身不食宣公之食其仁恩厚矣其守節固矣故春秋美而貴之鹽鐵論論儒云閭廬殺僚公子札去而之延陵終身不入吳國魯公殺子赤叔肸退而隱處不食其祿虧義得尊枉道取容效死不爲也按衛侯之弟鱄去君稱名者彼注云刺鱄兄爲彊臣所逐既不能救又移心事剽背爲姦約獻公雖復因喜得反誅之小負未爲大惡而深以自絕所謂守小信而忘大義拘小介而失大忠故不得與叔肸等也○注故孔至謂也○論語泰伯篇文集解包曰言行當常然義疏

篤信好學者令篤厚於誠信而好學先王之道也守死善道者寧爲善而死不爲惡而生故云守死善道危邦不入者謂初仕時也見彼國將危則不須入仕也亂邦不居者謂我國已亂則宜避之不居住也天下謂天子也見謂出仕也何義當亦同不亂必以天下爲天子爾劉氏逢祿論語述何云守死善道如公弟叔肸孔父之仇牧荀息之屬○注禮威至不名○白虎通王者不臣篇云肸威德之士不名尊賢也春秋曰公弟叔肸又云不名威德之士者不可屈以爵祿也孟子萬章云威德之士君不得而臣故不名也禮記月令聘名士彼疏引蔡注云名士者謂其德行貞純通明王者不得臣而隱居不在位者也○注天子至夫也○桓四年注云上大夫不名祭伯是也白虎通又云上大夫不名者貴賢者而已共成先祖功德德加於百姓者也今本上脫上大夫三字隱元年注天子上大夫字尊之義也是天子上大夫亦不名也公子不爲大夫郎不見於經亦不書卒叔肸不仕其朝不食其祿卒而字之故爲起其宜爲天子大夫也○注孔子至心焉○論語堯曰篇文彼無孔子曰漢書外戚恩澤侯表注引論語孔子陳帝王之文興滅國云云文選兩都賦序求爲諸孫置守冢人表兩注俱引論語興滅國繼絕世逸民傳論注引論語舉逸民天下之人歸心焉上俱冠子曰字說苑君道篇武丁思先王之政興滅國繼絕世舉逸民又敬愼篇同以此爲武丁事蓋皆述帝王之治不必專斥一人事此主引舉逸民連上述之也

十有八年春晉侯衛世子臧伐齊

公伐杞

夏四月

秋七月邾婁人戕鄫子于鄫

戕鄫子于鄫者何殘賊而殺之也注支解節斷之故變殺言戕戕則殘賊惡無道也言于鄫者刺鄫無守備小國本不卒故亦不日

疏周禮疏引駁異義鄭君以爲左氏宣十八年秋七月邾人戕鄫子于鄫傳曰凡自內虐其君曰弑自外曰戕卽邾人戕鄫子是也自弑其君曰弑者晉人弑其君州蒲是也雖他國君不加虐亦曰殺若加虐殺之乃謂之戕取殘賊之義也若自上殺下及兩下自相殺之等皆曰殺穀梁傳戕猶殘也捝殺也周禮疏引鄭氏書梓材注同是戕爲殘賊之義也列子說符云遂共盜而戕之殷敬順釋文戕一本作殘潛研堂答問云穀梁注捝謂捶打亦晉人語說文無打字宜何從曰此必朾之誤說文朾橦也朾與橦椓連文知橦亦有橦擊義又問釋文引字林云木杖考說文梲訓木杖捝訓解捝卻是兩字陸似溷爲一曰捝殺之捝本當从木旁陸引木杖訓之則陸所見本猶作梲字隸改从手旁而唐石經因之非古本之舊也按穀梁云捝殺與何氏支節斷義殊其殘一也五行志董仲舒劉向以爲後邾支解鄫子是西漢舊說故何依用之焉周禮大司馬云放弑其君則殘之注引王霸記曰殘滅其爲惡公羊傳戕鄫子于鄫者何殘而殺之也惠氏士奇禮說云殘之者或焚或轘春秋戕鄫子穀梁傳以捝殺注捝爲捶打方言謂之掫關西人呼打爲掫晉魏河內之北謂掫爲殘蓋殘賊而殺之爲捝殺詮言訓羿死於桃棓注棓大杖桃木爲之以擊殺羿則似古有是刑

而邾人行之故春秋書曰戕小爾雅亦曰戕殘也蓋邾人假其名以行其虐也殘乃九伐之正法豈挩殺之謂哉董劉以爲支解解四支斷骨節蓋近乎殘矣殘之言轘也殺君者轘古之法也說者謂起於秦誤矣○注支解至道也○說文肉部肞體四肞也段作支孟子告子篇惰其四支易坤文言傳而暢於四支是也說文刀部解判也从刀判牛角左傳宣四年宰夫解黿莊子養生主庖丁解牛是也支解卽史記呂后紀太后遂斷戚夫人手足是漢書陳湯傳支解人民注謂解截其四支也刑極殘賊故今律支解活人者首犯淩遲妻子流亦以惡無道之甚也杜云弒戕皆殺也弒者積微而起非一朝一夕之漸戕者卒暴之爲故春秋變殺言戕也○注言于至守備○左疏引賈逵云邾使大夫往戕賊之杜氏釋例云有國之君當重門設險而輕近暴客變起倉卒亦因事而見戒也○注小國至不日○舊疏云滅例月莊十年冬十月齊師滅譚之屬是也邾婁無道殘滅人君於其國都與滅相似亦宜書日以責其暴而不日者正以鄫爲微國本不合卒是以略之不書其日也而僖十九年夏六月己酉邾婁人執鄫子用之亦是無道與此相似而書日者彼注云日者魯不能防正其女以至於此明其痛其女禍而自責之是也

甲戌楚子旅卒【疏】穀梁旅作呂說文呂脊骨也象形昔太岳爲禹心呂之臣故封呂侯又膂篆文呂从肉从旅則旅蓋膂之省體卽呂也呂覽季冬紀律中大呂注呂旅也是也包氏慎言云七月書甲戌月之九日穀梁傳夷狄不卒卒少進也卒而不日之少進也

何以不書葬【注】据日而名【疏】注据日而名○舊疏云書日書名一是諸夏大國之例是以弟子因遂責

其不與大國例同書葬也吳楚之君不書葬辟其號也【注】旅即莊王也葬從臣子辭當稱王故絕其葬明當誅之至此卒者因其有賢行【疏】禮記坊記云春秋不稱楚越之王喪注楚越之君僭號稱王不稱其喪謂不書葬也春秋傳曰吳楚之君不書葬辟其僭號也今本無僭字蓋鄭所據本異或鄭以意加也楚世家云熊渠曰我蠻夷也不與中國之號謚乃立其長子康為句亶王中子紅為鄂王少子執疵為越章王蓋僭王在夷王時矣自熊通自立為武王後始世僭號耳吳世家壽夢立而吳始益大稱王故皆不書葬明其宜絕也○注旅即莊王也○楚世家穆王十二年卒子莊王侶立左傳序莊王立在文十四年○注葬從至誅之○包氏慎言云按絕葬明誅言當傳顯戮也穀梁傳曰變之不葬有三失德不葬弒君不葬滅國不葬僭號失德之大者同變之弒君滅國日是亦當殺當滅焉而已杜云吳楚之葬僭而不典故絕而不書同之夷蠻以懲求名之僞按坊記云天無二日土無二王示民有君臣之別五等諸侯卒皆稱爵葬者臣子之事故一例從尊稱公若吳楚書葬則宜書葬吳某王葬楚某王與周王號嫌矣故絕其葬若無臣子辭以示誅絕春秋正名之嚴也包氏說極為切實杜氏注尤隔膜之論也○注至此至賢行○文十八年秦伯罃卒彼注云秦穆公也至此卒者因其實按楚自莊世書荊人僖世始書楚所傳聞世諸夏猶其外數故楚君不得見經商臣弒父之賊又在誅絕之列故至莊王書卒亦因其可進而進之義也先儒以秦穆楚莊合齊桓晉文宋襄為五霸以其為春秋之所與故也

公孫歸父如晉

冬十月壬戌公薨于路寢【疏】包氏慎言云十月書壬戌月之二十八日

歸父還自晉至檉遂奔齊【疏】左氏檉作笙釋文云本作檉亦作朾按彼引徐音勑貞反則亦作檉矣杜云笙魯竟也

還者何善辭也【疏】通義云善曰還不善曰復杜云大夫還不書春秋之常也今書歸父還奔善其能以禮退何善爾歸父使於晉【注】上如晉是還自晉至檉聞君薨家遣【注】家爲魯所逐遣以先人弑君故也【疏】注家爲至故也○左傳季文子言於朝曰使我殺嫡立庶以失大援仲也夫臧宣叔怒曰當其時不能治也後之人何罪子欲去之許請去之遂逐東門氏成十五年傳云公子遂殺叔仲惠伯殺子赤而立宣公宣公死成公幼臧宣叔者相也君死不哭聚諸大夫而問焉曰昔者叔仲惠伯之事孰爲之諸大夫皆雜然曰仲氏也其然乎於是遣歸父之家然後哭是君薨家遣事也墠帷【注】埽地曰墠今齊俗名之云爾將袒踊故設帷重形【疏】注埽地至云爾○校勘記云釋文注作埽地此从手旁非公羊問答此於經有据乎曰說文云墠野土也東門之墠傳曰墠除地町町者疏封土謂之壇除地謂之墠賈公彥以爲四邊委土爲壝於中除地爲墠墠內作壇謂若三壇同墠之類也按襄二十八年左傳舍不爲壇疏引服虔本作墠解云除地爲墠王肅本作壇而解云除地坦坦則亦讀如墠矣韓詩傳作東門之墠据詩釋文正義似毛詩本作壇而諸家解從墠蓋段墠爲壇也定本卽作墠矣說文說壇字云壇祭場也

祭場則埽地去草矣蓋二字可通用也左傳注除地爲墠而張帷左傳作墠也焦氏循左傳補疏云墠字釋文音善曲禮踰竟爲墠位注墠位除地爲墠釋文亦音善周禮大司馬暴內陵外則墠之注墠讀如同墠之墠鄭司農讀從墠之以威之墠書亦或爲墠釋文墠依注作墠金縢三墠同墠祭法一墠一墠是除地爲墠封土爲墠墠二字自別而墠墠音近得相通借故詩東門之墠一作東門之墠毛詩解爲除地町町則墠是而墠借此傳借墠爲墠○同按齊俗名之何氏以方言釋之也焦說明晰○注將祖至重形○禮記檀弓云尸未設飾故帷堂仲梁子曰夫婦方亂故帷堂然鄭注云俟者動搖尸帷堂爲人褻之言方亂非也似帷爲死者設其殯後又有帷檀弓云帷殯非古也自敬姜之哭穆伯始也注禮朝夕哭不帷蓋朝夕哭當暫去帷以見殯殊而敬姜哭穆伯不去帷故記以爲非古也此一歸父在外或設帷爲將祖踊爲一時權禮與

哭君成踊**注**踊辟踊也禮必踊者如嬰兒之慕母矣成踊成三日五哭踊之禮禮臣爲君本服斬衰故成踊比二日朝莫哭踊三日朝哭踊莫不復哭踊去事之殺也

疏注踊辟至母矣○禮記檀弓云辟踊哀戚之至也有算爲之節文也注算數也疏撫心爲擗擗跳躍爲踊孝子喪親哀慕至僃男踊女擗是哀痛之至也說文走部趯喪擗趯段注云今禮經禮記皆作踊足部曰踊跳也是二字義殊也左傳曲踊三百踊于幕庭之類皆从足若即位哭三踊而出之踊當从走撫心爲擗跳躍爲趯辟段借也雜記曾申問於曾子曰哭父母有常聲乎曰中路嬰兒失其母也何常聲之有注言若小兒亡母啼號安得常聲乎所謂哭不偯故云如嬰兒之慕母也左傳即位哭三踊而出注依在

國喪禮設哭位公甍故○注成踊至殺也○三日五哭禮見禮記奔喪篇奔喪注云三日五哭者始聞喪訖夕爲位乃出就次一哭
也與明日又明日之朝夕而五哭不五朝哭而數朝夕備五哭而止亦爲急奔喪己私事當畢亦明日乃成服凡云五哭者其後有
賓亦與之哭而拜之正義謂初聞喪爲一哭明日朝夕二哭又明日朝夕二哭總爲五哭所以三日爲五哭者爲急欲奔喪以己私
事須營早了故三日而五哭止也以歸父在外因家遣不能歸國故行變禮但三日五哭踊如奔喪禮也成踊者士喪禮注成踊三
者三疏云凡九踊也檀弓疏若不裁限恐傷其性故辟踊有算爲準節文章準節其事不一每一踊三跳三踊九跳都爲一節士舍
死日三日而殯凡有三踊初死日襲襲而踊明日小斂小斂而踊又明日大斂大斂又踊凡三日爲三踊也大夫五踊舍死日四日
而殯初死日一踊明日襲又一踊至三日小斂朝一踊至小斂時又一踊至四日大斂朝不踊當大斂時又一踊凡四日爲五踊諸
侯七踊舍死六日而殯初死日一踊明日襲又一踊至三日小斂朝一當小斂時又一四日無事一五日又一至六日朝不踊亦當
大斂時又一凡六日七踊周禮王九踊舍死日八日而殯死日一明日襲一其間二日爲二至五日小斂爲二其間二日爲二至八
日大斂則其朝不踊也大時又一凡八日九踊故云爲之節文也故雖記云公七踊大夫五踊士三踊注謂死日及小斂大斂而踊君
大夫士也則皆三踊矣君五日而殯大夫三日而殯士二日而殯士小斂之朝不踊君大夫大斂之朝乃不踊也然何氏云比三日
朝哭莫不哭則三日四哭與五哭踊不合或何氏之三日蓋三日後禮與又喪大記云鋪絞紟踊鋪衾踊鋪衣踊遷尸踊斂衣踊斂
衾踊斂絞紟踊則踊節有七孔氏謂士小斂一踊大夫小諸侯斂朝夕各一踊大斂止斂時一踊之說恐非按奔禮于云至家入門

左升自西階殯東西面坐哭盡哀括髮袒降即堂東位西鄉哭成踊襲絰于序東絞帶反位拜賓成踊於括又哭髮袒成踊于三哭猶括髮袒成踊三日成服奔母之奔喪如父奔喪禮於又哭不括髮臣爲君斬衰似三哭皆括髮又奔喪云聞喪不得奔喪乃爲位括髮袒成踊襲絰絞帶即凡位又爲位者壹袒然則歸父惟壹袒與又大夫哭諸侯不敢拜賓注謂哭其舊君未知歸父之哭宣公爲舊君以否

反命乎介注因介反命禮卿出聘以大夫爲上介以士爲衆介

疏校勘記云唐石經諸本同成十五年傳作反命于介左傳云復命於介○注因介反命○杜云介副也將去使介反命於君疏聘禮復命之禮云公南鄉使者執圭反命曰以君命某于某君某君受幣于某宮某君再拜以享某君某君再拜浩聘君薨于某後歸執圭復命于殯升自西階不升堂子即位不哭辯復命如聘子臣皆哭與介入北鄉哭出袒括髮入門右即位踊是君之存亡皆有復命之禮今身將出奔不復親自復命故立介於位介當南面歸父於介前北面執圭復命既復命之後北面哭乃退括髮訖前即位北面哭三踊而出以復命之語語介使知會介以此言告於殯也○注禮卿至衆介○禮聘禮云遂命使者注聘使卿使者再拜稽首辭君不許乃退又云既圖事戒上介亦如之蔡氏德晉儀禮本經云上介大夫爲之所以副使者或聘使有故則上介攝其事是其任亦重故亦稽首辭如使者也又云宰命司馬戒衆介衆介皆逆命不辭注衆介者士也士屬司馬周禮司馬之屬司士掌作士適四方使爲介

自是走之齊注士喜者善其不以家見逐怨懟成踊哭君終臣子之道起時莫能然也言至檉者善其得禮於檉言遂

者因介反命是也不待報罪也遂弑君本當絕小善錄者本宜公同篡之人又不當逐不日者伯討可逐故從有罪例也【疏】注主書至然也○左傳書曰歸父還自晉善之也杜云大夫還不書春秋之常也今書歸父還奔善其能以禮退是與何義同○注言至至於檉○穀梁還者事未畢也自晉事畢也未畢者未復君命也自晉明聘事畢故書于檉見其得禮於檉也○注言遂至罪也○鄂本罪作非大夫無遂事歸父不待報而去臣節究有未盡故書遂以責之○注遂弑至當逐○校勘記云鄂本遂作逐誤又不當逐鄂本同閩監毛本又誤父遂弑君之賊宜絕其世錄歸父小善以遂固宜討宣公非討遂之人故晉惠殺里克僖十年傳曰曷爲不以討賊之辭言之惠公之大夫也衞獻公殺甯喜雖爲晉執之猶不得爲伯討故襄二十七年從君殺大夫例不與衞人殺州吁齊人殺無知同文也○注不日至例也○舊疏云凡內大夫出奔例無罪者日卽襄二十三年冬十月乙亥臧孫紇出奔邾婁昭十二年冬十月公子整出奔齊之屬是也今此歸父亦無罪不日者正以仲遂弑君其家合沒但與宣公同謀魯人不合逐之若作伯討之時歸父可逐故從有罪之例按舊疏引臧孫紇公子整一明有罪一明無罪也歸父雖無過失然弑君之子本不合存故從伯討以張義如仲遂者固宜天下有能力討則討之者也春秋雖惡惡止其身然遂之罪未比尋常魯人此逐卽以其父弑君逐之故不得全同無罪例也通義云不日者無罪也以歸父公子整與臧紇較之可決內大夫出奔有罪日無罪不日例與何義乖

南菁書院

句容陳立卓人著

成元年盡二年

春秋公羊經傳解詁成公第七

【疏】校勘記云唐石經成公第八卷七左傳釋文成公名黑肱宣公子魯世家宣公卒子成公黑肱立是爲成公左疏云穆姜所生以定王十七年卽位謚法安民立政曰成釋例曰計公衡之年成公又非穆姜所生不知其母何氏也按襄二年傳齊姜與繆姜則未知其爲宣夫人與成夫人與則公羊不必以成公爲穆姜子也

元年春王正月公卽位

二月辛酉葬我君宣公【疏】包氏慎言云二月書辛酉月之二十九日

無冰【注】周二月夏十二月尚書曰舒恆燠若易京房傳曰當寒而溫側賞也是時成公幼少季孫行父專權而委任之所致【疏】注周二至二月○杜云周二月今之十二月穀梁傳終時無冰則志此未終時而言無冰何也終無冰矣加之寒之辭也疏引麋信徐邈竝云十二月最爲寒甚之時故特於此書之范云周二月建丑之月夏之十二月也此月旣是常寒之月於寒之中又加甚常年過此無冰終無冰矣校勘記云此本原刻周二之二缺上畫翻刻本遂改爲周正月夏十一月閩監毛本承其誤按紹熙本作周二月夏十二月

〇注尚書至燠若〇書洪範文也釋文尚書作豫與本又作燠於六反燠也校勘記云閩監毛本同段玉裁云僞孔本作豫鄭王本作舒羣經音辨引作舒常奧若云何休讀今本作燠按音辨恒作常避宋諱也五行志中之下傳曰視之不明是謂不悊厥咎舒厥罰恒奧亦作燠又云庶徵之恒奧劉向以爲春秋亡冰也小奧不書無冰然後書舉其大者也按書疏引鄭王本皆作舒鄭云舉遲也舒惰也尚書大傳作荼荼亦舒玉藻諸侯荼是也僞孔作豫徐仙民故讀從舒也論衡寒溫篇洪範庶徵曰急恒寒若舒恒燠若荀悅漢高后紀人君急則日晷進而疾舒則日晷退而緩故曰急恒寒若舒恒燠若今本漢紀作豫淺人改之也上文明以急舒對舉惠紀亦有厥咎急厥咎舒之語可證也經義雜記尚書厥民隩五帝本紀作其民燠蓋古文尚書作奧今文尚書作燠也釋文引馬云燠也是馬從今文讀何氏今文之學也引尚書作恒奧若是今文燠亦作奧〇注易京至賞也〇校勘記云諸本同按例當作倒字之誤也此本云凡爲賞罰宜出君門而臣下行之故曰倒賞也可證閩監毛本亦誤作倒賞矣襄二十八疏引作倒置二字誤倒字不誤按紹熙本作倒賞不誤五行志又云言上不明暗昧蔽惑則不能知善惡親近習長同類无功者受賞有罪者不殺百官廢禮失在舒緩故其咎舒也即倒賞之義也志又引京房易傳曰祿不遂行茲謂欺厥咎奧雨雪四至而溫臣安祿樂逸茲謂亂奧而生蟲知罪不誅茲謂舒其奧夏則暑殺人冬則物華實重過不誅茲謂亡徵其咎當寒而奧六日也按洪範云唯辟作福唯辟作威此經舊疏引鄭注云此凡君抑臣之言也作福專慶賞作威專刑罰書又云臣之有作福作威玉食其害于而家凶于而國鄭注云害于汝家福去室凶于汝國亂下民是也〇注是時至所致〇五行志又云董仲舒以爲方有宣公之喪君臣無悲哀之心而炕

陽作丘甲劉向以爲時公幼弱政舒緩也又云一曰水旱之災寒暑之變天下皆同故曰無冰天下異也成公時楚橫行中國王札子殺召伯毛伯晉敗天子之師于貿戎天子皆不能討按何氏之說同子政知成公幼少者下十六年不見公傳曷爲不恥幼也左傳成二年公衡爲質杜云公衡成公子計已有子爲質則成公時應三十餘矣則左氏不以爲幼然公至十四年始娶則公羊之說信矣行父專權自仲遂卒後始魯世家於宣公初立云魯由此公室卑三桓彊明魯君失政於宣初遂卒後季氏日彊大也

三月作丘甲

何以書譏何譏爾譏始丘使也【注】四井爲邑四邑爲丘甲鎧也譏始使丘民作鎧也古者有四民一曰德能居位曰士二曰辟土殖穀曰農三曰巧心勞手以成器物曰工四曰通財鬻貨曰商四民不相兼然後財用足月者重錄之【疏】注四井至爲丘〇周禮小司徒文也彼云乃經土地而井牧其田野九夫爲井四井爲邑四邑爲丘四丘爲甸四甸爲縣四縣爲都鄭注九夫爲井井者方一里四井爲邑方二里四邑爲丘方四里四丘爲甸方八里旁加一里則方千里爲一成積百井乃百夫其中六十四井出田稅四甸爲縣縣方二十里四縣爲都方四十里詩疏引服虔云司馬法云四邑爲丘有戎馬一匹牛三頭四丘爲甸甸六十四井出長轂一乘馬四匹牛十二頭甲士三人步卒七十二人戈楯備具謂之乘馬杜云此甸所賦今魯使丘出之譏重斂故書顧氏炎武杜解補正云杜云丘出甸賦驟增三倍恐

未必然周制四丘爲甸旁加一里爲成共出長轂一乘步卒七十二人甲士三人則丘得十八人不及一甲今作丘甲令丘出二十五人一甸之中共出百人矣沈氏欽韓云顧說是矣而未得其證蓋一甸之中本出甲士三人今令出甲士四人則丘出一甲也知者以杜牧引司馬法云一車甲士三人步卒七十二人炊家子十人固守衣裝五人廐養五人樵汲五人輕卒七十五人重車二十五人故二乘兼百人爲一隊則李衛公問對引曹公新書同然古制惟七十二人其廝養之役皆在步卒七十二人之中今司馬法百人爲一隊則丘出二十五人當一丘而一甲也車兼輕重則一甸又出二乘也司馬法本於穰苴是春秋之中皆用丘甲之法而晉楚諸國可知矣李衛公問對楚二廣之法每車之一乘用士百五十人比周制差多是丘出甲又不止一矣按沈氏說本孔氏通義云始丘使一者言始不甸使也周制四井爲邑四邑爲丘四丘爲甸使出長轂一乘甲士三人今使丘出一甲則甸有甲士四人率三甸而增一乘是也與顧說亦大同也○注甲鎧也○周禮序官司甲注甲今之鎧也禮記曲禮獻甲者執冑注甲鎧也廣雅釋器甲鎧也○注譏始至鎧也○穀梁傳云作爲也丘爲甲也丘甲國之事也丘作甲非正也又云夫甲非人人之所能爲也丘作甲非正也此云譏使丘民作甲下備引四民不相兼之說似與穀梁合考周禮有司甲其職雖闕考工函人之職不甚詳司兵云掌五兵五盾以待軍事及授兵從司馬之法以頒之其受兵輸亦如之注兵輸謂師還然則戈盾弓矢師出頒之師入還之皆掌於官民不自備意甲亦然今使丘民自出甲故譏之管子乘馬云一乘者四馬也一馬其甲七其蔽五一乘其甲二十有八其蔽二十人白徒三十人彼一乘即一甸一馬即一丘蓋丘甲之制早行之齊魯從而放之與其實井邑丘甸皆出甲而獨舉丘者舉丘以該井甸等然

則丘民猶言邑民鄉民國民也惠氏士奇春秋說云杜謂丘出甸賦信乎抑否乎曰不然司馬法以田賦出兵其法本於春秋行於戰國非周禮也丘甲始作於齊桓之伯桓公以此行之于齊故成公亦以此行之於魯管子云一乘之地方六里原注六當爲八一乘者四馬也一馬其甲七其蔽五一乘其甲二十有八其蔽二十白徒三十人然則丘出一馬七甲甸四之出四馬二十八甲古制丘有馬無甲今使一丘作七甲而已安得又有長轂一乘戎馬四匹且甲士步卒戈楯皆具而張云丘出甸賦乎杜以司馬法注春秋往往不合多類此劉氏逢祿解詁箋云何氏依穀梁解之左氏服注引司馬法云丘有馬一匹牛三頭是曰匹馬丘牛四丘爲甸出長轂一乘馬四匹牛十二頭甲士三人步卒七十二人戈楯具備謂之乘馬杜云甸所賦令丘出之譏重斂故書似與經傳意合然何氏本孔孟家法以大國地方百里出車千乘故云十井而賦一乘若司馬法井十爲通通爲匹馬三十家士一人徒二人同方百里萬井三萬家革車百乘士千人徒二千人又云甸六十四井出長轂一乘與諸侯百里千乘之制不合此據天子畿內千里出車萬乘言之馬融以十同之地開方爲三百一十六里有奇皆周官家言故何氏不取也然如何義四邑爲丘使一丘農民皆作甲以農爲工失其本業似亦與情事未協王氏念孫廣雅疏證云丘衆也孟子盡心得乎丘民而爲天子莊子則陽篇丘里者合十姓百民以爲風俗也釋名曰四邑爲丘丘聚也皆衆之義或以解此然衆民作甲曰作丘甲亦不辭何氏云譏始使則自後常行之矣左傳云初稅畝言初此不言初者此備齊難暫爲之耳非是終用故不言初按此如哀十二年之用田賦不言初耳何所見暫爲之耶民以食爲本稅畝害什一之中正故於彼特重錄之也○注古者至用足○穀梁傳云古者立國家百官具農工皆有職以事上

古者有四民有士民注學習道藝者又云有商民注通四方之貨者又云有農民注播殖耕稼者又云有工民注巧心勞手以成器物者國語齊語云四民者勿使雜處公曰處士農工商若何管子對曰昔聖王之處士也使就閒燕處工就官府處商就市井處農就田野令夫士閒燕則父與父言義子與子言孝其事君者言敬其幼者言悌令夫工審其四時辨其功苦權節其用論比協材旦莫從事施於四方以飭其子弟相語以事相示以巧相乘以功令夫商察其四時而監其鄉之資以知其市之賈負任擔荷服牛軺馬以周四方以其所有易其所無市賤鬻貴旦莫從事於此以飭其子弟相語以利相示以賴相陳以知賈令夫農察其四時權節其用耒耜耞芟及寒擊草除田以待時耕及耕深耕而疾耰之以待時雨時雨既至挾其槍刈耨鎛以旦莫從事於田野脫衣就功首戴茅蒲身衣襏襫霑體塗足暴其髮膚盡其四支之敏以從事於田野呂覽上農篇凡民自七尺以上屬諸三官三官謂農工賈六韜云大農大工大商謂之三寶農一其鄉則穀足工一其鄉則器足商一其鄉則貨足無亂其鄉無亂其俗義皆同校勘記出通貨財曰商云閩監毛本作通財鬻貨曰商釋文鬻貨羊六反此脫按紹熙本有鬻字此言四民不可相兼之義漢書刑法志云魯成公作丘甲春秋書而譏之以成王道師古注用服說又曰一說別令人爲丘作甲也士農工商四類異業甲者非凡人所能爲而今作之譏不正也卽公穀說然爲丘作甲語亦未明○注月者重錄之○舊疏云欲道宣十五年秋初稅畝哀十二年春用田賦皆書時今書月故如此解

夏臧孫許及晉侯盟于赤棘注時者謀結鞌之戰不相負也後爲晉

所執不日者執在三年外尋舊盟後非此盟所能保【疏】杜范並云赤棘晉地○注時者至負也○舊疏云正以春秋之義大信書時故也尋之戰在下二年○注後○爲至能保○舊疏云春秋之義不信者日故如此解後爲晉所執者即下十六年晉人執季孫行父舍之于招丘是也執在三年外尋舊盟後即下三年冬十有一月晉侯使荀庚來聘丙戌及荀庚盟傳云此聘也其言盟後聘而言盟者尋舊盟也是

秋王師敗績于貿戎【疏】漢書劉向傳五行志並作貿戎左氏作茅戎古茅貿同部段借字注氏中經義知新錄云荀子禮論云薦器則有鍪而無縰注鍪之言蒙也冒也按鍪蒙冒語之轉左氏傳茅戎公羊作貿戎方輿紀要大陽津在陝州西北三里黃河津濟之處志云津北對茅城按三里蓋三十里之誤今茅津渡是也沈氏欽韓左傳補注云茅戎蓋西羌之入居中國者鄭角弓箋云髦西夷別名括地志岷洮等州以西爲古羌國以南爲古髦國今疊宕以西松當悉靜等州以南皆是地今松潘廳及疊溪營地

孰敗之蓋晉敗之【注】以晉比侵柳圍郊知王師討晉而敗之【疏】注以晉至敗之○侵柳者宣元年冬晉趙穿帥師侵柳傳柳者何天子之邑也曷爲不繫乎周不與伐天子也是也圍郊者昭二十三年晉人圍郊傳云郊者何天子之邑也曷爲不繫乎周不與伐天子也是也正以往前侵柳已犯天子在後圍郊復犯天子二經之間天子敗績据上下更無餘國犯王故知是天子討晉而爲所敗也繁露王道云晉至三侵周與天王戰于貿戎而大敗之漢書劉向

傳周室多禍晉敗其師于貿戎伐其郊是也貿戎去洛陽二百里地近于晉故以爲晉敗也穀梁傳亦曰然則孰敗之晉也或

曰貿戎敗之**注**以地貿戎故**疏**注以地貿戎故○舊疏云蓋晉侯不臣知王討之逆往敗之亦何傷按傳載或說即左氏義也於晉無涉矣何云以地貿戎故者謂春秋書地於貿戎故或如此說也左傳劉康公徼戎將遂伐之叔服曰背盟而欺大國此必敗不聽遂伐茅戎三月敗績于徐吾氏是也通義云以不月日言之或說是也所聞之世詐敗于戎狄與詐敗戎狄同例

然則曷爲不言晉敗之**注**据侵柳圍郊言晉王者無敵莫敢當也**注**正其義使若王自敗于貿戎莫敢當敵敗之也不日月者深正之使若不戰**疏**穀梁傳云不言戰莫之敢敵也爲尊者諱敵不諱敗注諱敵使莫二也不諱敗容有過否舊疏云春秋之義託魯爲王而使舊王無敵者見任爲王寧可會奪正可時時內魯見義而已○注正其至之也○五行志下之上云天氣不言五行沴天而曰日月亂行星辰逆行者爲若下不敢沴天猶春秋王師敗績于貿戎不言敗之者以自敗爲文尊尊之應也劉歆云皇極傳曰有下體生上之疴說以爲下人伐上天誅已成不得復爲疴云鹽鐵論世務云春秋王者無敵言其仁厚其德美天下賓服莫敢受交也注淮南王安曰天子之兵有征而無戰言莫敢校也皆正其義之義通義引穀梁傳語又引劉敞曰莫敢當其言敗績何天下之勢大矣非有能敗王之師者也王自敗也○注不日至不戰○舊疏云春秋之例偏戰日詐戰月故如此解

冬十月

二年春齊師伐我北鄙

夏四月丙戌衛孫良夫帥師及齊師戰于新築衛師敗績疏包氏慎言云据曆丙戌爲五月二日四月無丙戌也杜云新築衛地大事表云今大名府魏縣南二十里有新築城方輿紀要云葛孽城在大名府魏縣西南二十里趙成侯及魏惠王遇于葛孽卽此地今其地又有築亭顧棟高直以爲新築按趙世家作葛孽紀要又云葛孽城在廣平府肥鄉西寰宇記又作葛築地與衛遠

六月癸酉季孫行父臧孫許叔孫僑如公孫嬰齊帥師會晉郤克衛孫良夫曹公子手及齊侯戰于鞌齊師敗績疏包氏慎言云六月書癸酉月之八日杜云鞌齊地大事表云通典云鞌在平陰縣東今從高氏之說取近志謂鞌卽古之歷下城卽今濟南府治之歷城縣沈氏欽韓云按地志不載沂水雜記沂水縣北一百里有將軍蜺西南有鞍山非此鞍也名勝志鞌城在平陰縣東按傳文鞌地當在濟南府歷城山東通志鞌在歷城縣西北十里華山下今按左傳云三周華不注齊師敗績則在歷城者信

曹無大夫公子手何以書注据[illegible]無氏疏釋文公子手一本作午左氏作首古手首通宣二年左傳趙盾士季見其手釋文手一本作首禮大射儀相者皆左何瑟後首注古文後首爲後手士喪禮思左手注古文首爲手

潛研堂金石跋尾卯敦銘拜手增手即稽首是也經義雜記云沈
文何引穀梁傳曹公子首傴今本作曹公子手僂按大射儀注古
文首爲手穀梁釋文亦作手則手爲叚借字首爲正字古本穀梁
作首與左傳同公羊一作午者手字形近之譌○注据羈無氏○
莊二十四年曹羈出奔陳傳曹羈者何曹大夫也注以小國知無
氏爲大夫則小國例無大夫有者名氏不具故羈不氏也此稱公
子故据以難憂內也注春秋託王于魯因假以見王法明諸侯有能從
王者征伐不義克勝有功當褒之故與大夫大夫敵君不貶者隨
從王者大夫得敵諸侯也不從內言敗之者君子不掩人之功故
從外言戰也魯舉四大夫不舉重者惡內多虛國家悉出用兵重
錄內也疏通義云曹以內被齊難遣大夫助戰故善而錄之繁露觀德云曲棘與鞌之戰先憂我者見賢是也○注春秋
至大夫○桓五年蔡人衞人陳人從王伐鄭其言從王伐鄭何從
王正也注美其得正義也故以從王征伐錄之蓋起時天子微弱
諸侯背叛莫肯從王者征伐以善三國之君獨能尊天子死節是
諸侯從王征不義克勝當美之事也此託王於魯諸侯能爲內憂
與從王者征伐無異故假以見王法桓五年是其事此其義也與
彼同亦得正故與曹有大夫也○注大夫至侯也○僖二十八年
晉侯齊師宋師秦師及楚人戰于城濮傳云子玉得臣則其稱人
何貶曷爲貶大夫不敵君也注臣無敵君之義故絕正也然則彼
以大夫敵君貶此以隨從王者大夫有得敵之義故不貶也解此
以決彼稱人故也又宣十二年書晉荀林父帥師及楚子戰于邲

彼傳云大夫不敵君此其稱名氏以敵楚子何不與晉而與楚子爲禮也注不與晉而反與楚子爲君臣之禮以惡晉然則得臣書人以明不敵之義林父書名氏所以惡晉也以無王者大夫故也○注不從至戰也○校勘記不從內言敗之者此本敗誤敵今訂正按紹熙本正作敗桓十年齊侯衛侯鄭伯來戰于郎傳此偏戰也何以不言師敗績內不言戰言戰乃敗矣注春秋託王於魯戰者敵文也王者兵不與諸侯戰戰乃其已敗之文故不復言師敗績矣然則此若從魯爲文不得言及齊師戰于臺宜如僖元年公敗子友敗莒師于犂之例矣此因從外故言戰爲君子不掩人之功故也桓十三年公會紀侯鄭伯己巳及齊侯宋公衛侯燕人戰齊師宋師衛師燕師敗績傳內不言戰此其言戰何從外也亦此不掩人功之義也通義云從外不從日者先日者前定之期也緩辭不也後日者非前定之期也急辭也龍門急而臺緩也義或然也龍門之戰何云明當歸之功紀鄭言戰則此亦歸功于晉衞曹故言戰也○注魯舉至內也○左傳疏云魯於聘與盟會雖二卿並行止書一使至於行師用兵則並書諸將此書四卿昭定之世或書三卿或書二卿皆謂重兵故書之其他國唯書元帥詳內略外也蓋按孔氏此疏頗得公羊微旨通義云內舉四大夫者時未作三軍季孫將上軍臧孫將下軍僑如舉齊爲二軍之佐也使舉上客而軍將列數之者重師也於他國則唯言元帥錄內略外之義也

秋七月齊侯使國佐如師己酉及國佐盟于袁婁疏包氏慎言云七月書己酉月之二十六日杜云穀梁曰臺去齊五百里袁婁去齊五十里正義曰齊之四竟不應過遠且數已是齊地未必竟上之邑豈得去齊有五百里乎穀梁又云壹戰緜地五百里則是甚言之耳釋例土地名數與袁婁並闕不知其處遠近無以驗之按左傳作爰婁袁爰

通大事表云公穀二傳並爲近郊之辭張氏洽因曰臨淄縣西有袁婁蓋亦約略之語耳或曰在淄川竟穀梁傳亦作爰婁博物志臨淄縣西有袁婁一統志因云袁婁在青州府臨淄縣西按臨淄更在青州東與鞌地似更遠矣

君不使乎大夫疏校勘記云唐石經諸本同按君不下似脫行字當補正解云春秋譏於別尊卑理嫌疑故絕去使文以起事張例則所謂君不行使乎大夫也者是則疏本有行字又隱六年疏兩引君不行使乎大夫閔元年疏引同此其行使乎大夫何注据高子來盟魯無君不稱使不從王者大夫稱使者實晉郤克爲主經先晉傳舉郤克是也疏注据高至稱使○閔二年齊高子來盟傳何以不稱使我無君也注時閔公弑僖公未立故正其義明君臣無相適之道也彼以我無君故彼不稱使明君不行使大夫之義此皆大夫也齊侯稱使故据以難○注不從至是也○舊疏云經先晉謂未戰之時經言及晉侯盟于赤棘是也傳舉郤克即下傳云師還齊侯晉郤克投戟逡巡再拜稽首馬前之屬是也或者言先晉正謂會晉郤克是也何者序四大夫乃言會晉郤克則似郤克在是而四大夫往會之猶如宣元年宋公陳侯以下會晉師于棐林伐鄭然按前說是也若如後說注當云經傳皆先舉晉郤克也

佚獲也注佚獲者已獲而逃亡也當絕賤使與大夫敵體以起之君獲不言師敗績等起不去師敗績者辟內敗文疏注佚獲至亡也○釋文佚一本作失莊子書皆以失爲佚漢書地理志漢中淫失謂淫佚也杜欽傳或三四年言失欲之生害也謂佚欲也主父偃

傳齊王內有淫失之行謂淫泆之行也游俠傳道行淫失謂行淫泆也九經古義云古佚字皆作泆失佚又與逸通倘書無逸漢石經作佚春秋經曰肆大眚穀梁曰肆失也失猶佚也佚與逸同謂逸囚按漢石經無逸之逸作劮桓八年左傳隨侯逸注逸逃也荀子宥坐云若有決行之其應佚若聲響注逸奔逸也國語鄭語以逸逃於褒韋注逸亡也廣雅釋詁逸去也皆與逃亡義近校勘記云唐石經諸本同○注當絕至起之○包氏慎言云國君被獲辱社稷也絕奪其位按僖十五年獲晉侯注書者以惡見獲與獲人君皆當絕也莊十年傳蔡侯獻舞何以名絕曷為絕之獲也繁露竹林云是故春秋推天施而順天理以至尊為不可以生於大辱大羞故獲者絕之以至辱為不可以加於至尊大位故雖失位弗君也已在國反位矣而春秋猶有不君之辭況其溷然方虜耶其於義也非君定矣若非君則丑父何權矣是其絕賤不君故使與大夫敵體也春秋為內諱故隱六年鄭人來輸平傳然則何以不言戰諱獲也然猶稱人以起之彼注云稱人國共辭者嫌來輸平獨惡鄭明鄭擅獲諸侯魯不能死難皆當絕是也○注君獲至敗文○傳十五年晉侯及秦伯戰于韓獲晉侯傳此偏戰也何以不言師敗績君獲不言師敗績也注舉君獲為重也然則此若去師敗續以起齊侯見獲則當但言季孫行父以下及齊侯戰于鞌不言齊師敗績又嫌與內敗文同矣何者春秋王魯內不言戰言戰乃敗桓十年齊人衞人鄭人來戰于郎是也故直書行使乎大夫起之所以辟內敗之文故也

其佚獲奈何師還齊侯【注】還繞【疏】注還繞○廣雅釋詁云旋還也華嚴經音義引切韻同文選注引字林云旋回也史記日者傳旋式正綦索隱旋轉也轉旋皆繞義也左傳師從之齊師敗績逐之三周華不注韓厥夢子輿謂己曰且辟左右故中御而從齊侯是還

繞義也

晉郤克投戟逡巡再拜稽首馬前【疏】周禮考工記冶氏云戟廣寸有半寸內三之胡四之援五之倨句中矩與刺重三鋝注戟今三鋒戟也釋名釋兵云戟格也傍有枝格也左傳隱十一年子都拔棘以逐之注棘戟也禮記明堂位越棘注棘戟同是也說文作戟逡者說文系部復也玉篇退也郤也莊子田子方篇登高山履危石臨百仞之淵背逡巡足二分垂在外蓋郤退之義也再拜稽首者白虎通姓名篇人所以相拜者何以表情見義屈節卑禮尊事人者也拜之言服也所以必再拜何法陰陽也尚書再拜稽首也必稽首何敬之至也頭至地何以言首謂頭也禮曰首有瘍則沐所以先拜手後稽首何各順文質也尚書曰周公拜手稽首周禮大祝疏云軍中得拜者公羊之義將軍不介冑故得有拜法通義云禮介者不拜而今再拜稽首者重難執獲人君故為加恭舊疏云禮介者不拜而郤克再拜者蓋齊師已敗行賓命之禮投戟之後得再拜矣若當戰時將軍有不可犯之色寧有拜乎按舊疏與孔說相兼乃備周禮司服云凡兵事韋弁服成十六年左傳郤至衣韎韋之跗注或將軍不介冑與

逢丑父者頃公之車右也【注】人君驂乘有車右有御者【疏】校勘記出逢丑父云唐石經諸本同鄂本逢作逢誤按逢姓之逢从夆不从夅諸家說多誤今按紹熙本亦作逢左傳校勘記云閩本逢作逢逢非也段玉裁云字从夅逢丑父逢伯陵逢蒙皆薄紅反東轉為江乃薄江反宋人廣韻改字从夅薄江切殊謬不可從齊世家陳于鞍逢丑父為齊頃公右左傳鄭夏御齊侯逢丑父為右○注人君至御者○漢書文帝紀乃令宋昌驂乘師古曰乘車之法尊者居左御者居中又有一人處車之右以備傾側是以戎事則稱車右其餘則曰驂乘驂者三也蓋取三人為義耳其兵車之

法則詩鄭風清人云左旋右抽中軍作好鄭箋云左左人謂御者右右軍右右也中軍爲將也左傳云郤克將中軍解張御鄭丘緩爲右郤克傷於矢流血及屨未絕鼓音是郤克爲將在鼓下也又張侯曰自始合而矢貫余手及肘余折以御左輪朱殷張侯即解張侯傷手而血染左輪是御者在左也人君兵車或亦如此也

面目與頃公相似衣服與頃公相似注禮皮弁以征故言衣服相似頃公有負晉魯之心故特異丑父備急欲以自代疏禮記坊記注僕右恆朝服君則各以時事唯在軍同服爾疏引此傳云鞌之戰逢丑父爲齊頃公車右也衣服與頃公相似是在軍同服也按左傳僖五年云均服振振杜云戎事上下同服又成十六年左傳有韎韋之跗注疏在軍之服其色皆同所謂均服振振上下同色也郤至與衆同服所以獨見識者禮法雖有此服軍士未必盡然則大夫以上服或與士不同與蓋車右與君將衣服無不似特異逢丑父以其面目相似耳○注禮皮至相似○白虎通三軍云王者征伐所以必皮弁素幘何伐者凶事素服示有悽愴也伐者質故衣古服禮曰三王共皮弁素幘服亦皮弁素幘又招虞人以皮弁知伐亦皮弁按知伐亦皮弁當作知田獵亦皮弁詩六月疏引孝經注田獵戰伐冠皮皮弁昭二十五年注云皮弁以征不義韓詩傳亦有是語蓋皆今文家說其周禮弁師云凡兵事韋弁服蓋古文家說也同○注頃公至自代○舊疏云卽下傳云前此者晉郤克與臧孫許同時而聘于齊則客或跛或眇於是使跛者迓跛者眇者迓眇者是也校勘記出故特異丑父備急閩監本同蓋誤宋本毛本異作選當据正按紹熙本亦作選異蓋選之壞字耳按頃公選丑父備急自代爾似與負晉魯之心無涉也

代頃公當左注

升車象陽陽道尚左故人君居左臣居右【疏】齊世家云遂復戰齊急丑父恐齊侯得乃易處頃公爲右左傳云逢丑父與公易位晉世家傷困頃公頃公乃與其右易位○注升車至居右○御覽引五經要記云國君及元戎率軍將在中央當鼓御者在左勇力之士執戈在後禮記曲禮疏云乘車則君皆在左若兵戎革路則君在中央御者居左蓋此代頃公當左謂在車右之左爾仍居中也曲禮云乘君之乘車不敢曠左左必式此兵車御者在左當亦馮式不敢與君並處君之左故自車右視之則君居左臣居右也其非元帥御者皆在中將在左故左傳云韓厥代御居中也其甲士兵車之法則詩魯頌閟宮箋云左人持弓右人持矛中人御與此又不同也

使頃公取飲頃公操飲而至【注】不知頃公將欲堅敵意邪勢未得去邪【疏】齊世家紿於木而止晉小將韓厥伏齊侯車前曰寡君使臣救魯衛戲之丑父使頃公取飲左傳及華泉縶紿於木而止丑父使公下如華泉取飲○注不知至去邪○校勘記出將欲云閣監毛本同鄂本將欲作欲將

曰革取清者【注】革更也軍中人多水泉濁欲使遠取清者因亡去【疏】注革更也○詩大雅皇矣不長夏以革傳革更也襄十四年左傳失則革之注革更也易雜卦傳革去故也呂覽執一云天地陰陽不革而成注革改也說文革獸皮治去毛革更之象故凡更改皆謂革也遠取清者蓋即左傳所謂華泉也

頃公用是佚而不反【注】不書獲者內大惡諱【疏】晉世家云下取飲以得脫去左傳鄭周父御佐車宛茷爲右載齊侯以免齊世家云因其亡脫去入其軍○注不書至惡諱○各本大作多誤依宋本正

爲內大惡諱者隱六年注明鄭擅獲諸侯當絕僖十五年注見獲與獲人君皆當絕明獲諸侯當坐絕故不書爲內諱也莊十年以蔡侯獻舞歸不書獲者彼傳云不與夷狄之獲中國也蓋爲中國諱獲但責其不死位也逢丑父曰吾賴社稷之神靈吾君已免矣疏後漢書馮異傳昔逢丑父伏軾而使其君取飲稱於諸侯郤克曰欺三軍者其法奈何注顧問執法者曰法斮注斮斬疏注斮斬○爾雅釋器云魚曰斮之此疏引樊光云斮斫也彼釋文引字林云斮斬也與此合說文斤部云斮斬也後漢書董卓傳論夫以刳肝斮趾之性注斮斬也文選羽獵賦斮巨狿注引韋昭曰斮斬也於是斮逢丑父注丑父死君不賢之者經有使乎大夫於王法頃公當絕如賢丑父是賞人之臣絕其君也若以丑父故不絕頃公是開諸侯戰不能死難也如以衰世無絕頃公者自齊所當善爾非王法所當貴疏齊世家云晉郤克欲殺丑父丑父曰代君死而見僇後人臣無忠其君者矣克舍之左傳韓厥獻丑父郤獻子將戮之呼曰自今無有代其君任患者有一於此將爲戮乎郤子曰人不難以死免其君我戮之不祥赦之以勸事君者乃免之皆與此傳異○注丑父至君也○以丑父不書於春秋又無起賢文故也書齊侯使國佐如師絕齊侯之意已起若賢丑父嫌賞人臣絕人君矣襄二十九年傳賢季子則吳何以有君有大夫以季子爲臣則宜有君者也又曰許人臣必使臣許人字者必使子也注緣臣子尊榮莫不欲與君父共之丑父賢則丑父榮而不及其君非賢人

所欲也故沒其賢文○注若以至難也○舊疏云今若以丑父賢以爲齊宜有君而不絕頃公卽開諸侯不死社稷大戴禮曾子制言上云生以辱不如死以榮辱可避避之而已矣及其不可避也君子視死若歸盧注不苟免也孔氏廣森補注云董仲舒說春秋齊頃公不死於位以曾子此義責之按襄六年齊侯滅萊傳不言萊君出奔國滅君死之正也定十四年以頓子牄歸注不別以歸何國者頓子以不死位爲重哀七年以邾婁子益來傳名絕之也是諸侯死難之義也若僖五年晉人執虞公彼注云不但去滅復云以歸言執者明虞公滅人以自亡當絕不得責以不死位也則又異也○注如以至當貴○校勘記出當貴云閩監毛本同誤也當作非王法所得責按疏標起訖云注如以至得責解云但春秋爲王法是以不得貴耳則疏本作得字今毛本疏標起訖亦改作當貴矣舊疏云丑父權以免齊侯是以齊人得善之但春秋爲王法是以不得貴耳而公羊說解疑論皆譏丑父者非何氏意按繁露竹林云逢丑父殺其身以生其君何以不得爲知權丑父欺晉祭仲許宋俱枉正以存其君然而丑父之所爲難於祭仲祭仲見賢而丑父猶見非何也曰是非難別者在此此其嫌疑相似而不同理者不可不察夫去位而避兄弟者君子之所甚貴獲虜逃遁者君子之所甚賤祭仲措其君於人所甚貴以生其君故君子以爲知權而賢之丑父措其君於人所甚賤以生其君春秋以爲不知權而簡之其俱枉正以存其君相似也其使君榮之與使君辱不同理故凡人之有爲也前枉而後義者謂之中權雖不能成春秋善之魯隱公鄭祭仲是也前正而後有枉者謂之邪道雖能成之春秋弗愛齊頃公逢丑父是也夫冒大辱以生其情無樂故賢人不爲也而衆人疑焉春秋以爲人之不知義而疑也故示之以義曰國滅君死之正也正也者正於天之爲人性命也天之爲人

性命使行仁義而羞可恥非若爲獻然苟爲生苟爲利而已又曰故欺三軍爲大罪於晉其免頃公爲辱宗廟於齊是以雖難而春秋不愛丑父大義宜言於頃公曰君慢侮而怒諸侯是失禮大矣今被大辱而弗能死是無恥也而獲重罪請俱死無辱宗廟無羞社稷如此雖陷其身尚有廉名當此之時死賢於生故君子以爲生以辱不如死以榮正是之謂也由法論之則丑父欺而不中權忠而不中義以爲不然復察春秋之序辭也置王於春正之間非曰上奉天施而下正人然後可以爲王也云爾今善善惡惡好榮惛辱非人能自生此天施之在人者也君子以天施之在人者聽之則丑父弗忠也天施之在人者使人有廉恥有廉恥者不生於大辱大辱莫甚於去南面之位而束縛爲虜也曾子曰辱若可避避之而已及其不可避君子視死如歸謂如頃公者也是則董生於丑父事反復申論言第言無可責之義耳亦無譏丑父意與何氏合

己酉及齊國佐盟于袁婁【疏】通義云此傳覆舉經句也蓋此似公羊經本云齊國佐今本無齊者後人沿二家之經而誤脫耳推陳侯使袁僑如會戊寅叔孫豹及諸侯之大夫及陳袁僑盟例之則國佐上正當再繫齊也按孔說是也

曷爲不盟于師而盟于袁婁【注】据國佐如師前此者晉郤克與臧孫許同時而聘于齊【注】不書恥之【疏】毛本于誤與左傳宣十七年晉侯使郤克徵會于齊頃公幃婦人使觀之郤子登婦人笑于房注跛而登階故笑之沈氏引穀梁爲說則是年事也惟彼無臧孫許耳通義謂不書此臧孫許於今元年始以名氏見經蓋聘齊之時猶未爲卿也凡內大夫行凡卿例不書按宣十八年左傳臧孫許已能逐東門氏則非大夫所爲孔氏之說未然與董生何義皆乖○注不書恥之○

舊疏云謂魯使尊卿聘齊爲所侮戲假籍大國而雪其恥是以不出如齊恥之矣其郤克不書者自從外相如之例繁露玉英云傳曰臧孫許與晉郤克同時而聘乎齊按經無有豈不微哉不書其往而有避也今此傳言莊公馮而於經不書亦以有避也是以不書聘于齊避所羞也不書莊公馮殺避所善也是何氏不書恥之所本也校勘記云据疏此下有臧孫許眇也五字一句今各本脫去則疏文無所系按舊疏云注臧孫許眇也者正以當聘之時無有內魯之義晉爲大國郤克宜先而魯宜後傳先言或跛故知眇者是臧孫許矣或曰一本云臧孫許跛舊解言或跛或眇据魯序上非也舊疏又云按此一句宜在不書恥之下今定本無疑脫誤也校勘記云此二十字當是校書者札記語非作疏者本文也作疏時注固不脫且疏內少言定本者定本乃唐初顏師古所爲則知公羊疏出唐以前人矣經義雜記云穀梁傳成元年季孫行父禿晉郤克眇衞孫良夫跛曹公子手僂同時而聘于齊釋曰郤克眇左氏以爲跛今云眇者公羊無說未知二傳孰是范明年注云郤克眇者意從左氏故也或以爲誤跛當作眇釋文郤克眇亡小反良夫跛波可反二年傳敎郤獻子范解謂笑其跛釋文跛布可反杜預注左傳云郤克跛此傳言郤克眇范注當依傳釋而作跛者恐非按左傳宣公十七年晉侯使郤克徵會于齊齊頃公帷婦人使觀之郤子登婦人笑于房獻子怒出而誓曰所不此報無能涉河杜注跛而登階故笑之正義曰沈氏引穀梁傳云魯行父禿晉郤克跛衞孫良夫眇曹公子首傴故婦人笑之是以知郤克跛也穀梁傳定本作郤克眇孫良夫跛又公羊傳成二年晉郤克與臧孫許同時而聘于齊蕭同姪子齊君之母也踊于棓而窺客則客或跛或眇何注臧孫許眇者也元注云今本無此注徐疏引有之疏又云今定本無疑脫誤也然則今本從定本也經義雜記又云

据左傳云郤子登婦人笑于房則郤克之跛左氏有明文矣杜注與傳合沈文何引穀梁傳知古本穀梁作晉郤克跛衞孫良夫眇故范二年注云謂笑其跛公羊傳上言晉郤克臧孫許聘齊下言客或跛或眇何注以臧孫許爲眇則郤克跛矣然則郤克之跛三傳同文自唐定本以穀梁傳跛眇互倒釋文及疏皆從定本故陸氏反据傳以非范注楊疏引或說亦以范注跛當作眇是使不誤者亦誤也何注公羊有臧孫許眇者之言今楊疏云公羊無說則楊所据公羊亦定本也釋文或眇亡小反在或跛布可反之下則陸所据公羊亦同定本也讀書叢錄左氏正義沈氏引穀梁傳晉郤克跛衞孫良夫眇藝文類聚十九御覽七百二十六引亦作晉郤克跛衞孫良夫眇定本作晉郤克眇衞孫良夫跛非是按何氏此注五字不宜系不書恥之下宜爲下使眇者迓眇者下注語觀舊疏所引舊解可證合併時誤衍在此而又將下注文脫去校書者誤仞即此下注語故不可通耳郤克跛自是定解以臧氏洪氏爲允

蕭同姪子者齊君之母也注蕭同國名姪子者蕭同君姪娣之子嫁於齊生頃公疏注蕭同至頃公○史記作桐左傳作蕭同叔子杜注同叔蕭君之字齊侯外祖父子女也沈氏欽韓左傳補注賈逵曰蕭附庸子姓當謂蕭宋之附庸與宋同姓蕭叔大心即蕭之先附庸蓋以叔爲稱蕭叔朝公是也穀梁注蕭國也同姓也姪子字也其母更嫁齊惠公生頃公宣十二年楚人滅蕭蕭故隨其母在齊以穀梁傳云以蕭同姪子之母爲質故范如此解也與二傳史記皆殊于寶曰蕭同叔子惠公之妾頃公之母也通義云蕭同者蕭君字同叔附庸之君以字通也姪子猶言姪女頃公之母是蕭同叔之姪女也兄弟之子猶子故左氏直云蕭同叔子矣水經注汳水篇蕭本蕭叔國宋附庸楚滅之蕭女

聘齊爲頃公之母郤克所謂蕭同叔子也按蕭爲國名同宜爲蕭君字姪子猶言姪女孔氏義爲明允何氏以蕭同爲國名春秋有蕭有蕭叔其蕭同別無所見姪子謂爲姪之子似亦迂范謂同爲姓列國無同姓者亦未知所据

踊于棓而窺客

注踊上也凡無高下有絕加躡板曰棓齊人語

疏校勘記云鄂本及漢制考作踊于棓而窺客注同棓字从手非閩監毛本窺作闚唐石經缺釋文作闚云本又作窺按紹熙本同各本○注踊上也○鄂本上作止非公羊問答云此亦齊人語乎曰晏子春秋齊景公爲露寢之臺而鵠鳴其上公惡之臺成人而踊此其證廣雅釋詁云踊上也又云踊跳也禮記檀弓辟斯踊注踊躍皆上義也說文足部踊跳也詩邶風擊鼓云踊躍用兵左氏僖二十八年傳曲踊三百注跳踊也○注凡無至曰棓○舊疏云無高下猶言莫問高下但當有縣絕而加躡板者皆曰棓矣吳氏夌雲經說云說文棓棁也步項切卽今棒字非此義棓當讀與桴同論語乘桴浮于海爾雅作乘泭桴之爲泭猶稃之爲柎也古所謂桴今之浮橋是其遺制古所謂棓今之浮梯是其遺制吳俗名浮梯爲踏棓从音从孚从付之字古皆同用左傳編柎說文作楄部部婁說文作附婁釋文棓音普口步侯二反未合古音按方言隑陭也郭注江南人呼梯爲隑所以隑物而登者說文陭上黨猗氏阪也亦謂阪道如梯故得稱陭隑皆與從音之字音近廣雅釋器云腤版也棓與腤同釋文云高下有絕加躡板曰棓脫一無字躡者說文云蹈也方言躡登也廣雅釋詁云躡履也釋名釋姿容云躡攝也登其上使攝服也高下縣絕有板橫其閒可登如今匠氏之跳矣

則客或跛或眇於是使跛者迓跛者使眇者迓眇者

注迓迎御主迎者也

聘禮賓至大夫率至于館卿致館宰夫朝服致飧腍厥明至于館

疏 校勘記出迓字云唐石經諸本同釋文迓本又作訝周禮秋官掌訝注鄭司農云訝讀爲跛者訝跛者之訝釋曰此公羊傳文時晉使郤克聘齊郤克跛齊使跛者往御御亦訝也按鄭司農所据公羊傳作跛者訝跛者賈公彥所据公羊傳作跛者御跛者皆與今本異訝正字御段借字迓俗字按釋文迓本又作訝疑陸本當作訝云本又作迓禮記曲禮大夫士必自御之注御當爲迓迓迎也春秋傳曰跛者御跛者眇者御眇者皆迓也世人譏之與賈公彥所見本同晉世家郤克僂而魯使蹇衛使眇故齊亦令人如之以導客說文蹇跛也釋名蹇跛蹇也即此之跛也穀梁傳上元年云齊使秃者御秃者使眇者御眇者使跛者御跛者使僂者御僂者說文跛行不正也禮記問喪跛者不踊易履九三跛能履有足疾者也說文目部眇目小也履又云眇能視虞翻曰離目不正兌爲小故眇而視有目疾者也○通義云左傳曰郤子登婦人笑于房然則郤克跛也眇者謂許○注迓迎至者也○鄂本無也字禮聘禮注以君命迎賓謂之訝訝迎也周禮掌訝云凡賓客諸侯有卿訝卿有大夫訝大夫有士訝士皆有訝聘禮記卿大夫迓大夫士迓士皆有迓周禮注此謂朝覲聘問之日王所使迎賓于館之訝記注云訝主國君所使迎待賓者如今使者護客此之迓即迎待賓者也卿主迎者當是主迎卿者○注聘禮至于館○校勘記出大夫率至于館盧文弨云至當作迓按儀禮率作帥又出至于館云閩監毛本同誤也鄂本至作訝當据正盧文弨曰儀禮腍作飪音義同按聘禮云大夫帥至乎館卿至館賓迎再拜卿致命賓再拜稽首卿退賓送再拜宰夫朝服設飧飪一牢在西鼎九羞鼎三腥一牢在東鼎七當上之饌八西夾六門外米禾皆二十車薪

芻倍禾上介餼一牢在西鼎七羞鼎三堂上之饌六門外米禾皆十車薪芻倍禾厥明訝賓于館鄭注賓至此館主人以上卿禮致之所以安之也蓋致館使卿重其禮也與訝者自別一人故卿不俟設飧之畢卽退也飧者鄭云食不備禮曰飧周禮宰夫云掌賓客之飧牽是也鄭又云飪熟也熟在西腥在東象春秋也何氏連飪引之又以飪作腍彼有熟有腥此止言腍者胡氏儀禮正義云或据毛傳熟食曰飧謂此飧之設無生牲且雖有腥而主於熟實卽次未舉火以熟爲先故云飧也按下注亦有新至尚熟之說義可兩存焉是飧主於熟故何氏連牲腍引之鄭又云此訝下大夫也按禮厥明以下皆敘行聘廟中儀節故以爲下大夫與上經帥至于館者同郤克臧孫許皆卿當是大夫也

二大夫出相與踦閭而語注閭當道門閉一扇開一扇一人在外一人在內曰踦閭將別恨爲齊所侮戲謀伐之而不欲使人聽之疏注閭當道門○穀梁傳客不悅而去相與立胥閭而語○注胥閭門名荀子大略云弔者在閭注閭門文選注引字林云閭里門也周禮秋官序官云脩閭氏注閭謂里門里居也民家散處皆謂之里論語里仁是也故里門亦得爲當道門不必二十五家始爲里也按脩閭氏云比宿欜而守閭互互謂行馬閭其門也說文辵部迾互令不得行木如蒺藜上下相距形若犬牙左右相制所以禁止行人是當道有互互更有門謂之閭所以禁奇衺晏子曰急門閭之政而淫門惡之緩民閭之政而淫民說是也墨子自楚還過宋大雨庇其閭中守閭者勿內守閭者卽周禮之宿互者也時魯衞大夫已出齊國必野閭分途之地相與私語而爲人所覺也○注閭一至踦閭○詩疏引字林云踦一足意也按一足者謂一足門外一足門內

猶騎物也因謂之踦釋名釋姿容云踦支也兩脚支別也是也因之一人在外一人在內對峙門中亦如騎然故亦謂之踦集韻四紙踦隱綺反引此傳韓非子亡徵篇必其治亂其強弱相踦者也方言踦奇也自關而西秦晉之間凡全物而體不具者謂之踦梁楚之間謂之踦雍梁之西郊凡獸支體不具者謂之踦漢書段會宗傳亦足以復鴈門之踦應劭曰踦隻也踦隻不偶也此當讀如掎蓋跛倚而立一足著地故有奇隻之象廣雅云踦蹇也蹇卽跛也○注將別至聽之○宣十七年左傳獻子怒出而誓曰所不此報無能涉河獻子先歸使欒京廬待命于齊曰不得齊事無復命矣晉世家亦云郤克怒歸至河上曰不報齊者河伯視之齊世家亦有是語

移日然後相去齊人皆曰患之起必自此始 注 知必爲國家憂明芻蕘之言不可廢且起頃公不覺寤 疏 穀梁傳移日不解齊人有知之者曰齊之患必自此始矣○注明芻至可廢○說苑權謀云白屋之士皆關其謀芻蕘之役咸盡其心故萬舉而無遺籌失策傳曰衆人之智可以測天兼聽獨斷惟在一人此大謀之術也淮南主術訓使言之而是雖在褐夫芻蕘猶不可棄也鹽鐵論刺議云故謀及下者無失策舉及衆者無頓功詩云詢于芻蕘故布衣皆得風議韓詩外傳云故獨視不若與衆視之明也獨聽不若與衆聽之聰也獨慮不若與衆慮之切也故明王使賢臣輻輳並進所以通中正而致隱居之士詩曰先民有言詢于芻蕘此之謂也

二大夫歸相與率師爲鞌之戰齊師大敗齊侯使國佐如師 注 怪師勝猶不解往問之 疏 左傳齊侯使賓媚人賂以紀甗玉磬與地注媚人國佐也疏引杜譜國佐賓媚人武子三事互見於

經傳不知賓媚人是何等名號也按史記晉世家齊世家皆以郤克請伐齊晉侯弗許後晉伐齊齊以公子彊爲質晉兵罷會齊伐魯取隆魯告急衞衞與魯皆因郤克告急於晉乃使郤克欒書韓厥以兵車八百乘與魯衞共伐齊左傳亦同此傳似以晉魯合謀在先也○注怪師至問之○各本怪作恠俗字也

郤克曰與我紀侯之甗【注】齊襄公滅紀所得甗邑其土肥饒欲得之或說甗玉甑【疏】穀梁傳郤克曰反魯衞之侵地以紀侯之甗來以蕭同姪子之母爲質使耕者皆東其畝然後與子盟○注齊襄至得之○莊四年紀侯大去其國是襄公滅紀也甗爲紀邑未識即僖十九年宋齊戰地否其土肥饒何氏以意言之○注或說甗玉甑○公羊問答云或說何也曰說文甗甑也方言曰甑自關而東謂之甗郭注有言左傳齊侯使賓媚人賂以紀甗玉磬與地注甗皆滅紀所得彼別言與地故以甗爲器名正義云鄭衆注考工云甗無底甑方言云甑自關而東謂之甗知甗是甑也下文云子得其國寶知甗亦以玉爲之傳文玉在甗磬之間明二者皆是玉也穀梁傳郤克曰以紀侯之甗來注甗玉甑齊滅紀故得其寶則或說蓋取二傳爲義按或說是也若是地名不必言紀侯之甗春秋取邑多矣從無連本國言之者紀滅近百年郤克毋庸賚述也紀侯之甗與大鼎同所謂器從名地從主人也爾雅釋器云鼎之款足者爲鬲說文鬲鼎屬甗鬲屬蓋甗以金冶而成甗以陶旅而成者此爲玉甑則當作甗阮氏鐘鼎彝器款識有穀父甗甗當作鬳也竹書紀年定王十八年齊國佐來獻玉磬紀公之甗亦以甗爲器也

反魯衞之侵地使耕者東畝【注】使耕者東西如晉地【疏】左傳賓媚人致賂晉人不可曰必以蕭同叔子爲質而使齊之封內

盡東其畝○注使耕至晉地○舊疏引舊云如者往也使齊東西其畝往來於晉地易非公羊義○按杜云使龔畝東西行穀梁注欲以利其戎車於驅侵易左傳又云今吾子疆理諸侯而曰盡東其畝而已唯吾子戎車是利無顧土宜其無乃非先王之命乎則何氏謂如晉地當訓如作往也而舊疏云晉地谷川宜東畝者多故言此是以下傳云使耕者東畝是則土齊也何氏云則晉悉以齊爲土地是不可行者是其晉東畝之義也其說非也讀書叢錄云後漢書孔融傳注引公羊傳此與下文皆作使耕者東西其畝按何注使耕者東西如晉地疏引舊云使齊東西其畝往來於晉地易注及舊本皆當作東西其畝疏云蓋晉地谷川宜東畝者多疏本已脫西其二字按無西其字亦通穀梁左傳齊世家皆止作盡東其畝

且以蕭同姪子爲質注見侮戲本由蕭同姪子疏注見侮至姪子○晉世家八年使郤克於齊齊頃公母從樓上觀而笑之齊世家齊侯請以寶器謝弗聽必得笑克者蕭同叔子是爲其見侮戲故也

則吾舍子矣國佐曰與我紀侯之甗請諾反魯衛之侵地請諾使耕者東畝是則土齊也注則晉悉以齊爲土地是不可行疏舊疏云亦有一本云是則土齊曰不可也者經義述聞云謹案一本是也曰不可可者國佐自答上語也齊君之母猶晉君之母也曰不可上亦當有曰字皆後人不解古人文義而刪之耳後漢書孔融傳注引此文云齊君之母猶晉君之母也曰不可則所見本尚未刪曰字兩曰不可與上文之兩請諾相應爲文若去其一則文不相應矣又案是則土齊也下何注云則晉悉以齊爲土地是不可行此正釋曰不可三字也下注云言正尊不可爲質此亦釋下文曰不

可三字也上文皆曰不可故何注兩釋之若上文本無曰不可三字而以下文之不可總上二事言之則上注不當先言是不可行下注又不當但言不可爲質矣合兩注觀之則後人妄刪之迹自明僖二年傳宋公曰自我爲之自我墮之曰不可亦是自答上語也論語陽貨篇曰懷其寶而迷其邦可謂仁乎曰不可好從事而亟失時可謂知乎曰不可彼文兩言曰不可亦與此同原注兩曰不可皆陽貨之言說見四書釋地又云墨子耕柱篇亦曰和氏之璧隋和之珠可以富國家衆人民治刑政安社稷乎曰不可按王氏之說是也穀梁傳亦曰反魯衛之侵地以紀侯之甗來則諸此齊以甗與晉而曰與我者順郤克語答之也○注則晉至可行○穀梁傳使耕者盡東其畝則終土齊也注引凱曰利其戎車便伐易則是以齊爲土本何氏說也九經古義云按土讀曰杜古杜字皆作土周禮及司馬法曰犯令陵政則杜之注王霸記曰杜之者杜塞使不得與鄰國交通詳具禮說經義述聞云惠說非也耕者東畝往來仍自可通不交鄰之路豈由此而杜塞乎僖四年穀梁傳說齊桓公侵蔡云不通土其地不分其民明正也謂不以蔡之地爲齊土非杜塞之謂也此云土齊亦謂以齊之地爲晉土故何注云則晉悉以齊爲土地也於義自通無煩改讀之按王氏所駁惠說甚爲允洽而通義引惠士奇曰古土杜通毛詩自土沮漆自杜沮漆土齊猶杜齊也杜齊者謂改其土地之宜絕其往來之路乃古杜之之法也晉文公反鄭之埤東衛之畝者亦以此注云以齊爲土地失之然齊郤東其畝亦無杜塞之理與周禮之杜之絕不相涉孔義不可從也左傳先王疆理天下物土之宜而布其利故詩曰我疆我理南東其畝引先王之命專斥盡東其畝之語尤與杜齊之說無干也兪氏樾云謹按使耕者東畝晉非能遂得齊之土地也且得齊之土地而謂之土齊亦近不辭何解殆失之惠氏棟讀

土曰杜引周禮及司馬法王霸記然耕者東畝往來仍自可通交鄭之路豈由此而杜杜塞惠說亦未爲得今按土當讀爲度土與度聲相近尚書粊誓杜乃擭周官雍氏注引作斁乃擭土之爲度猶杜之爲斁也大司徒職曰以土圭土其地鄭注云土其地猶言度地也並古文叚土爲度之證故土方氏職曰以土地相宅卽度地相宅也晉人使齊之封內盡東其畝是有意規度齊國之土地故曰是則度齊也度與規同義襄二十五年左傳曰度山林又曰規偃豬是規度一也國語楚語曰實讟敗楚國使不規東夏韋注曰規猶有也其實規亦言規度也此云度齊猶彼之規東夏矣因叚土爲度學者遂失其義僖四年穀梁傳曰不土其地不分其民明正也不土其地亦卽不度其地也

蕭同姪子者齊君之母也齊君之母猶晉君之母也不可注言至尊不可爲質疏齊世家對曰叔子齊君母亦猶晉君母子安質之且子以義伐而以暴爲後其可乎晉世家齊侯曰蕭桐姪子頃公母頃公母猶晉君母奈何必得之不義穀梁傳以蕭同姪子之母爲質則是齊侯之母也齊侯之母猶晉君之母也晉君之母猶齊侯之母也注言尊同也是其義也○注言尊至爲質○左傳蕭同叔子非他寡君之母也若以匹敵則亦晉君之母也吾子布大命於諸侯而曰必質其母以爲信其若王命何且是以不孝令也此至尊不可爲質之義也

請戰注如欲使耕者東西畝質齊君之母當請戰疏晉世家云請復戰左傳對曰不然寡君之命使臣則有辭矣曰子以君師辱於敝邑不腆敝賦以犒從者畏君之震師徒撓敗吾子惠徼齊國之福不泯其社稷使繼舊好唯是先君之敝器土地不敢愛子又不許請收合餘燼背城借一敝邑之幸亦云從也況其不幸敢不唯命

是聽彼云敝器土地不敢愛故知為耕者東畝蕭同姪子為質兩事矣壹戰不勝請再再戰不勝請三【注】言齊雖敗尚可三戰三戰不勝則齊國子之有也何必以蕭同姪子為質揖而去之【疏】穀梁傳云不可請壹戰壹戰不克請再再不克請三三不克請四四不克請五五不克舉國而授推手曰揖齊使對畢郤去亦決戰意也郤克眣魯衛之使使以其辭而為之請【注】郤克恥傷其威故使魯衛大夫以國佐辭為國佐請【疏】校勘記出眣字云唐石經同葉鈔釋文亦作眣音舜閩監毛本誤作眣按紹熙本亦作眣釋文有王乙違結二反蓋唐初本已有作眣者文七年傳注以因通指曰眣是也○注郤克至佐請○左傳魯衛諫曰齊疾我矣其死亡者皆親暱也子若不許仇我必甚唯子則又何求子得其國寶我亦得地而紓於難其榮多矣蓋即會郤克意以國佐辭為請語也然後許之逮于袁婁而與之盟【注】逮及也追及國佐于袁婁也傳極道此者本禍所由生因錄國佐受命不受辭義可拒則拒可許則許一言使四國大夫汲追與之盟【疏】左傳晉人許之對曰羣臣帥賦輿以為魯衛請若苟有以藉口而復於寡君君之惠也敢不唯命是聽秋七月晉師及齊國佐盟于袁婁穀梁傳於是而與之盟晉世家晉乃許與平而去○注逮及至婁也○爾雅釋詁云逮及也穀梁傳曰鞌去國五百里爰婁去國五十里壹戰綿地五百里焚雍門之茨侵車東至海又云爰婁在師之外如穀梁意則已逼近齊

都退與盟于袁婁也此云逮于袁婁當在鞌之東國佐揖而去之魯衛追及之也要皆去齊都不遠故左傳有背城借一之語也○注傳極至由生○穀梁傳君子聞之曰夫甚甚之辭焉齊有以取之也齊之有以取之何也敗衛師于新築侵我北鄙敖郤獻子齊有以取之也繁露竹林云齊頃公親桓公之孫國固廣大而地勢便利矣又得伯主之餘尊而志加於諸侯以此之故難使會同而易使驕奢即位九年未嘗肯一與會同之事有怒魯衛之志而不從諸侯于清丘斷道春往伐魯人其北郊顧返伐衛敗之新築當是時也方乘勝而志廣大國往聘慢而弗敬其使者晉魯俱怒內悉其衆外得黨與衛曹四國相輔大困之鞌獲齊頃公斮逢丑父深本頃公之所以大辱身幾亡國爲天下笑其端乃從懾魯勝衛起伐魯魯不敢出擊衛大敗之因得氣而無敵國以興患也故曰得志有喜不可不戒此其效也說苑敬慎云夫福生於隱約而禍生於得意齊頃公是也齊頃公桓公之子孫也地廣民衆兵强國富又得伯者之餘尊驕蹇怠傲未嘗出會同諸侯乃興師伐魯反敗衛師于新築輕小嫚大之行甚俄而晉魯往聘以使者戲二國怒歸求黨與助得衛及曹四國相輔期戰于鞌大敗齊師獲齊頃公斮逢丑父於是懼然大恐賴逢丑父之欺奔逃得歸○注因錄至之盟○校勘記出汲追與之盟云鄂本疊汲字此脫按紹熙本亦疊汲字莊十九年傳聘禮大夫受命不受辭禮聘禮記辭無常孫而說注大夫使受命不受辭故善國佐可拒則拒可許則許安社稷利國家能專之也繁露王道云齊國佐不辱君命而尊齊侯後漢孔融傳昔國佐當晉軍而不撓禮記少儀云會同主詡注詡謂敏而有功若齊國佐是也通義云傳道此者明晉未能怗齊進退權在國佐與屈完來就盟于師者異也

八月壬午宋公鮑卒疏包氏慎言云八月書壬午月之三十日

庚寅衛侯遫卒疏包氏慎言云庚寅九月之九日不蒙上月左氏穀梁作速字史記十二諸侯年表衛穆公遫

取汶陽田

汶陽者何鞌之賂也注以國佐言反魯衛之侵地請諾本所侵地非一總繫汶陽者省文也不言取之齊者恥內乘勝脅齊求賂得邑故諱使若非齊邑疏左傳僖元年云公賜季友汶陽之田注汶陽田汶水北地汶水出泰山萊蕪縣西入濟釋例汶水出泰山萊蕪縣西南經濟北至東平須昌縣入濟○注以國至請諾○見上傳左傳使齊人歸我汶陽之田○注本所至文也○舊疏云知侵伐非一者正以下三年叔孫僑如率師圍棘傳曰棘者何汶陽之不服邑也以此言之則知汶陽大判之名明矣○注不言至齊邑○舊疏云決襄十九年春取邾婁田自漷水繫邾婁言之故也通義云不繫齊者本所侵取內邑也內邑而不言齊人來歸者呂大圭曰歸者其意也取者我也非其意也按此與僖三十一年取濟西田不書取之曹同爲有所避也彼爲避取同姓田故不言曹此爲避藉人之力脅齊求賂無恥故不言齊若但以內邑故不繫國齊則彼之不繫曹亦可從內邑不言國之例無庸發諱取同姓田之傳矣

冬楚師鄭師侵衛

十有一月公會楚公子嬰齊于蜀疏杜云博縣西北有蜀亭大事表云今兖州府汶上縣西南四十里有蜀山其下有蜀山湖與南旺湖東西相對爲泰安府接境通義云家鉉翁曰自楚僭王其公子亦僭而稱王子久矣今書楚公子春秋革之也

丙申公及楚人秦人宋人陳人衛人鄭人齊人曹人邾婁人薛人鄫人盟于蜀疏包氏慎言云十一月書丙申月之十五日舊疏云亦有一本無齊人者脫也校勘記云唐石經諸本同差繆略云左氏無許人公羊無齊人按唐石經左氏公羊皆無許人有齊人石經穀梁脫今本穀梁與左氏同通義云間無事再舉地者以公在焉從諸侯會盟例也鄫微國盟會恆不序獨此序者鄫君戕于邾婁未三年而二國大夫同盟忘仇蔑君莫此爲甚所聞之世始治諸夏故小國有大惡亦在譏限義或然也

此楚公子嬰齊也其稱人何注据會而盟一處知一人也疏注据會至人也○鄂本据作據當據正得一貶焉爾注得一貶者獨此一事得具見其惡故貶之爾不然則當沒公也如齊高傒矣不沒公者明不主爲公故也上會不序諸侯大夫者嬰齊楚專政驕蹇臣也數道其君率諸侯侵中國故獨先舉於上乃貶之明本在嬰齊當先誅其本乃

及其末【疏】紹熙本作壹貶校勘記出一貶云唐石經一作壹蓋因何注作一貶轉改也通義云大夫不敵君本當作貶稱人但會盟兩貶則嫌楚實微者故特見公子嬰齊名氏於上而於此一貶以申其義也按既言大夫不敵君則貶宜皆貶設僅一會或一盟將稱人以貶乎抑不稱人以起其非實微者乎故不可通也○注得一稱至之爾○舊疏云正以於此處得一貶焉爾按一當如壹解謂專壹於貶楚嬰齊也○注不然至僕矣○莊二十二年秋及齊高傒盟于防傳云公則曷為不言公諱與大夫盟也此不為公諱没公文為欲貶嬰齊故也○注不没至故也○舊疏云高傒本意敵公故恥之今嬰齊者止自亢性驕蹇不主為公是以春秋不没公以見之矣按何意謂主於貶嬰齊故不没公文也穀梁所謂於是而後公得所也注公得其所謂楚稱人申其事謂地會盟會○注上會至其末○穀梁傳楚無大夫其曰公子何也嬰齊亢也數道其君率諸侯侵中國者舊疏云即宣十四年秋楚子圍宋十五年夏宋人及楚人耳上文冬楚師鄭師侵衛之屬是也以其非一故謂之數也包氏慎言云此言楚師子之侵伐中國由於嬰齊道之孟子所謂長君之惡者也故當先誅嬰齊齊侯援亟伐諸侯罪當絕嬰齊道君侵伐中國與亟伐者同科亦當絕故貶稱人同於微者明其黜退奪其政權僖二十八年注不氏者子玉得臣楚之驕蹇臣數道其君侵中國故貶明當與君俱治言當治以亟伐之罪宜絕其氏姓也按上舉嬰齊此貶稱人起人即嬰齊也猶僖二十八年下殺得臣上稱人明上之人即下之得臣也大夫不敵君故諸侯大夫皆貶稱人先舉嬰齊於上以貶之誅首惡也先本以及末也

公羊義疏五十一

南菁書院

句容陳立卓人著

成三年盡七年

三年春王正月公會晉侯宋公衛侯曹伯伐鄭疏穀梁注云宋衛未葬而自同於正君故書公侯以譏之

辛亥葬衛繆公疏釋文繆音穆左氏穀梁作穆詳隱三年包氏慎言云正月書辛亥據曆爲二月朔日按如包氏所推則爲過時而日隱之也

二月公至自伐鄭疏舊疏云莊公六年傳云得意致會不得意致伐何氏云此謂公與二國以上也然則此言公至自伐鄭者不得意故也通義云時諸侯次於伯牛遣師東侵鄭敗於丘輿故以不得意致伐也舊疏又云莊六年注云皆例時今此書二月者爲下甲子出也

甲子新宮災三日哭疏包氏慎言云二月書甲子月之十四日

新宮者何宣公之宮也注以無新宮知宣公之宮廟疏穀梁傳曰新宮者何禰宮也注謂宣公廟也三年喪畢宣公神主新入廟故謂之新宮杜亦云三年喪畢宣公神主新入廟故謂之新宮范所本也○注

以無至宮廟○校勘記云按當作以無新公乃合魯桓公廟謂之桓宮僖公廟謂之僖宮煬公廟謂之煬宮魯無新公故疑之而問也

宣宮則曷為謂之新宮不忍言也【注】親之精神所依而災孝子隱痛不忍正言也謂之新宮者因新入宮易其西北角示昭穆相繼代有所改更也【疏】通義云始入宮廟未忍遽以神事孝子之志也穀梁傳曰追近不敢稱謚恭也注追近言親禰也桓僖遠祖則稱謚○注親之至言也○穀梁注云宮廟親之神靈所憑居而遇災故以哀哭為禮故亦不忍正言其謚也○注謂之至更也○邵氏晉涵爾雅正義云御覽引舍人云古者徹屋西北扉以炊沐汲者訖而復之古謂之屋漏也釋名曰西北隅曰屋漏禮每有親死者撤屋之西北隅薪以爨竈煮沐供諸喪用時若值雨則漏遂以名之也必取是隅者禮既祭改設饌於西北隅喪大記云甸人取所徹廟之西北扉薪用爨之是劉熙所引之禮也劉與舍人同義唯曰雨漏訓屋漏為增成其義爾詩疏引孫炎云屋漏者當室之白日光所漏入按有司徹云有司官徹饌於宮中西北隅鄭注云於此尸謖改饌當室之白會子問陽厭之事當室之白鄭注云得戶明者也蓋西北隅為幽隱之地漏見日光故為當室之白義本康成也按穀梁傳壞廟之道易檐可也卽謂易其西北角當在祔廟時與新死撤西北扉者自是兩事毛氏奇齡春秋毛氏傳云新主入廟禮無明文唯春秋吉禘在二十七月纖禘之後以禫月遇吉祭雖可以奉主祭廟然猶是祔祖而不以妃配必逾月吉禘然後遷祖於禰廟名曰新宮今宣以十八年十月薨則成二年十一月為大祥三年正月為禫至是二月禫已逾月正二十八月吉禘之際其名新宮當在吉禘後已經遷主故燬

而哭之也新宮卽先公之宮先公居五廟之末名曰禰廟伯禽以來卽已有之雖名曰新宮而實則舊廟必待吉禘之日將四親廟幷祧合食太祖及其臨徵先迎高廟一位隨諸一祧主還遷廟中然後逐隊隨三親歸分高曾祖禰而各入廟焉是一日不吉禘則一日不還廟一日不還廟則一日不易廟也若謂丹楹刻桷經稱桓宮而此稱新不稱宣必非無故則以丹楹刻桷在莊二十三年此時已舊而不新故稱桓耳若初入廟則未有不稱新者不聞夏宗伯稱新鬼大乎按此稱新宮自以新入廟而災故不忍正言若丹楹刻桷無所不忍卽在莊公初年亦可正稱桓宮矣

其言三日哭何【注】据桓僖宮災不言三日哭【疏】注据桓至日哭○鄂本据作據桓僖宮災見宣三年

廟災三日哭禮也【注】善得禮痛傷鬼神無所依歸故君臣素縞哭之【疏】穀梁傳三日哭哀也其哀禮也○注痛傷至哭之○白虎通災異云何以言災有哭也春秋曰新宮災三日哭傳必三日哭何也禮也所以然者宗廟先祖所處鬼神無形體曰今忽得天火得無爲災所中故哭也禮記檀弓曰有焚其先人之室則三日哭故曰新宮火亦三日哭注哭者哀精神之有虧傷也故曾子問曰諸侯旅見天子入廟門不得終禮廢者幾孔子曰四請問之曰太廟火注太廟始祖廟宗廟皆然記主於始祖言耳

新宮災何以書記災也【注】此象宣公簒立當誅絕不宜列昭穆成公幼少臣威大重結怨彊齊將不得久承宗廟之應【疏】五行志上云新宮災穀梁以爲宣公不言諡恭也劉向以爲時魯三桓子孫始執國政宣公欲誅之恐不能使大夫公孫歸父如晉謀未反宣公死三家譖歸父於

成公成公父喪未葬聽讒而逐其父之臣使奔齊故天災宣廟明不用父命之象也一曰三家親而亡禮猶宣公殺子赤而立亡禮而親天災宣廟欲示去三家也董仲舒以爲成居喪無哀戚心數興兵戰伐故天災其父示失子道不能奉宗廟也一曰宣殺君而立不當列於羣祖也經義雜記云按公羊當從董說天意以成失子道不能奉宗廟不如災之欲成公之追念其父寢兵息民也若謂以宣篡立故災之則天何不誅之於未亡之先而必欲災之於入廟之後乎何注謂臣威太重結怨強齊則與宣廟無涉穀梁當從劉說謂成不能用父命以誅三家夫能用父命方可謂之孝天意若曰爾不能聽父生前之命安用死後之廟哉不如災之庶成能感悟追用父命方可謂之孝有禮而恭非孝子之能事也檀弓說申生自卒而以爲恭世子鄭康成云言行如此可以爲恭於孝則未之有余謂公羊穀梁云禮也者皆微詞以婉刺也何休杜預云善得禮失經傳之旨亦非董劉之意也至謂天欲去三家故災宣廟以示之雖天意昭昭每因此以示彼然較之不欲父命之說似疏矣按當以五行志一曰說爲正臧氏謂天何不誅之未亡之先而必欲災之於入廟之後夫商臣弒父尚未顯誅亂臣賊子天雖昭報不爽安能驟示之罰適宣宮災故春秋書以示戒也傳云禮也亦謂其三日哭得處變之禮也何有微文婉刺其即譏貶宣成已於災著之矣何氏謂成公幼少云云係推言之爾新宮爲廟之極親故以不得久承宗廟爲戒也通義云桓宣皆篡立者二公之宮並以災書於春秋上本天道下正人事灼然著明有若符契是也舊疏云桓公亦篡立不災其宮者蓋以桓母言媵次第宜立隱公攝位久不還天示其變隱猶不覺是以隱九年三月癸酉大雨震電何氏云此陽氣大失其節猶隱公久居位不返於桓失其宜也然則桓正宜立隱是左媵之子據位失宜而桓弒之雖曰篡

君其罪差輕是以不災其廟豈若宣公以庶篡嫡其子失政故災其宮矣而哀三年桓宮僖宮災者彼是已毀後復立之是不宜立故天災之不謂怒其篡隱也按舊說亦泥桓宣同爲弒君無分輕重桓廟不災或偶不災爾天道遠人道邇天事焉能盡如人測乎經況桓公不終於齊受害哲婦天之報之者不爲不憯矣故不必更災其廟與

乙亥葬宋文公

夏公如晉

鄭公子去疾率師伐許

公至自晉

秋叔孫僑如率師圍棘

棘者何汶陽之不服邑也注棘民初未服於魯疏杜云棘汶陽田之邑在濟北蛇丘縣大事表云今當爲泰安府肥城縣地水經注汶水篇汶水又西灌水注之水出東北馬山西南流逕棘亭春秋成公三年叔孫僑如圍棘南去汶水八十里方輿紀要在兖州甯陽縣西北○注棘民至於魯○舊疏云言初未服者欲言終服於魯矣公羊之義以圍爲不克之文若其得之而言圍者正謂當時未克何妨終得之乎其言圍之何注据國內兵不舉疏注据國至不舉○舊疏云即定八年公斂處父帥師而至經不書之是也不聽也注不聽者叛也

不言叛者爲內諱故書圍以起之不先以文德來之而便以兵圍之當與圍外邑同罪故言圍也得曰取不得曰圍疏左傳取汶陽之田棘不服故圍之○注不聽至起之○易艮象傳不拯其隨未退聽也疏聽從也故昭二十六年左傳姑慈婦聽亦謂婦從也不從故叛成十六年左傳鄭伯如晉聽成注聽受也不受成亦即叛義必內諱叛故於書圍起之○注不先至圍之○論語季氏云故遠人不服則修文德以來之今不然故譏之舊疏云國內之兵本自不書而此書者惡其失所會與圍外邑同矣○注得曰至曰圍○舊疏云取者是得文故言得曰取即上文取汶陽田及哀九年宋皇瑗帥師取鄭師於雍丘之屬是也不得曰圍者即定四年楚人圍蔡之屬是也

大雩注成公幼少大臣秉政變亂政教先是作丘甲爲鞌之戰伐鄭圍棘不恤民之所生疏注成公至所生○作丘甲見上元年鞌之戰見上二年伐鄭圍棘並見上桓五年傳大雩者何旱祭也注祭言大雩大旱可知

晉郤克衞孫良夫伐將咎如疏左氏作廧咎如穀梁作牆咎如古將牆皆从爿得聲通廧當是从牆之省聲也儀禮經傳通解續引書大傳洛誥傳負廧而歌又多士傳天子賁廧鄭注廧謂之廧又說棘廧外閉之即祭義之棘牆也詩小雅常棣兄弟鬩于牆釋文牆本或作廧是也左傳曰討赤狄之餘焉杜注廧咎如赤狄別種潞氏入廧咎如故討之大事表云按是

年赤狄之種盡絕

冬十有一月晉侯使荀庚來聘

衞侯使孫良夫來聘

丙午及荀庚盟丁未及孫良夫盟疏包氏愼言云十一月書丙午丁未一爲閏月之朔日一爲閏月之二日也

此聘也其言盟何注据不舉重嫌生事故此以輕問重也疏注据不至重也○舊疏云春秋之義舉重略輕卽莊十年傳戰不言伐圍不言戰入不言圍滅不言入書其重者也是也今聘盟兩受命書故云不舉重矣嫌生事者嫌是荀庚初受命但聘至魯生事而盟故曰嫌生事也以輕問重者聘輕而盟重卽此傳云此聘也其言盟何是也

聘而言盟者尋舊盟也注尋猶尋繹也以不舉重連聘而言之知尋繹舊故約誓也書者惡之詩曰君子屢盟亂是用長二國旣修禮相聘不能相親信反復相疑故舉聘以非之疏注尋猶尋繹也○說文尋繹理也繹猶絡繹不絕故亦訓長廣韻尋長也方言尋長也海岱大野之間曰尋自關而西秦晉梁益之間凡物長謂之尋是也哀十二年左傳若可尋也禮疏引賈逵注尋溫也服注同杜云重也皆與尋繹義相足左傳兩言且尋盟與此同范云此先聘而

後盟故不言來盟也是也○注以不至誓也○舊疏云若其特結約誓當但舉重即文十五年宋司馬華孫來盟宣七年衛侯使孫良夫來盟之屬皆因聘爲之不言聘而言盟故知特結盟此則言聘又言盟故知非特結盟而尋繹舊事無盟矣○注書者至非之○解詁箋云來盟者亦先行聘此所聞世詳錄之故不舉重惡屢盟也按言亦所聞世宋華孫衛孫良夫何不詳錄之與君子屢盟二語詩小雅巧言文毛傳凡國有疑會同則用盟而相要也箋云屢數也盟之所以數者由世衰亂多相背違時見曰會殷見曰同非此時而盟謂之數此修禮相聘復有疑貳而盟故並舉以見其非解詁箋云皆日亦惡不信是也

鄭伐許【注】謂之鄭者惡鄭襄公與楚同心數侵伐諸夏自此之後中國盟會無已兵革數起夷狄比周爲黨故夷狄之【疏】注謂之至狄之○左傳疏引賈逵云鄭小國與大國爭諸侯仍伐許不稱將帥夷狄之刺無知也范甯云鄭從楚而伐衛之喪又叛諸侯之盟故狄之穀梁昭十二年晉伐鮮虞傳不正其與夷狄交伐中國故狄稱之此定四年傳吳何以不稱子反夷狄也是皆以不稱爵爲狄之也繁露竹林云春秋曰鄭伐許奚惡於鄭而夷狄之也曰衛侯速卒鄭師侵之是伐喪也鄭與諸侯盟于蜀以盟而歸諸侯於是伐許是叛盟也伐喪無義叛盟無信無信無義故大惡之按鄭自宣十二年後敗晉圍宋執解揚致諸夏弱讎楚強皆鄭爲之不徒伐喪叛盟也

四年春宋公使華元來聘

三月壬申鄭伯堅卒【疏】釋文堅作臤云苦刃反本或作堅按舊疏云左氏作堅字穀梁作賢字今定本亦作堅字

則疏本亦作臤與釋文同也今穀梁亦作堅又後人据左氏改矣九經古義云公羊作臤穀梁作賢本一字也說文云臤古文以爲賢字漢潘乾校官碑云親臤賢綱三老袁良碑云優臤之寵今文盤庚云優賢揚歷見三國志注是優臤即優賢也玉篇又引作⿰彳臣⿰彳臣與堅同臤亦爲古文堅字堅又與賢通東觀漢記云陰城公主名賢得續漢書天文志作堅得疑古堅字賢字皆省作臤公羊从古文作臤穀梁以爲賢左氏以爲堅師讀各異故也按說文臤堅也从又臣聲讀若鏗鏘之鏗知古文臤堅賢三字通也玉篇之⿰彳臣當是⿰彳臣字之誤釋名釋采帛云絹䋄也其絲䋄厚而疎也畢氏沅疏證云今本⿰糹臣皆作䋄譌段云⿰糹臣古堅字當从系臣聲是也包氏慎言云三月書壬申月之二十八日

杞伯來朝

夏四月甲寅臧孫許卒疏包氏慎言云四月書甲寅四月無甲寅五月之十一日也

公如晉

葬鄭襄公

秋公至自晉

冬城運疏左氏作鄆下五年秋大水注作城鄆左氏正義引釋例土地名云魯有二鄆文十二年城諸及鄆杜云此東鄆莒魯所爭者城陽姑幕縣南有員亭或曰鄆即員也成十六年傳晉人執季孫文子公待於鄆杜云此西鄆昭公所出居者東郡廩丘縣

東有鄆城然則此爲公欲叛晉而城鄆以爲備當西鄆也大事表云今在山東曹州府鄆城縣東六十里鄆自唐季爲戰爭要地焉氏宗槤左傳補注云釋例以此爲西鄆非是此爲莒魯所爭之東鄆郡國志琅邪東莞有鄆亭槤按鄆近費故爲季氏邑漢五行志成公五年秋大水董仲舒劉向以爲時成幼弱政在大夫前此一年再用師明年復城鄆以彊私家師古注鄆季氏邑是也

鄭伯伐許注未踰年君稱伯者時樂成君位親自伐許故如其意以著其惡疏注未踰至其惡○莊三十二年傳云君存稱世子君薨稱子某既葬稱子踰年稱公故僖二十五年夏衛侯燬卒秋葬衛文公冬書衛子是也本年三月鄭伯睔卒此書鄭伯稱爵故解之通典引五經異義諸侯未踰年出朝會與不朝會何稱春秋公羊說云諸侯未踰年不出境在國中稱子以王事出亦稱子非王事而出會同安父位不稱子鄭伯伐許未踰年以本爵譏不子也左氏說諸侯未踰年在國內稱子以王事出則稱爵詘於王事不敢伸其私恩鄭伯伐許是也謹案春秋不以家事辭王事諸侯蕃衛之臣雖未踰年以王事稱爵是也鄭駁之云昔武王卒父業既除喪至孟津之上猶稱太子者是爲孝也今未除喪而出稱爵是與武王義反矣春秋僖九年春三月丁丑宋公禦說卒夏公會宰周公齊侯宋子衛侯鄭伯許男曹伯于葵丘宋子即未踰年君也出與天子大夫會非王事而稱子耶是鄭用公羊義也曲禮下正義公羊凡以王事出會未踰年皆稱子僖九年會于葵丘宋襄公稱子僖二十八年會于踐土陳共公稱子定四年會召陵陳懷公稱子若未踰年非王事稱爵皆譏爾成四年鄭伯伐許是也左氏之義凡在喪王曰小童公侯曰子宋襄公陳共公稱子是也其王事出會則稱爵鄭伯伐許是也按桓十三年經書衛侯爲

惠公成三年經書宋公衞侯時宋文公衞穆公未葬此並先君未葬而稱爵者賈服注譏其不稱子僖二十五年會衞子莒慶盟于宋洮時先君已葬衞成公猶稱子服虔云明不失子道成十年晉侯伐鄭時厲公父景公疾未薨而厲公出會稱爵譏其生代父位也然則左氏先師皆不以在喪稱爵爲禮與公羊同異義所載左氏說不知何人臆見致杜預輩得以彌縫其無父無君之見故鄭駁從公羊爲不易之論也繁露竹林云問者曰是君死其子未踰年有稱伯不子法辭其罪何曰先王之制有大喪者三年不呼其門順其志之不在事也詩云高宗諒闇三年不言居喪之義也今縱不能如是奈何其父卒未踰年即以喪舉兵也春秋以薄恩且施失其子心故不復得稱子謂之鄭伯以辱之也且其先君襄公伐喪叛盟得罪諸侯諸侯怒之未解惡之未已繼其業者宜務善以覆之今又重以無故居喪以伐人父伐人喪子以喪伐人父加不義於人子施其恩於親以犯中國是父負故惡於前己起大惡於後諸侯果怒而憎之卒而俱至謀共擊之鄭乃恐懼去楚而成蟲牢之盟是也楚與中國俠而擊之鄭罷敝危亡終身愁辜吾本其端無義而敗由輕心然孔子曰道千乘之國敬事而信知其爲得失之大也故敬而慎之今鄭伯既無子恩又不熟計一舉兵不當被患不窮自取之也是以生不得稱子去其義也死不得書葬見其罪也曰有國者視此行身不放義興事不審時其如此爾此公羊先師舊義故何氏依用之焉

五年春王正月杞叔姬來歸【注】始歸不書與鄭伯姬同【疏】注始歸至姬同○宣十六年郯伯姬來歸注嫁不書者爲媵也來歸書者後嫡也棄歸例有罪時無罪月則今書月爲無罪文也穀梁傳婦人之義嫁曰

歸反曰來歸杜云出也上年左傳云杞伯來朝歸叔姬故也是也禮記雜記云諸侯出夫人夫人比至於國以夫人之禮行至以夫也人入注行道以夫人之禮者棄妻致命其家乃義絕不甲此爲始故仍繫杞也易同人六二禮疏引鄭注云天子諸侯后夫人無子不出則猶有六出也其天子之后雖失禮亦不出故禮記疏引鼎初六鄭注云嫁於天子雖失禮無出道廢遠而已若其無子不廢遠之后尊如故其犯六出則廢之此與鄭叔姬其皆犯六出與

仲孫蔑如宋

夏叔孫僑如會晉荀秀于穀 疏 左氏作荀首穀梁同按秀首同部段借字

梁山崩

梁山者何河上之山也 疏 校勘記云唐石經鄂本閩本同監毛本河作江誤也穀梁注梁山晉之望也杜云在馮翊夏陽縣北經義述聞云此梁山非詩之梁山也詩之梁山在涿郡良鄉縣北乃濕水所經去河甚遠不得云梁山崩壅遏河水三日不流其韓城在涿郡方城縣與燕甚近故詩曰溥彼韓城燕師所完非在晉地之韓也此梁山則在馮翊夏陽縣西北臨於河上故梁山崩壅河三日不流也夏陽春秋之梁國亦非韓也自康成箋詩始誤以奕奕梁山爲夏陽之山又誤以韓城爲晉所滅之韓國而隋人遂改夏陽爲韓城縣楊氏不能糾正而承用之疏矣按爾雅釋山梁山晉望也郭注晉國所望祭者今在馮翊夏陽縣西北漢書地理志左馮翊夏陽縣禹貢梁山在西北今梁山在同州府郃陽韓城二縣境大事表梁山在今陝西同州府韓城

縣西北九十里詩奕奕梁山惟禹甸之本爲韓國鎭山晉滅韓其地屬晉仍本鄭箋以詩之梁山即此之梁山也水經注云河水又南徑梁山原公羊傳所謂河上之山也一統志梁山在同州韓城西十九里與郃陽縣接界通義云梁山不繫國者與沙鹿同義

梁山崩何以書記異也何異爾大也何大爾梁山崩壅河三日不沂注故不日以起之不書壅河者舉崩大爲重疏校勘記云壅河三日不沂唐石經諸本同釋文壅河於勇反沂音流按釋文當本作雍今从土當後人所加穀梁傳梁山崩壅遏河三日不流又輦者對曰壅遏河三日不流彼釋文壅遏於勇反下於葛反經義雜記曰公羊傳壅河三日不沂無遏字壅遏義同不當複見傳又云天有山山崩之天有河河壅之亦有壅無遏疑二遏皆衍文或本爲注義誤入傳中漢書五行志穀梁傳曰廱河三日不流則西漢儒所据穀梁無遏字陸德明爲遏作音是唐初本已衍矣釋文沂音流通義沂古流字水經注河水篇河水又南逕梁山原東南出至河晉之望也在馮翊夏陽縣之西臨於河上山崩壅河三日不流晉使以此問伯宗即是處也春秋穀梁傳曰成公五年梁山崩遏河水三日不流以遏代壅知不得壅遏兼有也○注故不日以起之○舊疏云謂起其三日不沂也則但一日不可不書日矣若無所起倒當書日即僖十四年秋八月辛卯沙鹿崩是也外異不書疏舊疏云正以文十一年長秋之齊晉不書故也此何以書爲天下記異也注山者陽精德澤所由生君之象河者四瀆所以通道中國與正道同記山崩壅河者此象諸侯失勢王道絕大

夫擅恣為海內害自是之後六十年之中弒君十四亡國三十二

故溴梁之盟偏刺天下之大夫疏注山者至內害○校勘記出與正道同云閩監毛本同鄂本正作王按紹熙本正作王爾雅釋水云江河淮濟為四瀆五行志下之上梁山崩穀梁傳曰壅河三日不流晉君帥羣臣而哭之迺流劉向以為山陽君也水陰民也天戒若曰君道崩壞下亂百姓將失其所矣哭然後流喪亡象也梁山在晉地自晉始而及天下也後晉暴殺三卿厲公以弒溴梁之會天下大夫皆執國政其後孫甯出衛獻三家逐魯昭單劉亂王室董仲舒說略同劉歆以為梁山晉望也崩弛崩也古者三代命祀祭不越境吉凶禍福不是過也國主山川山崩川竭亡之徵也美惡周必復是歲歲在鶉火至十七年復至鶉火欒書中行偃殺厲公而立悼公按劉歆專主晉說董仲舒劉向說與為天下記異義合通義云山者高大尊道也河者所以宣通潤澤此象君位陵遲德澤壅遏自是之後禮樂征伐自大夫出偏於天下按博物志云山崩川溢臣盛君衰詩云百川沸騰山冢崒崩高岸為谷深谷為陵小人握命君子陵遲大亂之道也義通於此漢書劉向傳曰天變見於上地變動於下水泉沸騰山谷易處謂此水經注引考異郵云河者水之氣四瀆之精也所以流地故曰河潤千里此壅之不流故為王道將絕之象劉董取象於民不若何氏為允○注自是至十二○舊疏云春秋說文若對經數之從今以後訖於六十年則不及此數自今盡昭十六年弒君止十亡國止九然則春秋書遂其可書者矣說文舉者悉言之是以多少異爾或者此注誤也舊疏又云弒君十四者襄二十五年齊崔杼弒其君光吳子門于巢為巢人所弒二十六年衛甯喜弒其君剽二十九年閽弒吳子餘祭三十年蔡世子般弒

其君固三十一年莒人弒其君密州昭八年陳招殺偃師十一年楚子殺蔡侯般十三年楚公子比弒其君虔楚公子棄疾弒公子比是也亡國止九者成十七年楚滅舒庸襄六年莒人滅鄫齊侯滅萊十年遂滅偪陽十三年取詩二十五年楚滅舒鳩昭四年遂滅厲八年楚滅陳十三年滅蔡是也按成十八年晉弒其君州蒲又襄七年鄭伯髡頑卒于操傳云弒也昭元年楚子卷卒左傳以為圍所弒數楚虔殺蔡侯般則昭十六年楚殺戎曼子亦宜列入是十四也其亡國春秋不見者多矣何氏或別有所見或有誤字也○注故溴至大夫○校勘記云溴梁監毛本同誤也鄂本閩本作溴釋文溴苦閴反當據正襄十六年公會晉侯以下于溴梁戊寅大夫盟傳諸侯皆在是其言大夫盟何信在大夫也何言乎信在大夫偏刺天下之大夫也曷爲偏刺天下之大夫君若贅旒然是也

秋大水注先是既有丘甲鞌棘之役又重以城鄆民怨之所生疏先注是至所生○五行志上成公五年秋大水董仲舒劉向以為時成幼弱政在大夫前此一年再用師明年復城鄆以彊私家仲孫蔑叔孫僑如顓會宋齊陰勝陽按彼引五行傳曰簡宗廟不禱祠廢祭祀逆天時則水不潤下說曰水北方終成萬物成也其於人道命終而形藏精神放越聖人為之立廟以收魂氣春秋祭祀以終孝道王者即位必郊祀天地禱祈神祇望秩山川懷柔百神亡不宗事慎其齊戒致其嚴敬鬼神歆饗多獲福助此聖王所以順事陰氣和神人也至發號施令亦奉天時十二月成得其氣則陰陽調而終始成如此則水得其性矣若乃不敬鬼神致令逆時則水失其性霧水暴出百川逆溢壞鄉邑溺人民及淫雨傷稼穡是為

水不潤下時魯方謀立武宮故有關宗廟之戒也此專主立武宮云異與董劉何皆殊通義云時謀立毀廟故有關宗廟之戒魯人不悟卒蹈失禮也按作丘甲見上元年鞌之戰見上二年圍棘見上三年城鄆見上四年按但謀立武宮天即示以大水傷害稼天心仁愛恐不如是設謀而不立此異將何屬當以董劉何三家為正

冬十有一月己酉天王崩注定王疏包氏慎言云冬十一月書己酉月之十五日○注定王○周本紀定王二十一年崩子簡王夷立不書葬故注明之

十有二月己丑公會晉侯齊侯宋公衛侯鄭伯曹伯邾婁子杞伯同盟于蟲牢注約備彊楚疏包氏慎言云十二月書己丑月之二十六日杜云蟲牢鄭地陳留封丘縣北有桐牢大事表云今桐牢亭在開封府封丘縣北三里續漢志封丘有桐牢亭或曰古蟲牢實字記桐牢亭在開封府封丘縣北二里一統志今俗謂之桐渦○注約備彊楚○左傳云同盟於蟲牢鄭服也蓋服鄭兼以備楚故繁露竹林云鄭乃恐懼而成蟲牢之盟兼左氏義也董生所据公羊或作蟲牢時晉楚方爭鄭鄭自宣十二年後此始與中國盟故約以備楚也

六年春王正月公至自會注月者前魯大夫獲齊侯今親相見故危之疏注月者至危之○舊疏云致例時桓二年冬公至自唐僖二十六年冬公至自伐齊襄十三年秋公至自會是也今此書月故解之前魯大夫獲齊侯者即上二年鞌戰時也言今親相見者即上五年冬公會晉侯齊侯以下蟲牢是也

二月辛巳立武宮。疏包氏慎言云二月經書辛巳月之十八日

武宮者何武公之宮也注在春秋前疏注在春秋前○禮記疏引世本云伯禽生煬公熙熙生弗弗生獻公具具生武公敖按魯世家伯禽卒子考公酋立卒立弟熙是爲煬公卒子幽公宰立幽公弟潰殺幽公而自立是爲魏公卒厲公擢立卒立其弟具是爲獻公卒子真公濞立卒子敖立是爲武公蓋世本引不具也是在春秋前也沈氏欽韓云以明堂位證之武宮或是武公之廟明堂位武世室也文十五年注世室言世世不毀也

立者何不宜立也疏舊疏云亦有直云不宜立無在上立者二字也

立武宮非禮也注禮天子諸侯立五廟受命始封之君立一廟至於子孫過高祖不得復立廟周家祖有功尊有德立后稷文武廟至於子孫自高祖已下而七廟天子卿大夫三廟元士二廟諸侯之卿大夫比元士二廟諸侯之士一廟立武宮者蓋時衰多廢人事而好求福於鬼神故重而書之譏臧孫許伐齊有功故立武宮疏注天子至七廟○禮記喪服小記云王者禘其祖之所自出以其祖配之而立四廟注高祖以下與始祖而五又王制天子七廟三昭三穆與太祖之廟而七注此周制七者太祖及文王武王之祧與親廟四入祖后稷殷則六廟契及湯與二昭二穆夏則五廟無太祖禹與二昭二穆而已正義按禮緯稽命嘉云唐虞五廟親廟四始祖廟一夏四廟至

子孫五殷五廟至子孫六鉤命決云唐堯五廟親廟四與始祖五禹四廟至子孫五殷五廟至子孫六周六廟至子孫七鄭据此爲五
說故謂七廟周制也周所以七者以文王武王受命其廟不毀以爲二祧并始祖后稷及高祖以下親廟四故爲七也獨斷云天子
七廟三昭三穆與太祖之廟七諸侯二昭二穆與太祖而五未分別二祧在內與否漢書韋元成傳元成等四十八人議奏曰禮王
者始受命諸侯始封之君皆爲太祖以下五廟而迭毀毀廟之主藏於太祖祭義曰王者禘其祖自出以其祖配之而立四廟言始
受命而王祭天以其祖配而不爲立廟親盡也立親廟四親親也親盡而迭毀親疏之殺示有終也周之所以七廟者以后稷始封
文王武王受命而王是以三廟不毀與親廟四而七非有后稷始封文武受命之功者皆當親盡而毀成王成二聖之功業制禮作
樂功德茂盛猶不世以行爲諡而已是鄭何與韋元成同也按元成謂始祖不爲立廟蓋指夏殷禮與鄭小異王制疏引聖證論王
肅難鄭云周之文武受命之王不遷之廟權禮所施非常廟之數殷之三宗宗其德而存其廟亦不以爲數凡七廟者皆不稱周室
禮器云有以多爲貴者天子七廟孫卿云有天下者事七世又云自上以降下殺以兩今使天子諸侯立廟蓋親廟四而止則君臣
同制尊卑不別禮名位不同禮亦異數況其君臣乎又祭法云王下祭殤五及五世來孫則下及無親之孫而祭上不及無親之祖
不亦詭哉穀梁傳曰天子七廟諸侯五家語云子羔問尊卑立廟制孔子云禮天子立七廟諸侯立五廟大夫立三廟又云遠廟爲
祧有二祧焉又儒者難鄭云祭法遠廟爲祧鄭注周禮云遷主所藏曰祧違經正文鄭又云先公之主藏於后稷之廟先王之主藏
於文武之廟便有三祧何得祭法云有二祧馬昭難王云按喪服小記王者立四廟又引禮緯夏無太祖宗禹而已則五廟殷人祖

契而宗湯則六廟周尊后稷宗文王武王則七廟自夏及周少不減五多不過七禮器云周旅酬六尸一人發爵則周七尸七廟明矣今使文武不在七數既不同祭又不享嘗豈禮也哉故漢侍中盧植說云二祧謂文武曾子問當七廟無虛主禮器天子七廟堂九尺王制七廟盧植云皆據周言也穀梁傳天子七廟尹更始說天子七廟據周也漢書韋元成等云周以后稷始封文王受命石渠論白虎通云周以后稷文武特七廟張融謹按周禮守祧職奄人女祧每廟二人自太廟以下與文武及親廟四用七人姜嫄廟用一人適盡若除文武則奄少二人曾子問孔子說周事而云七廟無虛主若王肅數高祖之父高祖之祖廟與文武而九主當有九孔子何云七廟無虛主乎故云以周禮孔子之言爲本穀梁說及小記爲枝葉韋元成石渠論白虎通爲證驗七廟之說爲長且天子七廟者有其人則七無其人則五若諸侯廟制雖有其人不得過五則此天子諸侯七五之異也王肅云尊卑同制君臣不別其義非也王下祭殤五者非是別立殤廟七廟外親盡之祖禘祫猶當祀之而王肅云上祭無親之孫上不及無親之祖又非通論且家語先儒以爲肅之所作未足可依禮疏又云周禮惟存后稷之廟不毀昭七年傳云余敢忘高圉亞圉注云周人不毀其廟報祭之似高圉亞圉亦不毀者此其不合鄭說故馬融說云周人所報而不立廟此馬昭張融孔穎達申鄭難之說也按匡衡告謝毀廟曰天序五行人親五屬天子奉天率其意而尊其制是以禘嘗之序靡有過五受命之主躬接於天萬世不墮繼烈以下五廟而遷之師古曰五屬謂同族之五服斬衰齊衰大功小功緦麻也据衡之言則廟制緣於服制聖人不爲無服之人制制亦不爲無服之人立廟有斷然者匡衡韋元成皆在緯學未興之先則孔氏引緯文釋鄭注猶未嘗也尹更始盧植等皆以七廟專爲周制而王肅

之徒又以殷周同七廟據僞古文咸有一德七世之廟可以觀德爲證呂氏春秋引商書曰五世之廟可以觀怪此秦火以前之書也則殷不七廟明矣哀帝時劉歆議孝文孝武皆有功德於世當如周禮立七廟其議曰高帝建大業爲太祖孝文皇帝德至厚也爲文太宗孝武皇帝功至著也爲武世宗禮記王制及春秋穀梁傳天子七廟諸侯五大夫三士二天子七日而殯七月而葬諸侯五日而殯五月而葬此喪事尊卑之序也於廟數相應其文曰天子三昭三穆與太祖之廟而七諸侯二昭二穆與太祖之廟而五故德厚者流光德薄者流卑春秋左氏傳曰名位不同禮亦異數自上以下降殺以兩禮也七者其正法數可常數者也宗不在此數中宗變也苟有功德則宗之不可預爲設數以七廟言之孝武皇帝未宜毀以所宗言之則不可謂無功德凡在異姓猶將特祀之況於先祖或說天子五廟無見文又說中宗高宗者宗其道而毀其廟名與實異非尊德貴功之意也迭毀之禮自有常法祖宗之序多少之數經傳無明文至尊至重難以疑文虛說定也是歆以殯葬日月之數爲七廟之制與五廟五屬之說異此王肅所本其實劉歆所据天子七日而殯七月而葬及降殺以兩皆左氏說周制也云天子五廟無見文又曰祖宗之序多少之數經傳無明文是歆以五廟之說無明文因定用五廟之制亦未以五廟爲非也且劉亦不以周之以前皆七廟也蓋降殺以兩等威之別至周始嚴周有七廟若遂定爲歷代定制豈其然乎九廟之說新莽亂制王肅據以與鄭立異忘其爲聖門之亂臣賊子矣即如諸侯五廟魯以伯禽爲始祖而有周公之廟得謂諸侯皆六廟乎鄭有厲王之廟得謂諸侯皆立其所自出之廟乎○注天子至二廟○王制云大夫三廟一昭一穆與太祖之廟而三注太祖別子始爵者大傳曰別子爲祖謂此雖非別子始爵者亦然正義曰非別子始爵

者有數條一是別子初雖身爲大夫中間廢退至其遠世子孫始得爵命者則以爲太祖別子不得爲太祖也二是別子及世子孫不
得爵命者後世始得爵命自得爲太祖三是全非諸侯子孫異姓爲大夫者及它國之臣初來任爲大夫者亦得爲太祖然則王制
以太祖與一昭一穆爲三而祭法云大夫立三廟曰考廟曰王考廟曰皇考廟一注非一別子故知祖考無廟與王制不同者禮記疏引
鄭志答趙商云祭法周禮王制之云或以夏殷雜不合周制然則鄭以王制爲殷制故云雖非別子亦得立太祖廟若周制則別子
始爵其後得立別子爲太祖若非別子之後雖爲大夫但立曾祖父三廟而已隨時而遷無太祖也王制疏云鄭必知周制別子之
後得立別子爲太祖者以大傳云別子爲祖繫之以姓而弗別綴之以食而弗殊雖百世而昏姻不通者周道然也故知別子爲百
世不遷之宗矣周道如此明殷道不然春秋譏世卿又從殷之質何意當以爲大夫者得立其父祖曾三世之廟而已孔疏又云此
大夫三廟者天子諸侯之大夫皆同知者以此及祭法歷陳天子諸侯卽云大夫更不別云諸侯之大夫按諸侯之卿尊者不過三
命似不得與天子大夫同制禮不言者偶不具爾不得遽以爲天子諸侯之大夫同制也元士二廟卽祭法之適士二廟也鄭云上
士蓋据諸侯之士言之故以官師爲中士下士也如何意則天子之士二廟諸侯之士士同官師也獨斷云大夫一昭一穆與太祖之
廟三本王制爲說爾魏書禮志引稽命徵云天子之元士二廟禮記大傳云大夫士有省於君干祫及其高祖疑指天子大夫得及
曾祖有省一者得及高祖也又喪服小記云大夫士之妾附於妾祖姑亡則中一以上而附中一以上則高祖妾姑矣蓋大夫士雖有
親廟亦別有祧廟以附祧主也○注諸侯至一廟○舊疏云諸侯之士一廟禮說文魏書禮志引稽命徵云諸侯之上士亦二廟中

下士一廟一廟者祖禰共廟按此與鄭注同鄭注王制云士一廟者謂諸侯之中士下士名曰官師者上士二廟是也祭法云適士二廟注適士上士也亦指諸侯之士又云官師一廟注官師中士下士也此注云諸侯之士一廟則無分上中下士矣然諸侯之卿大夫比天子元士則諸侯之士亦宜降等命數既殊廟制應異緯書與鄭君之義似不及何注也禮記曲禮云不逮事父母則不諱王父母注適士以上廟事祖雖不逮事父母猶諱祖疏云祭法云適士二廟祖之與禰各一廟其中下士亦廟事祖但祖禰共廟則既夕禮一廟是也熊氏云此適士者包中下士對庶人府史亦稱適也仍本鄭義也獨斷云士一廟降大夫二謂諸侯士又云士二廟即元士也與何義合又云府史以下未有爵命號爲庶人皆無廟四時祭於寢也禮記大傳云諸侯及其太祖大夫士有大事省於其君干祫及其高祖注干猶空也空祫謂無廟祫祭之於壇墠正義此言干支庶爲大夫士者耳若通爲大夫亦有太祖王制大夫三廟二昭二穆與太祖之廟而三是也師說云大夫士有始祖者鬼其百世容有善於其君得祫於太祖廟中偏祫太祖以下也此仍据周制言大夫得有太祖也干祫及其高祖者高祖於元孫之有服故省於其君者得從權上祫於廟制無與也○注立武至審之○鹽鐵論散不足云古者德行求福故祭祀而寬仁義求吉故卜筮而希今世俗薄於行而求於鬼怠於禮而篤於祭是即譏立武宮義也明堂位曰武公之廟武世室也此傳譏其不宜立者記人所言多夸大之詞未可據以爲實也故彼正義云其武公之廟立在武公卒後其廟不毀在成公之世此記所云美成王襃崇魯公而已云武公之廟武世室者作記之人因成王襃魯遂盛美魯家之事因武公其廟不毀遂連文而美之非實詞也是也通義云世室毀壞云世室此何以不云立世室立之毀廟猶可言也擬天子不可

言也春秋以其可辭書之義或然也○注臧孫至武宮○左傳季文子以鞌之功立武宮非禮也疏引服虔云臧孫至鞌之戰禱武公以求勝故立其宮按上元年夏臧孫許及晉侯盟于曲棘注時者謀結鞌之戰不相負也又二年傳云前此者晉郤克與臧孫許同時而聘於齊二大夫出相與踦閭而語則伐齊之役實起於許故注本而言之左傳謂季文子者時文子執政爲魯上卿故也因人之力立廟自夸不徙立毀廟爲非禮也

取鄟

鄟者何邾婁之邑也疏杜以爲附庸國大事表云在沂州府郯城縣東北穀梁亦云鄟國也杜所本曷爲不繫於邾婁諱亟也注諱魯背信亟也屬相與爲蟲牢之盟旋取其邑故使若非蟲牢人矣疏僖三十三年公伐邾婁取叢僖二十二年公伐邾婁取須朐之屬皆繫邾婁故問而解之○注諱魯至人矣○即上五年冬公會晉侯齊侯宋公衛侯鄭伯曹伯邾婁子杞伯同盟于蟲牢是魯與邾同盟也旋盟而旋取其邑背盟失信過亟故諱而不繫邾婁使若所取之邑非同盟之國邑然矣

衛孫良夫率師侵宋

夏六月邾婁子來朝

公孫嬰齊如晉

壬申鄭伯費卒注不書葬者爲中國諱蟲牢之盟約備彊楚楚伐鄭喪不能救晉又侵之故去葬使若非伐喪疏包氏愼言云六月書壬申月之十一日〇注楚伐至侵之〇即下秋楚公子嬰齊帥師伐鄭無中國救鄭文下又云晉欒書帥師侵鄭是又侵之也〇注故去至伐喪〇繁露竹林云死不得書葬見其罪也與何氏異通義云悼公在喪未踰年而親伐許不子之甚故去葬奪臣子恩也用董氏義

秋仲孫蔑叔孫僑如率師侵宋疏校勘記云唐石經鄂本閩監本同毛本脫率師二字

楚公子嬰齊率師伐鄭

冬季孫行父如晉

晉欒書率師侵鄭疏校勘記云唐石經諸本同按左氏穀梁皆作救鄭上書楚公子嬰齊率師伐鄭故晉欒書率師救之也侵字誤嚴杰曰上文鄭伯費卒注云楚伐鄭喪不能救晉又侵之然則公羊作侵鄭與左穀本異也

七年春王正月鼷鼠食郊牛角改卜牛鼷鼠又食其角乃免牛注鼷鼠者鼠中之微者角生上指逆之象易京房傳曰祭天不慎鼷鼠食郊牛角書又食者重錄魯不覺寤重有災也不重言牛獨重言鼠者言角牛可知食牛者未必故鼠故重言鼠疏穀梁傳免牲者爲之緇衣纁裳

有司元端奉送至於南郊免牛亦然○注鼷鼠至微者○說文鼠部鼷小鼠也玉篇鼷鼠小鼠也螫毒食人及鳥獸皆不痛○今之甘鼠鼠也釋文引博物志云鼠之最小者或以為耳鼠爾雅釋獸云鼷鼠郭注有螫毒者左疏引李巡云鼷鼩或鼠一名鼷鼠孫炎云有螫毒者蓋如今鼠狼邵氏晉涵爾雅正義云按今俗傳鼷鼠能入人耳甘而不知痛其為螫毒不特牛有害矣莊子應帝王云鼷鼠深穴乎神丘之下以避熏鑿之患漢書所謂社鼷不灌屋鼠不熏也淮南人間訓云塘漏若鼷穴之非一墣之所能塞也蓋鼷鼠本小其穴自小矣公羊問答曰說文鼷小鼠也博物志春秋書鼷鼠食牛牛死鼠之類最小者食物當時不覺痛世傳云亦食人項肥厚皮處亦不覺或名甘鼠俗此諱此所嚙衰病之徵是鼠中之最微者也○注角生至之象○舊疏云言角在牲體之上指於天亦是最上逆之象○注易京至牛角○五行志中之上成公七年正月鼷鼠食郊牛角改卜牛又食其角○劉向以為近青祥亦牛禍也不敬而傋霿之所致也昔周公制禮樂成周道故成王命魯郊祀天地以尊周公至成公時三家始顓政魯將從此衰天愍周公之德痛其將有敗亡之禍故於郊祭而見戒云鼠小蟲性盜竊鼷又其小者也牛大畜祭天尊物也角兵象在上君威也小小盜鼷鼠食至尊之牛角象季氏乃陪臣盜竊之人將執國命以傷君威而害周公之祀也改卜牛鼷鼠又食其角天重語之也成公怠慢昏亂遂君臣更執於晉至於襄公晉為溴梁之會天下大夫皆奪君政其後三家逐昭公卒死於外幾絕周公之祀董仲舒以為鼷鼠食郊牛皆養牲不謹也京房易傳曰祭天不慎厥妖鼷鼠齧郊牛角何氏郎本董義繁露順命云至於祭天天不享其卜不從使其牛自傷鼷鼠食其角或言食牛或言食而死或食而生或不食而自死或改卜而牛死或卜而食其角過有淺深厚薄而災有簡甚不可不察也

○注書又至災也○舊疏云至讀如煩重之重也按讀如字亦通又引異義公羊說云鼷鼠初食牛角咎在有司又食咎在人君取己有災而不改更者義通於此按穀梁傳過有司也郊牛日展斛角而知傷展道盡矣其所以備災之道不盡也又曰又有繼之辭也其緩辭也曰亡乎人矣非人之所能也所以免有司之過也注至此復食乃知國無賢君天災之爾非有司之過也故言其以赦之經義雜記云据徐疏引異義公羊說知公羊無傳說者本穀梁言之劉子政之義尤爲深切著明惠氏士奇春秋說云宣三年書郊牛之口傷成七年書鼷鼠食郊牛角何也周禮封人飾牛牛牲而設楅於角設衡於鼻又以紖牽牲入廟而歌舞之牧人共牲以授充人繫之牲必用牷物牛人以授職人而芻之充人繫於牢芻之三月展牲則告牷牷碩則贊肆師展犠牲頒於職人然則肆師展於祭初充人展於將祭穀梁所謂日展斛角而知傷也古者諸侯必有養獸之官及歲時齊戒沐浴而躬朝之朔月月舉君巡牲不獨有司展之君又朝而巡之所以致力而盡其敬者如此牷者全也備也口傷角食其體弗全弗備不敬莫大焉豈徒肆師充人失其官人君朝巡之禮亦廢久矣故春秋謹而書之○注不重至言鼠○左傳疏引此注食牛上有後字當据補通義許翰曰小害大下賊上食而又食三桓子孫相繼之象宣公有慶三桓之志成始弗戒矣

吳伐郯【注】吳國見者罕與中國交至升平乃見故因始見以漸進【疏】水經注沂水篇又東過襄賁縣東屈從縣西南流又屈南過郯縣西郯故國也少昊之後春秋昭十七年郯子朝魯者也竹書紀年晉烈公五年越子朱勾伐郯以郯子鵠歸縣故舊魯也東海郡治地理志東海郡郯下云故國少昊後盈姓吳世家云壽夢立而吳

始益大稱王自太伯作吳五世而武王克殷封其後爲二其一虞在中國其一吳在夷蠻十二世而晉滅中國之虞中國之虞滅二世而夷蠻之吳興大凡從太伯至壽夢十九世正義吳國號也太伯居梅里在常州無錫去東南六十里至十九世孫壽夢居之號句吳壽夢卒諸樊南徙吳至二十一代孫光使子齊築闔閭城都之今蘇州也○注吳國至漸進○毛本因誤言鄂本閩監本同不誤舊疏云莊十年荊敗蔡師于莘傳荊者何州名也州不若國國不若氏云云何注不言楚言荊者楚強而近中國卒暴責之則恐爲害深故進之以漸然則吳楚相敵亦宜言揚而經言吳者正以罕與中國交至今升平之世乃始見經故因其始見於升平故經直以漸進之通義胡康侯曰稱國以伐狄之也吳本太伯之後以族屬言之則周之伯父也何以狄之爲其僭天子之大號也國語曰命圭有命固曰吳伯不曰吳王然則吳本伯爵也後雖益熾浸與中國會盟進而書爵不過曰子亦不以本爵與之也故記於禮書曰四夷雖大皆曰子此春秋之法仲尼之制而以爲不取擅進退諸侯亂名實者誤矣按世家王壽夢二年申公巫臣犇晉自晉使吳教吳用兵乘車令其子爲吳行人吳於是始通中國壽夢二年當成公七年始與中國通適有伐郯事在升平之世春秋因以張法也吳越春秋吳王壽夢傳吳壽夢元年朝周適楚觀諸侯禮樂魯成公會於鍾離深問周公之禮樂成公悉爲陳前王之禮樂因爲詠歌三代之風壽夢曰孤在蠻夷徒以椎髻爲俗豈有斯之服哉因歎而去曰大哉禮乎此升平之世已入內諸夏外四夷之限故吳得以國見經與楚之稱荊自殊亦非如胡氏所云狄之也

夏五月曹伯來朝疏通義云月者爲下望出

不郊猶三望疏通義云他言免牲者則不言不郊此間有異事猶文無所成故不舉不郊也

秋楚公子嬰齊帥師伐鄭以下有齊侯按唐石經公羊泐數字以字數計之有齊侯石經穀梁有齊侯

公會晉侯齊侯宋公衛侯曹伯莒子邾婁子杞伯救鄭疏差繆略云左氏晉侯

八月戊辰同盟于馬陵疏包氏愼言云八月書戊辰八月無戊辰九月之四日七月之三日也杜云馬陵衛地陽平元城縣東南有地名馬陵大事表云戰國時孫臏殺龐涓處今大名府治東南十五里有馬陵道又有馬陵城續漢郡國志河東平陽劉昭注引杜云馬陵衛地平陽東南地名馬陵又說在魏郡元城按衛地不至河東劉昭一地兩位非也杜亦無平陽之說一統志馬陵故城在大名府元城縣東南隋開皇六年置馬陵縣通義云不重言諸侯者間無異事文省

公至自會疏通義云左傳曰諸侯救鄭鄭共仲侯羽軍楚師囚鄭公鍾儀獻諸晉故以得意致會也

吳入州來疏杜云州來楚邑淮南下蔡是也爾雅釋丘淮南有州黎郭注今在壽春古來黎同音州黎即州來也大事表云今爲江南鳳陽府壽州即壽春也自成七年吳入州來至昭二十三年雞父之戰楚師大敗州來遂入吳自是入郢之禍兆矣吳蓋爭之七十餘年而後得哀二年吳遷蔡於州來謂之下蔡山是壽春城在淮之南下蔡城在淮之北相去三十里夾淮爲固歷東漢至六朝當爲重鎭今壽州治即古壽春縣城爲楚考烈王所築州北三十里有蔡國城即下蔡矣方輿紀要下蔡城在壽州北三十

里古州來也李氏兆洛鳳臺縣志州來即今下蔡鎮差繆略云公穀作州萊按於他書均未之見

冬大雩注先是公會諸侯救鄭承前不恤民之所致疏注先是至所致○公會諸侯救鄭見上秋云承前不恤民之所致者承上三年大雩為說也彼注云成公幼少大臣秉政先是作丘甲為鞌之戰伐鄭圍棘不恤民之所生也是也

衛孫林父出奔晉

公羊義疏五十一

南菁書院

成八年盡九年

句容陳立卓人著

八年春晉侯使韓穿來言汶陽之田歸之于齊

來言者何內辭也脅我使我歸之也注以此經加之知見使卽聞晉語自歸之〻但當言歸疏注以此至言歸〇舊疏云其自歸言歸者哀八年夏歸邾婁子益于邾婁注善魯能悔過歸之然則若自歸當言歸汶陽之田于齊今乃如此作文而又言之則知被晉使之非其本情通義云來言者商量之意不使晉命制乎我也本非齊地而言歸之于者順韓穿來言辭按此實晉使歸而曰來言故爲內辭也穀梁傳曰于齊緩辭也不盡使我也注若曰爲之請歸不使晉命制于我與公羊義何曷爲使我歸之注据本魯邑疏注据本魯邑〇舊疏云莊十三年曹子劫齊侯反其所取侵地之時管子曰然則君何求曹子曰願請汶陽之田又上二年傳曰反魯衞之侵地下其經曰取汶陽田以此言之汶陽之田本是魯物明矣鞌之戰齊師大敗齊侯歸弔死視疾七年不飲酒不食肉晉侯聞之曰嘻奈何使人之君七年不飲酒不食肉請反其所取侵地注晉侯聞齊侯悔過自責高其義畏

其德使諸侯還䈥之所喪邑魯見使卑有恥故諱不言使者因兩爲其義諸侯不得相奪土地晉適可來議語之魯宜聞義自歸之爾不得使也主書者善晉之義齊

【疏】說苑敬愼云齊頃公賴逢丑父之欺奔逃得歸弔死問疾七年不飲酒不食肉外金石絲竹之聲遠婦女之色出會與盟卑下諸侯國家內得行義聲聞震於諸侯所亡之地弗求而自爲來尊寵不武而得之可謂能詘免變化以致之故福生於隱約而禍生于得意此得失之效也齊世家云歸而頃公弛苑囿薄賦斂振孤問疾虛積聚以救民民亦大悅厚禮諸侯竟頃公卒百姓附諸侯不犯繁露竹林云自是後頃公恐懼不聽聲樂不飲酒食肉內愛百姓問疾弔喪外敬諸侯從會與盟卒終其身家國安寧是福之本生於憂而禍起於喜也物之所由然其於人切近可不省耶又王道云齊頃公弔死視疾是其事也○注晉侯至喪邑○通義云弔死視疾勸死士也不飲酒不食肉志復仇也故晉侯高其義畏其德○注魯見至故諱○明經書來言義也即穀梁不使盡職之意也○注不言至使也○禮記玉藻云大夫私事使私人擯則稱名注私事使謂以君命私行非聘也若魯成公時晉侯使韓穿來言汶陽之田歸之于齊之類然則與莊二十七年傳通乎季子之私行也者別亦以君命行惟對聘問爲私耳按上二年經取汶陽田與傳三十年取濟西田同文皆當坐取邑則歸之爲善辭矣春秋爲魯諱爲晉使之恥復作聞義自歸善辭故言歸之于也所以爲兩爲其義也

晉欒書帥師侵蔡

公孫嬰齊如莒

宋公使華元來聘疏左傳宋華元來聘聘共姬也按以士昏禮準之昏禮首云下達鄭注達通也將欲與彼合昏姻必先使媒氏通其言女氏許之乃後使人納其采擇之禮則此聘蓋即下達也士禮使媒諸侯不必求媒故使臣下也

夏宋公使公孫壽來納幣疏左疏引服虔云不稱主人母命通故稱使婦人無外事按隱二年傳昏禮不稱主人然則曷稱稱諸父兄師友宋公使公孫壽來納幣則其稱主人何辭窮也辭窮者何無母也注禮有母母當命諸父兄師友稱諸父兄師友以行宋公無母莫使命之辭窮故自命之然則何氏以宋公無母與服云母命不通者異

納幣不書此何以書注據紀履緰來逆女不書納幣疏注據紀至納幣○隱二年紀履緰來逆女是也錄伯姬也注伯姬守節逮火而死賢故詳錄其禮所以殊於衆女疏注伯姬至衆女○襄三十年傳外夫人不書葬此何以書隱之也宋災伯姬卒焉其稱謚何賢也何賢爾宋災伯姬伯姬存焉有司復曰火至矣請出伯姬曰不可吾聞之也婦人夜出不見傅母不下堂傅至矣母未至也逮乎火而死是也下衛人來媵傳云媵不書此何以書錄伯姬也九年夏季孫行父如宋致女傳此其言致女何錄伯姬也又晉人來媵傳此何以書錄伯姬也又齊人來媵傳此何以書錄伯姬也皆以賢故詳錄之也

晉殺其大夫趙同趙括疏晉世家云景公十七年誅趙同趙括族滅之左傳晉趙姬爲趙嬰之亡故譖之於晉

珍倣宋版印

侯曰原屏將爲亂欒郤爲徵六月晉討趙同趙括趙世家云屠岸賈者始寵于靈公及至于景公而賈爲司寇將作難乃治靈公之賊以致趙盾偏告諸將曰盾雖不知猶爲賊首以臣弒君子孫在朝何以懲辠請誅之擅與諸將攻趙氏於下宮殺趙朔趙同趙括趙嬰齊皆滅其族與左氏傳異

秋七月天子使召伯來錫公命疏左傳錫作賜易師九二王三錫命釋文鄭本作賜書禹貢九江納錫大龜史記夏本紀作九江入賜大龜禮覲禮云天子賜舍注今文賜皆爲錫蓋左氏多古文故作賜公穀皆今文改作錫也差繆略云賜公羊作錫趙氏坦異文箋云石經公羊作錫石經穀梁汲注疏本作錫按曲禮正義引左傳亦作來錫公命

其稱天子何注据天王使毛伯來錫文公命不稱天子疏注据天至天子〇卽文元年天王使毛伯來錫公命是也

元年春王正月正也注正者文不變也疏注正者文不變也〇毛本正誤王舊疏云据始言之其實二年三年以下之經皆如是說苑君道云孔子曰文王似元年武王似春王周公似正月文王以王季爲父以太任爲母以太姒爲妃以武王周公爲子以泰顛閎夭爲臣其本美矣武王正其身以正其國正其國以正天下伐無道刑有罪一動天下正其事正矣春致其時萬物皆及生君致其道萬物皆及治周公戴己而天下順之其誠至矣武王似春王春秋稱王不變也

其餘皆通矣注其餘謂不繫於元年者或言王或言天王或言天子皆相通矣以見刺譏是非也王者號也德合

元者稱皇孔子曰皇象元逍遙術無文字德明諡德合天者稱帝
河洛受瑞可放仁義合者稱王符瑞應天下歸往天子者爵稱也
聖人受命皆天所生故謂之天子此錫命稱天子者爲王者長愛
幼少之義欲進勉幼君當勞來與賢師良傅如父教子不當賜也
月者例也爲魯喜錄之【疏】杜云天子天王王者之通稱孔疏天子之見經者三十有二稱天王者二十五稱王者六稱天子者一即此事是也三稱並行傳無異說故知天子天王王者之通稱也其不同者史異辭耳引公羊此傳云云杜用彼說也按何云皆相通矣者以見刺譏是非則與杜義殊穀梁傳曰天子何也曰見一稱也范注天子天王王者之通稱自此以上未有言天子者今言天子是更見一稱其義以稱天子與稱天王王者同亦不以爲褒貶所係也左疏引賈逵云諸夏稱天王畿內曰王夷狄曰天子王使榮叔歸含且賵以恩深加禮妾母恩同畿內故稱王成公八年乃得賜命與夷狄同故稱天子與公羊義不合○注其餘至非也○舊疏云何氏亦順傳文是以獨言元年矣按其餘卽謂不繫乎歲首者皆刺譏所繫與稱天王天子同也或稱王者莊元年王使榮叔來錫桓公命文五年王使榮叔歸含且賵又王者使召伯來會葬之屬是也或言天王者隱元年天王使宰咺來歸惠公仲子之賵八年天王使南季來聘之屬是也或言天子此文是也通義云皆通者明非刺譏所繫或言天王或言天子並是至尊之稱猶覲禮曰王使人皮弁用璧勞又曰天子賜含臨文隨稱無有意義按孔義與何義乖猶杜云史異辭之謬說也

莊元年榮叔之下注云不言天王者桓行實惡而乃追錫之尤悖天道故云榮爾又之文五年王使榮叔注云去天者含者臣子職以至尊行至卑事失尊之義也又王使召伯注云去天者不及事刺比失喪禮也又隱元年天王使宰咺注云言天王者時吳楚上僭稱王王者不能正而上自繫於天也春秋不正者因以廣是非是則天王者正稱其稱王者皆有所譏刺與稱天子同唯春下之王正而不變非刺譏所繫也禮記疏引三禮義宗云夷狄不識王化無有歸往之義故不稱王臨之也不云皇者戎狄不識尊極之理皇號尊大也夷狄唯知畏天故舉天子威之也又引異義許慎謹案春秋左氏云施於夷狄稱天子施於京師稱王許所引之左氏說蓋即本之賈侍中其說不可通也禮記曲禮云君天下曰天子是即君臨天下之義鄭注天下謂外及四海也今漢於蠻夷稱天子於王侯稱皇帝則猶泥於左氏家說禮記疏又引徐慎服虔說依京師曰王夷狄曰天子亦即左氏說獨斷王圻內之所稱王有天下故稱王天王者夏之所稱天下之所歸往故稱天王天子夷狄之所稱父天母地故稱天子皆不可以說春秋〇注天王者號也〇舊疏云言正是當時天子之號也白虎通號篇云帝王者何號也號者功之表也所以表功明德號令臣下也德合天地者稱帝仁義合者稱王別優劣也王者當王之號三統通稱三王之前曰五帝繁露三代改制云聖王生則稱天子崩遷則存稱為三王紬滅則為五帝下至附庸絀為九皇是也〇注合德元者稱皇〇文選注引鉤命決云道機合者稱皇初學記引七經義綱曰以化合神者曰皇三國志注引孫威評化合神者曰皇詩疏引中候勅省圖鄭注德合北辰者皆稱皇元即春秋元年之元隱元年注云元者氣也無形以起有形以分造起天地天地之始也是也舊疏云謂元氣是總三氣之名是故其德與之相合者謂之皇皇者美大之名

繁露王道篇所記五帝三皇之治天下是也〇注孔子至明謚〇舊疏云春秋說文宋氏云言皇之德象合元矣〇逍遙猶勤動行其德術未有文字之教其德盛明者爲其謚矣風俗通引運斗樞云皇者天天不言四時行焉百物生焉三皇垂拱無爲設言而民不違道德元泊有似皇天故稱曰皇含宏履中開陰陽布綱上含皇極其施光明指天晝地神化潛通煌煌盛美不可勝量道德經上德不德下德不失德禮記疏引河上公注云下德謂號謚之君則五帝所行也知上德爲三皇之世卽此象元義蓋卽以德明爲謚矣故繁露三代改制云黃帝之先謚四帝之後謚何也亦不及三皇〇注德合至可放〇獨斷云帝者諦也象能行天道事天審諦風俗通引書大傳云帝者任德設刑以則象之言其能行天道舉錯審諦初學記引義綱云德合天者稱帝三國志注引孫盛評同離騷經帝高陽之苗裔兮王注德合天地稱帝蓋皆取德合天地爲義文有詳略也易是類謀云河龍圖洛龜書聖人受道眞圖易繫辭上傳河出圖洛出書聖人則之是也〇注仁義至歸往〇白虎通號篇云仁義合者稱王初學記引義綱云德合仁義者稱王白虎通引禮謚法記仁義所生稱王周書謚法解仁義所在曰王文選注引稽耀嘉仁義所在爲王韓詩外傳王者往也天下往之謂之王風俗通引書大傳王者往也爲天下所歸往也白虎通號篇亦有是語呂覽下賢云王也者天下之往也繁露滅國云王者民之所往也是也〇注天子者爵稱也〇禮記疏引異義天子有爵否易孟京說易有君人五號帝天稱一也王美稱二也天子爵號三也大君與盛行異四也大人者聖人德備五也是天子有爵古周禮說天子無爵同號於天何爵之有謹按春秋左氏云施於夷狄稱天子施於諸夏稱天王施於京師稱王知天子非爵稱從古周禮說鄭駁之按士冠禮云古者生無爵死無謚自周及漢

天子有謚此有爵甚明云無爵失之矣則此與易孟京說同也易乾鑿度云孔子曰易有君人五號也帝者天稱也王者美行也天子者爵稱也大君者與上行異也大人者聖明德備也變文以著名題德以別操鄭注云臨之九二有中和美異之行應於九五故百姓欲其與上爲大君也此易孟京與何氏所本也白虎通爵篇云天子者爵稱也爵所以稱天子者王者父天母地爲天之子也故援神契曰天覆地載謂之天子上法斗極鉤命決云天子爵稱也帝王之德有優劣所以俱稱天子者何以其俱命於天而王治五千里內也尚書曰天子作民父母以爲天下王書亡佚篇曰厥兆天子爵又號篇云或稱天子或稱帝王何以爲接上稱天子者明以爵事天也是天子爲爵稱明矣繁露順命云故德侔天地者皇天佑而子之號稱天子其次有五等之爵以尊之則亦以天子爲爵矣舊疏引辨名記云天子無爵非公羊義又引郊特牲云古者生無爵死無謚天子有謚則有爵明矣其說是也○注聖人至天子○詩疏引異義詩齊魯韓春秋公羊說聖人皆無父感天而生左氏說聖人皆有父謹案堯典以親九族即堯母慶都感赤龍而生堯堯安得九族而親之禮讖云唐五廟知不感天而生駁曰元之聞也諸言感生得無父有父則不感生此皆偏見之說也商頌曰天命元鳥降而生商謂娀簡吞鳦子生契是聖人感生見於經之明文劉媼是太上皇之妻感赤龍而生高祖是非有父感神而生者邪且夫蒲盧之氣嫗煦桑蟲成爲己子況乎天氣因人之精就而神之反不使子賢聖乎是則然矣又何多怪初學記引演孔圖云天子皆五氣之精寶各有題序以次運相據起必有神靈符紀諸神扶助使開階立遂是以王者常置圖籙坐旁以自正也御覽引保乾圖云天子至尊也神精與天地通血氣含五帝精天愛之子之也史記三代世表褚先生引詩傳曰湯之先爲契契無

父而生契母與姊妹浴于元丘水有燕啣卵墮之契母得故含之誤呑之即生契契生而賢堯立爲司徒姓之曰子氏子者茲茲益大也詩人美而頌之曰殷社芒芒天命玄鳥降而生商商者質號也文王之先爲后稷后稷亦無父而生后稷母爲姜嫄出見大人迹而履踐之知於身則生后稷姜嫄以爲無父賤而棄之道中牛羊避不踐也抱之山中山者養之又捐之大澤鳥覆席食之姜嫄怪之於是知其天子乃取長之堯知其賢才立以爲大農姓之曰姬氏姬者本也詩人美而頌之曰厥初生民深修益成而道后稷之始也詩周頌時邁曰昊天其子之箋云天其子愛之周禮疏引易緯云三王之郊一用夏正謂各郊其所生之帝如周則靈威仰殷則汁光紀也○注此錫至賜也○舊疏云決文元年天王使毛伯來錫公命言天王矣彼注云主書者惡天子也古者三載考績三考黜陟幽明文公新即位功未足施而錫之非也然則文公初受命而未有功王賜之故見非但文公年長故之稱天王今成公幼少當如父教子未當錫是以爲之張義言天子矣按白虎通爵篇引韓詩內傳諸侯世子三年喪畢上受爵命於天子乃歸即位明爵天子有也臣無自爵之義童子亦當受爵命使大夫就其國命之不與童子爲禮也彼自謂諸侯三年喪畢受爵之命此蓋天子特命與彼不同也而曲禮有諸侯既葬見天子曰類之禮者彼鄭注云代父受國類猶象也執皮帛象諸侯之禮見也其禮亡蓋天子或巡守至竟故得見天子若未葬則未正君臣雖天子巡守亦不見也○注月者至錄之○舊疏云正以此經書月故知例月然外來朝聘例書時天子錫命則書月魯人喜得王命故詳錄之也

冬十月癸卯杞叔姬卒注棄而曰卒者爲下脅杞歸其喪張本文使

若尚爲杞夫人疏包氏愼言云○十月書癸卯月之二十五日○注棄而至夫人○舊疏云外夫人卒例日卽襄三十年夏五月甲午宋災伯姬卒何氏云外災例時此日者爲伯姬卒日是也今此已棄而書日故解之其棄者卽上五年春王正月杞叔姬來歸是也爲下脅杞歸其喪者卽下九年春杞伯來逆叔姬之喪以歸傳曰脅而歸之是也按此亦如大夫見黜例不書卒此杞叔姬被出亦不合書卒此書爲下歸喪于杞書亦如公孫敖出奔宜絕因爲齊人脅歸其喪故仍書卒皆以殺恥也然內女旣爲諸侯夫人雖見棄來歸未經改適當有恩禮服如姑姊妹女子子之嫁于國君者也

晉侯使士燮來聘

叔孫僑如會晉士燮齊人邾婁人伐郯

衞人來媵

媵不書此何以書注据逆女不書媵也言來媵者禮君不求媵諸侯自媵夫人疏注据逆至媵也○舊疏云蓋通內外言之何者隱二年紀履緰來逆女桓三年公子翬如齊逆女之屬皆不書媵也○注言來至夫人○白虎通嫁娶篇所以不聘妾何人有子孫欲尊之義不可求人爲賤也春秋傳曰二國來媵可求人爲士不可求人爲妾何士卽尊之漸賢不止於士妾雖賢不得爲嫡莊十九年注云言往媵者禮君不求媵二國自往媵夫人所以一夫人之尊也錄伯姬也注伯姬以賢聞諸侯爭欲媵之故善而詳錄

之媵例時 疏 左氏傳云凡諸侯嫁女同姓媵之異姓則否彼疏引何氏膏肓云媵不必同姓所以博異氣今左傳云異姓則否十年春齊人來媵何以無貶刺之文左氏爲短鄭箴云曰禮稱納女于天子曰備百姓博異氣於國君直曰備酒漿不得云百姓是不博異氣也何得有異姓在其中齊是大國今來媵我得之爲榮不得貶也劉氏逢祿評曰齊人來媵無貶文者以宋王者之後託共姬之賢爲王后法也諸侯不得博異氣左氏之說然矣鄭又以非禮爲榮則不得貶所謂說之不以其道說也豈春秋之禮乎按劉氏之說亦非公羊義公羊新周故宋無託宋見王之義諸侯不得博異氣亦鄭氏就曲禮强爲之解耳○注伯姬至錄之○通義云隱伯姬賢而不得其所故自納幣迄於致女事事詳錄之○注媵例時○莊十九年秋公子結媵陳人之婦及下九年夏晉人來媵是也

九年春王正月杞伯來逆叔姬之喪以歸

杞伯曷爲來逆叔姬之喪以歸 注 据已棄也內辭也脅而歸之也

注 言以歸者與忿怒執人同辭而不得專其本意知其爲脅也已棄而脅歸其喪悖義恥深惡重故使若杞伯自來逆之 疏 注言以至脅也○舊疏云爲讀如子爲衛君乎之爲也與忿怒執人同辭者即襄十六年春晉人執莒子邾婁子以歸昭十三年秋晉人執季孫隱如以歸是也不得專其本意者正以以者行其意之辭故也是以桓十四年冬宋人以齊人衛人蔡人陳人伐鄭傳以者何行其意

也注以己從人曰行言四國行宋意今叔姬之喪言以歸不得專其本意明知杞伯有怨怒是以知其被脅耳按左傳杞桓公來逆叔姬之喪請之也注叔姬已絕於杞魯復强請杞使還取葬與公羊合○注已棄至逆之○禮喪服云子嫁反在父之室爲父三年注謂遭喪後而出者蓋婦人被出則與夫家義絕故仍如在室服三年以無受我而厚之者也今叔姬既出仍脅夫家歸其喪是爲恥深惡重故以杞伯自逆爲文爲內諱也穀梁傳曰夫無逆出妻之喪而爲之也彼疏引徐邈云爲猶葬也言夫無逆出妻之喪而葬蓋交譏之矣

公會晉侯齊侯宋公衛侯鄭伯曹伯莒子杞伯同盟于蒲注不日者已得鄭盟當以備楚而不以罪執之旋使離叛楚緣隙潰莒不能救禍由中國無信故諱爲信辭使若莒潰非盟失信所以甚中國因與不潰曰相起疏杜云蒲衛地在長垣縣西南○注不日至信辭○春秋之例不信者日今雖得鄭盟旋即執不以罪卽下晉人執鄭伯僖四年傳稱人而執者非伯討也是也又下楚公子嬰齊伐莒莒潰亦無中國救莒文其不信已明理合書日今不日故解之○注使若至中國○舊疏云謂其作信辭也所以甚惡中國之無信矣○注因與至相起○舊疏云其言因非正爲之辭矣言此盟不日非直甚中國之無信亦因欲起其下潰書日者乃是中國無信同盟不相救至爲夷狄所潰矣言相者兩事相共之辭則下潰書日亦起此盟之不信矣通義云下旋執之鄭伯不日者嫌罪鄭不信故從小信辭明鄭伯實不背盟晉執

邦乃與下稱人以執意相發也然同盟國多矣即為小信辭無以別其為鄭不背盟中國之失自在稱人以執見之也

公至自會

二月伯姬歸于宋【疏】通義云錄伯姬詳矣獨不書逆人者宋公不親迎失禮不足為伯姬榮故自從外逆女不書常例也

夏季孫行父如宋致女

未有言致女者此其言致女何錄伯姬也【注】古者婦人三月而後廟見稱婦擇日而祭于禰成婦之義也父母使大夫操禮而致之必三月者取一時足以別貞信貞信者然後成婦禮書者與上納幣同義所以彰其絜且為父母安榮之言女者謙不敢自成禮婦人未廟見而死歸葬於女氏之黨【疏】舊疏云未有言致女者謂春秋無此經也○注古者至義也○禮記曾子問云三月而廟見稱來婦也擇日而祭于禰成婦之義也注舅姑沒者也必祭成婦義者婦有共養之禮猶舅姑存時盥饋特豚于室故詩疏引易歸妹鄭注及箴膏肓皆引士昏禮婦人三月而後祭行則雖見舅姑尚未祭行猶未成婦也其成婦雖待三月其昏則當夕成矣故士昏禮其夕衽席於奧良席在東皆有枕北趾主人入親脫婦纓燭出注昏禮畢將臥息又詩疏引

駁異義云昏禮之莫枕席相連也此鄭氏之義若賈服之義則隱八年左傳先配而後祖疏引賈云配成夫婦也禮齊而未配三月廟見然後配曾子問正義云若賈服之義大夫以上無問舅姑在否皆三月廟見乃始成昏故譏公子忽先爲配匹乃見祖廟又引此如宋致女下服注云謂成昏按何氏之義亦與賈服同故白虎通嫁娶篇娶妻不先告廟者示不必安也昏禮請期不敢必也婦入三月然後祭行舅姑既沒亦婦入三月奠采于廟三月一時物有成者人之善惡可得知也然後可得事宗廟之禮曾子問曰女未廟見而死歸葬於女氏之黨示未成婦也列女傳貞順篇宋恭伯姬魯宣公之女成公之妹也其母曰繆姜嫁伯姬於宋恭公恭公不親迎伯姬迫於父母之命而行既入宋三月廟見當行夫婦之道伯姬以恭公不親迎故不肯聽命宋人告魯魯使大夫季文子如宋致命於伯姬明古皆三月廟見乃成夫婦也故列女傳貞順篇又云齊孝孟姬華氏之長女齊孝公之夫人也好禮貞壹齊中求之禮不備終不往齊國稱其貞孝公聞之乃修禮親迎于華氏之室遂納於宮三月廟見而後行夫婦之道是也○注父母至致之○禮記坊記云子云昏禮壻親迎見于舅姑舅姑承子以授壻恐事之違也以此坊民婦猶有不至者鄭注父戒女曰夙夜無違命母戒女曰無違宮事不至不親夫以孝舅姑也春秋成公春二月伯姬歸于宋夏五月季孫行父如宋致女是時共公不親迎恐其有違而致之也其云宋共不親迎本之列女傳以不親釋不至亦即不肯聽命之意似鄭氏此解亦以致女爲成昏然何氏之意則以大夫致女是常禮如列女傳義則似因共公不親迎特使大夫致之令其無違則又少殊也故曲禮鄭注云壻不親迎則女之家遣人致之正義云壻不親迎則女之家三月廟見使人致之以成九年二月伯姬歸于宋時宋公不親迎故魯季孫行父如宋致

女是也按曲禮云納女於天子曰備百姓於國君曰備酒漿於大夫曰備埽灑注納女猶致女也此其辭也是也然鄭氏以此專指不親迎者言似未達也穀梁傳曰婦人在家制于父既嫁制于夫如宋致女是以我盡之也范云刺巳嫁而猶以父制之又曰不正故不與內稱也范云內稱謂稱使彼疏引徐邈云宋公不親迎故伯姬未順爲夫婦故父母使卿致伯姬使成夫婦之禮以其責小禮違大節故傳曰不與內稱謂不稱夫人而稱女是宋公不親迎者穀梁家說子政習穀梁故列女傳本之徐氏責伯姬之解不過矣○注必三至婦禮○禮昏禮云若舅姑既沒則婦入三月乃奠菜注必三月者三月一時天氣變婦道可以成之故也亦卽白虎通三月一時物有成者人之善惡可得而知義也此言舅姑俱沒者若舅沒姑存則當時見姑三月亦廟見舅若舅存姑沒婦人無廟可見或更有繼姑自如常禮賈疏謂姑沒舅存則不行奠菜之禮也褚氏寅亮云庾氏蔚之謂舅姑偏有沒者見其存者不須見亡者豈禰廟可以不見乎崔氏恩謂盥饋於存者見廟見於亡者當舅見在姑廟未有專廟又何由而見乎皆屬一偏之見疏謂婦人無廟以舅猶在則權附於皇祖姑之廟耳旣入皇祖姑之廟矣乃竟專見姑乎事有難處故姑沒舅存斷以不見爲正三月祭行違禮也三月祭菜變禮也不可混而爲一孔穎達謂奠菜之禮適婦乃得行之庶婦則否矣按曾子問疏云此盥饋廟見皆謂適婦其庶婦按士昏禮庶婦則使人醮之婦不饋注云使人醮之不饗也不饋者共養統於適也是庶婦不饋亦不廟見也昏禮唯云不饋不云不見則庶婦亦當以棗栗腶脩見舅姑也雖厥明見舅姑仍三月見祖廟所以示成婦也故詩魏風葛屨云摻摻女手可以縫裳傳婦人三月廟見然後執婦功箋云言女手者未三月未成爲婦是也劉氏毓崧大夫以上先廟見後成昏說云郊特牲云無大夫

冠禮而有其昏禮鄭氏据此謂天子諸侯大夫昏禮與士昏禮不同賈服而釋左氏以大夫以上無問舅姑在否皆三月見祖廟之後乃始成昏今按見於列女傳者莫著於宋恭姬三傳舊注皆主此義次之者則有齊孝孟姬其位皆諸侯夫人則賈服所謂大夫以上先廟見後成昏者信有徵矣鄭婦嬀所配者公子忽位在諸侯夫人下卿大夫內子命婦上所行若彼則鍼子所以譏先配後祖矣文四年逆婦姜于齊穀梁責其成禮于齊較諸公子忽更爲非禮然則觀於春秋褒伯姬穀梁貶婦姜左傳譏鄭嬀列女傳嘉孟姬可知大夫以上之昏禮不同於士之昏禮矣士以下無致女之儀大夫以上有之其辭載於曲禮天子諸侯大夫三月廟見然後成昏士庶人當夕成昏故有致不致之殊非第以位尊卑之別也士以下無反馬大夫以上有之見於左傳象著於易爻致女者婦家之禮不親迎則必致女親迎則不致女反馬者夫家之禮不親迎固當反馬親迎亦當反馬然則大夫以上先廟見後成昏禮者不致女之禮或不盡行而反馬之禮未有不行蓋婦入三月然後祭行祭行然後成昏成昏然後反馬故無論舅姑在否皆有反馬之儀反馬與留車相對鄭箴膏肓云留車妻之道也反馬婿之義也留車者備其大歸反馬者示其偕老必俟反馬以後乃婦道克成當其反馬以前猶慮夫家見棄夫婦之禮夫得去婦婦不得去夫故聘幣既行雖未娶而夫名已定祖廟待見雖已嫁而婦道未成蓋一以輔教女之禮也古者女子皆有姆教既教於未嫁之先復教於既嫁之後而寒素者多歛抑富貴者每驕矜故士之女易於信從大夫以上難於聽受是以先嫁三月教於公宮宗室此士以下所共也初嫁三月教以待見祖廟此大夫以上所特也三月成婦與三月教成皆取一時可以有成之義一以慎擇婦之禮也古者爲子擇婦將聘必審其家世既娶必察其性情惟是士以下之擇

婦止絜乎閨門故先成昏而後廟見大夫以上之擇婦有顯乎家
國故先廟見而後成昏昏義云質明贊見婦于舅姑成婦禮也此
士以下之昏禮蓋當夕成昏次日卽成婦也曾子問曰三月而廟
見云云大夫以上昏禮蓋廟見始成昏故三月乃成婦也必至三
月者經歷一時之久知其性情之賢然後妻可以事夫可以事
君子婦可以奉宗廟壻可以見外舅姑而擇婦之禮成一媵以全出
妻之禮也夫婦之際義合則留不合則去故大歸書於春秋禮有
七出之文顧士以下其勢易行大夫以上閥閱多崇其情難處先
王於易於出者使之先成昏後廟見難於出者使之先廟見後成
昏仍得以處子改適於嚴峻之中寓忠厚之意傳所謂棄妻令可
嫁者施諸尙未成昏者尤見確切要之士以下無世祿居必狹隘
罕有異宮大夫以上有世祿居必寬宏且多別館無異宮者成昏
必在當夕有別館者成昏可俟異時士庶嫁娶多遲成昏於旦夕
無遲莫之憂天子諸侯大夫嫁娶較早成昏於異時則無太早之
慮此大夫以上昏禮所以與士不同揆之人情固非窒礙難用也
凡上中下三篇極爲詳晰擇其要者惟以親迎則不致女非公羊
義○注書者至同義○上八年宋公使公孫壽來納幣傳納幣不
書此何以書以錄伯姬也○注伯姬守節逮火而死賢故詳錄其禮所
以殊於衆女今此書致女亦詳錄義也列女傳云春秋詳錄其事
爲賢伯姬用公羊義也○注所以至榮之○何校本潔作絜按潔
乃俗字紹熙本正作絜舊疏云重得父母之命乃行婦道故曰所
以彰其絜也其女當夫非禮不動重光照九族父母得安故曰榮之
毛詩周南葛覃序云后妃在父母家則志在於女功之事躬儉節
用服澣濯之衣尊敬師傅則可以歸安父母亦其義也据舊疏義
明亦三月後致女後始成昏矣○共姬以未親迎不肯聽命故必得
父母之命也○注言女至之黨○禮記曾子問云女未廟見而死

則如之何孔子曰不遷于祖不祔于皇姑壻不杖不菲不次歸葬于女氏之黨示未成婦也鄭注遷朝廟也壻雖不備喪禮猶為之
服齊衰也疏其女之父母則為之降服大功以其非在家壻為之服齊衰期非無主也又雜記云女子附於王母則不配注配謂并
祭也王母不配則不祭王父也女子謂未嫁者也嫁未三月猶歸葬於女氏之黨按此之廟見即上文之三月而廟見也廟見即祭
禰也即昏禮之奠菜也與昏禮記之祭行別彼云然後則不必適三月若廟見則必三月行之廟見之後無論何時適遇祭事即得
助祭韋氏協夢儀禮集解云祭謂四時常祭祭行謂至是遇有祭祀婦乃行也程氏瑤田通藝錄云助祭兼適婦庶婦言賈疏惟指
適婦未備若三月廟見則惟適婦以廟見奠菜象盥饋庶婦不饋則亦不奠菜也然則三月之前雖有祭事婦亦不行不行者未成
婦也萬氏斯大禮記偶箋云三月廟見即士昏禮所謂婦入三月然後祭行也謂祭於高曾祖禰此指舅姑在者言擇日而祭于禰
即士昏禮所謂舅姑既沒則婦入三月乃奠菜也孔氏謂廟見祭禰只是一事然則舅姑在者高曾祖之廟婦可以不見乎按萬氏
以廟見與祭禰分別舅姑存沒可也謂廟見即祭行則謬胡氏培翬儀禮正義云曾子問所云廟見是專指舅姑在者其所云祭禰
即此經之奠菜指舅姑沒者非謂舅姑沒者止行祭禰而別無廟見又非即祭禰為廟見如注疏家之說與萬氏大同按曾子問廟
見祭禰當是一事謂舅姑沒者其高曾祖廟自當於祭行時及之蓋廟見止如舅姑在時之厥明之見舅姑也故亦止于禰耳擇日
者雖在三月之限必擇吉日敬之至也劉氏毓崧謂大夫以上贊醴婦婦盥饋餕餘及舅姑饗婦之禮今無明文可證然昏義謂贊
醴婦為成婦禮婦以特豚饋為明婦順舅姑饗婦婦降自阼階為著代皆係成婦之禮士以下次日已成婦其禮自當行於廟見之

前大夫以上三月乃成婦其禮似當行於廟見之後按三月不成昏可也未及三月并舅姑亦不見揆諸人情恐未盡洽蓋婦者對舅姑之稱亦係已昏未昏之別昏義所謂婦禮婦義就士昏禮釋之無婦字則不辭不必爲此正名之稱則大夫以上舅姑若在即預行盥饋諸禮亦無不可似未必見舅姑後即婦而不女也

晉人來媵

媵不書此何以書錄伯姬也【注】義與上同復發傳者樂道人之善

【疏】注義與上同謂亦如上書致女皆與書納幣同矣

秋七月丙子齊侯無野卒【疏】包氏愼言云七月書丙子月之三日

晉人執鄭伯【疏】僖四年傳例曰稱人而執者非伯討也左傳曰鄭伯如晉晉人討其貳於楚也執諸銅鞮欒書伐鄭鄭人使伯蠲行成晉人殺之明執不以罪矣

晉欒書帥師伐鄭

冬十有一月葬齊頃公

楚公子嬰齊帥師伐莒庚申莒潰【注】日者錄責中國無信同盟不能相救至爲夷狄所潰【疏】十一月無庚申杜氏長曆謂是年閏十一月也○注日者至所潰○舊疏云凡潰例

月卽僖四年春王正月蔡潰文三年春王正月沈潰之屬是也今而書曰故解之義具上公會晉侯以下同盟于蒲注通義云潰曰者惡楚比克莒二都暴中國之甚故伐莒錄名氏入運稱人示貶也義亦可通

楚人入運 疏 通義云文十二年行父城運則運本內邑是時蓋已叛屬莒內邑不言叛故經無明文郡國志琅邪東莞有鄆亭所謂東鄆也

秦人白狄伐晉

鄭人圍許

城中城 疏 杜云魯邑也在東海廩丘縣西南大事表云經於成九年定六年俱書城中城國都之內城也杜謂在廩丘者非是定六年高氏閌曰時公之所有中城而已汪氏克寬曰定公豈能役衆修城蓋陽虎欲去三家將挾公以自固耳按高汪說亦無据一統志中城在海州沭陽縣西按厚丘城在沭陽縣北四十六里續志東海厚丘縣下劉昭引杜預注今刊本訛爲廩丘一統志於曹州古蹟亦引中城在范縣東南卽承此注廩丘之譌

公羊義疏五十三

南菁書院

句容陳立卓人著

成十年盡十四年

十年春衞侯之弟黑背率師侵鄭

夏四月五卜郊不從乃不郊

其言乃不郊何【注】据上不郊不言乃僖公不從言免牲也【疏】注据上至牲也○上七年夏不郊猶三望是不郊不言乃也僖三十一年夏四卜郊不從乃免牲猶三望是其不從言免牲也不免牲

故言乃不郊也【注】不免牲當坐盜天牲失事天之道故諱使若重

難不得郊【疏】注不免至得郊○穀梁上七年傳曰免牲者爲之緇衣纁裳有司元端奉送至于南郊所以重天牲也此不言免故爲失事天道坐盜天牲也公羊問答云問當坐盜天牲何也曰此漢律也書微子殷民乃攘竊神祇之犧牷牲用以容將食無災傳竊天地宗廟牲用相容行食之無災罪之者言政亂疏漢魏以來著律皆云盜郊祀宗廟之物無多少皆死爲特重故也据此知何氏以漢法況之通義云不免牲失禮故譏之也言免牲則不郊可知言不郊而不言免牲則不免牲亦可知云諱使若重難者宣八年傳而者何難也乃者何難也曷爲或言而或言乃乃難乎而也故乃爲重難詞也穀梁傳五卜强也乃者亡乎人之辭

也通義又云五卜非禮不發傳者四卜猶瀆過此可知矣一發傳一不發傳其義同也

五月公會晉侯齊侯宋公衛侯曹伯伐鄭【注】不致者成公數卜郊不從怨懟故不免牲不但不免牲而已故奪臣子辭以起之【疏】校勘記云諸本同唐石經缺解云此經公會晉侯宋公以下伐鄭與今本異○注不致至免牲○莊六年傳云得意致會不得意致伐注此謂公與二國以上也此皆不致故如此解成公數卜郊不從卽此上文五卜郊不從是也此五卜郊故云數○注不但至而已○舊疏云謂成公意卒竟而不復郊知如此者正以不免牲上文已有說今此仍不致故知更有罪也○注故奪至起之○桓二年注凡致者臣子喜其君父脫危而至今不致故爲奪臣子辭舊疏云桓元年注云不致之者至故復脫奪臣子辭成誅文也義亦通於此

齊人來媵

媵不書此何以書錄伯姬也【疏】穀梁傳於九年晉人來媵云媵淺事也不志此其志何也以伯姬之不得其所故盡其事也八年衛人來媵傳同此不發傳義亦宜同皆與公羊合

三國來媵非禮也曷爲皆以錄伯姬之辭言之婦人以衆多爲侈也【注】侈大也朝廷侈於媍上婦人侈於妒下伯姬以至賢爲三國所爭媵故侈大其能容之

唯天子娶十二女【疏】注侈大至容之○校勘記出故侈大其能容之云解云考諸舊本大上無侈字按上云侈

大也故此云大其能容之舊本是今衍公羊問答云問何爲婦人以衆多爲後也曰此如詩維鵲有巢維鳩盈之傳盈滿也箋云滿者言衆媵姪娣之多是婦人以多爲後之證惠氏士奇春秋說云內女嫁於諸侯惟紀叔姬宋共姬書之最詳故媵不稱婦而叔姬書婦以其節婦不書媵而共姬之婦書三國來媵以其賢公穀二傳皆以爲詳其事而重錄之實得春秋之義俗儒謂三國來媵爲非禮如其然則內女嫁於諸侯豈皆無媵其來媵也豈盡合禮曷不皆書獨此然賢女共姬之婦而備書之以示譏哉且書來聘書納幣書致女此獨屢書其未歸也衞人來媵其既歸也齊晉大國亦來媵未聞內女之嫁若是者公羊所謂婦人以衆多爲後者不其然乎朝廷後於妬上二語疑有成文舊疏云妬其有賢才而居於己上位者是朝廷後上之妬也不能容衆妾而妬惡之者是婦人妬也○注唯天至二女○校勘記云鄂本同閩監毛本娶作取按釋文作取云七住反本或作娶疏標注作娶舊疏云保乾圖文孔子爲後王立制非古禮也白虎通嫁娶篇或曰天子娶十二女法天有十二月萬物必生也後漢荀爽傳衆禮之中昏禮爲首故天子娶十二天之數也諸侯以下各有等差事之降也陽性純而能施陰體順而能化以禮濟樂節宣其氣故能豐子孫之祥致老壽之福蓋亦本此爲說獨斷云帝嚳有四妃以象后妃四星其一明者爲正妃三者爲次妃也九嬪夏后氏增以三三而九合十二人春秋天子一娶十二夏制也檀弓注云帝嚳而立四妃矣象后妃四星其一明者爲正妃餘三小者爲次妃帝堯因焉至舜不告而娶不立正妃但三妃而已謂之三夫人夏后氏增以三三而九合十二人春秋說云天子娶十二卽夏制也以虞夏及周制差之則殷人又增以三九二十七合三十九人周人上法帝嚳立正妃又三二十七爲八十一人以增之合百二十一人然則娶十二者春

秋監前代以爲後王法與

丙午晉侯獳卒注不書葬者殺大夫趙同等疏包氏慎言云五月書丙午五月無丙午四月之七日也○注不書至同等○殺大夫趙同等見上八年舊疏云春秋之義君殺無罪大夫例不書其葬見其合絕之是以僖九年晉侯詭諸卒何氏云不書葬者殺世子也是也左傳晉侯夢大厲被髮及地搏膺而踊曰殺余孫不義注厲鬼也趙氏之先祖也八年晉侯殺趙同趙括故怒蓋趙同等無罪被殺故或致妖厲爲祟與

秋七月

公如晉注如晉者冬也去冬者惡成公前既怨懟不免牲今復如晉過郊乃反遂怨懟無事天之意當絕之疏注如晉至絕之○鄂本作當詔之誤舊疏云謂明年三月公至自晉是過郊乃反是無事天之意包氏慎言云七年春王正月鼷鼠食郊牛角改卜牛鼷鼠又食其角注引京房易傳曰祭天不慎鼷鼠食郊牛角書又食者重魯不覺悟重有災也異義公羊說鼷鼠初食牛角咎在有司又食咎在人君成公七年郊因鼷鼠食牛角而不郊至十年卜郊不從不知罪己思改更以奉天以卜不從而不郊又不免牲何注坐以盜天牲五月公會晉侯衛侯等伐鄭不書致伐奪臣子喜君脫危而至之辭則盜天牲者宜坐誅責之罪冬公如晉過郊時乃反則怨懟無事天之意故絕之以爲君天下而不謹於奉天者戒記曰逆天地者罪及五世言禍至之無止時也立君以奉祀曠於祀事即當從廢疾例黜退

靈祭主也

冬十月【疏】校勘記云此本鄂本閩監毛本皆脫唯唐石經有之嚴杰曰左穀皆有此三字與公羊經異錢大昕云何注云去冬者惡成公然則石經有此三字非何義也故知唐石經未必是歷來版本未必非也按無者是也紹熙本亦無此三字唐陸淳春秋集傳纂例亦云無此三字孫氏志祖讀書脞錄續編云公羊成十年經公如晉何休注云如晉者冬也去冬者惡成公云云按公如晉與秋七月連文蓋公以秋七月如晉也左傳秋公如晉可證左穀經文於此年未有冬十月三字公羊經文偶脫爾而何氏乃妄造爲去冬之說以如晉爲冬時惡成公而不書冬謬戾甚矣且謂成公以卜郊不從遂怨懟而如晉亦非理也按左氏不可說公羊孫氏膚淺之徒無足辨也浦鏜云中庸疏云成十年不書冬十月公羊無此三字今有者後人妄增當爲衍文是也段氏玉裁經韻樓集今本左氏春秋經成公十年有冬十月自唐石經已然公羊唐石經經亦有之穀梁唐石經已泐不可知今按凡有者皆謬也禮記中庸注曰述天時謂編年四時具也正義言春秋四時皆具桓四年七年不書秋七月冬十月成十年不書冬十月桓十七年直云五月不云夏昭十年直云十二月不云冬如此不具者賈服之義若登臺而不視朔則書時不書月若視朔而不登臺則書月不書時若雖無事視朔登臺則空書時月若杜元凱之義凡時月不具者皆史闕文据正義則成十年經左氏無冬十月矣孔沖遠所見如此唐石經乃妄增三字不可從今一切宋元以下本皆誤其公羊唐石經亦誤增三字而宋槧官本及明時注疏刊本皆無此古本之流傳未泯者也考是年經云秋七月公如晉何休云如晉者冬也去冬者惡成公當絕之何氏以下文無冬十月故知公

如晉在冬而經去冬以惡之秋七月爲無事首時過則書之例假令下有冬十月則何豈得云爾其不云去冬十月者知公如晉在冬而不定在何月也若穀梁經今本皆有冬十月亦必後人所增倘穀梁有而左氏公羊無之陸氏釋文必注之曰左公羊二傳無於其無此注知穀梁亦決無此三字也陸氏作釋文時三經皆無此三字故此注三字之有無不能證之於音義桓四年七年無秋冬成十年無冬十月桓十七年五月無夏昭十年十二月無冬冬皆見中庸正義又正義失引者定十四年城莒父及霄之上無冬字凡此皆三經所同何以爲貶絕范則云未詳杜則謂闕文若賈服之說則又與三家異但中庸疏所引賈服說似未全當有雖無有既不視朔又不登臺則不書時月十六字乃爲桓成不書秋七月冬十月發例

十有一年春王三月公至自晉

晉侯使郤州來聘己丑及郤州盟【疏】釋文郤州本亦作犨九經古義云世本郤豹生義義生步揚步揚生州州即犨也與公羊合左氏傳魏武子犨世本亦作州司馬貞云州犨聲相近字異耳按惠氏所引世本見左傳正義又閔元年左傳畢萬爲右注畢萬魏犨祖父正義引世本畢萬生芒季季生武仲州州即犨也是也司馬貞說見魏世家索隱左疏引服虔云郤犨郤克從祖昆弟按左傳疏引世本又云郤豹生郤芮芮生缺缺生克克與州皆豹之曾孫也故爲從祖昆弟包氏愼言云三月書己丑月之二十五日也聘盟兼書者舊疏云上三年冬晉侯使荀庚來聘丙午及荀庚盟傳云此聘也其言盟何聘而言盟者尋舊盟也注云以不舉重連聘而言之知尋繹舊故約誓也書者惡之二國既修禮相聘不能相親信反復相疑故舉聘以非之今

此亦然而無傳注者從後可知故省文又春秋王魯故桓十四年夏鄭伯使其弟語來盟注時者從內爲王義明王者當以至信先天下故莅盟來盟悉書時此經及上三年荀庚盟之屬悉書日皆不與信辭也

夏季孫行父如晉

秋叔孫僑如如齊

冬十月

十有二年春周公出奔晉疏杜注左傳云周采地扶風雍縣東北有周城按周自平王東遷西都久爲秦有周之采地不應仍存當亦在東圻矣嘗世家索隱云周公次子留相王室世爲周公汲郡古文云成王十一年王命周平公治東都沈約案周平公即君陳周公之子伯禽之弟坊記注君陳蓋周公之子然則此及僖九年之宰周公其皆君陳後與

周公者何天子之三公也王者無外此其言出何自其私土而出也注私土者謂其國也此起諸侯入爲天子三公也周公驕蹇不事天子出居私土不聽京師之政天子召之而出走明當并絕其國故以出國錄也不月者小國也疏左傳曰凡自周無出周公自出也與此少異左傳疏引鄭答孫皓曰凡自周無出者周無放臣之法罪大者刑之小則宥之白虎通諫諍篇或曰天子之臣不得言放天子以天下爲家也無

可放故不言出故襄三十年王子瑕奔晉不言出也○注私土至公也○正以書出故知自其私土出也周公本西周圻內國東遷後不知在何地也諸侯入爲三公者詩衞風淇奧美武公云故能入相于周衞世家云武公將兵佐周平戎甚有功平王命爲公又鄭風緇衣序云美武公也父子並爲周司徒善於其職國人宜之是皆入爲王朝之臣者也以稱公故知爲三公其實亦卿士卿爲典事公其兼官詩疏引顧命鄭注云公兼官以六卿爲正次是其義也○注周公至錄也○左傳上十一年云周公楚惡惠襄之偪也且與伯與爭政不勝怒而出及陽樊王使劉子復之盟于鄄而入三日復出奔晉其驕蹇明矣何氏義與左傳大同杜云王既復之而復出所以自絕于周驕蹇不奉王命不臣故當并絕其國書出也通義云自其都邑而出故使與外諸侯同文因爲天子諱三公乖離出奔也○注不月者小國也○春秋之例大國奔例月桓十六年十一月衞侯朔出奔齊是也小國時昭三年北燕伯欵出奔齊是也此書時明小國入爲三公者自其私土而出故從小國例舊疏云天子三公之田視公侯既視公侯何言小國小國者據其私土之言也周公本小國諸侯於王圻之內雖有采地但從私土而去故從小國例

夏公會晉侯衞侯于沙澤 疏 左氏穀梁作瑣澤定七年同沙古音莎與瑣同部字左氏定七年經齊侯衞侯盟于沙釋文沙如字又星和反傳曰乃盟于瑣注瑣即沙也可證杜云瑣澤地闕方輿紀要瑣侯亭在開封府新鄭縣宛陵城西亦曰瑣澤

秋晉人敗狄于交剛 疏 杜云交剛地闕大事表云按是時赤狄之種盡絕故中國直名白狄爲狄不復別之如赤

狄之在閔傳之世也又云或云交剛在今隰州境穀梁傳中國與夷狄不言戰皆曰敗之注不使夷狄敵中國是也

冬十月

十有三年春晉侯使郤錡來乞師疏穀梁傳乞重辭也古之人重師故以乞言之也

三月公如京師注月者善公尊天子疏注月者至天子○舊疏云正以朝聘時故也通義云趙汸曰如京師特書月明朝王爲正與他如不同

夏五月公自京師疏舊疏云公下自上有至字者衍文也穀梁石經公下有至字晉侯下有齊侯二字彼校勘記云余本無至字有齊侯二字何煌云考石經三傳左氏有至字公羊無疏云公下自上有至字者衍文也穀梁石經此係宋人補刻疑至字或亦出肊增也按是年石經實非補刻何蓋偶誤公羊疏以至字爲衍文者指公羊傳而言穀梁自與公羊不同何据彼疏引此經非是又補刻石經係朱梁謂宋人補刻亦非是按左傳亦無至字彼校勘記云石經公下有至字衍文也遂會晉侯齊侯宋公衛侯鄭伯曹伯邾婁人滕人伐秦疏穀梁閩監毛本宋本穀梁傳無齊侯二字

其言自京師何注据僖公二十八年諸侯遂圍許不言自王所疏注据僖至王所○僖二十八年冬公會晉侯以下于溫天王狩于河陽壬申公朝于王所諸侯遂圍許是也舊疏云彼亦朝天子而

往圍許不言自王所與此異故難之通義云難何以不承公如京師就言遂會伐秦意公鑿行也注以起公鑿行也鑿猶更造之意疏注鑿猶至之意○公羊問答云問注鑿猶更造之意其義未詳曰此如漢書張騫傳之鑿空也師古注空孔也猶言始鑿其孔穴也西南夷傳騫因盛言大夏在漢西南慕中國患匈奴隔其道誠通屬身毒國道便近又無害是鑿空之事也空孔也穴隙也趁此空隙而行他事故曰鑿行按史記大宛列傳張騫鑿空集解引蘇林云鑿空開道也說文金部鑿穿木也釋名釋用器鑿有所穿也廣雅釋詁鑿穿也又淮南氾論喉中有病無害於息不可鑿也注鑿穿也凡有所穿鑿皆更造之象也漢司隸楊厥碑鑿通石門遂即鑿也亦或作遂省體也

公鑿行奈何不敢過天子也注時本欲直伐秦塗過京師不敢過天子而不朝復生事修朝禮而後行故起時善而褒成其意使若故朝然後生事也間無事復出公者善公鑿行疏注時本至事也○舊疏標注作生事修朝禮而行解云生事之上亦有復字者衍文則舊疏本無復字杜云伐秦道過京師因朝王劉炫述義云魯朝聘皆言如書其始發言往而言公朝王所者發國不為朝王至彼遇王朝之朝訖乃書故稱朝也此過京師亦宜稱朝言如者發雖主為伐秦即其朝王之意書其初發故言如也按如何意公本無朝王意然猶有尊長之心不敢過京師而不朝善善從長即而褒成之使若故朝然後生事也穀梁傳非如曰如不叛京師也注因其過朝故正其文若使本自往是其義也○注間無至鑿行○昭十三年秋公會劉子晉侯以下于平丘八月甲戌同盟于平丘注

不言劉子及諸侯者間無異事可知矣彼以間無異事故不復舉
劉子及諸侯此亦間無事亦但書自京師遂會晉侯伐秦矣今復舉
舉公故解之
明其善也

曹伯廬卒于師 疏 釋文廬本亦作盧古盧廬字多通用左氏桓十二
年傳羅與盧戎兩軍之釋文本作廬戎云本亦作
盧昭十三年經蔡侯廬歸于蔡二十年書蔡侯廬卒作廬史記吳
世家餘橋夷吾卒子柯盧立吳越春秋作柯廬荀子富國篇君盧
屋妾注盧當爲廬莊子讓王篇乃負石而自沈于廬水釋文云司
馬本作盧盧水是也穀梁傳曰閔之也公大夫在師曰師在會曰會

秋七月公至自伐秦 注 月者危公幼而遠用兵 疏 注月者至用兵○
舊疏云正以致例
時故也通義云月致者
春出秋返久也亦通

冬葬曹宣公 疏 小國君卒月葬時故
穀梁傳葬時正也

十有四年春王正月莒子朱卒 注 莒大於邾婁至此乃卒者庶其見
殺不得卒至此始卒又不得日 疏 注莒大至得卒○莊十六年書
邾婁子克卒是邾婁卒於所傳
聞世春秋序莒常在邾婁上明莒大於邾婁而不得書卒故解之
按彼注云小國未當卒而卒爲慕伯者尊天子行進也則書邾婁
子卒非常例矣所聞世合卒又以庶其被弒故不得書卒也庶其
事在文十八年○注至此至得日○此決莊二十八年夏四月丁
未邾婁子瑣卒書日故也彼注云日者附從伯者朝天子行進此
莒始書卒無進行故略不日也舊疏云所以書日者非直行進其

邾子克往前已卒是以春秋得詳錄之也曹亦小國桓十年春正月庚申曹伯終生卒書日者彼注云始卒與大國同例者春秋敬老重恩也故爲會恩錄之是也通義引楊士勛曰莒子朱者莒渠丘公不書葬者莒行夷禮則是失德又葬須稱謚莒無謚故不書葬也

夏衞孫林父自晉歸于衞【疏】通義云左傳曰衞侯如晉晉侯強見孫林父焉定公不可夏衞侯旣歸晉侯使郤犨送孫林父而見之故經加自晉晉有力文焉

秋叔孫僑如如齊逆女【注】凡娶早晚皆不譏者從紀履緰一譏而已

【疏】舊疏云隱二年注云不親迎例月重錄之今此不月者蓋以成公卽位十有四年始娶元妃非重繼嗣之義故略之通義云至成是始娶者公卽位幼也左傳曰國君十五而生子按孔說非是成公二年已會楚嬰齊于蜀則卽位雖幼必非襁褓至小亦宜七八齡矣卽位至此年計已逾冠故舊疏謂其卽位十四年始娶元妃非重繼嗣之義也孔疏引左傳國君十五生子之文寔成公時始十五六耶○注凡娶至而已○校勘記出凡娶云云鄂本同此本疏標起訖亦作娶閩監毛本改取○非釋文作凡取云又作娶閩監毛本蓋据此紹熙本亦作娶紀履緰事見隱二年彼傳云外逆女不書此何以書譏何譏爾譏始不親迎也然則春秋於公不親迎不譏從可知例也舊疏云宣元年春公子遂如齊逆女喪服未除是其太早也成十四年秋始使僑如如齊逆女非重繼嗣是其太晚也但略舉一二人則桓三年娶于齊文四年娶于齊合在其間矣又引舊解云隱二年履緰之下注云內逆女常書外逆女但疾始

不常書明當先自詳正躬自厚而薄責於人故略外也然則外之娶妻莫問早晚其不親迎皆不復書而譏之者悉從履緰之例一譏而已所以此處注之者正以內逆女常書之末是以於此決之按此注意謂皆不譏者疑即指親迎言非謂不譏其早晚也文公之娶太早經書公子遂納幣譏之成公娶晚經不月以起之也

鄭公子喜率師伐許疏毛本率改帥

九月僑如以夫人婦姜氏至自齊疏左傳舍族尊夫人也彼疏引何氏膏肓云叔孫僑如舍族爲尊夫人按襄二十七年豹及諸侯之大夫盟復何所尊而亦舍族春秋之例一事再見者亦以省文耳鄭箴之曰左氏以豹違命故貶之而去族今僑如無罪而亦去族故以爲尊夫人也春秋有事異文同者則此類也劉氏逢祿評曰一事再見不加氏者見終奉君命按此與宣元年公子遂如齊逆女三月遂以夫人婦姜至自齊同一文法從彼傳一事而再見者卒名可知例也

冬十月庚寅衛侯臧卒疏包氏愼言云十月書庚寅月之十七日

秦伯卒

公羊義疏五十三

公羊義疏五十四

南菁書院

句容陳立卓人著

成十五年盡十六年

十有五年春王二月葬衛定公

三月乙巳仲嬰齊卒疏包氏慎言云三月書乙巳月之四日

仲嬰齊者何注疑仲遂後故問之疏注疑仲至問之○舊疏何氏欲解弟子問所不知之意何者欲言仲遂之子宜稱公孫今經稱仲故執不知問公孫嬰齊也注未見於經為公孫嬰齊今為大夫死見於經為仲嬰齊疏注未見至嬰齊○舊疏云未見於經謂未作大夫不得見於經當爾之時猶為公子之子故為公孫嬰齊矣今為大夫而死得見于經更為公子之孫孫以王父字為氏故為仲嬰齊矣顧氏炎武日知錄云魯有二嬰齊皆公孫也仲嬰齊卒其為仲遂後者也十七年公孫嬰齊卒于貍軫則子叔聲伯也此文仲嬰齊亦是公孫嬰齊非謂子叔聲伯故注云未見於經為公孫嬰齊此漢人解經之善若子叔聲伯則戰鞌如晉如莒已屢見於經矣蓋歸父奔後魯人尚未立後傳故云徐傷歸父無後也為大夫未久即卒又未有事故不見經公孫嬰齊則曷為謂之仲嬰齊為兄後也為兄後則曷為謂之仲嬰齊注据本公孫疏注据

本公孫○舊疏云言其本公孫昭穆須正雖代兄爲大夫甯得更爲公孫之子乎故難之爲人後者爲之子也注更爲公孫之子故不得復氏公孫疏後漢書安帝紀云禮昆弟之子猶己子春秋之義爲人後者爲之子章懷注爲人後者謂出繼於人也段氏玉裁經韻樓集云此謂嬰齊爲歸父後卽爲歸父之子爲歸父之子故以歸父父字仲爲氏是爲以王父字爲氏以王父字爲氏眞子之禮如此爲人後之禮亦如此傳言爲人後者爲之子非以爲之子釋爲人後乃以明爲人後者之禮一切必同於眞子喪服傳曰何以三年也受重者必以尊服服之此之謂爲之子也傳又曰爲所後者之祖父母妻妻之父母昆弟昆弟之子若子此之謂爲之子也喪服親疏遠近一如眞子然則爲之子信矣爲人後之禮必如是天子諸侯卿大夫之爲後者皆如是○注更爲至公孫○正以嬰齊實公孫今爲公孫歸父後故去其公孫之氏同諸歸父子也爲人後者爲其子則其稱仲何注据氏非一孫以王父字爲氏也注謂諸侯子也顧興滅繼絕故紀族明所出疏注謂諸至所出○禮喪服傳曰諸侯之子稱公子公子不得禰先君公子之子稱公孫公孫不得祖諸侯孫以王父字爲氏故王父卽謂諸侯子也白虎通姓名云或氏王父字者何所以別諸侯之後爲興滅國繼絕世也王者之子稱王子王者之孫稱王孫諸侯之子稱公子公子之子稱公孫公孫之子各以其王父字爲氏故春秋有王子瑕論語有王孫賈又有衛公子荆公孫朝魯有仲孫叔孫季孫楚有昭屈景齊有高國崔以知其爲子孫也隱八年左傳曰天子建國因生以賜姓胙之土而命之氏諸侯以字爲氏因以爲族禮記大傳疏引鄭駁異義云炎帝

姓姜太昊之所賜也黃帝姓姬炎帝之所賜也故堯賜伯夷姓曰姜賜禹姓曰姒賜契姓曰子賜稷姓曰姬著在書傳是天子賜姓
也諸侯賜卿大夫以氏若同姓公之子曰公子公子之子曰公孫公孫之子其親已遠不得上連于公故以王父字爲氏若適夫人
之子則以五十字伯仲爲氏若魯之仲孫叔孫季孫是也若庶子妾子則以二十字爲氏則展氏臧氏是也若異姓則以父祖官及
所食之邑爲氏以官爲氏者司馬司城是也以邑爲氏者韓魏趙是也然則孫以王父字爲氏專斥大子諸侯子孫言而猶必賜之
於君也大傳疏又云若子孫其君不賜族子孫自以王父字爲族也亦所以明所自出故也然則嬰齊孰後後
歸父也疏一唐石經鄂本監毛本同此本閩本脫後字今訂正按紹熙本亦疊後字歸父使于晉而未
反注宣公十八年自晉至檉奔齊訖今未還疏注訖今未還○爾雅釋詁訖至也至
今未還也與漢書成帝詔訖今不改之訖同何以後之注據已絕也叔仲惠伯傅子赤
者也注叔仲者叔彭生氏也文家字積於叔叔仲有長幼故連氏
之經言云仲者明春秋質家當積於仲惠諡也疏注叔仲至氏也○舊疏云卽文十一
年叔彭生之氏族也○注文家至氏之○白虎通姓名云質家所以積于仲何質者親親故積於仲文家尊尊故積於叔廣川書跋
引含文嘉云文家稱叔質家稱仲白虎通又云卽如是論語曰周有八士伯達伯适仲突仲忽叔夜叔夏季隨季騧不積於叔何蓋
以爲兩兩俱生故也不積於伯仲明其無二也按史記管蔡世家武王同母兄弟十人其長子曰伯邑考其次卽武王次管叔鮮次

周公又其次爲蔡叔度曹叔振鐸郕叔武霍叔處康叔封末爲聃季載是文家積于叔之證也質家積于仲古籍散亡無可驗也舊疏云經言文家字積于叔欲道彭生之經所以不連仲之意也言叔仲有長幼者欲道彭生之傳所以連叔仲之意也何者彭生之祖生於叔氏其父武仲又長幼當仲是以彭生遠而言之雖非正禮要是當時之事是以傳家述其私稱連言仲矣按叔仲云者猶言叔氏之仲也○注經云至於仲○舊疏云注言此者欲道舉齊此經何故不連其父歸父之字而單言仲者欲明春秋當質正得積於仲是以不得更以佗字連之○注惠諡也○周書諡法解愛人好與曰惠又柔質慈民曰惠是也

文公死子幼注子赤幼也公子遂謂叔仲惠伯曰君幼如之何願與子慮之叔仲惠伯曰吾子相之老夫抱之注禮大夫七十而致事若不得謝則必賜之几杖行役以婦人從適四方乘安車自稱曰老夫疏注禮至老夫○禮記曲禮文彼無從字此較詳備通義云禮大夫七十已上稱稱於異邦曰老夫若衛石碏使告于陳曰老夫耄矣是也於其國猶當稱名今惠伯自稱曰老夫蓋藐慢遂之辭鄭注老夫老人稱也亦明君貪賢亦引春秋傳曰老夫耄矣是也意老夫亦非卿大夫正稱

何幼君之有公子遂知其不可與謀退而殺叔仲惠伯弒子赤而立宣公注殺叔仲惠伯不書者舉弒君爲重叔仲惠伯事與荀息相類不得爲累者有異也叔仲惠伯直先見殺爾不如荀

息死之【疏】釋文弒亦作殺音試文十八年左傳仲殺惡及視而立宣公仲以君命召惠伯其宰公冉務人止之曰入必死叔仲曰死君命可也公冉務人曰若君命可死非君命何聽弗聽乃入殺而埋之馬矢之中與此人敘少有先後耳○注君殺叔至為重○通義云殺叔仲惠伯不書者不書殺則內大夫相殺大惡當諱書卒則與公子牙美惡相嫌故不卒以起諱意也惠氏士奇春秋說云宋兩弒君晉一弒君凡三書及所以旌死難之臣也魯弒子赤曷為叔仲惠伯不書於春秋春秋尊宗國君弒則隱而不書故叔仲惠伯亦不得牽連而書說者謂死無補於君故不書則孔父仇牧荀息有何補於君而書于冊哉然則曷為不書卒書卒則無以表其節也且書卒則嫌與公子牙同故不書然則曷為不書刺刺者有罪乃刺之雖無罪必有說則又何說而刺叔仲惠伯乎此叔彭生死難之節所以不著於春秋按春秋不書殺以叔仲惠伯自為舉重略輕蓋亦內辭也若欲書之聖人自有書法以張義不必如舊疏所云宜言冬十月子赤及叔仲彭生卒夫游夏之徒且不能贊一辭後人何必強作解事乎○注叔仲至死之○僖十年晉里克弒其君卓及其大夫荀息傳及者何累也又云驪姬者國色也獻公愛之甚欲立其子於是殺世子申生獻公病將死謂荀息曰士何如則可謂之信矣荀息對曰使死者反生生者不愧乎其言則可謂信矣獻公死奚齊立里克謂荀息曰君殺正而立不正廢長而立幼如之何願與子慮之荀息曰君嘗訊臣矣臣對曰使死者反生生者不愧乎其言子里克知不可與謀退弒奚齊荀息立卓子里克弒卓子荀息死之此叔仲惠伯亦曰吾子相之老夫抱之以郤仲遂遂因殺叔仲惠伯弒子赤是與荀息事相類也桓二年莊十二年僖十年皆有舍此無累者乎曰有均指叔仲惠伯下皆云有則此何以書賢也云云然則叔仲惠伯甯有不賢而彼傳皆

如此發何邵公雖云叔仲惠伯直雖見殺不如荀息死之義亦未洽何者仲遂欲廢嫡立庶先與惠伯謀其必嚴憚惠伯與孔父義形於色無所區別故仲遂退而先殺惠伯次弒子赤左傳謂以君命召惠伯應是殺惡及視先事不然遂重在弒君子赤已死則惠伯存否聽之可矣何必矯命爲耶當時所以不與三人並見累者或仍爲內諱故與宣公死成公幼臧宣叔者相也注臧孫許宣謚疏校勘記出臧宣公云閩監毛本同誤也鄂本作臧宣叔宣十八年疏引此傳同當据正唐石經缺按紹熙本作臧宣叔周氏柄中四書辨正云春秋之例大夫名見於經者皆卿也魯臧宣叔爲司寇而經書臧孫許及晉侯盟又書臧孫許帥師其卒也書臧孫許卒則儼然卿矣卿則非少司寇之謂至於相則當國執政之稱執政必上卿而孔子以司寇當國故謂之攝如齊有命卿國高而管仲以下卿執政鄭有上卿子皮而子產以介卿聽政是也宣叔爲司寇謂之爲相此孔子攝行相事之證按孔子之攝相自謂攝政夾谷相禮之事非執政之相與此不同臧孫之相自謂當國者蓋魯命卿不一諸卿中又一執政者如晉六卿而別一有執政者也周氏引管仲子產事爲證是也然晉執政者常將中軍宋執政者常爲右師魯叔孫穆子嘗執政而於卿位居二則又各國之殊也○注臧孫許宣謚○左傳宣十八年云季文子言於朝曰使我殺適立庶以失大援者仲也夫臧宣叔怒曰當其時不能治也後之人何罪子欲去之許請去之注宣叔文仲子武仲父許其名也時爲司寇主行刑是也宣謚者謚法解聖善周聞曰宣君死不哭聚諸大夫而問焉曰昔者叔仲惠伯之事孰爲之諸大夫皆雜然曰疏校勘記云唐石經諸本同宣十八年疏引作雜言曰仲氏

也其然乎疏校勘記云鄂本氏誤如於是遣歸父之家注時見君幼欲以防
示諸大夫疏左傳又云遂逐東門氏逐與遣同左傳僖二十三年姜氏與子犯謀醉而遣之亦謂逐之也漢書孔光傳
遣婦故郡即逐婦故郡也歸父在外故先逐其家也○注時見至大夫○舊疏云時見君幼少恐有禍變欲以有防衛之義示其諸
大夫然後哭君歸父使乎晉還自晉至檉聞君薨家遣墠帷哭君成
踊反命于介自是走之齊疏自歸父使於晉下又見宣十八年魯人徐傷歸父之
無後也注徐者皆共之辭也關東語傷其先人爲惡身見逐絕不
忿懟也疏注徐者至東語○說文彳部徐安行也廣雅釋詁徐遲也國策宋策臣請受邊城徐其政而留其日注徐緩也
蓋魯人乍聽臧孫許言皆知仲遂當絕繼見歸父無罪見逐不忿懟故共傷歸父無後也何氏以徐爲皆共者廣雅釋詁餘皆也呂
覽辨上亦無使有餘注餘猶多也餘徐皆从余聲徐其餘之借與○注傷其至懟也○即謂其聞君薨家遣哭君成踊反命乎介事
宣十八年注亦云主書者善其不以家見逐怨懟成踊哭君終臣子之道起時莫能然也於是使嬰齊後之也
注弟無後兄之義爲亂昭穆之序失父子之親故不言仲孫明不
與子爲父孫疏通義云久而更傷歸父無罪逐絕不廢臣禮故爲立後言仲遂大惡當絕直以賢歸父故存其世爾
是也○注弟無至父孫○徐氏乾學讀禮通考云按禮卿大夫以下繼世與天子不同天下不可一日無天子國不可一日無君是

故繼世不立則取於旁支以弟後兄可也以兄後弟可也甚至以叔後姪古亦爲之君之生存旣已盡臣其諸父昆弟身歿而旁支入繼必爲之服斬衰旣爲之服斬衰卽立祖禰事之可也大夫則不然以別子爲祖亦不能臣其宗族繼世相傳以宗法齊之而已春秋之法大夫以罪廢逐不得入宗廟卽思其先世而爲之立後亦直以廢逐者之兄弟代主大宗之祀世及相傳而不及於廢逐者之子姪正所以嚴昭穆之序也魯於叔孫氏嘗逐僑如而立其弟豹矣於臧氏嘗逐紇而立其兄爲矣於東門氏則逐歸父而立嬰齊其事正同不聞豹禰僑如爲禰紇而必以嬰齊禰歸父此魯人之刱舉也其意若謂吾逐歸父以其父故父之罪大禰不可以後甯後其子爾乃不知其已悖典禮矣段氏玉裁經韻樓集云此千古爲後之禮經也何邵公注甚明而誤者失之崑山徐氏爲尤甚公子遂以仲遂書於經矣仲其字也故其孫曰仲嬰齊嬰齊實遂子也而後歸父則遂孫矣遂孫則可以稱仲孫而仲之不孫之者仲實非孫也實非孫則何以可後歸父也凡古云後者受其爵邑之重之謂爵邑必有所託受之是曰後後不必倫序相當也然則公羊曰爲人後者爲之子何也爵邑受諸某則於某之喪祭一如眞子之禮不必倫序相當也然則立嬰齊者何不使後遂也曰此爵邑受諸歸父不可以中斷也然則何以不立歸父之子遂實有罪而廢其嫡歸父實無罪而絕其爵邑以嬰齊後歸父可以明歸父之無罪立歸父之子則不可以明遂之有罪然則書仲者仲其氏也氏者爵邑所在也不言孫者不歿其實也明其爲遂子也通義云禮大夫世則有族魯人立歸父之後使世其位故命之氏氏姓自廟別者也嬰齊旣後歸父則當祀歸父于禰祀仲遂於祖故得比孫以王父字爲氏而氏之爾爲人後者爲之子謂事其廟如禰廟服其服如喪父者之服持重於大宗有子道焉非實謂他人

父也何氏乃謂其亂昭穆之序失父子之親夫禮不有爲殤後者乎爲祖母後者乎爲祖庶母後者乎而謂之皆父母稱之乎可乎楚世家曰帝嚳誅重黎而以其弟吳回爲重黎後則弟兄之相後由來舊矣按孔氏直混天子諸侯與卿大夫爲一故如此解爲殤後之後謂宗子爲殤死族人承其宗者與此後字別爲祖母後爲祖庶母後皆論服制本不必皆以父母稱之也禮喪服不杖期章爲君之父母妻長子祖父母傳父卒然後爲祖後者服斬注此爲君矣而有父若祖之喪者謂始封之君也若是繼體則其父若祖有廢疾不立父卒者父爲君之孫宜嗣位而早卒今君受國於曾祖是爲諸侯有爲祖後者有爲曾祖後者皆服斬亦不必以父母稱之也重黎之事亦不例諸大夫士孔氏未免好辨矣劉氏逢祿解詁箋云書仲孫則嫌於仲孫氏書公孫仲嬰齊則嫌於嬰齊別有賢行且嫌於僅以別嫌於貍軫之公孫嬰齊爲人後之義不著夫子旣順魯人之公義弟爲兄後亦合質家之法故無異文也然考舊疏引異義公羊說云質家立世子弟文家立世子子而春秋從質故得立其弟自謂天子諸侯之制非謂大夫士亦得立其弟爲後也劉說援据亦非總之諸侯奪宗大夫不奪宗奪宗故得以弟爲兄後叔爲姪後兄爲弟後俱無不可不奪宗則必取諸昭穆相當者爲後不得混施不明乎此宜乎宗法廟制俱轇轕不通矣歸父無罪被逐魯人傷其無後欲爲立後此國人清議也季文子等於遂之弒君幷不以爲可仇唯歸父欲去三桓故疾之尤甚因坐以其父弒君之罪其意仍在歸父幷非罪遂而又迫於國人之言不得不爲歸父立後乃不立歸父之子而立歸父之弟名爲後歸父仍是絕歸父以後遂此季臧之奸巧也所謂亂昭穆之序失父子之親者此也聖人書之以仲不言仲孫正不與其子爲父孫幷所以絕遂不與其有孫也

癸丑公會晉侯衛侯鄭伯曹伯宋世子成齊國佐邾婁人同盟于戚

疏 校勘記出宋世子成云鄂本元本同唐石經閩監毛本成作戌釋文世子戌音恤本或作成蓋唐初本已有作成者矣左氏穀梁俱作戌按昭十年十有二月甲子宋公戌卒亦作戌二傳作成彼釋文云宋戌讀左傳者音成何云向戌與君同名則宜音恤宋王復齋鐘鼎款識宋平公鐘銘宋公戌之諲鐘吳東發跋云左昭十年傳宋公成公羊作戌史記亦作成今觀是銘當以公羊爲正是平公器也頌壺銘甲戌豐姑敦丙戌文皆作成與此同又按左昭二十年傳公子城杜云平公子成與城音同若平公名成其子不得名城也包氏愼言云三月書癸丑月之十二日

晉侯執曹伯歸之于京師 注 爲篡喜時 疏 校勘記云唐石經諸本同傳二十八年注作歸于京師無之字傳文方辨別歸之于歸于二者之不同然則石經此處有之字其誤甚矣左氏穀梁亦無之通義云傳二十八年傳曰歸于者非執之於天子之側者也特爲此經發傳而今板本于上仍有之字者誤按彼云罪未定則何以得爲伯討注云此難成十五年晉侯執曹伯歸于京師据彼及注則此經不得有之字矣有者衍文〇注爲篡喜時〇京事具昭二十年傳通義云曹伯名負芻宜公之庶子殺世子而自立故晉執之爲伯討也按左傳會于戚討曹成公也執而歸諸京師又十三年彼傳云曹人使公子負芻守使公子欣時逆曹伯之喪秋負芻殺其太子而自立也諸侯乃請討之又曰既葬子臧將亡國人皆將從之成公乃懼告罪且請焉乃反而致其邑是年彼傳云諸侯將見子臧於王而立之子臧辭遂逃奔宋子臧卽此之喜時係讓國而非負芻所篡與公羊異孔

氏乃取左氏爲說何耶

公至自會

夏六月宋公固卒注不日者多取三國媵非禮故略之疏注不日至略之○正以大國君卒日葬月此不日故解之多取三國媵者即上九年伯姬歸于宋有衛人來媵晉人來媵齊人來媵傳云三國來媵非禮也是也舊疏云雖於伯姬爲榮而宋公有失故死略之

楚子伐鄭

秋八月庚辰葬宋共公疏包氏慎言云八月書庚辰月之十一日通義云卒不日者失德也葬日者爲國亂渴葬例也葬卜柔日而今用庚辰亦渴之驗

宋華元出奔晉疏鄂本奔作犇

宋華元自晉歸于宋注不省文復出宋華元者宋公卒子幼華元以憂國爲大夫山所譖出奔晉晉人理其罪宋人反華元誅山故繁文大之也言歸者明出入無惡疏注不省至之也○舊疏云襄三十年秋鄭良霄出奔許自許入于鄭彼則省文不言鄭良霄自許入于鄭今則不省文故決之必知不省文是大之者正以孔子曰書之重辭之復嗚呼其中必有

美者焉不可不察故知也通義云一事再見不卒名者善其出奔非畏難遠害能假晉力以威蕩氏卒拔強族輯公室智足以奠亂功足以安國故繁辭大之也言華元以憂國爲大夫山所譖出奔晉者舊疏以爲春秋說文左傳云蕩澤弱公室殺公子肥華元曰我爲右師君臣之訓師所司也今公室卑而不能正吾罪大也不能治官敢賴寵乎乃出奔晉是亦以華元爲憂國出奔但不以爲山所譖耳宋世家謂司馬唐山攻殺太子肥欲殺華元華元犇晉又異○注言歸至無惡○舊疏云卽桓十五年傳例云復歸者出惡歸無惡復入者出無惡入有惡入者出入惡歸者出入無惡是也按僖二十八年傳自者何有力焉者也明晉人理其罪宋人乃反華元誅山也史記左傳皆言魚石止華元至河乃還誅山然設非晉力桓氏未必反順華元若是也

宋殺其大夫山【注】不氏者見殺在華元歸後嫌直自見殺者故貶之明以譖華元故【疏】通義云蕩山也去氏者爲其擅權弱公室貶罪之本左氏言背其族也之義○注去氏至元故○舊疏云襄二十三年陳殺其大夫慶虎及慶寅陳侯之弟光自楚歸于陳注云宋大夫山譖華元貶此不貶者殺二慶而光歸譖光可知然則此華元歸後山見殺故須貶山以見其義左傳華元反使華喜公孫師帥國人攻蕩氏殺子山是山殺在華元歸後也

宋魚石出奔楚【注】與山有親恐見及也後得言復入者出無惡知非君漏言魚石不殺山【疏】注與山至及也○杜云公子目夷之曾孫左傳六官者皆桓族也注魚石蕩澤向爲人鱗朱向帶魚府皆出桓公是與山有親也舊疏以注有山者魚石之親語因云若其不貶宜言魚山矣疑山亦魚氏非也山卽蕩

漷故世家作唐山唐即左氏之蕩也○注後得至殺山○正以復入爲出無惡入有惡文也魚石復入見下十八年云知非君漏言魚石不殺山者文六年晉殺其大夫陽處父晉狐射姑出奔狄傳晉殺其大夫陽處父則狐射姑曷爲出奔射姑殺也射姑殺則其稱國以殺何君漏言也然則彼爲君漏言致射姑殺處父故坐君殺君書國兼惡射姑可知此文與彼同亦似君漏言致魚石殺山然惟下有復入文則魚石無惡其非魚石殺山可知

冬十有一月叔孫僑如會晉士燮齊高無咎宋華元衛孫林父鄭公子鰌邾婁人會吳于鍾離疏杜云鍾離楚邑淮南縣大事表云昭四年楚箴尹宜咎城鍾離以備吳二十四年楚子爲吳師以略吳疆師還吳踵楚遂滅巢及鍾離南北朝時爲重鎮今江南鳳陽府鳳陽縣東四里有鍾離舊城水經注淮水篇又東過鍾離縣北世本曰鍾離嬴姓也應劭曰縣故鍾離子國也楚滅之以爲縣春秋左傳吳公子光伐楚拔鍾離者也一統志故城在鳳陽府鳳陽縣東舊有東西二城濠水流於其中按是時鍾離應尚爲國若已屬楚不得會其地矣

曷爲殊會吳注据楚不殊疏注据楚不殊○即僖二十一年宋公楚子陳侯蔡侯鄭伯許男曹伯會于霍也是外吳也疏繁露觀德云是故吳魯同姓也鍾離之會不得序而稱君殊魯而會之謂其有夷狄之行也穀梁傳曰會又會外之也通義云世子殊會吳亦殊會貴賤不嫌辭可同也然同之中有異焉鄭玉曰首戴之會書及書會見公及諸侯同往會之如臣朝君使諸侯不得以干世子鍾離之會書會又書會若諸侯外吳不與同會使夷狄不得以亂中國此則聖人微意不會

可不察

曷爲外也注据襄五年不外之疏注据襄至外之○襄五年公會晉侯宋公陳侯衛侯鄭伯曹伯莒子邾婁子滕子薛伯齊世子光吳人鄫人于戚是也

春秋內其國而外諸夏內諸夏而外夷狄注內其國者假魯以爲京師也諸夏外土諸侯也謂之夏者大總下土言之辭也不殊楚者楚始見所傳聞世尚外諸夏未得殊也至於所聞世可得殊又卓然有君子之行吳似夷狄差醇而適見於可殊之時故獨殊吳疏舊疏云春秋內其國而外諸夏即經云叔孫僑如會晉士燮齊高無咎以下是也云內諸夏而外夷狄即經序諸大夫訖乃言會吳于鍾離是也按舊疏第就此經言之其實傳凡言春秋皆謂春秋通例也內其國而外諸夏所傳聞世也內諸夏而外夷狄謂所聞世也至所見世則著治太平夷狄進至于爵天下遠近大小若一矣繁露竹林云故春秋之於偏戰也猶其於諸夏也引之魯則謂之外引之夷狄則謂之內是也漢書匈奴傳論是以春秋內諸夏而外夷狄明皆道春秋之法非當時果外吳外楚也○注內其至師也○即隱元年注云春秋託新王受命于魯故即假魯以爲京師也是以儀父來盟則褒滕薛來朝則褒外來盟者稱來我往彼盟稱莅齊侯獻捷亦稱來見王義尊內言如不言朝聘皆京師魯之義故僖三年注春秋王魯故言莅以見王義使若王者遣使臨諸侯盟飭以法度言來盟亦因魯都以見王義使若來之京師白事於王是也○注諸夏至侯也○校勘記云此本閩監本土誤士鄂本毛本不誤今訂正魯亦諸夏假魯爲京師故以諸夏

爲外土諸侯也論語八佾不如諸夏之亡也注包曰諸夏中國○注謂之至辭也○校勘記出大總下上言之辭云閩監毛本同誤也鄂本上作土當据正按紹熙本亦作下土夏者大也書康誥用肇造我區夏孟子滕文公吾聞用夏變夷者閔元年左傳諸夏親暱襄四年左傳諸夷必叛華夏皆總下土言之謂之大者言有禮儀之大也○注不殊至殊也○即僖二十一年宋公楚子以下會于霍之屬是不殊也通義云楚亦夷狄未嘗殊者始見稱州已外之矣攢函亦殊會始發傳於此者因此會諸夏夷狄悉在內外之文最明○注至於至之行○宣十一年夏楚子陳侯鄭伯盟于辰陵注不日月者莊王行伯約諸侯明王法討徵舒善其憂中國故爲信辭也是卓然有君子之行故又不得殊也○注吳似至殊吳○史記吳世家太史公曰孔子言太伯可謂至德矣三以天下讓民無得而稱焉余讀春秋古文乃知中國之虞與荆蠻句吳兄弟也延陵季子之仁心慕義無窮見微而知清濁嗚乎又何其閎覽博物君子也所謂似夷狄差醇也而適見於可殊之時決楚之始見時倘未合殊故也

王者欲一乎天下曷爲以外內之辭言之注据大一統疏注据大一統○即隱元年傳云何言乎王正月大一統也舊疏云王者施政欲其遠近偏及海內如一而殊外內故難之是也

言自近者始也注明當先正京師乃正諸夏諸夏正乃正夷狄以漸治之葉公問政於孔子孔子曰近者說遠者來季康子問政於孔子孔子曰政者正也子帥以正孰敢不正是也月者危録之諸侯既委任大夫復命交接夷狄

疏注明當至治之〇襄二十三年邾婁鼻我來奔注云所傳聞之世見治始起外諸夏錄大略小大國有大夫小國略稱人所聞之世世內諸夏治小如大廪廪近升平故小國有大夫治之漸也隱元年注於所傳聞世見治起於衰亂之中先詳內而後治外內小惡書外小惡不書內離會書外離會不書是也於所聞世見治升平書外離會至所見世用心尤深而詳明先正京師乃正諸夏乃正夷狄以漸治之也故隱二年會戎于潛書內離會以正內僖二十六年楚人滅隗以隗子歸不名見責小國略宣十一年晉侯會狄于攢函所聞世內諸夏而詳錄之昭三年北燕伯款出奔齊名者所見世責小國詳三十年吳滅徐徐子章禹奔楚注至此乃月者所見世始錄夷狄滅小國也是也說苑指武篇云內治未得不可以正外本惠未襲不可以制末是也以春秋先京師而後諸夏先諸夏而後夷狄繁露王道云親近以來遠故未有不先近而致遠者也故內其國而外諸夏內諸夏而外夷狄言自近者始也通義云此春秋為後王大法建首善自京師始而四海之內莫敢不正若乃殊方別俗被之聲教羈縻弗絕而已故所聞之世始內諸夏所見之世始治夷狄操之有本推之有序大學所謂家齊而後國治國治而後天下平其義然也繁露天地陰陽云近者詳遠者略亦謂先近而後遠也〇注葉公至者來〇見論語子路篇今本無于孔子蓋以意足之也韓非子難篇葉公子高問政于仲尼仲尼曰政在悅近而來遠孔子世家孔子曰政在來遠附邇書傳略說葉公問政於夫子子曰政在附近而來遠皆以意增損非有異文也之〇注季孫至是也〇見論語顏淵篇舊疏云帥長也言子為諸侯之長而為正誰敢不為正乎亦是先正於近乃始及遠之義故引之按大戴禮哀公問三篇政者正也君為正則百姓從政矣史記平津侯主父列傳贊夫三公者百寮之率萬民之表也孔子不云乎

子率而正執敢不正皆謂正己以正物卽由近而及遠也〇注月者至夷狄通義云會例時此吳會中國之始特危月之

許遷于葉疏杜云許畏鄭而南依楚故以自遷爲文葉今南陽葉縣是也大事表云許畏鄭請遷于楚楚遷許于葉而許之舊都盡歸于鄭鄭人謂之舊許襄十一年傳諸侯伐鄭東遷舊許是也又云王子勝曰葉在楚方城外之蔽也楚子遷許于析而更以葉封沈諸梁號曰葉公今河南南陽府葉縣南三十里有古葉城一統志故城在南陽府葉縣南三十里舊縣鎮

十有六年春王正月雨木冰

雨木冰者何雨而木冰也何以書記異也注木者少陽幼君大臣之象冰者凝陰兵之類也冰脅木者君臣將執於兵之徵也疏穀梁傳雨而木冰也志異也傳曰根枝折范云雨著木成冰杜云冰封著樹漢書劉向傳晝冥晦雨木冰師古曰雨木冰者氣著樹木結爲冰也今俗呼爲間樹雨音于具反按今時間有之所謂樹稼是也皆盛寒所致舊唐書讓皇帝憲傳開元二十九年冬京城寒甚凝霜封樹時學者以爲春秋雨木冰卽此是亦名樹介言其象介冑也憲見而歎曰此所謂樹稼也諺曰樹稼達官怕必有大臣當之是也〇注木者至徵也〇五行志上雨木冰劉歆以爲上陽施不下通下陰施不上達故雨而木爲之冰雰氣寒冰不曲直也劉向以爲冰者陰之盛而水滯者也木者少陽貴臣卿大夫之象也此人將有害則陰氣協木木先寒故得雨而冰也是時叔孫僑如出奔公子偃誅死一曰時晉執季孫行父又執公此執辱之異或曰今之長老名木冰爲木介介者甲甲兵象也是歲晉有鄢陵之

戰楚王傷目而敗屬常雨也經義雜記云雨木冰杜注記寒過節冰封著樹何注冰脅木者君臣將執于兵之徵穀梁傳雨而木冰也范解雨木冰者木介甲冑兵之象雨著木成冰疏引徐邈云五行以木爲介介甲也木者少陽之精幼君大臣之象冰者兵之象今冰脅木君臣將見執之異根枝折者象禍害逮至也與何邵公義同五行志載劉歆劉向及各說按左氏無傳當從劉子駿說說文气部氛气也从气分聲雰氛或从雨則氛雰爲一字釋名釋天氛粉也潤氣著草木因寒凍凝色白若粉之形也劉說與釋名合氛雰字異也穀梁當从劉子政說言人將有害則陰氣脅木得雨而水是不必以冰爲木介取象於甲兵矣何注公羊徐注穀梁皆本劉子政義范則專取甲兵之說不知穀梁引傳曰根枝折正與陰氣脅木之義合明非取象於甲兵也古微書考異郵云天雨木冰貴臣將死也專主大臣言蓋震爲木震爲長子大臣之象陰氣脅木木先寒故得雨而冰亦爲叔孫僑如出奔刺公子偃之兆而少陽象幼君冰脅木象公爲晉所恥行父被執取應亦切

夏四月辛未滕子卒【注】滕始卒於宣公日於成公不名邾婁始卒於文公日於襄公名俱葬於昭公是以知滕小【疏】包氏慎言云四月書辛未月之六日通義云滕文公也○注滕始至不名○宣九年秋八月是始卒於宣公也此經書辛未滕子卒是日於成公也二者皆不名故云不名若然隱七年書滕侯卒彼注云所傳聞世未可卒所以稱侯而卒者春秋王魯託隱公以爲始受命王滕子先朝隱公春秋褒之以禮嗣子得以其禮祭故稱侯見其義故也○注邾婁至公名○文十三年邾婁子蘧篨卒是卒於文公也襄十七年春王二月庚

午邾婁子瞯卒是日於襄公也鑊篨瞯皆名故曰名也若然莊十六年書邾婁子克卒莊二十八年夏四月丁未書邾婁子瑣卒已見於所傳聞世而云始卒於文公日於襄公者莊十六年注云小國未嘗卒而卒者爲慕伯者有尊天子之心行進也莊二十八年注云日者附從伯者朝天子行進明皆以行進與隱七年之書滕侯卒皆非常例也○注俱葬於昭公○昭三年滕子泉卒又云葬滕成公昭元年邾婁子華卒下云葬邾婁悼公是俱葬於昭公也○注是以知滕小邾婁○舊疏云春秋於所聞之世始錄微國之卒書日書名明其大小滕子卒葬皆在邾婁之後邾婁之君名於所聞之世於滕則未是以知其小于邾婁也何氏所以不於會序比之而据其卒葬者會是主會次之其大小仍自難明故如此解

鄭公子喜帥師侵宋

六月丙寅朔日有食之【注】是後楚滅舒庸晉厲公見餓殺尤重故十七年復食【疏】注是後至尤重○校勘記出晉厲公見餓殺尤重云閩監毛本尤誤猶鄂本餓作殺誤尤字與此本同按紹熙本不誤楚滅舒庸見下十七年晉厲公見餓殺者下十八年晉弒其君州蒲舊疏引春秋說以爲厲公猥殺四大夫臣下人人恐見及正月出之二月而死故此注云見餓殺也五行志下之下成公十六年六月丙寅朔日有食之董仲舒劉向以爲後晉敗楚鄭于鄢陵執魯侯與何氏義異劉歆以爲四月二日魯衛分包氏愼言云六月書丙寅劉歆以爲四月二日是也○注故十七年復食○即下十七年書十有二月丁巳朔日有食之是也

晉侯使欒黶來乞師

甲午晦

晦者何冥也何以書記異也注此王公失道臣代其治故陰代陽

疏包氏愼言云六月又書甲午甲午本六月之晦日春秋不記晦故特言記異以別之按繁露王道述災異有晝晦謂此

晉侯及楚子鄭伯戰于鄢陵疏杜云鄢陵鄭地今屬潁川郡水經注滑水篇沙水南與蔡澤陂水合水出鄢陵城西北春秋成公十六年晉楚相遇于鄢陵處也史記注引服虔云鄢陵鄭之東南地也紀要鄢陵舊城在開封府鄢陵縣西北四十里漢書地理志潁川郡傿陵即杜所故續志作隱李奇曰六國曰安陵然地志陳留郡有傿應劭曰鄭伯克段于傿是也則克段之傿與潁川之傿陵有別楚子鄭師敗績

敗者稱師楚何以不稱師注据宋公戰于泓敗績稱師疏注据宋至稱師○傳二十二年宋公及楚人戰于泓宋師敗績是也通義云此晉侯伐鄭鄭楚子救之鄭爲主人而戰言晉侯及者蓋以楚數陵諸夏鄭附從僭夷善晉之能敗之故與使爲主與甄同義王痍也王痍者何傷乎矢也注時爲飛矢所中疏廣雅釋詁痍傷也一切經音義引通俗文云體創曰痍釋名釋疾病痍侈也侈開皮膚爲創也說文疒部痍傷也成十三年左傳芟痍我農功釋文痍本作夷故左傳云子反命軍吏察夷傷注夷亦傷也疏引服注云金創爲夷是也說文刃部

刃傷也从刃从一又刅云刅或從倉綮傳云按史此正刀創字也金創爲痍即通俗文之體創爲痍是金創矣故注云爲飛矢所中左傳史曰南國蹴射其元王中厥目國蹴王傷不敗何待及戰射共王中目楚世家共王救鄭與晉兵戰鄢陵晉敗楚射中共王目是其事也

然則何以不言師敗績注据王痍未言爾注未無也無所取於言師敗績也凡舉師敗績爲重衆今親傷人君當舉傷君爲重以言戰又言敗績知非詐當蒙上日也疏注未無也○呂覽開春云吾未有以言之注未猶無也禮記檀弓云未吾禁也注未無也○注凡舉至爲重○桓十三年注云燕戰稱人敗績稱師者重敗也又隱二年注內外淺深皆舉之者因重兵害衆故敗績舉師也穀梁傳曰楚不言師君重於師也繁露對膠西王篇王痍君獲不言師敗重傷君也○注以言至日也○舊疏云春秋之義偏戰者日詐戰月令狐鄢陵之經言戰言敗績知非詐故當蒙上日甲午矣謂結日偏戰故也

楚殺其大夫公子側

秋公會晉侯衛侯宋華元邾婁人于沙隨疏杜云沙隨宋地梁國甯陵縣北有沙隨亭大事表云今沙隨城在歸德府甯陵縣西六里水經注汳水篇汳水又東逕甯陵縣之沙陽亭北故沙隨國矣春秋成十六年會于沙隨謀伐鄭也杜預釋注曰在甯陵縣北沙陽亭世以爲堂城非也

不見公公至自會

不見公者何公不見見也注不見見者恚乞師不得欲執之疏通義

云不得爲晉侯所見○注不見至執之○下傳云前此者晉人來乞師而不與公會晉侯將執公公不見見大夫執何以致會【注】据不得意扈之會公失序不致【疏】注据不得意舊疏云莊六年○傳云得意致會不得意致伐注此謂公與二國以上也公與二國以上出會盟得意致會今會不得意而致會故据以難○注扈之國至不致○即文七年公會諸侯晉大夫盟于扈傳諸侯何以不序大夫何以不名公失序也公失序奈何諸侯不可使與公盟昳晉大夫與公盟也彼公不得意不書致故据以難通義云此兼問兩公至自會公不見見者是會也大夫執者謂下伐鄭之會也何氏因誤以爲行父再執與經不合不恥也曷爲不恥【注】据扈之會公失序恥【疏】注据扈至序恥○文七年注云文公爲諸侯所薄賤不見序故深諱爲不可知之辭明恥故諱也故彼不曰順諱爲善文也此反爲得意辭故据以難公幼也【注】因公幼殺恥爲諱辭不書行父執者公不見見已重矣【疏】注因公至諱辭○舊疏云實不見今而致會若得意然故言爲諱辭耳白虎通爵篇童子當受爵命者使大夫就其國命之明王者不與童子禮也以春秋魯成公幼少與諸侯會不見公經不以爲魯恥明不與童子爲禮也是也通義云公不見見實以叔孫僑如淫通繆姜而譖公于晉之故時公尚幼未能親政凡有咎辱責在大臣故不以病公也按孔氏牽涉左氏之說果爾則晉人信譖何反責魯大臣而爲公幼殺恥也且左氏家以公衡爲成公子則亦無公幼之說白虎通正先師舊義與何氏說合○注不書至重矣○舊疏云是時累代公執而下經但舉其一故此注不書行父執者公不見見已重矣按經書行父之執在伐鄭後

與此致會無涉傳何爲逆据以問明涉隨巳有執季孫事孔氏謂行父止一執蓋仍爲左傳所泥

公會尹子晉侯齊國佐邾婁人伐鄭疏通義云王之上大夫稱子杜云尹子王卿士子爵沈氏欽韓云圻內國有封爵如蘇子稱子者若公卿大夫但有八命六命四命之差而無公侯伯子男之次且尹子爲卿士若其出封當加一等爲侯伯不當爲子男也蓋京師之王官尊之則曰公通稱則曰子若單劉者亦曰子不曰公不獨尹子爲然

曹伯歸自京師

執而歸者名曹伯何以不名而不言復歸于曹何注据曹伯襄復歸于曹疏注据曹至于曹○見僖二十八年○易也注易故末言之不復舉國名疏注易故至國名○毛本末作未誤按何意亦末無也無所取於舉國名也其易奈何公子喜時在內也公子喜時在內則何以易注据本篡喜時也疏釋文喜時左傳作欣時○注据本篡喜時○上十五年晉侯執曹伯歸之于京師注爲篡喜時故据以難公子喜時者仁人也內平其國而待之注和平其臣民令專心于負芻疏通義云此釋不名之意諸侯失地名喜時內平其國以待君歸若與未失國者同故不名以起之外治諸京師而免之注訟治于京師解免使來歸疏通義云此釋不言復之意復歸者出有惡喜時治免其罪若與無惡者同故緣賢者之心而爲其君諱不

嫌實無惡者前稱侯以執罪已明矣是也○注訟治于京師○鄂本訟作說誤僖二十八年傳治反衛侯注亦云叔武訟治于晉文公

其言自京師何 **注** 据僖二十八年晉人執衛侯歸之于京師後復歸于衛俱天子所歸不言自京師不連歸問者嫌自京師天子有力文言甚易欲弁問力文與上説喜時錯 **疏** 注据僖至京師○即僖二十八年冬○晉人執衛侯歸之于京師三十年秋衛侯鄭歸于衛是也○注不連至時錯○僖二十八年衛元咺自晉復歸于衛傳自者何有力焉者也此若連歸問云其言歸自京師何即嫌天子有力與上説喜時之內平其國外治諸京師爲喜時之力意違故但問自京師與衛侯鄭不同之故也舊疏云問者之意欲道僖三十年衛侯鄭歸于衛亦是天子所歸不言自京師今曹伯亦天子所歸獨言自京師文相違背也上説言其所以易正猶公子喜時之力若此處弁問天子有力之文即與上説喜時之力自相違也

言甚易也舍是無難矣 **注** 言歸自京師者與內据臣子致公同文欲言甚易也舍此所從還無危難矣主所以見曹伯歸本据喜時平國反之書非錄京師有力也執歸書者賢喜時爲兄所篡終無怨心而復深推精誠憂免其難非至仁莫能行之故書起其功也 **疏** 注言歸至同文○舊疏云與上十三年公至自京師相似○注欲言至難矣○通義云天子有命歸之則諸侯不得治其咎國人不得易

其位故無難矣因明喜時能知尊王請命春秋乃以王命除負芻之罪也○注主所至力也○通義云倒歸文在上者若言自京師歸於曹則嫌自者京師有力辭與歸功喜時意錯○注執歸至功也○舊疏云以僖十九年宋人執滕子嬰齊二十一年執宋公之屬皆不書其歸也若然僖二十八年晉侯執曹伯又云晉人執衞侯下云曹伯襄復歸于曹三十年衞侯鄭復歸于衞皆是被執而書之者曹伯下注云執歸不書書者名惡當見衞侯下注云執歸不書主書者名惡當見是也

九月晉人執季孫行父舍之于招丘 疏 左氏穀梁作苕丘史記管蔡世家云陳司徒招索隱招或作苕又陳杞世家乃殺陳使者索隱曰即陳司徒招又名苕招苕皆从召得聲得通也詩小雅苕之華釋文苕徐音韶左氏襄二十九年傳見舞韶濩者釋文韶本或作招獨斷舜曰大韶一曰大招是也杜云苕丘晉地

執未有言舍之者此其言舍之何仁之也 疏 禮記表記云仁者人也注人也謂施以人恩也引此傳曰執未有言舍之者此其言舍之何人也則鄭所見公羊本作人也正義云施人以恩謂意相愛偶人也傳稱欲人愛此行人故特言舍之引之者證人人偶相存愛之義也又中庸云仁者人也注人也讀如相人偶之人以意相存問之言穀梁莊元年傳接練時錄母之變始仁之也即仁之也古人與仁通繫辭傳何以守位曰人王肅本作仁大戴禮曾子立事篇觀其所愛親可以知其人矣謂知其仁也墨子非命篇命者非人者之言也謂非仁者之言也呂覽論人篇哀之以驗其人韓勑造孔子廟碑四方士仁謂士人也驗其人謂驗其仁也是也九經古義按公食大夫禮賓入三揖注每曲揖及當碑揖相人偶蓋賓主揖讓互相親偶親

親之意亦如之也老子道德經曰如嬰兒之未孩河上公注如小兒未能答偶人時御覽引元命包云仁者情志好生愛人故其爲人以仁其立字二人爲仁注二人言不專於己念施與也是則仁之義也曰在招丘悕矣【注】悕悲也仁之者若曰在招丘可悲矣閔錄之辭【疏】注悕悲也○昭九年傳存陳悕矣釋文悕悲也本此注爲義說文無悕字欠部云欷歔也文選注引蒼頡篇欷歔泣餘聲也亦作唏史記十二諸侯年表紂爲象箸而箕子唏索隱唏歎聲蓋皆欷之借也廣雅釋詁亦云欷悲也楚辭九辯憯悽增欷離騷曾歔欷余鬱邑兮是也方言唏痛也凡哀而不泣曰唏淮南說山訓紂爲象箸而箕子唏欷明通用也執未有言仁之者此其言人之何【疏】校勘記云唐石經諸本作仁之何此與表記注合按此誤字而有合於古者也公羊本三云人之後來皆改作仁之則此作人之爲誤字矣今按紹熙本亦作仁之何皆當如表記注所引作人字爲是十行本不誤也而人字又以作儿爲正說文人下云天地之性最貴者也又儿云仁人也古文奇字人也說文仁訓親愛人謂此儿字是親愛人也凡禮記中庸之仁者人也表記之仁者人也此人也之人字皆說文儿字非人字也詩衛風淇奧箋云謂仁於施舍亦當作儿於施舍彼俗本作人較勝於元本也代公執也【疏】通義云善其以身衛君故仁錄之其代公執奈何前此者晉人來乞師而不與【注】不書者不與無惡【疏】即上夏六月晉侯使欒黶來乞師下云晉侯及楚子鄭伯戰于鄢陵楚子鄭師敗績不見內君大夫會知其不與也○注不書至無惡○僖二十六年公子遂如楚乞師傳乞者何卑辭也曷爲以外內同若辭重師也曷爲重師

師出不正反戰不正勝也注兵凶器戰危事不得已而用之爾乃以假人故重而不別外內也故不與無惡也按左傳云戰之日齊國佐高无咎至于師衛侯出于衛公出于壞隤注壞隤魯邑是魯師未出竟故僑如告郤犫有魯侯待于壞隤以待勝者之語也郎上文孟獻子亦但曰有勝矣亦不見有出師之文

公會晉侯注會沙隨也疏○注會沙隨也郎上秋公會晉侯齊侯衛侯宋華元邾婁人于沙隨是也

將執公季孫行父曰此臣之罪也於是執季孫行父疏据何氏義此執季孫爲會沙隨時事

成公將會晉厲公注謂上伐鄭言諡者別嬰齊所請也明言公會晉侯者嬰齊所請事也故下與嬰齊傳合同疏校勘記出成公將會厲公云唐石經作晉厲公此脫晉字按紹熙本有晉字襄三年疏引此文亦有晉字○注謂上伐鄭○鄂本下有也字紹熙本亦有別於沙隨之會郎上公會尹子晉侯齊國佐邾婁人伐鄭是也○注言諡至合同○謂此傳稱成公將會厲公與上公會晉侯僅稱公殊也嬰齊所請者下十七年公孫嬰齊卒于貍軫傳云前此者嬰齊走之晉公會晉侯將執公嬰齊爲公請公許之反爲大夫是上言公會晉侯將執公是上經沙隨之事嬰齊爲公請者也然則沙隨之會行父與嬰齊並請也左傳亦有子叔聲伯請季孫于晉事惟彼傳無嬰齊出奔事又以執季孫止此苕丘一次也通義云此一事而再言之者先凡而後目也前此者以下釋代公執之意自成公將會晉厲公以下乃申其事而詳敘之蓋晉人緣乞師不與恚公而以會不當期爲罪名耳傳本釋經經唯一書執季孫行父而郤公言再執是不善讀傳矣按孔氏以行父止執苕丘一次仍本左氏立說詳

繹傳文似是兩事公會晉侯以下一事也成公將會晉厲公又一事也序事甚晰

會不當期將執公季孫行父曰臣有罪執其君子有罪執其父此聽失之大者也

疏舊疏云言聽獄者失之大者矣鹽鐵論周秦云春秋曰子有罪執其父臣有罪執其君聽失之大者也今以子誅父以弟誅兄親戚相坐什伍相連若引根本之及華葉傷小指之累四體也如此則以有罪誅及無罪無罪者寡矣

今此臣之罪也舍臣之身而執臣之君吾恐聽失之爲宗廟羞也於是執季孫行父

注善其過則稱己善則稱君累代公執在危殆之地故地言舍而月之者痛傷忠臣不得其所爲代公執不稱行人者在君側非出使

疏注善其至稱君○說苑臣術云功臣事立歸善于君不敢獨伐其勞如此者良臣也禮記坊記云子云善則稱君過則稱己則民作忠襄十九年君不尸小事○臣不尸大事善則稱君過則稱己則民作讓矣○注累代至其所○正以沙隨之會代公執伐鄭會不當期又代公執是累代公執在危殆地也左傳疏引賈云書執行父舍于苕丘言失其所不書至者刺晉聽讒執之示己無罪也公羊禮說云問者曰必痛之何曰雜記曰內亂不與焉外患弗辟焉其行合禮焉其志可哀也言月爲傷痛文者舊疏云正以凡執例時故也郎僖四年夏齊人執陳袁濤塗五年冬晉人執虞公之屬是也通義云內大夫無罪被執例月義亦通○注爲代至出使○文十四年冬齊人執單伯傳執者曷爲或稱行人或不稱行人傳曰稱行人而執者以其事執也注以其所銜奉國事執之晉人

執我行人叔孫舍是也傳又曰不稱行人而執者以己執也注己者己大夫自以大夫之罪執之分別之者罪惡各當歸其本此行父既非事執亦非以己執故解之

冬十月乙亥叔孫僑如出奔齊疏包氏愼言云十月乙亥月之十三日

十有二月乙丑季孫行父及晉郤州盟于扈注行父執釋不致者舉公至爲重疏注行父至爲重○昭十三年晉人執季孫隱如以歸十四年書隱如至自晉又二十三年晉人執我行人叔孫舍二十四年書舍至自晉皆書其至此不致故解之正以書公至自會故行父致從省也

公至自會

乙酉刺公子偃疏舊疏云考諸舊本此經之下悉皆無注若有注者衍字耳又云僖二十八年注內殺大夫例有罪不日無罪日者正謂此也穀梁傳先刺後名殺無罪也

公羊義疏五十四

南菁書院

句容陳立卓人著

成十七年盡十八年

十有七年春衛北宮結率師侵鄭疏左氏穀梁作北宮括杜云括成公曾孫

夏公會尹子單子晉侯齊侯宋公衛侯曹伯邾婁人伐鄭

六月乙酉同盟于柯陵疏包氏慎言云積閏分六月後已盈宜置閏而經書六月柯陵之盟日乙酉月之二十七日九月書用郊之日爲辛若六月有閏則辛丑爲八月之十四日非九月日也杜云柯陵鄭西地風俗通云國語周語周單子會晉厲公于加陵引爾雅曰陵莫大於加陵言其獨高厲也則柯陵即加陵古柯加同韻按爾雅釋地云陵莫大於加陵郭注今所在未聞韋昭注周語亦云柯陵鄭西地名也盟于柯陵在成十七年與杜說合淮南人間訓晉厲公合諸侯于嘉陵加嘉同也方輿紀要柯城在大名府內黃縣東北通義云不復言諸侯者尹單同盟與葵丘異穀梁傳柯陵之盟同謀伐鄭也

秋公至自會

齊高無咎出奔莒

九月辛丑用郊疏包氏慎言云九月書辛丑用郊之日爲辛丑若六月有閏則辛丑爲八月之十四日非九月日也

用者何用者不宜用也九月非所用郊也[注]周之九月夏之七月天氣上升地氣下降又非郊時故加用之[疏]左傳疏引賈逵云諸言用者皆不宜用反於禮者也按莊二十四年用幣左傳曰非禮又二十五年鼓用牲于社又鼓用牲于社于門僖十九年邾婁人執鄫子用之皆不宜用者也○注周之至用之○禮記月令孟冬之月命有司曰天氣上騰地氣下降此於七月已然者彼正義云若以爻象言之七月三陽在上三陰在下則天氣上騰地氣下降若氣應言之則從五月地氣上騰至十月六陰俱升六陽並謝天體在上陽歸于虛無故云上騰地氣六陰用事地體在下陰氣下連于地故云下降是則陰生于午故於爻象爲姤極於亥於象爲坤七月爲否天上地下閉塞不交之始故注據以言也又非郊時者穀梁傳曰夏之始可以承春以秋之末承春之始蓋不可矣九月用郊用者不宜用也宮室不設不可以祭衣服不備不可以祭車馬器械不備不可以祭有司一人不備其職不可以祭祭者薦其時也薦其敬也薦其美也非言味也

然則郊曷用郊用正月上辛[注]魯郊博卜春三月言正月者因見百王正所當用也三王之郊一用夏正言正月者春秋之制也正月者歲首上辛猶始新皆取其首先之意日者明用辛例不郊則不日[疏]禮記郊特牲云郊之用辛也鄭注用辛日者凡爲人君當齋戒自新耳○注魯郊至用也○校勘記出魯郊博卜春三月云鄂本閩監本同此本疏標起訖亦作博毛本誤作傳疏同按博卜者廣博卜三月也浦校本作轉卜非

傳三十一年傳魯郊非禮也注以魯郊非禮故卜爾昔武王既沒成王幼少周公居攝行事制禮作樂致太平有王功周公薨成王以王禮葬之命魯使郊以彰周公之德非正故卜三卜吉則用之不吉則免牲是魯郊博卜春三月事也御覽引異義曰春秋公羊說禮郊及日皆不卜常以正月上下也魯與天子並事變禮今成王命魯使卜從郊不從即止以下天子也魯以上辛郊不敢與天子同也舊疏云此傳止言正月者因見其自今后百代之王正所當用之月也然則公羊家以正月上辛者魯制如是異天子也○注三王至夏正○舊疏云易說文也按郊特牲注亦云三王之郊一用夏正類聚引白虎通云易五帝三王祭天一用夏正何夏正得天之數也天地交萬物通始終之正故易乾鑿度云三王之郊一用夏正也郊特牲云郊之祭也迎長日之至也注易說曰三王之郊一用夏正夏正建寅之月也此言迎長日者建卯而晝夜分而日長也○注言正至制也○舊疏云既用夏正而此傳特言用正月上辛者但春秋之制也春秋因魯以制法令自今以後之郊皆用周上之正月故也按郊特牲云周之始郊日以至鄭云言日以周郊天之月而至陽氣新用事順之而用辛日此說非也郊天之月而日至魯禮也魯以無冬至祭天於圜丘之事是以建子之月郊天示先有事也周衰禮廢儒者見周禮盡在魯因推魯禮以言周事正義云王肅用董仲舒劉向之說以此爲周郊上文云郊之祭也迎長日之至謂周之郊祭於建子之月而迎此冬至長日之至也而用辛者以冬至陽氣新用事故用辛也周之始郊日以至者對建寅之月又祈穀郊祭此言始者對建寅爲始也然則鄭注所駁蓋即董仲舒劉向之說也郊特牲疏又云鄭康成則異於王肅上文云迎長日之至自据周郊此云郊之用辛據魯禮也郊用辛日者取齋戒自新周之始郊日以至者謂魯之始郊日以冬至之

月云始者對建寅之月天子郊祭魯於冬至之月初始郊祭示先有事也故云始也按何氏義與鄭同皆以三王之月郊用建寅之月魯郊用正月博卜三正者以十二月下辛卜正月上辛不從則以正月下辛卜二月上辛不從則以二月下辛卜三月上辛不若不從則止是亦不定在子月此傳特言正月故何氏以爲春秋制也則又異乎周魯也明堂位曰魯君孟春乘大路載弧韣旂十有二旒日月之章祀帝于郊又雜記云正月日至可以有事於上帝皆魯於子月郊天之據二記述其常故只言子月其實魯郊卜不定子丑寅三月也郊特牲疏又引崔氏皇氏用王肅之說以魯冬至郊天至建寅之月又郊以祈穀故左傳曰祈而郊又云郊祀后稷以祈農事是二郊也若依鄭說魯唯一郊不與天子郊天同月轉卜三正故聖證論馬昭引穀梁說魯以十二月下辛卜正月上辛云云之說以答王肅之難是魯一郊則止或用建子之月郊則此云日以至及宣三年正月郊牛之口傷是也或用建寅之月則左傳云郊祀后稷以祈農事是也但春秋魯禮無建丑之月耳若杜預不信禮記及公羊穀梁魯唯有建寅郊天及龍見而雩則是周魯不別矣魯若子寅兩月並郊則天子止一郊魯反兩郊理尤不通者也魯轉卜三正得一月則止則丑月郊容或有之特經傳偶未及耳其左傳之祈蟄而郊及郊祀后稷以祈農事自指天子之禮據郊之常月言也郊特牲疏又云聖證論王肅與馬昭之徒或云祭天用冬至之日或云用冬至之月據周禮似用冬至之日據禮記郊日用辛則冬至不恒用辛似用冬至之月按冬至日係圜丘之祭郊日宜用辛止用冬至之月耳各不相蒙郊特牲疏又云張融謹案郊與圜丘是一又引韓詩說三王各正其郊與王肅同又魯以轉卜三正與鄭元同於禮圜丘服大裘此及家語服裘冕家語又云臨燔柴脫裘冕著大裘象天臨燔柴輟祭著大裘象天恭敬

之義既自不同是張融以家語及此經郊祭並爲魯禮與鄭元同按郊祭感生帝配以后稷圜丘祭皇天配以帝嚳周禮大裘而冕圜丘之祭也被袞以象天郊祭之禮也魯不得用大裘而冕明圜丘與郊是二祭周既既祭圜丘又郊魯止一郊也張融之說名爲申鄭反與鄭謬矣家語王肅僞書不必引以相混也○注正月至之意○校勘記出上辛尤始新云閩監毛本同鄂本作猶是也繁露郊義云春秋之法王者歲一祭天於郊四祭於宗廟宗廟因於四時之易郊因於新歲之初聖人有以起之其以祭不可不親也天者百神之君也王者之所最尊也以最尊天之故故易時歲更紀卽以其初郊郊必以正月上辛者言以其所最尊首一歲之事更紀者以郊郊祭首之先貴之義尊天之道也又郊祭云是故天子每至歲首必先郊祭以享天乃敢爲地行子禮也又郊事對云古者天子之禮莫重於郊郊常以正月上辛者所以先百神而最居前是亦以天子唯一郊常於歲首又曰春秋之法則春秋之制定在周正正月蓋何氏亦本之公羊先師也○注日者明用辛例○正以經云辛丑用郊故書日以明用辛爲正也○注不郊則不日○卽僖三十一年夏四月四卜郊不從猶三望七年春王正月鼷鼠食郊牛角改卜牛夏五月不郊猶三望之屬是不郊故不日也

或曰用然後郊【注】或曰用者先有事存后稷神名也晉人將有事於河必先有事於惡池齊人將有事於泰山必先有事於蜚林魯人將有事於天必先有事於泮宮九月郊尤悖禮故言用小大盡譏之以不郊乃譏三望知郊不得譏小也又夕牲告牷后稷當在

日上不當在日下

【疏】通義云或意未明舊說以爲用事于類宮然後郊要本非傳所取闕疑殆焉讀書叢錄云按用當作卜說文用从卜从中字形相似又涉上文而譌爲用字僖三十一年傳卜郊非禮也何注天子不卜郊疏欲道天子之郊以其常事故不須卜魯郊非禮是以卜之用郊者不卜郊也故傳以爲不宜用或曰卜然後郊是據魯禮以正之者也按洪義亦迂曲俞氏羣經平議云如此說則分用與郊爲二事義不可通且有事泮宮豈可但謂之用乎何氏殆未得其解也此承上文郊用正月上辛而言蓋郊之必用正月上辛固其正也然哀元年穀梁傳曰郊三卜禮也又曰郊自正月至于三月郊之時也我以十二月下辛卜正月上辛如不從則以正月下辛卜二月上辛如不從則以二月下辛卜三月上辛如不從則不郊矣此傳所載或說蓋卽穀梁子之說用而後郊謂卜中而後郊也說文用部用可施行也從卜中會意故其義卽爲卜中卜中而後郊是不必正月上辛矣故附載其說以廣異義也此年書九月辛丑用郊者疑魯人於春三月卜之不吉又改於秋三月卜之至九月上辛而吉遂用以郊故春秋卽如其實書之以示譏耳定十五年夏五月辛亥郊傳曰曷爲以夏五月郊三卜之運也解詁運轉也已卜春三正不吉復轉卜夏三月周五月得二吉故五月郊也此年以九月郊與彼年以五月郊其事正同此書用而彼不書用者於此一譏已足見義其餘不悉譏也莊四年傳曰不可勝譏故將壹譏而已其餘從同同○注或曰至名也○校勘記浦鏜云名衍字從續通解校按何意以或曰用者爲將郊先有事於后稷存其神之祭名則有名字是也郊特牲曰存室神也注神依人也正義存安廟室之神此存義也○注晉人至泮宮○並禮器文禮器晉林作配林天作上帝泮作頖魯人在首句彼鄭注云惡當爲呼聲之誤也呼池漚夷幷

州川正義有事於河謂祭河也必先告惡池小川從小而祭也先告從祀者然後祭河也鄭又云配林林名公羊禮疏引盧植注云配林小山林麓配泰山者也謂諸侯不郊天泰山巡省所考五岳之宗故有事將祀之先卽其漸天子則否矣釋文蜚芳尾反又音配惠棟曰古配字讀爲妃故配林一作蜚林音相近禮正義配林是泰山之從祀者也故先告從祀然後祭泰山此皆積漸從小至大之義也鄭又云上帝周所郊祀之帝謂蒼帝靈威仰也魯以周公之故得郊祀上帝與周同先有事於頖宮告后稷也告之者將以配天先仁也頖宮郊之學也詩所謂頖宮也字或爲郊宮經義述聞云鄭注引詩所謂頖宮也則正文必不作頖宮而作郊宮注內先有事於頖宮告后稷也頖字亦當作郊蓋經言郊宮卽魯頌之頖宮故曰郊宮郊之學也詩所謂頖宮也正釋郊宮二字字或爲郊宮當作字或爲頖宮蓋郊宮卽頖宮故本亦有作頖宮者後人多聞頖宮罕聞郊宮故改正文云郊爲頖又改注以從之而詩所謂頖宮一語遂以頖宮釋頖宮重複而不可通矣釋文正義所見經注文已經改竄公羊傳疏所引亦與今本同其誤久矣按禮記之誤或如王氏所說而公羊注之作泮宮安見非卽王氏所改注中之或作頖宮之本與禮器疏云魯人無后稷廟今將祭天而於頖宮告后稷也義或然也按王制云小學在公宮南之左大學在郊爲鄭學者謂爲殷制周人質文相變則周人立太學於國小學在郊頖宮宜在郊蓋皆小學也○注九月至小也○傳三十一年夏四月四卜郊不從乃免牲猶三望傳云猶者何通可以已也譏不郊而望祭也注譏尊者不食而卑者獨食也彼以不郊而望故譏其望明郊則不譏此九月郊据或云失禮尤者故大小皆譏也尤悖禮者蓋對定十五年之夏五月郊言也○注又夕至日下○舊疏云言古禮郊之前日午后陳其牲物告牲之牷于后稷則

知此經宜云九月用辛丑郊矣按周禮充人展牲則告牷注鄭司農云展具也具牲若今時選牲也充人主以牲牷告展牲者也玄謂展牲若今夕牲也特牲饋食禮之曰宗人視牲告充舉獸尾告備近之續漢志注引干寶云展牲若今夕牲魏書禮志帝曰夕牲之禮無可依準近在代都已立其議殺牲祼神誠是一日之事終無夕而殺牲待明而祭劉芳對曰臣謹按周禮牧人職止有夕展牲之禮實無殺牲之事李彪曰夕不殺牲誠如聖旨未審告廟以否臣聞魯人將有事於上帝必先有事於類宮注曰先人以此推之應有告廟帝曰卿言有禮但朕先以郊配意欲廢告而卿引證有據當從卿議公羊禮說云夕牲之禮不獨郊有之宗廟亦有之郊之夕牲在郊不在廟何注告牷后稷是祭后稷而告牷非郊天而告牷于后稷之廟也徐疏以爲古禮郊之前日陳其牲物告牷於后稷此臆說也傳曰用然後郊注用者先有事存后稷神也按禮器注魯以周公之故得郊上帝與周同先有事於類宮告后稷也告之者將以配天先仁也喪服小記注祭天則以祖配之自外至者無主不止據此則知告后稷以配天不聞郊前一日告牷於后稷也郊特牲卜郊受命於祖廟作龜於禰宮尊祖親考之義也注云受命謂告之退而卜此告祖卜郊于祖亦不聞告牷也孔賈疏皆云卜在祭前十日據此卜日告廟夕牲又告廟十日告廟二次祭不欲數之謂何也若云此卽以卜日之時告牷則告牷當在祭前十日不得謂郊之前一日也周禮牛人凡祭祀共其享牛求牛鄭司農云享牛前祭一日之牛也疏以此爲祭前一日夕牲時而言据此言凡祭祀則享牛不獨郊有之宗廟亦有之矣然則夕牲告牷何以不指類宮之祭而必欲以爲郊天之牛夕牲告牷于后稷乎特牲饋食是土祭宗廟何嘗不告牲祭后稷而反不告牷耶說文牷牛純色也郊特牲毛血告幽全之物也告幽全之物者貴純

之道也則正是灌而迎牲告牷又安有告牷后稷之事充人疏言漢法以況則古禮已亡故舉漢法以況也漢法郊祭之夕牲告牷于壇不於廟尤其明證也續漢志正月天郊夕牲注引干寶曰若今夕牲又郊儀先郊日未晡夕牲公卿京尹衆官悉至壇東大祝吏牽牲入跪曰請省牲太史令酌毛血一奠天神座前一奠太祖座前亦何嘗有郊牲必告廟之事又晉書禮志武帝將親祠車駕夕牲儀注不拜帝曰非致敬宗廟之禮也此則一宗廟夕牲之證也魏書禮志帝曰朕先以郊配意欲褒告則郊是一事告廟一事設使郊特牲必告廟魏主安得欲褒之耶又此處用字當指用九月不當指用后稷以配天九月用郊失禮之大郊既不可祭后稷失禮之小者故云小大盡譏之僖不郊而望故但譏其小此已郊知不獨譏小也若以用為告后稷則經不當云辛丑用郊蓋告后稷在祭前十日夕牲告牷又在祭前一日與郊不同日故云當在日上不當在日下凡辛丑以前皆得謂之日上而徐疏遂舉郊前日午後以寶之近於鑿矣何鄭同時鄭舉漢法曰若今夕牲則何之云夕牲亦漢法可知矣今按何義以用郊者謂不宜用九月為正解自或曰用者以下皆申明或曰用然後郊之說以不郊下則何氏駁或說也或曰以九月郊尤悖禮故言用小大盡譏蓋讀用郊二字並列以用亦祭名謂辛丑日先用後郊並行二禮也何氏據僖公事駁之謂不郊始譏望之小祭此已郊矣無為譏用明用亦小祭也又夕牲告牷不與郊同日不得在辛丑下也舊疏殊未了了且告牷自與告殺異也

晉侯使荀罃來乞師疏差繆略云罃公羊作嬰唐石經公羊汲今注疏本作罃

冬公會單子晉侯宋公衛侯曹伯齊人邾婁人伐鄭

十有一月公至自伐鄭【注】月者方正下壬申故月之【疏】注月者至月之○舊疏云正以凡致例時故此解之言正下壬申者欲正壬申爲十月之日是以不得不言十一月以來之

壬申公孫嬰齊卒于貍軫【疏】杜云貍軫地闕彼疏引杜又稱舊說曰壬申十月十五日貍脤魯地也傳曰十月庚午圍鄭則二日未得及魯竟也釋例又曰魯大夫卒其竟內則不書地傳稱季平子行東歸卒于房是也以此益明貍軫非魯地矣舊疏云正本作貍辰字左傳作貍脤穀梁作貍蜃脤蜃軫辰音並相近得通釋文軫之忍反是也水經注范解皆以爲魯地

非此日月也曷爲以此月日卒之【注】据下丁巳朔知壬申在十月【疏】注据下至十月○舊疏云卽下十有二月丁巳朔日有食之是也十二月丁巳朔逆而推之則丁亥爲十一月朔日又逆而推之卽丁卯爲十月十一日矣卽從丁卯數之戊辰己巳庚午辛未壬申爲十月十六日左疏引長曆云公羊穀梁傳及諸儒皆以爲十月十五日庚午圍鄭十三日也推至壬申誠在十五日然據傳曰十一月諸侯還自鄭壬申至于貍脤而卒此非十月分明誤在日也蓋左氏不信待公至然後卒大夫之說故杜以爲日誤包氏愼言云十一月經書壬申壬申爲十月之十六日穀梁亦云十月無壬申壬申乃十月也致公而後錄臣子之義也六月有閏則壬申又爲九月日矣

待君命然後卒大夫【疏】禮記王制云大夫廢其事終身不仕死以士禮葬之又雜記云大夫士死於道則升其乘車之左轂以其綏復如於館死則其復如於家大夫以布爲輤而行至於家而說輤載以輲車入自門至於阼階下而說車舉自阼階升適所殯士輤車葦席以爲屋蒲

廟以爲嘗惟按嬰齊以罪出宜如士禮書春秋則大夫矣故必待君命乃可以大夫書卒曷爲待君命然後卒
大夫注据昭公出奔卒叔孫舍疏据昭至孫舍○即昭二十五年九月己亥公孫于齊冬十月戊
辰叔孫舍卒是也前此者嬰齊走之晉注不書者以爲公請除出奔之罪
也疏注不書至罪也○大夫出奔當絕嬰齊有爲公請之功功罪得以相除故不書也舊疏云其請公者謂上沙隨時也與季
文子之請同時公會晉侯將執公嬰齊爲公請疏通義云上年行父代執晉慽未平故今因其來
會伐鄭復欲執之按孔氏以行父止一執故以嬰齊之請爲伐鄭時事然行父如執于沙隨之會後未再執經何爲退書招丘之文
在伐鄭後明沙隨之執不書所書者伐鄭後一執也孔以行父之代執在沙隨故以嬰齊之請分屬伐鄭之會意以後此之將執公
而未執別無爲請者宜由於嬰齊公許之反爲大夫歸至于貍軫而卒注十月壬
申日貍軫魯地疏注十月壬申日○穀梁傳十一月無壬申壬申乃十月也○注貍軫魯地○穀梁傳其地未踰
竟也無君命不敢卒大夫注國人未被君命不敢使從大夫禮疏穀梁
傳致公而後錄臣子之義也注嬰齊實以十月壬申日卒而公以十一月還先致公而後錄其卒故壬申在十一月下也嬰齊從公
伐鄭致公然後伐鄭之事畢須公事畢然後書臣卒先君後臣之義也穀梁之意以爲致公而後錄其卒與公羊義異然則昭公孫
齊何爲書叔孫舍卒乎○注國人至夫禮○正以臣無自爵之義大夫者君之所命公尙未反故國人無君命不敢以大夫禮待也

公至〔注〕十一月至是也〔疏〕注十一月至是也○卽上十有一月公至自伐鄭是也舊疏云若以上傳言之則嬰齊之請魯侯許之皆是沙隨時也若在沙隨會時卽在伐鄭之上何故待公伐鄭之還乃始卒之正以成公許之實在沙隨但嬰齊未還公又伐鄭伐鄭未歸嬰齊已卒國人不聞公命未敢卒之按沙隨會與伐鄭皆在秋爲時必促故得嬰齊未還公又伐鄭也

曰吾固許之反爲大夫〔注〕許反爲大夫卽受命矣然後卒之〔注〕爲其不敢自專故引其死日下就公至月卒之起其事所以激當世之驕臣

十有二月丁巳朔日有食之〔疏〕包氏愼言云十二月書丁巳朔是時曆於歲終乃置閏也元志姜岌云十二月戊子朔無丁巳似失閏大衍於十一月丁巳朔交分入食限沈氏欽韓以今曆推之是歲十一月丁巳朔加時在晝交分十四日二千八百九十七分入食限與大衍同五行志下之下十七年十二月丁巳朔日有食之董仲舒劉向以爲楚滅舒庸晉弑其君宋魚石因楚奪君邑莒滅鄫齊滅萊鄭伯弑一死劉歆以爲九月周楚分臧氏壽恭云合辰在翼十二度距張十一度張爲周之分星翼爲楚之分星故曰周楚分又云劉歆以爲九月朔則上壬申劉歆以爲七月十五日也是年入甲申統一千六十九年積月一萬三千二百二十一閏餘十六閏在六月前積日三十九萬四百二十七小餘四十五大餘七十正月辛卯朔大小餘七二月辛酉朔小小餘五十三月庚寅朔大小餘十二四月庚申朔小小餘五十五五月己丑朔大小餘十七閏月己未朔小小餘六十六月戊子朔

大小餘二十二七月戊午朔十五日壬申是月小小餘六十五八月丁亥朔大小餘二十七九月丁巳朔說左氏者以壬申爲十月十五據魯曆言之也又云左氏先儒蓋兼取二傳然二傳但言壬申在十月不定爲十五日定爲十五日者左氏說也長曆謂公羊穀梁及諸儒皆以爲十月十五日者亦未允

邾婁子貜且卒【疏】通義云蒙上日也同日二事日食在上者先天道次人事與鄢陵同義

晉殺其大夫郤錡郤州郤至【疏】穀梁傳曰自禍於是起矣注云厲公見殺之禍上十八年疏引春秋說云厲公猥殺四大夫臣下人人恐見及正月幽之二月而死左傳欒書中行偃遂執公焉亦以殺三郤故蓋三傳義大同

楚人滅舒庸【注】舒庸東夷道吳圍巢【疏】注舒庸至圍巢○左傳舒庸人以楚師之敗也道吳人圍巢伐駕圍釐虺遂恃吳而不設備楚公子橐師襲舒庸滅之按舊疏云出左氏此也又云考諸舊本亦有無此注者按舊本是也何邵公向不用左傳說公羊雖亦間有隱合必係公羊舊傳不得顯與左氏絕無殊閒也且舒庸當亦羣舒之一當近今湖北鄖陽府地

十有八年春王正月晉殺其大夫胥童

庚申晉弑其君州蒲【注】日者二月庚申日上繫於正月者起正月見幽二月庚申日死也厲公猥殺四大夫臣下人人恐見及以致此

禍故日起其事深爲有國者戒也【疏】左傳疏引應劭作舊名諱議云昔者周穆王名滿晉厲公

名州滿又有王孫滿是同名不諱則晉厲名州滿矣左傳十年定本蒲作滿彼釋文云州蒲本或作州滿史記諸侯十二年表作壽曼壽州曼滿聲相通當如正義說作滿劉知幾史通雜駮篇亦以蒲爲誤二傳釋文皆無說知左氏之誤蒲久矣〇注日者至申日〇包氏愼言云正月書庚申月之五日包氏以上年歲終宜置閏故也與何氏義不合舊疏云正以文十八年冬莒弒其君庶其傳曰稱國以弒者衆弒君之辭注云一人弒君國中人人盡喜故舉國以明失衆當坐絕也例皆時者略之也然則稱國以弒者例皆時而此書日故解之而昭二十七年夏四月吳弒其君僚彼注云月者非失衆見弒故不略也其不略之故具於彼注又云知庚申二月日者亦以上十二月丁巳朔言之也去年十二月丁巳朔知今年二月丙辰朔也何者以長曆推之今年正月小故也二月丙辰朔數丁巳戊午己未庚申爲五日也〇注上繫至死也〇舊疏引春秋說云厲公猥殺四大夫臣下人人恐見及正月幽之二月而死是也〇注厲公至戒也〇厲公猥殺四大夫者即去年殺三郤今年殺胥童是也左傳以胥童嬖於厲公與夷羊五帥甲八百攻郤氏後欒書中行偃殺胥童與緯說殊按如彼則大夫相殺不得稱國以殺也穀梁傳曰稱國以弒其君君惡甚矣疏於此發傳者以州蒲二年之間殺四大夫故於此發惡例也新語至德云昔晉厲齊莊楚靈宋襄秉大國之權杖衆民之威軍師橫出陵轢諸侯外驕敵國內克百姓鄰國之仇結於外臣下之怨積於內而欲建金石之功終傳不絕之世豈不難哉繁露王道云晉厲公行暴道殺無罪人一朝而殺大臣三人明年臣下畏恐晉國殺之又云觀乎晉厲之妄殺無罪知行暴之報又服制云晉厲公之强中國

以寢尸流血不已中國即國中也即謂殺四大夫事也又兪序云故言楚靈王晉厲公生弑於位不仁之所致也淮南人間訓晉厲公南伐楚東伐齊西伐秦北伐燕兵横行天下而無所繼威行四方而無所紲遂合諸侯於嘉陵氣充志驕淫侈無度暴虐萬民內無輔拂之臣外無諸侯之助戮殺大臣親近導諛明年出遊匠麗氏欒書中行偃劫而幽之諸侯莫之救百姓莫之哀三月而死惠氏士奇春秋說云春秋數稱晉欒書一救鄭一侵蔡一伐鄭明專國也及厲公死而書乃弑君之賊其名絶不復見矣通義云實欒書弑稱國者罪厲公也不去日者舉衆弑詞則失德已明

齊殺其大夫國佐

公如晉

夏楚子鄭伯伐宋

宋魚石復入于彭城【注】不書叛者楚爲魚石伐取彭城以封之本受于楚非得于宋故舉伐于上起其意也楚以封魚石復本繫于宋言復入者不與楚專封故從犯君錄之主書者其專封【疏】杜云彭城宋邑今彭城縣大事表云舊爲大彭氏國春秋時爲宋邑今爲江南徐州府治銅山縣項羽都此爲西楚伯王時號江陵爲南楚陳爲東楚彭城爲西楚水經注泗水篇又東至彭城縣北城即殷大夫彭祖國也於春秋爲宋地楚伐宋幷之以封魚石崔季珪述初賦曰

想黃公於邳地勤魚石於彭城是也孟康曰舊名江陵爲南楚陳爲東楚彭城爲西楚文穎曰彭城故東楚也○注不書至意也○校勘記出楚爲魚石伐云鄂本下有宋字此脫按紹熙本有宋字舊疏云如上注者決昭二十一年宋華亥向甯華定自陳入于宋帶里以畔之文故也按左傳楚伐彭城納宋魚石向爲人鱗朱向南魚府焉以三百乘戍之而還西鉏吾曰今將崇諸侯之姦而披其地以塞夷庚逞姦而攜服毒諸侯而懼吳晉吾庸多矣非吾憂也是也○注楚以至錄之○舊疏云桓十五年傳云復入者出無惡入有惡魚石出時直爲與山有親更無實罪故曰出無惡也今犯君而入故爲入惡從犯君錄之按僖元年傳君則其稱師何不與諸侯專封又曰諸侯之義不得專封故仍繫之宋以示不與楚封魚石也○注主書至專封○校勘記出主書者云鄂本者下有起此說解云起其專封之義按紹熙本者下有起字舊疏云必起其專封者正欲責之故也上言楚子伐宋下即言宋魚石復入于彭城是專封明矣

公至自晉

晉侯使士匄來聘

秋杞伯來朝

八月邾婁子來朝

築鹿囿 疏 范云築牆爲鹿地之苑彼疏引徐邈何休皆云地名今公羊無此注疏又云范知非爲鹿築囿而以鹿爲地名即囿

既是地名則此鹿當是地名

何以書譏何譏爾有囿矣又為也注刺奢泰妨民天子囿方百里公侯十里伯七里子男五里取一也疏楊疏引徐何說又云魯先有囿今復築之故書以示譏則即及蛇泉亦是譏也今何氏亦無此語○注刺奢泰妨民○穀梁傳築不志此其志何也山林藪澤之利所以與民共也虞之非正也○注天子至一也○舊疏云孟子文司馬法亦云也今孟子無此語○詩大雅靈臺云王在靈囿毛傳囿天子百里諸侯四十里正義云天子百里諸侯四十里解正禮耳其文王之囿則七十里故孟子云齊宣王問於孟子曰文王之囿方七十里有諸孟子曰書傳有之曰若是其大乎民猶以為小也曰寡人之囿方四十里民猶以為大何也是宣王自以為諸侯而問故云諸侯四十里以宣王不舉天子而問及文王之七十里則以為文王非天子之制明天子不止七十里故宜為百里也按穀梁傳疏引毛詩傳作三十里蓋誤字穀梁疏引徐邈說與何同而今本穀梁疏引作天子囿方十里伯方七里子男方五里與何注不合係刻本之誤非楊氏所据有異本故浦氏鏜公羊注校改也經義雜記云穀梁成十八年疏云毛詩傳云囿者天子百里諸侯三十里詩傳蓋据孟子稱文王囿七十里寡人囿三十里故約之為天子百里諸侯三十里耳琳案袁范漢書皆言文王囿百里宣王十里楊疏引毛詩傳諸侯三十里三即五字之譌古本孟子蓋作文王之囿方百里寡人之囿方五十里故毛公据之以分天子諸侯之制按周禮闡人疏引白虎通云天子百里大國四十里次國三十里小國二十里成公十八年公羊注云天子囿方百里公侯十里伯七里子男

五里皆取一也意者公羊傳所指爲離宮毛詩傳白虎通所指爲御苑與凡天子則皆云百里而白虎通自四十里以下析言之無五十里者則樂松五五十里之說未足爲三十里之證公羊傳疏以天子囿方百里爲孟子司馬法文今孟子固無此文也是則臧氏亦未能自持其說宣王之囿無論三十里四十里五十里皆非諸侯正禮不足爲訓小國地方僅五十里安得容此五十里之囿乎當以此注爲正皆取一者據孟子王制天子地方千里大國百里次國七十里小國五十里言也

己丑公薨于路寢【疏】包氏愼言云八月書己丑月之八日穀梁傳路寢正也男子不絕婦人之手以齊終也

冬楚人鄭人侵宋

晉侯使士彭來乞師【疏】左氏穀梁作士魴襄十二年經同九經古義云古彭旁通用旁與魴同音故亦作彭聲之誤也按襄十二年疏考諸舊本皆作士魴字若作士彭者誤也按古音彭與魴同部得段借也

十有二月仲孫蔑會晉侯宋公衞侯邾婁子齊崔杼同盟于虛朾【注】不日者時欲行義爲宋誅魚石故善而爲信辭或喪盟略【疏】杜云虛朾地闕或云郎宋之虛也元和郡縣志兖州泗水縣卞縣之地郎春秋之虛朾也一統志云今泗水縣治也○注不日至信辭○正以小月故也○注或喪盟略○謂我有喪也從略不日

丁未葬我君成公【疏】包氏愼言云十二月書丁未月之二十八日

公羊義疏五十五

公羊義疏五十六

南菁書院

句容陳立卓人著

襄元年盡六年

春秋公羊經傳解詁襄公第八疏校勘記云唐石經襄公第九卷八左傳釋文襄襄公名午成公子母定姒諡法因事有功曰襄辟土有德曰襄魯世家成公卒子午立是爲襄公是時襄公三歲也杜云於是公年四歲左傳襄九年傳曰會于沙隨之歲寡君以生晉侯曰十二年矣則即位時三歲元年四歲也

元年春王正月公即位疏穀梁傳繼正即位正也

仲孫蔑會晉欒黶宋華元衛甯殖曹人莒人邾婁人滕人薛人圍宋彭城

宋華元曷爲與諸侯圍宋彭城注據晉趙鞅以地正國加叛文今此無加叛文故問之疏注據晉至問之○即定十三年秋晉趙鞅入于晉陽以叛冬晉荀寅士吉射入于朝歌以叛晉趙鞅歸于晉傳云此叛也其言歸何以地正國也其以地正國奈何晉趙鞅取晉陽之甲以逐荀寅與士吉射荀寅與士吉射曷爲者也君側之惡人也此逐君側之惡人曷爲以叛言之無君命也注無君命者操兵鄉國故初謂之叛後知其意欲逐君

側之惡人故錄其釋兵書歸赦之按左傳華元自晉反國卽使華喜公孫師帥國人攻蕩氏書此又合諸侯圍彭城與操兵鄉國相似不加叛文故据以難也舊疏云宋華元曷爲與諸侯圍宋彭城而不加叛文與趙鞅異乎然則趙鞅以采地之兵逐君側之惡人以正其國其意實善而春秋必加叛文者正以人臣之義本無自專之道若其許之恐惡逆之臣外託興義之兵內有覬覦之意是以雖爲善不得與之

爲宋誅也【注】故華元無惡文【疏】注故華至惡文○正以華元有君命誅叛人故不加華元叛辭也與趙鞅未稟君命異人臣無自專之義其意雖善其事不醇故春秋責之也左傳於是爲宋討魚石故稱宋且不登叛人也舊疏云雖云操兵鄉國但稟宋公之命與諸侯之師逐去叛人以衛社稷春秋善之故無惡文也

其爲宋誅奈何魚石走之楚楚爲之伐宋取彭城以封魚石【疏】成十五年宋魚石出奔楚十八年楚子鄭伯伐宋宋魚石復入于彭城是也成十八年左傳云楚子辛鄭皇辰侵城郜取幽丘同伐彭城納宋魚石等焉十一月楚子重救彭城伐宋

魚石之罪奈何以入是爲罪也【注】說在成十八年書者善諸侯爲宋誅雖不能誅猶有屈彊臣之助【疏】注說在至八年○卽謂成十八年書宋魚石復入于彭城事也復入者出無惡入有惡其初出時直與山有親辟而去其入彭城則外託強楚伐君取邑失人臣之義故書復入以罪之通義云追釋書復入于彭城之意就以其假大國之勢犯君竊邑故出無惡入有惡也包氏慎言曰既出復入居國邑以犯君論十八年注不書叛者楚爲魚石伐宋取彭城以封之本受於楚非得于宋故舉伐於上起其意楚以封魚石復本

繫於宋言復入者不與楚專封故從犯君錄之案魚石出奔大國結大國以取本國之邑以受其封是挾楚以脅宋既六國大夫合圍爲宋誅魚石而不著魚石出奔文又不著殺文則諸侯未能取彭城也傳云以入爲罪則規圖彭城非石之意楚人乘閒所以封魚石借以閉宋明魚石之罪罪在不當受楚封而入居之原情不加以脅國之罪故以犯君論誅○注書者至之助○校勘記出猶有屈彊臣之助云閩監毛本同誤也鄂本助作功解亦云雖不能誅猶有屈魚石之功當據以訂正舊疏云傳云爲宋誅而知不能誅者正以助其君討叛臣義之高者若能誅之理應有見似若昭四年經書執慶封殺之今但言圍而無殺文故知不能誅雖不能誅猶有功是以春秋書之善其爲宋誅矣

楚已取之矣曷爲繫之宋注据莒人伐杞取牟婁後莒牟夷以牟婁來奔不繫杞疏注据莒至繫杞○取牟婁事見隱二年以牟婁來奔見昭五年校勘記出后莒牟夷云閩監毛本同鄂本后作後當据正下注同疏中亦誤作后按紹熙本作後桓二年傳云器從名地從主人注從後所屬主人楚已取彭城宜屬之楚矣故難之

不與諸侯專封也注故奪繫於宋使若宋邑者楚救不書者從封內兵也疏注故奪至邑者○通義云欲言楚彭城則本非楚自取直言彭城嫌與通鑑文同故還繫之宋奪正其義明楚不得專以地封叛人魚石不得專受封於楚邑而言圍者起實封也舊疏云僖二年城楚丘傳云不與諸侯專封也然則不與諸侯專封取事一也所以或繫於宋或不繫於衞者彼以衞國已滅故無所繫不言桓公城之者不與諸侯專封故也今此魚石受楚之封入邑而叛是以奪而繫國以示不成然則不與之言雖同其不與

之理實異是以齊侯封衞春秋實與楚封魚石繫宋以抑之左傳亦云非宋地追書也杜云成十八年楚取彭城以封魚石故曰非宋地夫子治春秋追書繫之宋又曰且不登叛人也杜云登成也不與其專邑叛君故使彭城還繫宋彼疏引釋例云楚人棄君助臣取宋彭城以封叛者削正與僞雖非復宋地故追書繫宋不與楚之所得是其義也左氏疏云既列爲國非復宋地傳言追書是仲尼新意故云夫子治春秋追書繫之宋也不與其專邑叛君不與楚得取邑封人故使封城還繫於宋也是亦奪繫於宋使若宋邑之義也○注楚救至兵也○舊疏云經傳無文知楚救者正以楚人封之故也楚人幷兵於魚石魚石之叛抑而不成今華元討之即宋國封內之兵封內兵例所不錄是以楚救不書也按舊說非是何意以彭城已爲楚所取以封魚石故從封內兵不書楚救也春秋繫之宋者所以抑楚不與其專封不書楚救者起其實爲楚所取故也舊疏又云封內之兵例所不錄者正以定八年傳云公斂處父帥師而至經不書之是也哀三年衞石曼姑帥師圍戚亦是封內之兵而得書者彼以國夏爲伯討是以得書然則春秋不與蒯聵之直故令國夏得討之國夏得討之則非封內之兵也今此魚石不成叛是以與彼異也

夏晉韓屈帥師伐鄭 疏 左氏穀梁屈作厥校勘記云唐石經諸本同古屈厥同部得相叚借

仲孫蔑會齊崔杼曹人邾婁人杞人次于合 注 刺欲救宋而後不能也知不救鄭者時鄭背中國不能救不得刺 疏 左氏穀梁合作鄫杜云鄫鄭地在陳留襄邑縣東南續漢志注引作縣東南有鄫城范云鄫鄭地鄫或爲合趙氏坦異文箋云鄫古或省作曾曾合篆文相近遂譌作合

撫古遺文曾作鄫合作曾是也大事表云襄邑今爲歸德府睢州水經注淮水篇渙水又東經鄫城北春秋襄元年書晉韓厥伐鄭仲孫蔑會齊曹邾杞次于鄫杜預曰陳留襄邑縣東南有鄫城一統志鄫城在歸德府柘城北紀要睢州東南皆本杜注差繆略云穀梁亦作合又邾人在杞人下按今注疏本及三傳石經皆杞在邾下○注刺欲至能也○莊三年公次于郎傳其言次于郎何刺欲救紀而不能也此文與彼同故如彼解之○注知不至得刺○正以上文有仲孫蔑會晉欒黶宋華元以下圍宋彭城爲宋討魚石等內無鄭人下有楚公子壬夫侵宋又成十八年有楚子鄭伯伐宋明魯爲晉與國鄭爲楚與國鄭背諸夏即蠻夷晉韓屈伐之魯必不救果即救而不能春秋決無刺文也

秋楚公子壬夫帥師侵宋疏唐石經公子壬夫磨改匡謬正俗云楚公子王夫字子辛今之學者以其字子辛遂改王夫爲壬夫同是日辰名字相配也故楚有公子午字子庚庚是十幹午是十二支法有相配辛壬同在十干此與庚午不相類固當依本字讀爲王夫不宜穿鑿改爲壬左傳校勘記云顏說非也石經以下皆作壬漢書古今人表亦作公子壬夫陸氏穀梁音義壬音而林反

九月辛酉天王崩疏包氏慎言云九月書辛丑月之十六日

邾婁子來朝

冬衞侯使公孫剽來聘

晉侯使荀罃來聘 疏 舊疏云諸侯爲天子服斬衰三年是以曾子問云諸侯相見揖讓而入門不得終禮廢者幾孔子曰六請問之曰天子崩大廟火日食后夫人之喪雨霑服失容則廢然則天王九月崩而四國得行朝聘禮者杜氏云辛酉九月十五冬者十月初也天王崩赴未至皆未聞喪故各得行朝聘之禮是也按舊說是也惟又云四國行朝聘之時王之赴告未至於魯經書天王崩得在朝聘之上者公羊之義据百二十國寶書案而爲經雖四國未知何妨先書此義近費孔子作春秋本不据赴告之文乃左氏有此說不必牽涉說公羊也既云据百二十國寶書矣何爲又設此一難乎

二年春王正月葬簡王 疏 隱三年傳云天子記崩不記葬必其時也又文九年傳不及時書過時書我有往者則書此簡王於去年九月崩今年正月即葬始五月不及時也

鄭師伐宋

夏五月庚寅夫人姜氏薨 疏 包氏愼言云五月書庚寅月之十九日

六月庚辰鄭伯睔卒 注 不書葬者諱伐喪 疏 包氏愼言云六月無庚辰五月之九日七月之十日也九經古義云釋文睔古困反古今人表鄭成公綸師古曰綸音工頑反左傳作睔按古今人表又有泠淪氏服虔曰淪音鯀鯀與昆同音古昆字作罤故毛詩敝笱云其魚魴鰥鄭箋云鰥魚子也魯語云魚禁鯤鮞爾雅云鯤魚子孔穎達云鯤鰥字異蓋古字通用是鰥本音古魂反故泠淪綸巾諸字皆讀鰥師古以鰥有關音遂釋綸爲工頑反今人讀綸巾字爲關音自謂合古音失之

甚者○注不書至伐喪○下冬仲孫蔑會晉荀罃齊崔杼宋華元衞孫林父曹人邾婁人滕人薛人小邾婁人于戚遂城虎牢傳虎牢者何鄭之邑也其言城之何取之也取之則曷爲不言取之爲中國諱也曷爲爲中國諱諱伐喪也此不書葬故據下事解之舊疏云春秋之內諸侯之卒不書其葬非止一義而已或諱背殯用兵或譏其篡或刺不討賊或枉殺大夫此鄭伯襄公之子繼體爲君復非篡立從成十五年即位以來未有罪惡之事明其不書葬者不惟上事明也而下又有諱伐喪之文則知不書葬者正爲諸侯諱其伐喪故也按繁露竹林云春秋之書戰伐也有惡有善也惡詐擊而善偏戰恥伐喪而榮復仇是也恥之甚是以諱之深也通義云不葬者棄夏附楚與接同罪亦通

晉師宋師衞甯殖侵鄭疏通義云晉宋將卑師衆衞將尊師少故分別書之

秋七月仲孫蔑會晉荀罃宋華元衞孫林父曹人邾婁人于戚疏左傳謀鄭故也

己丑葬我小君齊姜

齊姜者何齊姜與繆姜則未知其爲宣夫人與成夫人與注齊姜者宣公夫人九年繆姜者成公夫人也傳家依違者襄公服繆姜喪未踰年親自伐鄭有惡故傳從內義不正言也疏包氏慎言云七月書己丑

月之十九日范云齊謚按謚法執心克莊曰齊穀梁釋文齊如字一音側皆反○注齊姜至人也○舊疏云左氏以齊姜成公夫人繆姜宣公夫人通典引劉智喪服釋疑答問云高曾祖母俱存其卑者先亡則當厭屈否昔魯穆姜在而成公夫人薨春秋書曰葬我小君齊姜舊說云妻隨夫而成尊姑不厭婦婦人不主祭己承先君之正體無疑於服重也劉氏用左氏義舊疏云何氏不然者正以齊姜先薨多是姑繆姜後卒理宜為婦實無文據以順言之也且九年襄公伐鄭不書其至若非親母不應貶之至此即下九年五月夫人姜氏薨八月葬我小君繆姜冬公會晉侯以下伐鄭是也按喪服小記云祖父卒而后為祖母後者三年正義若祖卒時父在己雖為祖期今父歿祖母亡時亦為祖母三年也宣公之薨襄公未生為不及為服齊姜薨時成公已歿襄宜為之重服三年也而後代有疑孫非承重於祖者父卒後祖母歿不服重者殊謬通典為高曾祖母及祖母持重服議後漢荊州牧劉表云父亡在祖後則不得為祖母三年以為婦人之服不可踰夫孫為祖服周父亡之後為祖母不得踰祖也晉或問之曰若祖父先卒父自為之三年己為之服周矣而父卒祖母後卒當服三年否乎劉智答云適孫服祖三年誠以父卒則己不敢不以子道盡孝於祖為是服三年也謂受重於祖者父卒則祖當為己服周此則受重也己雖不得受重然祖母今當服己周己不得不為祖母三年也也小記曰祖父卒而後為祖母後三年特為此發也待中成粲云禮有適子問無適孫然則己受重於父不受重於祖不得為祖母三年禮舅沒則姑老為傳家事於長婦也亦為祖沒則己父受重於祖父己不受之於祖父母故無祖父母三年之禮也賀循又引小記自釋為祖母後者服之如母不為祖父母後不得為祖母三年未見其驗但以父在無二適父沒祖存己位則正不得為祖父

後乃爲祖母適也宋崔凱云時人或有祖父亡而後祖母亡孫奉養祖母祖母卒則爲之齊衰三年者凱以爲祖母三年自謂己父母早亡受重於祖故爲祖斬衰三年祖母齊衰三年今己父後亡則受重於父不受重於祖孫雖奉養祖母固自當如禮齊衰周爾此皆謂不宜持重者也庾蔚之謂劉景升以婦人不可踰夫既已乖矣成粲云己自受重於父不受重於祖爲祖母不應三年可謂殊塗而同謬者矣又吳商駁之云嘗見表所作喪服後定變除爲婦人之服不踰男子孫爲祖父服周父亡之後爲祖母服周云不得踰祖也又見成侍中云以爲己自受重於祖祖母服不應三年商按假使子爲人後爲本父服周而所後者更自有子己則還家而母後亡當可以不得踰父不三年乎又從祖祖父先亡己爲小功五月而已後爲從父後又先亡祖母後卒可復以己先爲祖父小功今爲祖母不踰祖父後服五月乎諸如此比婦服重於夫甚衆不得踰夫之說經傳無據適行庶服義又不通粲又云己自受重於父不受重於祖母亦當周又齊衰章臣爲君之父母祖父母周凡臣從君所服而降一等臣從服周則君爲三年也据爲國君而有父若祖之喪者謂始封君也其繼體則父與祖並有廢疾不立者也有廢疾不立則君受國於曾祖不受國於祖也不受國於祖猶爲服三年此則經之明例非從傳記之說也其義如此則凡爲祖後者皆應三年何必受重然後斬按吳氏之駁極爲明晰○注傳家至言也○下九年五月夫人姜氏薨冬公會晉侯以下伐鄭十有二月己亥同盟于戲注事連上伐不致者惡公服繆姜喪未踰年而親伐鄭故奪臣子辭是服繆姜喪未踰年伐鄭不書致明有惡也舊疏云襄公母死未期已爲兵首無恩之甚是故不爲諱若爲祖差輕可言也又引舊云傳言惡襄公喪服用師故以在爲親母所以甚責內是以何氏順傳文也者非也云傳家依違者舊疏

云公羊口授相傳五世後方著竹帛是以傳家數云無閒焉爾以此言之容或未察而傳序經意依違之者正以文與桓九年曹世子射姑同故也彼傳云春秋有譏父老子代從政者則未知其在齊與在曹與注在齊者齊世子光也時曹伯年老有疾使世子行聘禮恐卑故使自代朝雖非禮有尊厚魯之心傳見下卒葬詳錄故敘經意依違之也然則彼刺曹世子而傳序經意不正言之此文與彼同故知亦依違言之也

叔孫豹如宋

冬仲孫蔑會晉荀罃齊崔杼宋華元衛孫林父曹人邾婁人滕人薛人小邾婁人于戚遂城虎牢

虎牢者何鄭之邑也【注】以下戍繫鄭【疏】大事表云虎牢在今河南開封府汜水縣南二里本鄭地後入晉莊二十年左傳惠王與鄭以虎牢注云虎牢河南成皐縣是也水經注河水篇成皐縣之故城在伾上縈帶伾阜絕岸峻周高四十許丈張翕險崎而不平春秋傳曰制巖邑也虢叔死焉即東虢也魯襄公二年七月晉成公與諸侯會于戚遂城虎牢以逼鄭求平也蓋修故耳穆天子傳曰天子射鳥獵獸於鄭圃命虞人掠林有虎在於葭中天子將至七萃之士高奔戎生捕虎而獻之天子命之爲柙畜之東虞是曰虎牢矣秦以爲關漢乃縣之西北隅有小城周三里北面列觀臨河岧岧孤上○注以下戍繫鄭○卽下十年冬戍鄭虎牢傳諸侯莫之主有故反繫之鄭是也

其言城之何【注】据外城邑不書

疏注据外至不書○僖元年城邢又二年城楚丘又十四年諸侯城緣陵昭三十二年城成周是外城國都有之故注專据外城邑不書難之也舊疏云正以春秋上下無外城邑之經故也取之也疏道義云取其邑而城之爲守固也取之則曷爲不言取之注据取牟婁疏注据取牟婁○卽隱四年二月莒人伐杞取牟婁是也爲中國諱也疏校勘記云疏中標注有諱伐喪也四字解云考諸古本皆無此注且與下傳文煩重若有注者是衍字按今本無此注是也曷爲爲中國諱注据莒伐杞取牟婁不爲中國諱疏据莒至國諱○校勘記云按此注當衍釋文本有此疏本無之是也釋文音傳爲中云于僞反下及注幷下文鄭爲皆同此陸本有注之證解云正据莒人取牟婁不爲中國諱矣而何氏不注之者以上文已据取牟婁是以不能重出此疏本無注之證淺人襲疏語爲之而未覺其與上複也諱伐喪也曷爲不繫乎鄭爲中國諱也疏通義云晉霸自文公以後唯悼公足稱焉故復諱其惡不言爲晉諱也鄭背中國甘心於楚今方與楚爭鄭而犯禮伐喪所爲與夷狄無異故傳順經意深責之言中國也舊疏云曷爲不繫乎鄭者正据下十年冬戍之時繫鄭也若繫乎鄭還有伐喪之義故云爲中國諱也大夫無遂事此其言遂何歸惡乎大夫也注使若大夫自生事取之者卽實遂但當言取之疏注使若至之者○通義引左傳曰秋七月以會于戚謀鄭故也孟獻子曰請城虎牢以偪鄭知武子曰善冬復會于戚遂城虎牢鄭人乃成若然取虎牢之事本發于仲孫蔑成于荀罃故歸惡大夫而以遂事責之也按

何氏不信左傳意以取虎牢之謀發於諸侯此歸惡乎大夫言遂爾何者若實大夫自生事取之無勞爲諸侯諱取矣故注又云卽實遂但當言取之也

楚殺其大夫公子申

三年春楚公子嬰齊帥師伐吳

公如晉

夏四月壬戌公及晉侯盟于長樗注盟地者不于都也疏包氏愼言云四月書壬戌月之二十七日○注盟地至都也○杜云晉侯出其國都與公盟于外正義云此時晉侯出其國都與公盟于長樗蓋近城之地盟訖還入于晉故公歸書至自晉也又三年盟於晉都此盟出城外者悼公謙以待人不敢使中國就己出盟於外若似相就然范云晉侯出其國都與公盟于外地舊疏云文三年冬公如晉十有二月己巳公及晉侯盟彼不舉地者以其在國都故也今此舉長樗故言不于都矣三傳之說皆無大異也

公至自晉注盟地者不于都也以晉致者上盟不于都嫌如晉不得入故以晉致起之不別盟得意者成公比失意如晉公獨得容盟得意亦可知疏鄂本與上長樗合爲一節按紹熙本同監毛本皆以上注盟地者不于都也系之此經下蓋諸本皆

合一節也○注以晉至起之○舊疏云昭二十八年春王三月公如晉次于乾侯二十九年公至自乾侯居于運何氏云不致以晉公者不見容于晉未至晉然此經上言盟于長樗今若又言至自長樗即嫌似次于乾侯然亦不得入晉都故以晉致起其文也○注不別至可知○校勘記出失意如晉云鄂本如作于此誤疏云言成公比失意于○晉者于作於爲是當據正按紹熙本如亦作于莊六年注云公與一國出會盟得意至地不得意不至今此但書至自晉本上如晉言之是不別盟得意也故解之言不成公比失意于晉者即成十六年公會晉侯以下于沙隨不見公傳云公會晉侯將執公又公會尹子晉侯以下伐鄭傳成公將會晉厲公不當期將執公是成公比失意不容于晉事也今此襄公如晉即見與盟是得容盟其得意可知不必更書盟地起之也

六月公會單子晉侯宋公衞侯鄭伯莒子邾婁子齊世子光己未同盟于雞澤注盟下日者信在世子光也疏包氏愼言云己未月之二十五日杜云雞澤在廣平曲梁縣西南大事表云今曲梁故城在今直隸廣平府治永年縣東北即國語所謂雞丘若今雞澤縣乃隋析廣平縣所置非春秋時雞澤也穀梁傳同者有同也同外楚也○注盟下至光也○上二年左傳云孟獻子曰請城虎牢以偪鄭知武子曰善鄫之會吾子聞崔子之言今不來矣滕薛小邾之不至皆齊故也寡君之憂不唯鄭鄫將復於寡君而請於齊得請而告吾子之力也若不得請事將在齊冬復會于戚齊崔武子及滕薛小邾之大夫皆會知武子之力也知當時之不服命者唯齊上于戚有會無盟此特盟于雞澤故云信在世子光也舊疏云言信任在於世子光若如盟日定否世子光制之然是以下日以近之也是也文十四年六月

公會宋公陳侯衛侯鄭伯許男曹伯晉趙盾癸酉同盟于新城注云盟下日者刺諸侯微弱信在趙盾此與彼同故注亦云信在世子光也而通義云日在下者齊侯使世子光亢諸侯之禮春秋惡而責之故獨以不信辭屬光也則新城之日又何說乎舊疏云何氏何以數言信在正以下十六年傳云諸侯皆在是其言大夫盟何信在大夫也舊解云齊光亢諸侯之禮晉侯責致大國衆人畏之故卻日以待之非也

陳侯使袁僑如會

其言如會何【注】据曹伯襄言會諸侯鄭子又言會盟【疏】注据曹至諸侯○僖二十八年冬曹伯襄復歸于曹遂會諸侯圍許是也○注鄭子至會盟○僖十九年鄭子會盟于邾婁是也後會也【注】不直言會盟者時諸侯不親與袁僑盟又下方殊及之【疏】穀梁傳如會外乎會也於會受命也○注不直至僑盟○舊疏云若其諸侯親與之盟宜云公會單子晉侯以下盟于雞澤陳侯使袁僑來會盟正由諸侯不親與之盟故止得言如會矣按下云叔孫及諸侯大夫及陳袁僑盟明諸侯不親與矣○注又下至及之○即下文及陳袁僑盟言及是也舊疏云言下方殊文道及袁僑盟故此處未勞道會盟

戊寅叔孫豹及諸侯之大夫及陳袁僑盟【疏】包氏慎言云六月下又有戊寅七月之十四日也

曷爲殊及陳袁僑注据俱諸侯之大夫也言之大夫者辟諸侯致大夫皆盟疏注据俱至皆盟○正以袁僑亦諸侯之大夫故据以難經若言諸侯大夫嫌諸侯大夫皆在盟故言之以絶之穀梁傳諸侯以爲可與則與之不可與則釋之諸侯盟又大夫相與私盟是大夫張也亦以諸侯不與盟爲其與袁僑盟也注陳鄭楚之與國陳侯有慕中國之心有疾使大夫會諸侯欲附疏不復備責遂與之盟共結和親故殊之起主爲與袁僑盟也復出陳者喜得陳國也不重出地有諸侯在臣繫君故因上地疏注陳鄭楚之與國○舊疏云即宣十一年楚子陳侯鄭伯盟于辰陵是也按陳自晉文卒後鮮與中國通矣○注陳侯至盟盟也○僖八年鄭伯乞盟注云時鄭伯欲與楚不肯自來盟處其國遣使挹取其血而請與之約束無汲汲慕中國之心故抑之使若叩頭乞盟者也不錄使者方抑鄭伯使若自來也是則鄭無慕中國之心故絶其使書乞以惡之與此袁僑書如會異知此及袁僑以殊之爲善辭也陳侯亦使大夫不親來而有善辭者正以下四年陳侯午卒明有疾不得自來與鄭伯不肯殊春秋原情不責也起主爲袁僑盟者杜云殊袁僑者明諸侯大夫所以盟袁僑也穀梁以爲及以及與之也與袁公羊異禮君不敵臣使大夫與袁僑盟正是得正何爲反抑諸侯失正而專與袁僑異之此違義之大者也○注復出至國也○舊疏云欲決成二年及國佐盟于袁婁之經不重出齊也是以僖四年傳曷爲再言盟喜服楚也春秋意必如此者正以楚人強盛諸夏微弱陳侯背楚故喜得之所以

夸夷狄之勢益諸夏之榮也蓋春秋繫而不殺者正也所謂書之重辭之復其中必有美者焉不可不察也職是故也〇注不重至上地〇舊疏云正以決襄二十七年夏叔孫豹會晉趙武楚屈建以下于宋秋七月辛巳豹及諸侯之大夫盟于宋彼所以再出地者正以上無君故也今諸侯在臣繫於君故因上地矣下十六年公會晉侯以下于湨梁戊寅大夫盟之下不重出地者亦以諸侯在臣繫於君得因上地與此同也通義云會盟同地例諸侯盟雖閒無事必再舉地首戴葵丘平丘是也大夫盟閒有事乃再地于宋是也若此及湨梁之盟則不再地君文繫臣文殺春秋之稱言無非教也按孔氏謂君繫臣殺是也然此及湨梁之盟實皆臣統於君故與宋異非因其閒有事無事殊也

秋公至自會【疏】莊六年注所謂公與二國以上出會盟得意致會是也此會雖澤得陳侯慕義使人如會強夏弱夷得意明矣

冬晉荀罃帥師伐許

四年春王三月己酉陳侯午卒【疏】包氏愼言云三月書己酉三月無己酉二月之十七日也通義云胡康侯曰午者襄公名也孔子作春秋何以不諱乎古者死而無諡不以名爲諱周人以諡易名於是乎有諱禮夫子益帝王之道參文質之中而作春秋以法萬世如公薨不地滅國書取出奔書孫之類所以放其文也莊公名同而書同盟僖公名申而書戊申定公名宋而書宋人之類所以從其質也後世不明此義則有以諱易人之名者又有以諱易人之姓者忌諱繁名實亂而春秋之法

不行矣

夏叔孫豹如晉

秋七月戊子夫人弋氏薨 疏 左氏穀梁作姒氏下定弋同杜云姒杞姓范與杜同釋文云莒女也用何注按姒弋一聲之轉顧氏炎武唐韻正云弋與職切上聲則音以春秋襄四年姒氏公羊作弋定姒公羊作定弋定十五年姒氏穀梁作弋氏葬定姒穀梁作定弋禮記月令田獵罝罘羅網畢翳餧獸之藥注今月令翳爲弋按姒从以聲以弋同音也包氏慎言云七月書戊子月之三十日

葬陳成公

八月辛亥葬我小君定弋 疏 包氏慎言云八月書辛亥月之二十三日

定弋者襄公之母也 注 定弋莒女也襄公者成公之妾子 疏 注定弋至妾子○通義云謹按弋氏左氏經爲姒氏姒姓之字或作弋詩所稱孟弋是也魯有兩定姒公羊春秋一書弋一書姒蓋特別之國語曰杞鄫由太姒左傳衛成公欲祀夏后相甯武子曰杞鄫何事是鄫本夏後故史記及潛夫五德志並以鄫爲姒姓襄公之母其鄫女與劉氏逢祿解詁箋云此弋氏公穀皆作姒氏定十五年定姒穀梁作弋氏疏弋姒聲勢相同國語杞鄫由太姒夏本紀禹爲姒姓其後分封用國爲姓有褒氏杞氏鄫氏褒杞鄫皆姒姓也詩孟弋即姒氏也莒爲己姓左氏世本甚明定弋非莒女蓋鄫世子

巫之姊妹也錢氏大昕養新錄云古人讀似姒二字皆如已詩於穆不已孟仲子作於穆不姒是已似同音也禹母吞薏苡而生因姓姒氏賈侍中說已意已實也意已即薏苢是已姒同音也春秋葬我小君定姒公羊作弋弋姒聲相近由於姒有以音詩美孟弋矣弋即姒按文七年左傳穆伯娶于莒曰戴己釋文己音紀一音祀祀音从巳巳音以則莒姓蓋音以之巳非音紀之己以姒同音故何氏以爲莒女也國語又以莒曹姓又或以莒嬴姓出自少昊氏之後武王封茲輿期於莒則不定莒何姓矣云成公妾子者或十四年叔孫僑如如齊逆女是爲適夫人則定姒蓋二媵矣范云成公夫人者非楊疏亦知非適故仍引妾子爲君禮律之也

冬公如晉

陳人圍頓

五年春公至自晉

夏鄭伯使公子發來聘

叔孫豹鄫世子巫如晉

外相如不書此何以書【注】据晉郤克與臧孫許同時而聘于齊不書【疏】注据晉至不書○校勘記出莊孫許云閩監毛本同誤也鄂本莊作臧當據正疏中作臧孫許不誤按紹熙本亦作臧不誤事見成二年傳彼注云不書恥之自諱不書臧孫許如齊也其晉郤克不書自從外大夫相如不書之恆例也舊疏云桓五年夏

齊侯鄭伯如紀傳云外相如不書此何以書何氏云据蔡侯東國卒于楚不言如如也何氏彼据蔡侯此据郤克者欲逐其相類故也彼齊侯鄭伯是君事不干魯故据蔡侯卒于楚不言如矣此鄫世子巫事非君且叔孫豹率之故据晉大夫與臧孫許俱行者所引譬類得其象也義或然也

爲叔孫豹率而與之俱也【注】以不殊鄫世子俱言如也【疏】注以不至如也○舊疏云鄫以不言及鄫世子與叔孫豹共作一文知叔孫率之矣然則臧孫許與郤克聘齊蓋意起于晉魯往隨之此蓋鄫世子有求於晉恐不能達故使魯帥而往與

叔孫豹則曷爲率而與之俱【注】据非內大夫蓋舅出也【注】巫者鄫前夫人襄公母姊妹之子也俱莒外孫故曰舅出【疏】舊疏云言蓋者公羊子不受于師故疑若下傳蓋欲立其出也之類或言此蓋宜訓爲皆若隱三年傳云蓋通于下似蓋云歸哉之類言襄公與巫皆是一舅姊妹之子也○注巫者至舅出○舊疏云謂巫是襄公舅氏之所出姊妹之子謂之出也通義云定弋鄫女蓋即世子巫之姊妹故巫於襄公爲舅襄公於巫爲出也爾雅曰男子謂姊妹之子爲出經義述聞云孔解舅出長於舊注而以襄公與巫爲舅出則非也襄公若爲巫之外孫則傳當實之曰蓋公與巫舅出也文義始明今傳無一語及襄公則所謂舅出者非公與巫也詳繹傳文蓋舅出也之語上承叔孫豹率而與之俱則豹之與巫一爲舅一爲出矣言豹所以與巫俱如者蓋與巫爲舅出故也春秋之大夫交政與中國故與鄰國之君論婚媾哀十三年左傳宋景曹卒季康子使冉有弔且送葬曰以肥之得備彌甥也有不腆先人之產馬使求薦諸夫人之宰杜注景曹宋元公夫人桓子外祖母也宋魯

世敵之國而猶如是況小國乎解詁箋云爾雅男子謂姊妹之子爲出巫者襄公之舅也何云俱莒外孫故曰舅出徐解謂襄公與巫皆是一舅姊妹之子皆誤左氏晉悼又新昏於杞杞鄫同姓故相與往殆于晉情事相合按爾雅釋親云男子謂姊妹之子爲出郭引此傳語不別舅出何人如何義則鄫前後夫人皆莒女蓋其姪娣也世子巫前夫人所生鄫子欲立爲後者後夫人所生女之子襄公與巫爲從母昆弟也同一舅之所出釋名釋親屬云姊妹之子曰出出嫁於異姓而生之也孔王劉義甚新亦未有的據仍舊說亦無不可通

莒將滅之故相與往殆乎晉也注殆疑疑讞于晉齊人語

疏注殆疑至人語○校勘記云閩監毛本疑作疑此誤按釋文疑魚竭反如作疑不得音魚竭反矣此本載音義亦誤疑按紹熙本注及音義皆作疑疑不誤通義云殆危也告危于晉也經義述聞云何訓殆爲疑往疑于晉則爲不辭故加讞字以增成其義然殆可訓爲疑不可訓爲讞也孔訓殆爲危往危於晉則尤爲不詞故加告字以增成其義然傳言殆于晉不言告殆於晉也今案殆讀爲治殆治古音相近故字亦相通荀子彊國篇彊殆中國楊倞注殆或爲治治訟理也以鄫子欲立異姓爲後故相與往訟理於晉也傳二十八年左傳叔武爲踐土之會治反衞侯注曰叔武訟治于晉文公會白王者者反衞侯使還國也成十六年傳公子喜時外治諸京師而免之注曰訟治于京師解免使來歸皆與此傳往治于晉同義古謂訟理爲治訟或曰辭訟周官小宰曰聽其治訟小司徒曰聽其辭訟司市曰聽大治大訟小治小訟皆是也大司徒曰凡萬民之有訟獄者與有地治者聽而斷之有地治者謂爭地而訟理者也訝士曰凡四方有治於士者造焉亦謂有訟理於士者也按王義明爽何氏以殆訓疑以疑讞申成其義蓋當時理

方言有此語往殆晉猶言往譏于晉與義王氏治字義亦合故經義述聞又云何云殆殆疑也論語學而不思則罔思而不學則殆謂思而不學則事無徵驗疑不能定也又曰多聞闕疑多見闕殆殆猶疑也謂所見之事若可疑則闕而不敢行也史記倉公傳良公取之拙者疑殆殆猶疑也古人自有複語耳字亦作怠莊子山木篇侗乎其無識儻乎其怠疑怠疑即疑殆也文十二年公羊傳俾君子易怠怠疑也言使君子易爲其所疑惑也後人但知殆訓爲危爲近而不知又訓爲疑蓋古義之失傳久矣按呂氏春秋去尤云以黃金投者殆莊子達生篇作以金注者殙殙者迷也疑殆之殆亦迷惑意也莒將滅之則曷爲相與往殆乎晉注据當以兵救之取後乎莒也其取後乎莒奈何莒女有爲鄫夫人者蓋欲立其出也注時莒女嫁爲鄫後夫人夫人無男有女還嫁之于莒有外孫鄫子愛後夫人而無子欲立其外孫主者舍之得爲舍者雖揚父之惡救國之滅者可也疏注時莒至外孫○爾雅釋親云女子子之子爲外孫經義述聞云依傳莒女爲鄫夫人而欲立其出則似所立者鄫夫人之子而莒之外孫無如此則與取後乎莒之文不合故注曲爲之說曰夫人無男有女還嫁之於莒有外孫鄫子愛後夫人而無子欲立其外孫然無男有女還嫁之于莒皆傳文所無蓋當時解傳者增益其說不足据也尋繹傳文當作鄫女有爲莒夫人者寫者上下有誤耳鄫女爲莒夫人則莒夫人之子鄫之外孫也鄫子舍世子巫而欲立其外孫故曰欲立其出又曰取後于莒也何所見本已譌故其說迂曲而難通解

詁箋云傳文莒鄫二字互錯穀梁傳滅鄫義曰立異姓以莅祭祀滅亡之道也莒公子鄫出也鄫子䵮巫而立之巫來訴於魯爲會于戚卒不得反正知非莒會立者戚之會貶鄫人于吳人下而莒子無貶文也傳兩言出姊妹之子何云外孫皆誤下滅鄫解詁同通義又云主書者罪鄫子也俞氏樾云謹按傳文但曰莒女有爲鄫夫人者不言夫人有女還嫁莒也且古謂姊妹之子爲出不謂外孫爲出鄫子欲立而曰欲立其出更爲失之今按爾雅釋親男子謂姊妹之子爲出而釋名釋親屬但曰姊妹之子曰出是男女得通稱之凡女子謂姊妹之子亦曰出矣莒女爲鄫夫人而欲立其出蓋莒女無子而其姊妹適莒大夫者有子因欲立爲鄫子之後也傳不曰鄫子欲立其出則所謂出者從夫人言也○注主者至可也○校勘記云主者善之監毛本同閩本作書者善之鄂本作主書者善之閩監毛本互脫一字按紹熙本與鄂本同舊疏云六年秋莒人滅鄫然則不能救滅而得善之者雖不救有言之功故也

仲孫蔑衛孫林父會吳于善稻注不殊衛者晉侯欲會吳于戚使魯衛先通好見使畀故不殊殊蓋起所恥疏左傳作善道古道稻同音段借字穀梁傳吳謂善伊謂稻緩號從中國名從主人范云善稻吳地夷狄所號地形及物類當從中國言之以教殊俗故不言伊緩而言善稻人名當從其本俗言讀書叢錄云伊緩乃吳語善字之雙聲子張姓申史記云姓顓孫吳子名乘左氏云壽夢皆雙聲字趙氏坦異文箋云九經字樣即邪郡名即艮也邪道也以地居鄒魯人有善道故爲郡名按善道之得名或取此義杜云善道地闕大事表云阮勝之南兗

州記曰盱眙本吳善道地秦置盱眙縣項羽尊楚懷王爲義帝都盱眙許慎曰張目爲盱舉目爲眙城居山上可以矚遠故曰盱眙今屬江南泗州按御覽引南兖州記盱眙本春秋時善道之○注其不殊至所恥○繁露觀德云衛俱諸夏也善稻之會獨見內之爲其與我同姓也意謂殊吳不殊衛是獨見內也與何氏義異按所聞世內諸夏蘁義勝也殊見使不畀故不殊疑畀當作卑通義云不殊孫林父時晉侯將會吳于戚使魯衛先通好言及衛孫林父則非我欲之言會衛孫林父則非衛尸其事又不可施故不殊衛以起晉志也解詁箋云何君約左氏文解之非也魯臣見使於大國未足爲恥此所聞世內諸夏之明文蘁子曰衛諸夏也善稻之會獨元內之之得之從會吳上見義者明諸夏化則吳可漸化故所見世不復著魯衛晉吳同會文也按於吳見義者繁露又云吳俱夷狄也獨先外之爲其與我同姓也所聞世始外夷狄故吳見於經殊之以張義則荊楚之見於所傳聞世者尚不合外非義所著也

秋大雩注先是襄公數用兵圍彭城城虎牢三年再會四年如晉踰年乃反又賦斂重恩澤不施之所致疏注先君至所致○校勘記出不施所致云鄂本施下有之此脫舊疏云圍彭城在元年即經云仲孫蔑會晉欒黶以下圍彭城是也其城虎牢在上二年冬遂城虎牢是也三年再會者蓋謂三年六月公會單子晉侯以下同盟于雞澤下云戊寅叔孫豹及諸侯之大夫及陳袁僑盟是也雖是一出行頻有二事停軍費重而致旱緣是之故得作然解云四年如晉踰年乃反者即上四年冬公如晉五年春公至自晉是也其元年仲孫蔑會齊崔杼以下次于合二年秋叔孫豹如宋冬仲孫蔑會晉荀罃以下于戚於此諸事豈不爲費而注不言之者正以元年舉圍彭城二年舉

城虎牢三年舉再會四年舉如晉年舉一事輒而言之見其致旱而已其餘不足舉者又略不悉耳五行志中之上庶徵之恆暘劉向以為春秋大旱也其夏旱雩祀謂之大雩不傷二穀謂之不雨京房易傳曰欲德不用茲謂張厥災荒荒旱也其旱陰雲不雨變為赤因而除師出過時茲謂廣其旱不生上下皆蔽茲謂隔其旱天赤三月時有雹殺飛禽上緣求妃茲謂僭其旱三月大溫亡雲居高臺府茲謂犯陰侵陽其旱萬物根死數有火災庶位踰節茲謂僭其旱澤物枯為火所傷襄公五年秋大雩先是宋魚石犇楚楚伐宋圍彭城以封魚石鄭畔於中國而附楚襄與諸侯共圍彭城城鄭虎牢以禦楚是歲鄭伯使公子發來聘使大夫會吳于善道外結二國內得鄭聘有炕陽動衆之應蓋劉歆說與何氏大同

楚殺其大夫公子壬夫【疏】舊疏云春秋之內君殺大夫皆至葬時別有罪無罪今吳楚之君例不書葬不作他文以別之者蓋以略夷狄之故也

公會晉侯宋公陳侯衛侯鄭伯曹伯莒子邾婁子滕子薛伯齊世子光吳人鄫人于戚

吳何以稱人【注】据上善稻之會不稱人【疏】注据上至稱人○即上仲孫蔑衛孫林父會吳于善稻是也 吳鄫人云則不辭【注】孔子曰言不順則事不成方以吳抑鄫國列在稱人上不以順辭故進吳稱人所以抑鄫者經書莒人

滅鄫文與巫訴巫當存惡鄫文不見見惡必以吳者夷狄尚知父死子繼故以甚鄫也等不使鄫稱國者鄫不如夷狄故不得與夷狄同文【疏】通義云不得先言鄫人而後殊會吳者其序自主會者爲之也若言吳鄫人則不成文故使吳亦相隨稱人不嫌進吳者後會于柤仍殊之自明矣鄫敘于會者刺晉將平莒鄫之難卒弗能正也按刺晉之文不見鄫抑吳下當仍何注爲長鄫與會自必書無緣爲刺晉起也○注孔子至稱人○所引孔子曰論語子路篇文下又云言之必可行也注王曰所言之事必可得而遵行是其義也方欲抑鄫在吳下若吳仍常例稱國則必書吳鄫人是辭不順也故亦使吳稱人非進吳也○注所以至不見○校勘記文與巫訴鄂本同閩監毛本文誤又疏同按紹熙本亦作又亦無不可通下六年莒人滅鄫注莒稱人者從莒無大夫也言滅者以吳姓爲後莒人當滅也是文爲惡莒也上叔孫豹鄫世子巫如晉注主書者善之得爲善者雖揚父之惡救國之滅可也是文爲善巫則巫當存也是二經皆無惡鄫文也○注見惡至鄫也○論語八佾篇夷狄之有君不如諸夏之亡也即此義○注等不至同文○解鄫不等吳稱國義也范注云鄫以外甥爲子會夷狄之不若故序吳下是也鄫不得稱國所以深抑之也

公至自會

冬戍陳

孰戍之諸侯戍之曷爲不言諸侯戍之【注】据下救陳言諸侯【疏】注据

下至諸侯○卽下云公會晉侯宋公衞侯鄭伯曹伯莒子邾婁子滕子薛伯齊世子光救陳歷敘諸侯也離至不可得而序注離至離別前後至也陳坐欲與中國被強楚之害中國宜雜然同心救之乃解怠前後至故不序以刺中國之無信疏注離至至至也○廣雅釋詁離分也又云散也呂覽大樂云離則復合注離散也各諸侯分散前後沓至故曰離至也○注陳坐至無信○舊疏云其與中國者謂欲得與中國卽上三年陳侯使袁僑如會是也其被強楚之害者正見中國戍之故也按下云楚公子貞帥師伐陳是陳被楚害事左傳楚子囊爲令尹范宣子曰我喪陳矣楚人討貳而立子囊必改行而疾討陳陳近于楚民朝夕急能無往乎有陳非吾事也無之而後可冬諸侯戍陳是救陳不急起自晉故諸侯亦前後至不同心也故書以刺中國無信鹽鐵論備胡云春秋刺諸侯之後謂此故言我也注言我者以魯至時書與魯微者同文微者同文者使若城楚丘辟魯獨戍之戍例時疏下十年戍鄭虎牢傳云孰戍之諸侯戍之曷爲不言諸侯戍之離至不可得而序故言我也與此同蓋皆以魯巫時書也○注與魯微者同文○舊疏云以不載名氏及國直言其事者若莊公二十八年冬築微之文故云與魯微者同文矣是也○注微者至戍之○傳二年城楚丘傳孰城城衞也舊疏云彼亦直言城楚丘作魯微者之文魯之微者焉能獨城明其更有餘國故書月以見非內城今此戍陳亦作魯微者之文魯之微者焉能獨戍明更有餘國矣故曰使若城楚丘辟魯獨戍之○注戍例時○正以此傳書冬戍陳及下十年書冬戍鄭虎牢故也

楚公子貞帥師伐陳

公會晉侯宋公衞侯鄭伯曹伯莒子邾婁子滕子薛伯齊世子光救陳疏穀梁同無婁字左氏經無莒子邾婁子滕子薛伯蓋脫也襄二年左傳知武子曰鄫之會吾子聞崔子之言今不來矣滕薛小邾之不至皆齊故也蓋東諸侯皆唯齊是視今齊世子光與會知莒邾滕薛無緣不來也左傳會于城棣以救之穀梁傳善救陳也是也

十有二月公至自救陳疏莊六年傳不得意致伐此書至自救亦不得意文以下七年會于鄬陳侯逃歸明不能終救事也救例時月者舊疏云月為下年起其義也是也

辛未季孫行父卒

六年春王三月壬午杞伯姑容卒注始卒更名日書葬者新黜未忍便略也疏包氏慎言云三月書壬午月之三日○鄂本更作便按紹熙本亦作便是也○注始卒至略也所聞之世小國始卒故文十三年夏五月邾婁子蘧篨卒宣九年秋八月滕子卒其名日與葬皆未備書今此詳錄故解之也新黜未忍便略者莊二十七年冬杞伯來朝注杞夏後不稱公者春秋黜杞新周而故宋以春秋當新王是也若然僖二十三年已書杞子卒而此云始卒者彼注云卒者桓公存王者後功尤美故為表異卒錄之則傳聞之世小國本不合卒其書卒者皆非春秋常例亦如莊公之世

書邾婁子克卒書邾婁子瑣卒之屬也

夏宋華弱來奔【疏】差繆略云弱公羊作溺按弱溺通禹貢弱水說文水部作溺是也今注疏各本及唐石經俱作弱

秋葬杞桓公【疏】桓十年注小國始卒當卒月葬時哀三年注小國卒葬極於哀公皆卒日葬月是所聞世當葬時上卒雖書日示詳此仍依常也

滕子來朝

莒人滅鄫【注】莒稱人者莒公子鄫外孫稱人者從莒無大夫也言滅者以異姓爲後莒人當坐滅也不月者取後于莒非兵滅【疏】注莒稱至夫也○莊二十七年莒慶來逆叔姬傳莒無大夫此何以書故莒公子稱人爲從莒無大夫之常例也○注言滅至滅也○繁露玉英云至於鄫取乎莒之以之爲同居曰莒人滅鄫按繁露莒下之字衍同居者喪服小記云同財而祭其祖禰爲同居是也彼謂繼父皆無主後明以之爲主後矣故此鄫取莒公子爲主後故曰同居也通典禮二十九云後漢吳商異姓爲後議曰或問以異姓爲後然當還服本親及其子當又從其父而服耶將以異姓而不服也答曰神不歆非族明非異姓所應祭也雖世人無後並取異姓以自繼然本親之服骨肉之恩無絕道也異姓之義可同於女子出適還服本親皆降一等至於其子應從服者亦當同於女子子從於母而服其外親今出爲異姓作後之子其子亦當從於父母而服之也父爲所生父母周子宜如外祖父母之加也其昆弟之

子父雖服之大功於子尤無尊可加及其姊妹爲父小功則子皆
宜從於異姓之服不得過總麻也范甯與謝安書曰無子而養人
子者自謂同族之親豈施於異姓今世行之甚衆是謂逆人倫亂
昭穆之序違經典紹繼之文也晉書賈充傳及薨槐輒以外孫韓
謐爲黎氏子奉充後郎中韓咸中尉曹軫諫槐曰禮大宗無後以
小宗支子後之無異姓爲後之文無令先公懷腆后土良史書過
豈不痛心槐不從又秦秀傳充薨秀議曰充舍宗族弗授而以異
姓爲後悖禮溺情以亂大倫昔鄫養外孫莒公子爲後春秋書莒
人滅鄫聖人豈不知外孫親耶但以義推之則無父子耳通義云
謹按五年傳曰莒不將滅之則立外孫者實莒脅鄫人使然故春秋
不言鄫亡而歸惡於莒人滅鄫也己姓之子以代弋姓宗廟鬼神
非族不享不謂之滅得乎穀梁傳曰家有既亡國有既滅滅而不
自知由别之而不别也莒人滅鄫非滅也立異姓以莅宗祀滅亡
之道也董仲舒曰諸侯父子兄弟不宜立而立者春秋視其國與
宜立之君無以異也此皆在可以然之域也至於鄫取後于莒以
之爲同居目曰莒人滅鄫此不在可以然之域也盧氏文弨龍城
札記云莒人滅鄫鄫以外孫莒公子異姓爲後何休云莒人當坐
滅陸淳云云鄫以莒公子爲後罪在鄫子不在莒人春秋應以梁亡
之例書鄫亡不當但責莒人劉敞權衡深取陸說文弨案莒人苟
無因以爲利之意何不以大意辭之令其自擇宗姓爲後於王者
與滅繼絕之道豈不有合而乃貪其土地甘棄其子於異姓罪安
可赦夫與爲人後與賁軍之將亡國之大夫一例爲聖門所擯則
何氏謂莒人當坐滅此語正得書法本指陸劉之說吾所不取汪
氏琬爲外祖後辨云廣之之嗣於毛也殆與春秋莒人滅鄫類與
予則曰不類鄫人無後故以莒公子爲後今毛氏既後兄弟之子
矣而復後外孫是亦不可以已乎爲人後者爲之子莒公子之後

鄫也爲之子者也今毛氏獨撫廣之爲孫使廣之無所後之禰而有所後之祖殆再亂其系也是不可以已乎吾故曰非莒鄫之類也徐氏乾學讀禮通考按汪氏云鄫無後而以莒之子爲後鄫未嘗無後也公羊傳明言鄫世子巫是鄫之前夫人莒女所生鄫更娶後夫人于莒而無子有女還于莒爲夫人生公子鄫子愛後夫人故立其外孫据此則鄫已先立世子巫後舍巫而立外孫也知其先立巫者襄五年經文稱鄫世子巫而左氏謂之大子巫是以知其立巫爲後必告於大國者也舍衆著之適長而暱於牀第之情迎異姓以爲後其事蓋自古未聞考之三傳注疏略有同異意者其別有故而傳之或譌與今但以公穀之辭推之其罪實浮於買充鞏遠矣先王之制禮也宗無後者爲之置後今鄫本有後也而反立異姓以爲後何爲禮而不滅亡與案律乞養異姓義子以亂宗族者杖六十若以子與異姓人爲嗣者罪同其子歸宗此乞養異姓子亦言無後者耳若鄫莒之事又律文所不載當從重科者也按陸劉之說不識春秋抑鄫異下之義故如彼解○注不月至兵滅○莊十年冬十月齊師滅譚又十三年夏六月齊人滅遂皆月此不月故解之舊疏云以此言之即知僖二年晉滅下陽僖十年狄滅温之屬皆蒙上月矣僖十七年夏滅項彼注云不月者桓公不坐滅略小國僖二十六年秋楚人滅夔何氏云不月者略夷狄滅微國也以此言之則知僖十二年夏楚人滅黃文五年秋楚人滅六之屬亦是略之故也其衞侯燬滅邢楚子滅蕭蔡歸姓滅沈之屬皆當文自釋不勞備說按穀梁傳亦曰非滅也注非以兵滅又曰莒人滅繒非滅也立異姓以莅祭祀滅亡之道也與此同

冬叔孫豹如邾婁

季孫宿如晉【疏】通義云宿行父之子也喪父未練而有位於朝奉使於國衰世之事不可勝譏故從武氏子一見法而已國語作夙鄭氏檀弓注引世本云行父生夙宿古文夙字

十有二月齊侯滅萊【疏】杜云萊國東萊黃縣大事表云今登州府黃縣東南二十里有萊子城元和郡縣志故黃城在登州黃縣東南二十五里古萊子國史記封禪書齊之八祠六曰月主祠萊山此萊國之所都也

曷爲不言萊君出奔【注】据譚子言奔【疏】注据譚子言奔○即莊十年齊師滅譚譚子奔莒是也通義云諸言奔者皆責以不死位可知矣曲禮曰國君死社稷大夫死衆士死制按凡書以歸殺之或書以歸從可知也

國滅君死之正也【注】明國當存不書殺萊君者舉滅國爲重【疏】禮記曲禮云國君死社稷注死其所受於天子也謂見侵伐也春秋傳曰國滅君死之正也正義引異義公羊說國滅君死正也故禮運曰君死社稷無去國之義左氏說昔太王居邠狄人攻之乃踰梁山邑於岐山故知是有去國之義也許慎謹案易曰係遯有疾厲畜臣妾吉知諸侯無去國之義鄭不駁之明從許君用公羊義也繁露竹林云夫冒大辱以生其情無樂故賢人不爲也而衆人疑焉春秋以爲人不知義而疑之也故示之以義曰國滅君死之正也正也者正於天之爲人性命也天之爲人性命使行仁義而羞可恥非若鳥獸苟爲生苟爲利而已按孟子梁惠王下孟子告滕文公曰鑿斯池焉築斯城焉與民守之效死而民弗去又云或曰世守也非身之所能爲也效死勿去注土地乃先人之所受也世世守之非己所能專爲至死不可去也章指言大王去邠權也效死而

守業義也義權不並故曰擇而去之也則公羊之說正左氏之說權也禮記禮運云故國有患君死社稷謂之義大夫死宗廟謂之變注變當為辯辯正也君守社稷臣衛君宗廟者患謂見圍入故詩大明正義云曲禮下云國君死社稷公羊傳曰國滅君死之正也則諸侯為人侵伐當以死守之而公劉大王皆避難遷徙者禮之所言為國正法公劉太王則權時之宜論語曰可與適道未可與權公羊傳曰權者反經合義權者稱也稱其輕重度其利害而為之公劉遭夏人之亂而被迫逐若顧戀疆宇或至滅亡所以避諸夏而入戎狄也大王為狄所攻必求土地不得其地則攻將不止戰以求勝則人多殺傷故又棄戎狄而適岐陽所以成三分之業建七百之基雖於禮為非而其實則是此乃賢者達節不可以常禮格之按春秋時國滅君逃不可以公劉太王律公劉太王居岐居邠雖云播遷宗社仍存是亡猶不亡也春秋國既滅亡宗祀即斬徒為寓公全生忍辱故示之以正曰國滅君死也舍此無他義也亦無所為權也孟子告滕文公以事齊事楚章語為正其引太王事不過廣為譬說而終歸於效死勿去爾戰國攘攘滕文更向何處遷徙哉○注明國當存○正以滅者亡國之善辭也新王興滅國故當存也○注不書至為重○孟子盡心下民為貴社稷次之君為輕故以滅國為重也舊疏云欲決定四年蔡公孫歸姓帥師滅沈以沈子嘉歸殺之文也彼注云舉國滅為重書以歸殺之者責不死位也是也

公羊義疏五十七

南菁書院

句容陳立卓人著

襄七年盡十二年

七年春郯子來朝

夏四月三卜郊不從乃免牲

小邾婁子來朝

城費【疏】水經注沂水篇沂水又東南流逕費縣故城南地理志東海之屬縣也爲魯季孫之邑按漢書地理志東海費下云故魯季氏邑

秋季孫宿如衛

八月螽【注】先是郯小邾婁子來朝有賓主之賦加以城費季孫宿如衛煩擾之應【疏】注先是至之應○並見上賓主之賦者禮聘禮周禮掌客職禮記聘義所載禾米芻薪牢餼之屬是也五行志中之下襄公七年八月螽劉向以爲先是襄興師救陳滕子郯子小邾子皆來朝夏城費

冬十月衛侯使孫林父來聘壬戌及孫林父盟【疏】包氏愼言云九年閏七月後已盈然

經書冬十月壬戌為十月之廿二日前有閏則此為九月日非十月日也

楚公子貞帥師圍陳

十有二月公會晉侯宋公陳侯衛侯曹伯莒子邾婁子于鄬 疏 釋文鄬字林九吹反說文𨸏部鄬鄭地阪引春秋傳曰將會鄭伯于鄬

鄭伯髡原如會 疏 唐石經作髡原釋文髡原左氏作髡頑舊疏本作髡頑解云正本作頑字一本作原非也校勘記云疏文所據之本較之釋文多得其正按頑从元聲與原同部段借字讀書叢錄史記鄭世家索隱引左傳作髡原是左氏作髡原此傳作髡頑故疏云一本作原字非也今本是後人据釋文改之然則一本蓋据左氏以改公羊也

未見諸侯丙戌

卒于操 疏 包氏慎言云十二月有丙戌月之十七日時蓋閏十月故十二月有丙戌也釋文云左氏作鄵按說文無鄵字古祇借用操字後世去手加邑此與穀梁作操猶是古字也釋文操一音七南反盧云古喿與參往往易混此音七南必本有作摻字者

操者何鄭之邑也 疏 杜云鄵鄭地穀梁傳其地於外也其日未踰竟也亦以操為鄭地路史國名紀引盟會圖疏云鄵侯國在慈州鄭伯卒處按慈州今山西吉州疑迂遠

諸侯卒其封內不地此何以地 注 据陳侯鮑卒不地 疏 注据陳至不地○即桓五年正月甲戌己丑陳侯鮑卒是也彼傳云曷為以二日卒之怴

也甲戌之日亡己丑之日死而得君子疑焉故以二日卒之明卒於封內也彼不地故据以難宣九年晉侯黑臀卒于扈傳亦云諸侯卒其封內不地彼卒于會故地與此殊以隱之也何隱爾弒也疏通義云隱公以不地見隱此以地見隱者內諱常地則不地爲變外諸侯卒常不地則錄地爲變各從變例以起問發微不拘一轍也釋文作殺也音試孰弒之其大夫弒之疏左傳云子駟使賊夜弒僖公而以瘧疾赴于諸侯鄭世家云子駟使廚人藥殺釐公曷爲不言其大夫弒之注据鄭公子歸生弒其君夷書疏○注据鄭至夷書見宣四年爲中國諱也疏繁露王道云鄭伯髡原卒于會諱弒痛強臣專君君不得爲善也不書弒蓋兼二義一爲中國諱一爲鄭伯棄蠻夷即中國而見弒故深隱之也曷爲爲中國諱注据歸生弒君不爲中國諱疏注据歸至國諱仍本上据以難○鄭伯將會諸侯于鄬其大夫諫曰中國不足歸也則不若與楚鄭伯曰不可疏唐石經諸本同昭十二年疏引作鄭伯不可無曰字其大夫曰以中國爲義則伐我喪注据城虎牢事疏昭十二年疏引此傳作即伐我喪○注据城虎牢事○上二年遂城虎牢傳云其言城之何取之也曷爲不言取之爲中國諱也曷爲爲中國諱諱伐喪也是也彼以二年六月鄭伯睔卒冬即仲孫蔑會諸侯之大夫取虎牢伐喪明矣以中國爲彊則不若楚注言楚屬圍陳不能救疏注言楚至能救○即上楚公子貞帥師圍陳不見諸侯救文是也於是弒之

【注】禍由中國無義故深諱使若自卒【疏】穀梁傳鄭伯將會中國其臣欲從楚不勝其臣弒而死說苑尊賢云鄭僖公富有千乘之國貴爲諸侯治義不順人心而取弒于臣者不先得賢也與公穀義皆異鄭伯髡原何以名【注】据陳侯如會不名【疏】注据陳至不名○卽僖二十八年公會晉侯以下于踐土陳侯如會是也傷而反未至乎舍而卒也【注】舍昨日所舍止處也以操定邑知傷而反也未見諸侯尚往辭知未至舍也二云爾者古者保辜諸侯卒名故於如會名之明如會時爲大夫所傷以傷辜死也君親無將見辜者辜內當以弒君論之辜外當以傷君論之【疏】穀梁傳禮諸侯不生名此其生名何也卒之名也是因卒故名與陳侯異也○注舍昨至處也○正以傳云傷而反故知昨日所舍止處也通義云必知未至乎舍者傳窮經義名鄭伯于上書卒于下文連而辭急明是尙在道辭若至舍乃卒辭閑既緩卽不得預名也○注以操至反也○校勘記云鄂本定作鄭此誤按紹熙本亦作鄭未出竟故知傷而反也○注未見至舍也○穀梁傳未見諸侯其曰如會致其志也故未見爲往辭舊疏云凡言未見者有欲見之理知當往辭若其迴還至舍便絶未見之意經不應得言未見故如此解○注古者保辜○九經古義云史游急就章疻痏保辜謕呼號師古曰保辜者各隨其狀輕重令毆者以日數保之限內致則坐重辜也漢書功臣表云昌武侯單德元朔三年坐傷人二旬內死棄市然則保辜以二旬爲限歟以平人言之限內當以殺人論之漢律所

云殺人者刑是也限外當以傷人論之漢律所云傷人不抵罪是也服虔曰抵罪者隨輕重制法李奇曰傷人有曲直罪名不可豫定故漢律又云鬬以刃傷人完爲城旦其賊加罪一等與謀者同罪是輕重制刑之義也按唐律鬬訟篇諸保辜者手足毆傷人限十日以他物傷人者二十日以刃及湯火傷人者三十日折跌支體及破骨者五十日今律唯手足傷亦二十日爲異○注諸侯至死也○穀梁傳禮諸侯不生名此其生名何也卒之名也卒之名則何爲加之如會之上見其以如會卒也是其義也○注君親至論之○莊三十二年傳云君親無將將而誅焉故据以難舊疏云其弒君論之者其身梟首其家執之其傷君論之其身斬首而已罪不累家漢律有其事然則知古者保辜者亦依漢律律文多依古事故知然也解詁箋云保辜不得施于君親傷君弒君誅無輕重穀梁子曰取卒之名加之如會之上見以如會卒也得之按劉氏之說甚正然古今律各少殊唐律有毆詈祖父母父母條毆者斬傷者徒無謀殺文蓋謀亦斬矣今律謀殺祖父母父母已行者斬決不問傷否已殺者淩遲皆無弒君傷君律應具於謀反大逆中矣唐律謀反及大逆皆斬父子年十六以上皆絞十五以下及母女妻妾祖孫兄弟姊妹若部曲資財田宅並沒官伯叔父兄弟之子皆流三千里蓋卽何氏所謂其身梟首其家被執也無傷律蓋傷子亦同罪此與漢律殊者也疏議人君者與天地合德與日月齊明上祇寶命下臨率土而有狡豎凶徒謀危社稷始興狂計其事未行將而必誅卽同眞反是也何氏分别辜內外殺傷者唐律云限內死者各依殺人論其在限外及雖在限內以他故死者各依本毆傷法後世保辜律止用於鬬毆雖凡人謀故亦不用此律與唐律注餘條毆傷及殺傷各準此又不同矣

未見諸侯其言如會何致其意也注鄭伯

欲與中國意未達而見弒故養遂而致之所以達賢者之心【疏】舊疏云上陳侯如會袁僑如會之輩皆是至會今鄭伯既言未見諸侯而言如會故据未見而難之○注鄭伯至之心○校勘記出故養逐而致之云監毛本同誤也鄂本閩本逐作遂當据正按紹熙本亦作養遂繁露觀德云鄭僖公方來會我而道殺春秋致其意謂之如會穀梁傳曰未見諸侯其曰如會何也致其志也又曰鄭伯將會中國其臣欲從楚不勝其臣弒而死其不言弒何也不使夷狄之民加乎中國之君也注引邵曰以其臣欲從楚故謂夷狄之民不欲使夷狄之臣得弒中國之君故去弒而言卒使若正卒然是也是即所以達賢者之心也即不使小人加乎君子之義

陳侯逃歸【注】起鄭伯欲與中國卒逢其禍諸侯莫有恩痛自疾之心於是懼然後逃歸故書以刺中國之無義加逃者抑陳侯也孔子曰夷狄之有君不如諸夏之亡不當背也【疏】注起鄭伯無義○穀梁注云鄭伯欲從中國而懼其凶禍諸侯莫有討心於是懼而去之蓋用何義刺中國無義者上傳云曷為不言其大夫弒之為中國諱也注慨由中國無義故深諱是也蓋與上五年書戍陳義同○注加逃至背也○以繁露觀德云操之會陳去我謂之逃歸按操當作鄬穀梁傳曰以其言諸侯故逃之也注背華即夷故書逃以抑之孔子曰見論語八佾篇今本有也字論衡問孔篇劉逵三都賦注詩苕之華疏引論語皆無也字與此同論衡云夫中國且不行安能行於夷狄夷狄之有君不如諸夏之無言夷狄之難諸夏之易也其說論語義

與何同論語包注諸夏中國亡無也亦言夷狄雖有君長而無禮義不若中國雖偶無君而禮義不廢也故抑陳棄華即夷也

八年春王正月公如晉注月者起鄬之會鄭伯以弑陳侯逃歸公獨脩禮於大國得自安之道故善錄之疏注月者至錄之○正以朝例時故也釋文弑作殺音試通義云月者正月也上鄬之會不致疑公未返國遂自役如晉與按公修禮大國書月善之與僖十年十五年兩書公如齊之屬同

夏葬鄭僖公

賊未討何以書葬疏隱十一年春秋君弑賊不討不書葬以爲無臣子也故据難之爲中國諱也

注探順事上使若無賊然不月者本實當去葬責臣子故不足也

疏注探順至賊然○校勘記云探順事上鄂本作上事按紹熙本作上事仍順不書大夫弑之義故若無賊然也通義云黃道周曰鄭成公不葬猶之蔡繆公也蔡侯肸趙伯睔皆以從楚不葬鄭僖公之卒弑也子駟之未討而書葬何也志正也書弑而又不討賊則不得書葬書卒而又不書葬則無以異于鄭成公父子異志而春秋異義故春秋權也量物之輕重而爲之衡者是也○注不月至足也○舊疏云正以卒日葬月大國之例今鄭爲大國不月故如此解本爲中國諱故書葬非正例也故仍去月以起之

鄭人侵蔡獲蔡公子燮疏舊疏云穀梁作公子濕毛本濕作溼彼釋文云公子濕本又作隰又音燮按古燮濕

此侵也其言獲何【注】据宋師敗績獲宋華元戰乃言獲也【疏】注据宋至獲也○宣二年宋華元帥師及鄭公子歸生帥師戰于大棘宋師敗績獲宋華元是也舊疏云公羊之義以為獲者曰侵故如此解

侵而言獲者適得之也【注】時適遇值其不備獲得之易不言取之者封內兵不書嫌如子糺取一人故言獲起有兵也又將兵禦難不明候伺雖不戰闘當坐獲【疏】穀梁傳人敬者也侵淺事也而獲公子公子病矣疏引徐邈云公子病不任為將帥故獲之與公羊義近蓋因病故適得之也○注時適至之易○舊疏云春秋之義取為易辭故隱十年鄭伯伐取之傳云其言伐取之何易也者是此傳言適得之即是易之甚者○注不言至兵也○舊疏云所以不言取之者其人是時將兵拒鄭但未至鬭戰封內之兵例所不書既不得書有蔡師若言鄭人侵蔡取公子燮則嫌如莊九年齊人取子糾殺之然但取一人而已故言獲起其文是時亦將兵來也其封內兵不書定八年傳公斂處父帥師而至經不書之是也齊人取子糺事見莊九年校勘記云糺鄂本同閩監毛本糺作糾按紹熙本亦作糺○注又將至坐獲○校勘記云不明伺候閩監毛本作候伺注及釋文同僖三年徐人取舒注取者猶無守禦之備明公子燮之獲實取也昭二十三年獲陳夏齧傳大夫生死皆曰獲宣二年獲宋華元注復出宋者非獨惡華元明恥辱及宋國今蔡公子燮不明伺候致令見獲故書獲以坐罪明守禦不足恥及乎國禮記射義所謂賁軍之將

又檀弓所謂謀人之軍師敗則死之是也

季孫宿會晉侯鄭伯齊人宋人衛人邾婁人于邢丘疏穀梁傳見魯之失正也公在而大夫會也時公在晉故

公至自晉

莒人伐我東鄙

秋九月大雩注由城費公比出會如晉莒人伐我動擾不恤民之應疏注由城至之應○城費見上七年公比出會謂五年冬公會晉侯以下救陳七年冬十二月公會晉侯以下于鄬是也如晉者即上正月公如晉莒人伐我即上莒人伐我東鄙是也五行志中之上八年九月大雩時作三軍季氏盛蓋劉歆說

冬楚公子貞帥師伐鄭

晉侯使士匄來聘

九年春宋火疏釋文二傳作災

曷爲或言災或言火疏襄三十年宋災之屬是或言災也或曰火者此經是也舊疏數莊二十年齊大災按彼傳云大災者大瘠也非火災也大者曰災小者曰火注大者謂正寢社稷宗廟

朝廷也下此則小矣災者離本辭故可以見火 疏 左氏宣十六年傳以為人火曰火天火曰災何意以春秋之義不記人火火者皆是天害但害及於大則為災害及於小則言火以春秋重於天道略於人事人火之難無足記也所謂畏天命是也○注大者至小矣○正以正寢者路寢夫人正寢皆是故宋災伯姬逮火死書災也社稷宗廟者宣十六年成周宣榭災成三年新宮災哀三年桓宮僖宮災又四年蒲社災是也朝廷者天子諸侯皆三朝在庫門外者為外朝在雉門之內者曰治朝在路門內曰燕朝釋名釋宮室云廷停也人所廷集之處說文廴部廷朝中也春秋不見朝廷災事因亦物之大者連述之耳蓋非此者皆小矣○注災者至見火○校勘記出故可以見火云諸本同浦鏜云大誤火按解云災者害物之名故可以見其大於火也浦校是按盧校本亦作大舊疏云本實是火而謂之災離其本體故曰離本辭

然則內何以不言火 注 据西宮災不言火 疏 注据西至言火○僖二十年書西宮災是也彼傳云西宮者何小寢也彼注云西宮者小寢內室楚女所居也以其非正寢社稷宗廟朝廷故謂之小而彼言災故据以難舊疏云桓十四年御廩災亦應是小所以不据之者以其御用於宗廟之物於小義不強豈似西宮為小寢內室乎是也

內不言火者甚之也 注 春秋以內為天下法動作當先自克責故小有火如大有災 疏 通義云甚痛內有災變雖小有火如大災也檀弓稱新宮火三日哭蓋不脩春秋文如是今經云新宮災足知內不言火者君子之新意矣○注春秋至有災○何義以甚之者先自克責較孔義為長亦先正己後正人之義論語所謂躬自厚而薄責於人是也

何以書記災也疏五行志襄公九年春宋災劉向以爲先是宋公聽讒逐其大夫華弱出奔魯左氏傳曰宋災樂喜爲司城先使火所未至徹小屋塗大屋陳畚𦉥具綆缶備水器畜水潦積土塗繕守備表火道儲正徒郊保之民使奔火所又飭衆官各愼其職晉侯聞之問士弱曰宋災於是乎知有天道何故對曰古之火正或食於心或食於咮以出入火是故咮爲鶉火心爲大火陶唐氏之火正閼伯居商丘祀大火而火紀時焉相土因之故商主大火商人閱其禍敗之釁必始於火是以知有天道公曰可必乎對曰在道國亂亡象不可知也說曰古之火正謂火官也掌祭火星行火政季春昏心星出東方而咮七星鳥首正在南方則用火季秋星入則止火以順天時救民疾帝嚳則有祝融堯時有閼伯民賴其德死則以爲火祖配祭火星故曰或食於心或食於咮也相土商祖契之曾孫代閼伯後主火星宋其後也世司其占故先知火災賢君見變能脩道以除凶亂君亡象天不譴告故不可必也經義雜記云漢志所引說曰蓋秦漢相傳左氏舊義可以補正後儒之說學者寶之

外災不書此何

以書爲王者之後記災也注是時周樂已毀先聖法度浸疏遠不用之應疏莊十二年秋宋大水傳云外災不書此何以書注据鄰移不書此與彼同舊疏又云春秋之義詐內而略外是以外災例不錄而書者皆書文又皆有傳釋不勞備載也按穀梁傳外災不志此其志何也故宋也疏引徐邈說云春秋王魯以周公爲後王以宋爲故是亦以爲王者之後記災也經義雜記云公穀以宋爲王者後故志之穀梁傳故宋也謂以宋故志之也即莊十一年秋宋大水傳曰此何以書王者之後也之例以其爲聖人之後先世嘗有天下故特詳之不與他國同而范氏謂孔子之先

宋人故志之是春秋之書孔子為一己作矣徐仙民謂春秋王魯故以宋為故此用何邵公舊說皆非本傳旨也按臧氏說穀梁故宋為以宋故志之亦未見然穀梁三統之義亦僅見此傳注〇注是時至之應〇宣十六年成周宣榭災樂器藏焉爾注宣王中興所作樂器天災中興之樂器示周不復興是也是周樂已毀也此宋復災故為先聖法度寖遠不用之應

夏季孫宿如晉

五月辛酉夫人姜氏薨【疏】包氏慎言云五月書辛酉月之三十日

秋八月癸未葬我小君繆姜【疏】包氏慎言云八月書癸未月之二十三日左氏穀梁繆作穆音義同

冬公會晉侯宋公衛侯曹伯莒子邾婁子滕子薛伯杞伯小邾婁子齊世子光伐鄭十有二月己亥同盟于戲【注】事連上伐不致者惡公服繆姜喪未踰年而親伐鄭故奪臣子辭【疏】包氏慎言云十二月書己亥十二月無己亥十一月之十一日通義云伐而言同盟者著鄭與盟也同盟日者著鄭叛盟杜云戲鄭地范同〇注事連至子辭〇莊六年傳得意致會不得意致伐此若止盟戲可不致既連伐言無論得意與否皆須致此不致故解之然此書致者皆臣子喜其君父脫危而至今公母喪未除期親自用兵故不與臣子喜辭也公羊以繆姜為成公夫人於襄公為適母服尤重今背喪用兵責之尤重故奪臣子辭也

楚子伐鄭

十年春公會晉侯宋公衞侯曹伯莒子邾婁子滕子薛伯杞伯小邾婁子齊世子光會吳于柤

疏 杜云柤楚地左傳校勘記惠棟云柤是宋地非楚地也晉楚方爭而與諸侯會於其地必無是理也按京相璠云柤宋地今彭城偪陽縣西北有柤水溝去偪陽八十里東南流逕偪陽故城東北又南亂於沂而注於沭謂之柤口城此云楚地乃轉寫之誤或以昭六年注相鄭地當之其說更非齊氏召南云此時楚地恐尚不及淮北若果係楚地晉宋諸國安得會于此杜云楚地由後溯前之稱也後漢郡國志彭城國傅陽有柤水即此柤也前志楚國傅陽故偪陽國是柤即近偪陽之地既會于柤即滅偪陽耳偪陽故城今在嶧縣南柤即嶧縣泇口也大事表云今山東兗州府嶧縣東南有渣口城即今泇河入承水之泇口又汪氏克寬曰偪陽國及柤地皆在沛縣蓋地相接云水經注沭水篇沭水故瀆自下堰東南逕司吾城東又東南歷柤口城中柤水出於楚之柤也春秋公與晉及諸侯會吳于柤京相璠曰宋地今彭城偪陽縣西北有柤水溝去偪陽八十里東南流逕偪陽故城東北郡國志曰偪陽有柤水柤水西南流於沂而注於沭謂之柤口城得其名矣又淮水篇漁水又東逕鄫縣故城南春秋襄十年公會諸侯及齊世子光于䣜今其地䣜聚是也王莽之鄫治矣按古文柤作䣜䣜應劭讀作嵯漢地志沛郡鄫縣注鄫本作䣜也釋例云柤地闕或曰彭城傅陽縣西北有柤水溝魯國薛縣西南有柤亭譙國鄫縣治戲鄉皆去鍾離五百餘里非諸侯六日載會所至也或曰汝南安城縣西南有鍾離亭西北縣北有柤亭去偪陽近千里又非自會九日之所能滅

國皆非也酈元曰沭水又東南歷相口城中相水出於楚之相地東南流逕傅陽縣故城東北地理志曰故偪陽國也按釋例或曰即京相璠土地名說也繫辭觀德云吳俱夷狄也相之會獨先內之為其與我同姓也按此書法與鍾離同彼為殊吳此為內之末詳董君何義

夏五月甲午遂滅偪陽【疏】包氏慎言云五月書甲午月之九日時於五月後方置閏也舊疏云左氏經作偪字音夫目反一音逼近之逼而南州人云道仍有偪陽之類如逼近之逼矣左氏音義偪陽徐甫目反又彼力反本或作逼校勘記云唐石經諸本同按左氏經當本作福陽穀梁作傅陽按此釋文偪音福福傳一音之轉九經古義云古今人表作福陽知古音福从偪彼力反者非也原注漢書地理志及續漢志皆作傅陽棟按古福字亦讀作副豫州從事尹宙碑云位不福德是也傅古本數字今亦讀作副又地理志下楚國傅陽故偪陽國莽曰輔陽師古曰偪音福左氏所云偪陽妘姓者也後漢書陶謙傳曹操擊謙破彭城傅陽注縣名屬彭城國本春秋時偪陽也楚宣王滅宋改曰傅陽續漢書郡國志彭城國傅陽有相水注左傳襄十年滅福陽杜預曰即此縣也水經注沭水篇引作偪陽又作傅陽左傳校勘記徐仙民音甫目反惠云徐音是也古今人表有福陽子按注云妘姓師古曰即偪陽也郡國志注引經文亦作福並音之轉大事表云杜注彭城傅陽今江南徐州府沛縣北山東兗州府嶧縣南五十里吳晉往來之要道也水經注沭水篇柤水逕偪陽故城東北地理志曰故偪陽國也春秋襄十年會于柤晉荀偃士匄請伐偪陽滅之偪陽妘姓也漢以為縣方輿紀要偪陽城在兗州府嶧縣南五十里城西有柤水渣口戍在縣東南柤渣同音側加反蓋即今

之迦口

公至自會【注】滅日者甚惡諸侯不崇禮義以相安反遂爲不仁開道彊夷滅中國中國之禍連蔓日及故疾錄之滅比于取邑例不當書致書致者深諱若公與上會不與下滅【疏】注滅日至錄之〇正以滅例月莊十年冬十月齊師滅譚十三年夏六月齊人滅遂之屬是也今書日故解之開道强夷滅中國者舊疏以爲昭八年楚師滅陳十一年楚師滅蔡三十年吳滅徐定十四年楚公子結帥師滅頓十五年楚子滅胡之屬皆是强夷迭害諸夏故言連蔓日及是以變例書日疾而錄之按楚滅中國已久不必至此始禍似當斥吳言也通義云晉悼圖復文襄之業而不義滅小國故疾錄之是也〇注滅者至書致〇校勘記出不當書晉云鄂本晉作致此誤僖三十三年公伐邾婁取叢注取邑不致者得意可知正以主書致者别其得意與否莊六年傳得意致會不得意致伐是也若取邑皆得意無爲書致滅國得意可知亦不當書致矣〇注書致至下滅〇校勘記云鄂本深諱下有使字此脫按正義本有使字按紹熙本亦有正以致以以會書所以深諱公之與滅也穀梁傳曰無啻事則異之存之也何意爲內諱即此義也

楚公子貞鄭公孫輒帥師伐宋

晉師伐秦

秋莒人伐我東鄙

公會晉侯宋公衞侯曹伯莒子邾婁子齊世子光滕子薛伯杞伯小邾婁子伐鄭

冬盜殺鄭公子斐公子發公孫輒【注】不言其大夫者降從盜故與盜同文【疏】釋文斐左氏作騑上九年左傳公子騑杜注子駟詩秦風小戎騧驪是驂箋云驂兩騑也正義車駕四馬在內兩馬謂之服在外兩馬謂之騑故云中中服驂兩騑也春秋時鄭有公子騑字子駟是有騑乃成駟也古名字必相配騑爲正字斐其段借也○注不言至同文○文九年晉人殺其大夫先都是大夫相殺稱人故下稱其大夫此不然故解之君殺大夫則稱國傳七年鄭殺其大夫申侯之屬是也此爲士殺其大夫故言盜文十六年傳大夫弑君稱名氏賤者窮諸人注云賤者謂士也士正自當稱人又云大夫相殺稱人賤者窮諸盜注降大夫使稱人降士使稱盜者所以別死刑有輕重也是也舊疏云士正自當稱人宜言鄭人殺其大夫某甲今不言其大夫者正以士既降從盜故與盜同文也蓋以士既降從盜文則所殺者亦近盜故絕去大夫稱矣是以哀四年盜弑蔡侯申傳弑君賤者窮諸人此其稱盜以弑何乎賤者也賤乎賤者謂罪人也注罪人者未加刑也蔡侯近罪人賤卒逢其禍故爲人君深戒不言其君者方當刑放之與刑人義同然則盜弑蔡侯申不言其君故此亦不得言其大夫特彼不言其君者爲刑人所止不常厥居故不繫國君臣義盡故去其君以見義此不言其大夫則與實盜同文故也通義云斐鄭大夫子駟發

子國輒子耳也不言殺鄭大夫者斐弒僖公本以不欲從晉故而八年楚伐鄭左傳言時子駟子國子耳欲從楚則發輒與斐同謀蓋亦與聞乎弒者也前弒君未明故於此特貶去大夫以罪之甚爲精洽蓋至與盜同文不僅絕去大夫所以誅亂臣賊子者至矣

戍鄭虎牢

孰戍之諸侯戍之曷爲不言諸侯戍之離至不可得而序故言我也注刺諸侯既取虎牢以爲蕃蔽不能雜然同心安附之疏舊疏云五年戍陳之下已有傳而復發者蓋嫌國邑不同故也○注刺諸至附之○取虎牢事見上二年彼經云遂城虎牢傳虎牢者何鄭之邑也其言城之何取之也是也五年戍陳注云陳坐欲與中國被強楚之害中國宜雜然同心救之乃解怠前後至故不序以刺中國之無信此爲刺中國不能同心安附之與彼義同 諸侯已取之矣曷爲繫之鄭注据莒牟夷以牟婁來奔本杞之邑不繫于杞疏注据莒至于杞○卽昭五年莒牟夷以牟婁及防兹來奔是也本杞之邑者隱四年二月莒人伐杞取牟婁是也 諸侯莫之主有故反繫之鄭注諸侯本無利虎牢之心欲共以拒楚爾無主有之者故不當坐取邑故反繫之鄭見其意也所以見之者上諱伐喪不言取今刺戍之舒緩嫌於義反故正之云爾疏注諸侯至意也○正以上二年傳云取之也曷爲不言取之爲中國

諱也雖爲中國諱亦宜坐取邑惟諸侯皆不有則無主名仍宜繫鄭以見義故此解之也穀梁傳曰其曰鄭虎牢決鄭乎虎牢也謂二年鄭去楚從中國故城虎牢不言鄭使與中國無異自爾以來數反覆無從善之意故繫之於鄭決鄭而棄外與公羊義異其云二年去楚諸侯始城虎牢亦與左傳公羊情事不合○注所以至云爾○上二年傳云取之曷爲不言取之爲中國諱也曷爲爲中國諱諱伐喪也是上諱伐喪不言取事也上既諱取此復責戍之舒緩則與義反故特繫之鄭明無主有見上之取本中國無利虎牢之心特城以拒楚故不當坐取邑於義仍正也

楚公子貞帥師救鄭

公至自伐鄭

十有一年春王正月作三軍

三軍者何三卿也【注】爲軍置三卿官也卿大夫爵號大同小異方据上卿道中下故總言三卿【疏】通義云軍將皆命卿故以三卿解之舊疏云公羊以爲王官之伯宜半天子乃有三軍魯爲州牧但合二軍司徒司空將之而已今更益司馬之軍添滿三軍是以書而譏之曰作三軍是以隱五年注禮天子六師方伯二師諸侯一師是其一隅也何氏之意以軍與師得爲通稱而臨時名耳是以或言軍或言師不必萬二千五百人爲軍也○注爲軍至官也○舊疏云魯人前此止置司徒司空以爲將下各有小卿二人輔助其政其司馬事省蓋總監而已故

但有一小卿輔之今更置中軍司馬將之亦置二小卿輔助其政故曰爲軍置三卿官也公羊禮說云周禮之制王六軍大國三軍次國二軍小國一軍詩曰整我六師六師及之此周爲六軍之見於經者也白虎通次國二軍昭五年舍中軍傳復古也是也左氏曰王使虢公命曲沃伯以一軍爲晉侯此小國一軍之見於傳者也魯是次國唯有三卿五大夫司空司徒之下各有二小卿司馬之下一小卿以其事省蓋總監之而已襄公委任强臣乃作中卿以益司馬官踰王制矣魯語季武子爲三軍叔孫昭子曰不可又曰今我小侯也則魯本二軍可知問者曰魯頌公徒三萬鄭箋曰萬二千五百人爲軍大國三軍合三萬七千五百人言三萬者舉成數也是魯僖本有三軍也曰非也鄭以此頌美僖公故以三萬爲三軍若云舉大數則三萬七千五百人大數可爲四萬又不當言三萬矣言三萬者其爲二萬五千人可知故鄭答臨碩云魯頌公徒三萬是二軍之大數也則魯本無三卿有何疑焉按鄭氏以萬二千五百人爲軍係古周禮說依何氏隱五年注云二千五百人以上也禮天子六師方伯二師諸侯一師劉氏逢祿公羊議禮制軍制云提封萬井車賦千乘其大數也三分去一定受田六萬夫則六千井也十井八十家賦長轂一乘則實賦六百乘以魯頌司馬法言之每乘三十人則一徒萬八千人不足二軍故穀梁傳曰古者諸侯一軍何休云諸侯一師蓋調遣之卒五分而去其一也其乘數則百有二十蓋亦以意言耳○注卿大至小異○舊疏云卿大夫皆是爵號總而言之皆曰卿大夫別而異之乃貴者曰卿賤者曰大夫耳如此注者欲道一卿二大夫所以總名三卿之意也○注方据至三卿○舊疏云卿與大夫析而言之其實有異而皆謂之卿者方据上卿言其中下者遂得卿稱故得通言三卿矣其二小卿謂之中下者蓋二者相對有尊卑若似大司馬序官云

大司馬卿一人小司馬中大夫軍司馬下大夫然公羊禮說云經何以言三軍而傳云三軍者何三卿也曰甘誓曰乃召六卿注云六卿者六軍之將古之軍將皆命卿今魯作三軍必先添立司馬以下之卿故傳云三卿足成經文非故相左也是卽中下亦謂卿之意也禮說又云趙匡曰魯卿素已有四五不止三也公羊此說適足令學者疑繆按趙說非也三卿爲三軍之將魯師素有四五然則魯軍亦四五乎昭十年經季孫意如叔弓仲孫貜帥師伐莒陳氏傅良曰舍中軍矣曷爲書三卿帥師四分公室叔弓爲意如貳也陳氏此說足破趙匡之謬解不得藉口於卿有四五矣

作三軍何以書注欲問作多書乎作少書乎故復全舉句以問之疏注欲問至問之○舊疏云欲道所以不直言何以書而舉作三軍者弟子之意欲問春秋之義書其作三軍者爲是嫌其作軍大多而書乎爲是嫌其大少而書乎故復全舉經文一句軍之頭數問之若直言何以書但問主書無以見其數故言此也

譏何譏爾古者上卿下卿上士下士注說古制司馬官數古者諸侯有司徒司空上卿各一下卿各二司馬事省上下卿各一上士相上卿下士相下卿足以爲治襄公委任強臣國家內亂兵革四起軍職不共不推其原乃益司馬作中卿官踰王制故譏之言軍者本以軍數置之月者重錄之疏注說古至官數○舊疏云言古者司馬一官但上卿一人下卿一人上士一人下士一人而已所以爾者以其事省不作軍將故也通義

云座主姚大夫曰治國則謂之卿在軍旅則謂之士卿而有軍行者稱卿士是也諸侯之國得有二卿二軍而已上卿將上軍則曰
上士下卿將下軍則曰下士廣森謂古者言魯初時也詩稱天子六軍其車三千魯頌則曰公車千乘明五百乘為軍千乘者二軍
之賦也傳公之時猶未有中軍今始作之矣按卿亦可稱士其分在國在軍別無所見禮喪服公士大夫之衆臣亦在軍旅者乎軍
五百乘亦非何氏義○注古者至為治○繁露爵國云春秋曰作三軍傳曰何以書譏何譏爾古者上卿下卿上士下士凡四等小
國之大夫與次國下卿同次國大夫與大國下卿同大國下大夫與天子下士同二十四等祿入有差大功德者受大爵士功德小
者受小爵士大材者執大官位小材者受小官位如其能宣治之至也故萬人者曰英千人者曰俊百人者曰傑十人者曰豪豪傑
俊英不相陵故治天下如視諸掌上是亦以上卿下卿上士下士為四等也繁露又曰諸侯大國四年其一軍以奉公家也然諸經
皆言三軍無云四軍者淩先生曙繁露注云小司徒注百里之國凡四都一都之田稅入于王古者計夫出稅有稅則有夫以其奉
公家也故不言四軍而言三軍其實腤中有一軍也義或然也繁露又云以井田准數之方里而一井一井而九百畝而立口方里
八家百畝以食五口上農夫耕百畝食九口次八人次七人次六人次五人多寡相稱率百畝而三口方里而二十四口方里者十
得二百四十口方十里為方百里者百得二千四百口方百里為方里者萬得二十四萬口法三分而除其一城地郭邑屋室閭巷
街路市宮府圜囿委圈臺沼椽采得良田方十里者六十六與方十里者六十六定率得十六萬口三分之則各五萬三千三百三
十三口為大口軍三此公侯也天子地方千里為方百里者百亦三分除其一定口得田方百里者六十六與方十里者六十六定

率得千六百萬口九分之各得百七十七萬七千七百七十七口爲京口軍九三京口軍以奉王家又云故公侯方百里三分除一定得田方十里者六十六與方里六十六定率得十六萬口三分之爲大國口軍三而立大國又云三卿九大夫二十七上士八十一下士亦有五通大夫立上下士上卿位比天子之元士今八百石下卿六百石上士四百石下士三百石又云三卿九大夫上士史各五人下士史各五人通大夫士上下史各五人卿臣二人此公侯之制也公侯賢者爲州方伯錫斧鉞置虎賁百人故伯七十里七七四十九三分除其一定得田方十里者二十八與方十里者六十六定率得十萬九千二百一十二口爲次國口軍三而立次國三卿九大夫二十七上士八十一下士與五通大夫五上士十五下士其上卿位比大國之下卿今六百石下卿四百石上士三百石下士二百石三卿九大夫上士史各五人下士史五人通大夫上下史各五人卿臣二人故子男方五十里五五二十五爲方十里者六十六定率得四萬口爲小國口軍三而立小國按四萬疑誤又云三卿九大夫二十七上士八十一下士與五通大夫五上士十五下士其上卿比次國之下卿今四百石下卿三百石上士二百石下士一百石三卿九大夫上下史各五人士各五人通大夫上下史亦各五人卿臣三人三人亦疑誤大國次國止二人小國不應轉多也又云此周制也按繁露文多錯誤大率以天子諸侯皆卿大夫上士下士四等彼之卿卽此之上卿彼之大夫卿此之下卿與周官所載周制不合蓋仍春秋家說時古周禮說尙未盛行故也何氏以此古者爲古制司馬官數而下備詳司徒司空之制則司徒司空亦止有上卿下卿上士下士第官數不同耳白虎通封公侯云諸侯有三卿者分三事也五大夫下天子禮記疏引三禮義宗云諸侯三卿司徒兼冢宰司馬兼宗伯司空兼

司寇三卿之下則五小卿爲五大夫五大夫者司徒之下立二人小宰小司徒也司馬以下以其事省故立一人爲小司馬兼宗伯之事司空之下立二人小司寇小司空與何氏義合明堂位疏亦云魯是諸侯唯有三卿五大夫引公羊說司徒司空之下各有二小卿司馬之下一小卿是三卿五大夫也亦與董生三卿九大夫義殊師傳各異不必強同也何注統名卿分上下王制則統名大夫亦分上大夫卿下大夫其士則王制有三等彼云其有中士下士者數各居其上之三分鄭注士之數國皆二十七人各三分之下上九中九下九以位相當蓋漢儒雜采周秦官制爲說不能盡一也○九注襄公至譏之○舊疏云襄公委任強臣者謂三家季孫宿之徒也國家內亂者下十二年遂入運之屬是也左氏傳云三分公室而各有其一正義引膏肓云作三軍左氏說云尊公室休以爲與舍中軍義同於義左氏爲短鄭康成箴云左氏傳云作三軍三分公室各有其一謂三家卿專兵甲卑公室云云左氏說者尊公室失左氏意遠矣劉氏評曰何氏所見左氏說以舍中軍爲卑公室出於季氏一人之私杜洩以叔孫穆子之意折之則作三軍必以尊國制爲名也且左氏自記事實春秋假以明侯國軍制耳蓋襄公委任強臣故季武有三軍之作實爲卑弱公室然不得不假尊國制爲名劉氏之說是也王制云大國三卿皆命於天子次國三卿二卿命於天子一卿命於其君小國二卿皆命於其君注小國亦三卿一卿命於天子二卿命於其君與白虎通合然則諸侯正制當大國三卿次國二卿小國一卿魯於春秋不得爲大國當止二命卿故有司徒司空耳今襄公復立司馬必與司徒司空並職司馬之下小司馬之上又增一中卿亦與司徒司空之屬等是踰乎先王舊制矣穀梁傳曰作三軍非正也是以譏之也鄂本強作彊共作恭紹熙本亦作彊○注言軍至置之○舊疏云言本所

以置中卿官者正欲令助司馬爲軍將將三軍故曰本以軍數置之按魯於成襄之世不止三卿而軍仍二軍舊制有事分將此蓋三家欲各專一軍增作三軍因於司馬下增置官屬與司徒司空二卿埒故經以作三軍書也○注月者重錄之○舊疏云此事無例不可相決但言重失禮故詳言之

夏四月四卜郊不從乃不郊 注 成公下文不致此致者襄公但不免牲爾不怨懟無所起 疏 注成公下文不致○卽成十年夏四月五卜郊不從乃不郊下云五月公會晉侯以下伐鄭注不致者戒公數卜郊不從怨懟故不免牲不但不免牲而已故奪臣子辭以起之是也○注此致至所起○此致者卽下文公會晉侯以下伐鄭又云公至自伐鄭是也按等乃不郊則等不免牲耳何氏謂成公怨懟或别有所見與

鄭公孫舍之帥師侵宋

公會晉侯宋公衞侯曹伯齊世子光莒子邾婁子滕子薛伯杞伯小邾婁子伐鄭

秋七月己未同盟于京城北 疏 包氏愼言云七月書己未月之十一日舊疏云穀梁與此同左氏經作亳城北服氏之經亦作京城北九經古義云棟按京鄭地在滎陽隱元年傳謂之京城大叔是也亳城無考此傳寫之訛當從公穀爲正春秋異文箋云亳是宋地去鄭迂遠經文上書伐鄭下書同盟同盟之地當屬鄭邑公穀及服氏皆作京城北於義爲得作亳者

字之訛按說文亳从高省乇聲京亦从高省象高形篆文相似故易混大事表云當在今河南府偃師縣西二十里仍依違杜氏作亳之說耳

公至自伐鄭

楚子鄭伯伐宋

公會晉侯宋公衛侯曹伯齊世子光莒子邾婁子滕子薛伯杞伯小邾婁子伐鄭會于蕭魚[疏]杜云蕭魚鄭地

此伐鄭也其言會于蕭魚何[注]据伐鄭常難今有詳錄之文[疏]注据伐至之文〇舊疏云謂以上伐鄭多以伐致作不得意之文故曰常難言今有詳錄之文者謂錄其會蕭魚并下文公至自會之屬也與前經異故難之

蓋鄭與會爾[注]中國以鄭故三年之中五起兵至是乃服其後無干戈之患二十餘年故喜而詳錄其會起得鄭爲重[疏]左傳諸侯之師觀兵于鄭東門鄭人使王子伯駢行成甲戌晉趙武入盟鄭伯冬十月丁亥鄭子展出盟晉侯十二月戊寅會于蕭魚庚辰赦鄭囚皆禮而歸之繁露隨本消息云先楚子審卒之三年鄭服蕭魚謂此〇注中國至爲重〇舊疏云即上九年公會晉侯以下伐鄭同盟于戲一也十年秋公會晉侯以下伐鄭二也冬戍鄭虎牢三也今年公會晉侯以下伐鄭同盟于京城北四也通

此則五矣故曰三年之中五起兵耳至是乃服者非直鄭人與會下文公以會致亦是其服文矣云其後無干戈之患二十餘年者謂鄭之遂服不復伐之至昭公之時楚滅陳蔡靈夷內侵乃是諸夏之患也上十年左傳云晉侯歸謀所以息民又曰行之期年國乃有節三駕而楚不能與爭故無干戈之患也注云三駕謂十年師於牛首十一年師於向其秋觀兵於鄭東門自是鄭遂服范云鄭與會而服中國喜之故以會致亦得鄭為重之意也

公至自會疏春秋之例得意致會故上注云鄭至是乃服其後無干戈之患二十餘年也穀梁傳公至自會伐而後會不以伐鄭致得鄭伯之辭也

楚人執鄭行人良霄疏穀梁作良宵按公羊左傳釋文皆不云穀梁作宵蓋誤字穀梁傳曰行人者挈國之辭也蓋言非其罪也

冬秦人伐晉注為楚救鄭疏注為楚救鄭○左傳云秦庶長鮑庶長武帥師伐晉以救鄭按此不似何氏注

十有二年春王三月莒人伐我東鄙圍台疏校勘記云唐石經鄂本閩本同監毛本三誤正穀梁台作邰杜云琅邪費縣南有台亭穀梁釋文邰本作台詩生民即有邰家室詩攷引白虎通作即有台家室吳越春秋吳太伯傳后稷其母台氏之女姜嫄邰正字台叚借也大事表云在今沂州府費縣東南一統志台亭在沂州府費縣南差繆略云邰左氏皆作台今公羊石經及注疏本亦作台

邑不言圍此其言圍何伐而言圍者取邑之辭也伐而不言圍者非取邑之辭也注外取邑有嘉惡當書不直言取邑者深恥中國之無信也前九年伐得鄭同盟于戲楚伐鄭不救卒爲鄭所背中國以弱蠻荆以彊兵革亟作蕭魚之會服鄭最難不務長和親復相貪犯故諱而言圍以起之月者加責之疏孔氏音義熹平石經云顏氏無伐而不言圍者非取邑之辭也通義云凡以兵取內邑者悉諱言圍也按伐而言圍者此及下十五年齊侯伐我北鄙圍成十七年齊侯伐我北鄙圍洮齊高厚帥師伐我北鄙圍防之屬是也○注外取至信也○舊疏云凡外取魯邑有所嘉有所惡皆當書昭二十五年冬齊人取運傳外取邑不書此何以書爲公取之也注爲公取運以居公善其憂內故書之是其有嘉而書也宣元年齊人取濟西田傳外取邑不書此何以書所以賂齊也曷爲賂齊爲弒子赤之賂也是其有惡而書也今亦有所惡所以不直言取邑而言圍者深恥中國之無信故也○意謂蕭魚同會會不踰時莒即犯魯晉不能治故書圍不書取以深惡之也○注前九至亟作○鄂本強作彊前九年書公會晉侯以下伐鄭即書同盟于戲明得鄭故下書楚子伐鄭也十年夏楚公子貞鄭公孫輒伐宋明鄭又背中國即楚然上無救鄭文知楚子伐鄭諸侯不救也兵革亟作即上十一年注三年之中五起兵是也○注蕭魚至最難○舊疏云正以十三年之中五起兵然後得之直會于蕭魚鄭人與會而已經無同盟之文故知服鄭最難矣○注不務至起之○復相貪犯謂此也舊疏

云不直言取而諱之言圍作無所嘉惡之文者欲以起禍深不可言故也是也○月者加責之○欲決下十七年圍洮圍防不書月故也去年秋會于蕭魚始服鄭今年春莒卽伐我圍台故特月以加責所以疾始也故下十五年圍成亦不月也

季孫宿帥師救台遂入運【注】入運者討叛也封內兵書者爲遂舉討叛惡遂者得而不取與不討同故言入起其事【疏】左氏穀梁運作鄆穀梁台作邰水經注十三州記曰魯有兩鄆昭公所居者爲西鄆在東平莒魯所爭爲東鄆按東鄆在今沂水縣北○注入運者討叛也○昭元年取運傳運者何內之邑也其言取之何不聽也注不聽者叛也不言叛者爲內諱故書取以起之是運爲內邑常叛者蓋爲近莒之故今季孫入之故知討叛○注封內至遂舉○春秋之義封內兵不書定八年公歛處父帥兵而至不書是也今書救台與入運者爲惡季孫之遂也穀梁傳曰遂繼事也受命而救邰不受命而入鄆惡季孫宿也是也○注討叛至其事○莊十九年公子結媵陳人之婦遂及齊侯宋公盟傳大夫出竟有可以安國家利社稷者專之可也則此討叛理不合惡今書遂以惡故解之隱二年莒人入向傳入者何得而不居也此亦書入知亦得而不取得而不取與不討同故惡之也舊疏云下注云季孫宿遂取運以自益其邑然則此言得而不取者謂得運不取以入國家耳非謂全不取也言故書入以起其事者以起其不取運以入國家之事也申釋注意甚明

大夫無遂事此其言遂何公不得爲政爾【注】時公微弱政教不行

故季孫宿遂取鄆而自益其邑【疏】舊疏云大夫無遂事云云莊十九年公子結之下已發此傳今此復言之者嫌討叛不惡遂故明之通義云莒已取台救之無及故遂入莒邑以報之然何氏云封內兵書則不以運爲莒邑矣〇注時公至其邑〇校勘記云鄆本而作以正義正作以按紹熙本亦作以論語季氏篇孔子曰祿之去公室五世矣文作公以時祿去公室宣公後政歸季氏故知公微弱政教不行也遂者專事之辭故知季孫取鄆自益如入國家則無爲書遂惡之矣

夏晉侯使士彭來聘【疏】左傳作士魴舊疏云考諸正本皆作士魴字若作士彭者誤也校勘記云按疏中標經當本作士魴唐石經諸本同作士彭

秋九月吳子乘卒【注】至此卒者與中國會同本在楚後賢季子因始卒其父是後亦欲見其迭爲君卒皆不日吳遠于楚【疏】吳世家大凡從太伯至壽夢十九世二十五年王壽夢卒錢氏大昕養新錄云服虔以壽夢爲發聲壽夢一言也經言乘傳言壽夢欲使學者知之也予謂乘壽皆齒音壽當讀如疇與乘爲雙聲夢古音莫登切與乘疊韻借兩字爲一言孫炎制反切蓋萌芽於此按十年左傳疏引服云壽夢發聲吳蠻夷言多發聲數語共成一言壽夢一言也云云李氏貽德賈服注輯述云壽夢發聲者言爲乘之發聲也吳蠻夷言多發聲者長孫訥言曰吳楚則傷輕淺惟輕淺故多發聲數語合爲一言猶今之三合聲四合聲吳爲勾吳謂爲諸樊皆其徵也壽夢一言也者言長言之爲壽夢疾呼之爲乘壽夢於文爲二吳人言之如乘之一言而已爾雅釋器不律謂之筆郭注蜀人呼筆

爲不律也詩疏引鄭駁異義云齊魯之閒言韎爲茅蒐與此乘爲壽夢在當時爲方言緩急之異而後世翻切實權輿於此古夢乘音相近詩視天夢夢與林蒸勝強相韻可證也經言乘者謂十二年經言吳子乘卒服意經書爲乘其國語則爲壽夢傳故著之以曉學者公羊定五年傳於越者未能以其名通也越者能以其名通也注越人自名於越君子名之曰越是其例也是也沈氏欽韓云夢乘同聲今徽寧人語猶然○注至此至楚後○舊疏云宣十八年楚子旅卒而吳至是乃書卒者正以與中國會同本在楚後又云僖十九年冬會陳人蔡人楚人鄭人盟于齊二十一年春宋人齊人楚人盟于鹿上秋宋公楚子陳侯以下會于霍成十五年冬叔孫僑如會晉士燮以下會吳于鍾離然則於傳聞之世楚人數與中國會同至所聞之世吳人乃會故云與中國會同本在楚後也按楚吳書卒皆在所聞世似無先後別注特因推明賢季子故順經文言之耳○注賢季至其父○校勘記云疏中因作乃舊疏云吳子乘不慕諸夏會大晚理宜略之今得書卒其閒有因二十九年吳子使札來聘傳吳無君無大夫此何以有君有大大賢季子也何賢乎季子讓國也賢季子則吳何以有君有大夫以季子爲臣則國宜有君者也札者何吳季子之名也春秋賢者不名此何以名許夷狄者不壹而足也季子者所賢也曷爲不足乎季子許人臣者必使臣許人子者必使子也注緣臣子尊榮莫不欲與君父共之故不足乎季子所以隆父子之親也以此言之則知由賢季子乃卒其父故書卒也按宣十四年夏五月壬申曹伯壽卒葬曹文公注日者公子喜時父也緣臣子尊榮莫不欲與君父共之故加錄之所以養孝子之志許人子者必使父也此卒吳子蓋與彼同○注是後至爲君○下二十九年傳云其讓國奈何謁也餘祭也夷昧也與季子同母者四季子弱而才兄弟皆愛之同

欲立之以爲君謁曰今若是迮而與季子國季子猶不受也請無與子而與弟弟兄迭爲君而致國乎季子皆曰諾故諸爲君者皆輕死爲勇飲食必祝祝曰天苟有吳國尙速有悔於予身故謁也死餘祭也立餘祭也死夷昧也立夷昧也死則國宜之季子者也季子使而亡也僚者長庶也卽之是其迭爲君之事也所以欲見之者與二十九年賢季子讓國事相起○注卒皆至於楚○舊疏云言皆不日者卽此文書九月下二十五年冬十有二月吳子謁伐楚門于巢卒昭十五年春王正月吳子夷昧卒之屬故云卒皆不日也言吳遠於楚者正以宣十八年秋七月甲戌楚子旅卒下十三年秋九月庚辰楚子審卒之屬皆書日故決之也凡爲人宜道接而生恩楚邇於諸夏數會同親而邇近之故書其日吳側海隅而與諸夏罕接故皆不日以見其遠也通義云吳終春秋未嘗日卒惡而略之尤外於楚劉氏逢祿荅楚吳進黜表云吳通上國最後而其強也最驟故亡也忽焉秦強於內治敗殽之後不勤遠略故與焉勃焉楚之長駕遠馭強於秦而其內治亦強於吳故秦滅六國而終覆秦者楚聖人以中外狎主承天之運而反之於禮義所以財成輔相天地之道而不過乎物按詳略之旨遠邇之義同一夷也先後輕重見焉其卽所以財成輔相與

冬楚公子貞帥師侵宋

公如晉

公羊義疏五十七

西元二〇二四年三月一日重製一版

公羊義疏 冊三 （清陳立撰）

平裝四册基本定價參仟元正
（郵運匯費另加）

發行人：張敏君
發行處：中華書局
臺北市內湖區舊宗路二段一八一巷八號五樓（5FL., No. 8, Lane 181, JIOU-TZUNG Rd., Sec 2, NEI HU, TAIPEI, 11494, TAIWAN）
客服電話：886-8797-8396
公司傳真：886-8797-8909
匯款帳戶：華南商業銀行西湖分行
179100026931
印刷：維中科技有限公司
海瑞印刷品有限公司

No. N0032-3

國家圖書館出版品預行編目(CIP)資料

公羊義疏/(清)陳立撰. -- 重製一版. -- 臺北市 : 中華書局, 2024.03

冊 ; 公分

ISBN 978-626-7349-04-5(全套 : 平裝)

1.CST: 公羊傳 2.CST: 研究考訂

621.717 113001464